U0805490

主管单位：中国储备棉管理总公司
承办单位：中储棉花信息中心
协办单位：中纺棉花进出口总公司
中华棉花集团有限公司
全国棉花交易市场
中棉工业有限公司

2004/2005

编委会

主 任 / 雷香菊

副主任 / 何晓杰 朱东方 徐水波 曹新宇 吕广彬 王怀贵 齐虎生 丁荣祥

委 员 / 王 颐 王丹涛 王明华 杜 岷 张显斌 龚进礼 金津松 郭明泉 贺跃刚
曹润生 王选中 徐延毅 张琰林 姬广坡 陈 涛 龚文龙 刘 华 刘克曼

2004/2005

编辑部

主 编 / 刘克曼

执行主编 / 冯梦晓

编辑部主任 / 程 杰

编 辑 / 郗 今 蒋泓江 马晓燕 魏 倩 王玉平 杨 舫
刘 薇 柴海燕

2004/2005

参与编写人员（按姓氏笔划排序）：

王 利 王正伟 王纯平 王彦章 马贻文 方向军
孔祥高 邓祥顺 刘海林 李万新 吴传信 肖 平
单 楠 邵佳蕊 郄 伟 徐平波 姚学义 郭淑华
彭进平 韩 品

2004/2005

2004/2005

中国棉花年鉴

CHINA COTTON ALMANAC

中储棉花信息中心 编

Edited By China National Cotton Imformation Center

中国统计出版社
China Statistics Press

（京）新登字041号

图书在版编目（CIP）数据

中国棉花年鉴. 2004／2005
／中储棉花信息中心编
—北京：中国统计出版社. 2006. 3
ISBN 7－5037－4860－5

I. 中...
II. 中...
III. 棉花－国内市场－中国－2005－年鉴
IV. F724. 722－54
中国版本图书馆CIP数据核字（2006）第020034号

中国棉花年鉴 2004／2005
作　　者／中储棉花信息中心
责任编辑／佘竞雄
装帧设计／魏　倩
出版发行／中国统计出版社
通信地址／北京市西城区月坛南街75号　邮政编码／100826
办公地址／北京市丰台区西三环南路甲6号
电　　话／（010）63459084／63266600－22500（发行部）
印　　刷／科伦克三莱印务(北京)有限公司
经　　销／新华书店
开　　本／880×1230mm　1／16
字　　数／555千字
印　　张／20. 75　16彩页
印　　数／1－1000册
版　　别／2006年4月第1版
版　　次／2006年4月第1次印刷
书　　号／ISBN 7－5037－4860－5／F. 2217
定　　价／380. 00元

版权所有。未经许可，本书的任何部分不准以任何方式在世界任何地区以任何文字翻印、拷贝、仿制或转载。
中国统计版图书，如有印装错误，本社发行部负责调换。

www.cncotton.com

国家棉花市场监测系统

National Cotton Market Monitor System

国家棉花市场监测系统是受国家委托建设的权威性棉花市场监测体系，拥有较为完善的监测网络、详尽的市场监测指标、先进的技术支持及资深的专家队伍。

监测棉花市场动态 提供可靠决策依据

- 完善的监测体系
  - 15个办事处
  - 200个监测站
  - 10000个植棉户
- 详尽的监测内容
  - 200余个监测指标
  - 产购销全面监测
  - 及时准确权威的市场报告
- 全面的数据库
  - 功能强大 结构先进
  - 技术领先 设计科学
  - 安全保障 体系完整
- 权威的专家团队
  - 官产学权威专家顾问组合

建设单位：中国储备棉管理总公司
国家发展改革委价格监测中心
承建单位：中储棉花信息中心
地　　址：北京市海淀区紫竹院路116号
嘉豪国际中心B座15层
邮政编码：100089
电　　话：010-58931122　58931136

中国储备棉管理总公司

CNCRC

CHINA NATIONAL COTTON RESERVES CORPORATION

九江直属库

HTTP://WWW.CNCRC.COM.CN

公司简介 COMPANY PROFILE

为完善中央储备棉管理体制，加强中央储备棉的管理，实现储备与经营分开，切实发挥棉花储备的宏观调控作用，经国务院批准，中国储备棉管理总公司（简称中储棉公司）于2003年3月成立。受国务院委托，中储棉公司具体负责中央储备棉的经营管理。国家发展和改革委员会对中储棉公司实行业务指导，在国家宏观调控和监督管理下，中储棉公司实行自主经营、统一核算、自负盈亏。

中储棉公司是国务院国有资产监督管理委员会直接监管的大型国有企业，注册资金10亿元。公司具有棉花进出口经营权和棉花国营贸易进出口资格。中储棉公司负责对中央储备棉经营管理系统的人、财、物实行垂直管理，公司直属储备库主要分布于全国各主要棉花产销区，初步形成布局合理、设施先进、管理规范的棉花仓储体系。

自成立以来，中储棉公司在国家有关部门的指导和支持下，扎实工作，艰苦创业，充分利用国内国际两个市场、两种资源，努力完成国家下达的棉花市场调控任务，公司改革发展取得长足进步，企业管理趋于规范，企业规模逐步扩大，企业核心竞争力不断增强，成为在国内外棉花市场具有较强影响力的企业之一。

诚信　高效　团结　进取

天津直属库鸟瞰图

经营范围
MAJOR BUSINESS

国家储备棉的购销、储存、运输、加工业务；仓储设施的租赁、服务业务；棉花储备库的建设、维修、管理；相关的信息咨询服务；自营和代理各类商品和技术的进出口；棉花国营贸易进出口。

经营宗旨
GUIDELINES

遵守国家法律法规，执行国家棉花政策，强化管理，搞活经营，不断提高企业经营管理水平和经济效益，确保国家储备棉存储安全，质量良好，调运通畅，促进国有资产的保值增值，完成国家宏观调控任务。

仓储体系
LOCATION OF WAREHOUSES

九江直属库	0792-8733508
阜阳直属库	0558-2377276
徐州直属库	0516-3508188
天津直属库	022-84988091
武汉直属库	027-81946586
兰州直属库	0931-6273808
漯河直属库	0395-3394666
泾阳直属库	0910-6381355
盐城直属库	0515-8521902
绍兴直属库	0575-8324987
青岛直属库	0532-84821930
岳阳直属库	0730-8571813
广州分公司	020-82060988

北京西城区金融街33号通泰大厦B座十二层
电　　话：010-88087306
传　　真：010-88087305
邮　　编：100032
网　　址：www.cncrc.com.cn
电子邮箱：cncrc@cncrc.com.cn

中纺棉花进出口公司

CHINATEX COTTON IMP.& EXP.CORP.

中纺棉花进出口公司是大型国有企业中国中纺集团公司的全资子公司，是一家集棉花进出口贸易和国内棉花经营于一体的大型棉花企业，也是全国棉花交易市场的第二大股东。公司拥有一支享誉业界的优秀管理团队和年轻的专业化队伍，自成立以来在中国棉花进出口贸易行业中一直保持着排头兵的地位。

公司业务范围包括：棉花进出口、代理棉花进口、棉花国内销售、棉花收购和加工、仓储业务和境内外期货套期保值业务。公司自成立以来，作为执行国家大宗棉花采购和出口业务的代理企业，长期发挥着棉花进出口的主渠道作用，承担并出色完成了国家棉花进出口统一经营的任务。

为顺应国内棉花经营体制改革和履行我国入世承诺，公司在保持原有进出口优势的同时，不断开拓国内业务，并逐渐完善经营管理机制和市场网络体系。公司在济南、南京、河北、宁波等国内棉花主产、主销区均设立有办事处，下辖控股企业有连云港中纺东耘棉花有限公司、东营河口中纺银星棉花有限公司、滨州中纺银泰实业有限公司，实现了从货源到最终销售的供应链控制。公司积极发展海外市场，并在澳洲投资农场参与棉花种植经营。凭借日益成熟的供应链控制模式，中纺棉花已形成了较为完善的市场网络体系。

作为中国入世承诺中指定的国家国有贸易代理商之一，中纺棉花将继续秉承锐意创新的经营理念，与棉花和纺织业的朋友携手共进，为中国棉花产业的发展做出更大贡献。

The Best One
You Can Trust

中国·北京

建国门内大街19号中纺大厦七层

邮　　编：100005

电　　话：86-10-85112255

86-10-65281122

传　　真：86-10-65285011

86-10-65285022

电子邮箱：cotton@chinatex.net

分支机构

济南办事处

电　　话：0531-5198120

传　　真：0531-5198118（财务）/228（业务）

通信地址：济南市马鞍山路2号山东大厦8618室

邮　　编：250002

南京办事处

电　　话：025-86899238

传　　真：025-86899241

通信地址：南京市洪武路23号隆盛大厦15层1501/02

邮　　编：210005

河北办事处

电　　话：0311-6219636 0311-6216421

传　　真：0311-6219639

通信地址：石家庄市建设北大街228号

东海国际9层A室

邮　　编：050011

宁波办事处

电　　话：0574-87717128

传　　真：0574-87708126

通信地址：宁波市百丈路168号会展中心A座4层

邮　　编：315040

中 棉 集 团
中华棉花集团有限公司
CHINA NATIONAL COTTON GROUP CORPORATION

中棉集团隶属中华全国供销合作总社，自1993年成立以来，主要承担着国家储备棉、出疆棉、进口棉的调运、保管和销售等国家政策性业务，在国家有关部门的指导下，履行了对中国国内棉花宏观调控的职责。随着棉花流通体制全面改革，中棉集团公司面向国内外市场，全力开拓经营业务，经营领域涉及棉花收购、加工、仓储、现货贸易、期货交易、电子撮合等多个相关领域，现已在全国建立了8个区域性的全资经营企业和若干控股企业，与全国80多家10万锭以上的大型纺织企业建立了良好的贸易伙伴关系。同时，通过进出口贸易，对国际棉花市场的参与程度不断提高。棉花自营规模从2001年的5万吨迅速扩大到2005年的40万吨，已初步发展成为集棉花收购、加工、销售为一体，多种经营业态并举的大型棉花流通企业集团。

2002年被农业部等9部门确定为农业产业化国家重点龙头企业。

简介

China National Cotton Group Corporation (CNCGC in abbreviation) is subject to all China federation of supply and marketing cooperatives. After the establishment of CNCGC in 1993, it has been mainly charged with governmental policy business, including the allocation, transportation, storage and sales of state-reserve cotton, ex-Xinjiang cotton and imported cotton, and carried out the duty of state macro regulation of domestic cotton market. With the all-sided reform of Chinese cotton circulation system, CNCGC, facing domestic and international market, made efforts to operate the cotton business which involves purchasing, processing, storing, transportating, physical trading, futures trading, forward e-marketing and so on. Till now, CNCGC has set up 8 regional wholly owned enterprises and numerous share-holding enterprises all over China, and has established good and stable trading partner relationship with more than 80 large-scale textile enterprises, every of which has a capacity of over 100 thousand spindles. Meanwhile, CNCGC expands its participation in the international cotton market through export and import trade. The own-operation cotton volume of CNCGC has been increased from 50 thousand tons in 2001 to 400 thousand tons in 2005, and now CNCGC has been developing to be a large-scale cotton circulation group involving cotton purchasing, processing, marketing and various forms of operating.

In 2002, CNCGC was confirmed as agricultural industrialization national key leading enterprise by nine ministries, such as ministry of agriculture, etc.

中国北京西城区金融大街33号通泰大厦C段11层　邮 编：100032

- 股东会
  - 董事会
  - 监事会
- 总裁执行层
  - 总裁办公室
  - 人力资源部
  - 计划财务部
  - 资金管理结算部
  - 期货业务部
  - 企业发展部（含储运部、审计部）
  - 国际事业部
  - 棉花配送中心
  - 棉花贸易一部
  - 棉花贸易二部
- 全资子公司
  - 中棉集团新疆棉花有限公司
  - 中棉集团阿克苏棉花有限公司
  - 中棉集团河北棉花有限公司
  - 中棉集团河南棉花有限公司
  - 中棉集团青岛棉花有限公司
  - 中棉集团上海棉花有限公司
  - 中棉集团广东棉花有限公司
  - 中棉集团廊坊储运有限公司
  - 中棉集团特色棉业有限公司
- 京外分公司
  - 中棉集团天津分公司
  - 中棉集团湖北分公司
  - 中棉集团四川分公司
  - 中棉集团大连分公司
- 控股棉花加工厂
  - 新疆克州棉业有限公司
  - 新疆博州华棉棉业有限公司
  - 新疆玛纳斯永进轧花厂
  - 新疆新和县华棉棉业有限公司
  - 甘肃民勤棉业有限公司
  - 河北南宫棉业有限公司
  - 河北辛集棉业有限公司
  - 河北武邑县华棉棉业有限公司
  - 河北廊坊市中棉棉业有限公司
  - 河南南阳华棉实业有限公司
  - 山东滨州棉业有限公司

话：01088086549/6550/6560/6581/6582 传 真：010)88086562 E-mail：master@cncgc.com 网 址：http://www.cncgc.com

CNCE

CHINA NATIONAL COTTON EXCHANGE

全国棉花交易市场

薄一波题

全国棉花交易市场由中国政府于1998年决定设立，是不以营利为目的的服务组织。全国棉花交易市场中心市场设在北京，在22个棉花主产区和主销区设立常年交易工作站，作为全国棉花交易市场的分支机构。全国棉花交易市场遵循公开、公平、公正和诚实信用的原则，主要功能是组织交易、发现价格、规避风险和传递信息，为棉花交易双方提供交易结算、实物交收、质量检验、储运、信息、咨询和人才培训等服务。

全国棉花交易市场实行会员制和交易商制。在中华人民共和国境内登记注册、具有独立法人资格的棉花经营企业、纺织企业、棉花进出口企业以及其他具有棉花经营权的企业，均可申请成为全国棉花交易市场会员或交易商。截止2005年底，全国棉花交易市场会员和交易商超过500家。

1999年10月全国棉花交易市场开始试运行，1999年12月开始接受国家委托从事国家储备棉等政策性棉花的竞卖交易，2004年8月起接受国家委托从事国家储备棉的竞买交易。截至2005年底，累计通过竞卖交易方式抛售国家政策性棉花350多万吨，通过竞买方式实现国家棉花收储近40万吨，为国家实施宏观调控作出积极贡献。

2002年12月，全国棉花交易市场推出商品棉电子撮合交易。截至2005年底，累计成交400多万吨，办理棉花入库70多万吨，实现实物交割30多万吨，涉及全国60多家指定交割仓库。与此同时，全国棉花交易市场通过仓单质押方式帮助100多家交易商融资30多亿元。商品棉电子撮合交易以交易规范、交割方便、质量和履约有保障、资金安全、能够规避价格风险等特点，受到国内涉棉企业的广泛关注和积极参与。国家有关部门领导明确要求进一步发挥全国棉花交易市场作用，逐步完善棉花市场体系。国际棉花界也给予高度评价。目前，全国棉花交易市场成交价格已成为反映中国棉花供求和价格走势的“晴雨表”，并且对国际棉花价格产生着重大影响。一个以互联网技术为基础的覆盖全国的棉花交易网络和交易体系已经基本形成。

在总结现有经验基础上，交易市场将与有关方面开展合作，促进更多交易商和交易资源入市交易，协助有关银行对贷款棉花实施规范监管，接受全国棉花质量检验体制改革协调指导小组委托，做好质量检验体制改革棉花的入库监管工作。

全国棉花交易市场将在继续完成国家政策性棉花交易的同时，以推进商品棉规范交易为中心，不断加强资金管理、仓库管理和风险管理，将交易市场逐步建成中国规模最大、现代化程度最高的棉花交易中心、信息传播中心和物流配送中心，在此基础上，通过积极吸引国际棉商成为交易商，逐步构建一个国际性的棉花中远期现货电子交易平台，进一步提高交易市场的核心竞争力和影响力，为引导我国棉花生产、流通和消费作出更大贡献。

地址：北京市西城区金融街33号通泰大厦C座12层
邮政编码：100032
电话：+8610-88087119
传真：+8610-88086733
网址：http://www.cnce.com
电子邮箱：spm@cnce.com
B-12th floor, Tongtai Building, No.33Finance Street, Beijing
100032 P.R.China
Tel:+8610-88087119
Fax:+8610-88086733
E-mail:spm@cnce.com

CHINA COTTON INDUSTRIES

中棉工业有限责任公司

China Cotton Industries, Ltd. is the leading group company in China's cotton processing industry, specializing in:

-- R&D, manufacturing and marketing of complete lines of machineries for cotton processing and cotton byproducts deeper processing

-- cotton chain management: contract cotton planting & procurement, cotton & cotton byproducts processing

-- cotton trade & marketing

-- international cooperation, import & export business

中棉工业有限责任公司是中国棉花加工工业的龙头企业集团，涉及棉花加工和棉副产品精深加工成套设备的研发、制造、营销，棉花产业化经营，棉花贸易，国际合作与进出口等业务。

sinocot

中棉工业

Guiding Cotton Farmers'
Creating New Mode for
Cotton Chain Manageme
引领棉农走向市场、创
— 中棉棉花产业化有

Add: 10th Fl., Tower B1, Chengming Mansion, No.2 South Xizhimen St.,
Xicheng District, Beijing, P. R. China 100035

地址：中国北京市西城区西直门南大街2号成铭大厦B1座10层，邮编：100035

Tel/Fax: +86-10-66139663 (Int'l) +86-10-66001945 (国内)

E-mail:postmaster@sinocot.com Website:www.sinocot.com

CHINA COTTON INDUSTRIES, LTD.

TD.

The Cradle of China's Cotton Machinery
- Handan Cotton Machinery Co., Ltd.
中国棉机的摇篮—邯郸棉机有限公司

Main Subsidiaries:
主要下属单位:

The Largest Specialized Cotton Press Manufacturer in China - Nantong Cotton Machinery Co., Ltd.
中国最大的专业打包机生产企业
— 南通棉花机械有限公司

More Value On Cotton

创造更多价值

The Only Specialized R&D Institute in China's Cotton Processing Industry - Zhengzhou Cotton & Jute Engineering Technology & Design Institute
中国棉花加工行业唯一科研机构 — 郑州棉麻工程技术设计研究所

ntation &
ess - China

模式

China's Largest Manufacturer of Complete Lines of Cottonseed Protein Processing Facilities - China Cotton -Unis Bioscience, Ltd.
中国规模最大的棉籽蛋白加工成套设备生产企业
— 北京中棉紫光生物科技有限公司

中国棉花网
CNCOTTON

中储棉花信息中心
China National Cotton Information Center

权威 *Authoritative*
全面 *Comprehensive*
及时 *Timely*
准确 *Accurate*

WWW.CNCOTTON.COM

贡献权威资讯观点
推动棉花行业进步

中国棉花网
- 全球棉花在线
- 中国棉花商务网
- 中国棉花期货网
- 信息周刊
- 每日传真
- 手机短信
- 企业投资咨询
- 企业网络技术服务
- 企业信息化建设

联系[illegible] 北京市海淀区紫竹院路116号
嘉豪国际中心B座15层
邮政编码：100089
电　　话：010-58931122　58931136
联 系 人：张福利 袁罡
客服热线：13911167400
传　　真：010-58931133
网　　址：www.cncotton.com

www.cncotton.com
中储棉花信息中

编　写　说　明

《中国棉花年鉴》由中储棉花信息中心编辑整理，是集史实性、资料性为一体的专业年鉴，也是全面实用、图文并茂的综合性年刊。

《中国棉花年鉴2004/2005》全面系统地记录了2004/2005年度中国棉花市场的发展情况。全书分为行业发展概况、主产省区概况、专论专文、统计资料、大事记、政策法规和交易规则等七个部分。

本书涉及大量数据和资料，除国家棉花市场监测系统统计数字外，主要来源于国家统计局、海关总署、美国农业部、国际棉花咨询委员会、纽约期货交易所、郑州商品交易所和中国纺织进出口商会等相关涉棉机构。

本书大部分数据按照棉花年度计算，为了体现时效性，还收录了部分2005年8月份以后形成的新数据。同时，为了增加可读性，我们对部分数据进行了二次整理，相应部分的原始数据以原出版单位为准。约稿中所涉及的数据、资料和观点，均由文章作者提供，不代表本书编委会的倾向。

在本书的编写过程中，得到了国家发展和改革委员会等主管部门的大力支持，各相关单位、地方相关机构也给予了热情的帮助，我们在此表示诚挚的感谢！

由于编写时间较紧，并囿于编辑人员水平有限，书中难免不足之处，望各位读者不吝赐教。我们将认真改进，把《中国棉花年鉴》做得更好，为中国棉花行业的发展做出应有的贡献！

《中国棉花年鉴》编委会

2006年1月

目录

第一部分　行业发展概况

第二部分　主产省区概况

第三部分　专论专文

第四部分　统计资料

第五部分　大事记

第六部分　政策法规

第七部分　交易规则

附录

行业发展概况

第一部分

棉 花 生 产

植棉面积同比大幅增加 2004/2005年度，全国棉花种植面积为8539万亩，三大棉区中黄河流域增幅最大，为4312万亩，同比增加12.9%；长江流域为2252万亩，同比增加9.78%；西北内陆棉区继续保持稳定发展的势头，当年植棉面积为1808万亩，同比增加8.81%。

表1—1 2004年我国各棉区棉花种植面积和产量

单位：万亩、万吨

棉　区	面　积			产　量		
	2003年	2004年	增减	2003年	2004年	增减
长江流域	2052	2252	9.78%	114	165	44.76%
黄河流域	3819	4312	12.90%	192	263	37.09%
北部特早熟	112	138	23.26%	10	13	27.38%
西北内陆	1661	1808	8.81%	169	189	12.24%
其　它	20	26	26.74%	1	2	52.75%
全国合计	7666	8539	11.39%	486	632	30.11%

资料来源：国家统计局。

总产创历史记录，单产居世界前列 2004年，我国棉花生产创历史最高水平，总产量达到632万吨，同比增幅为30.11%。其中黄河流域产量为263万吨，长江流域产量为165万吨，同比增长分别为37%和45%。分省看，2003年受灾严重减产的各省市产量均有大幅增长，不少地区同比增幅超过了70%，其中江苏省同比增长72.86%，河南省同比增长80%。

在2004年度棉花生长的几个关键时期，气候条件总体有利，棉花生长后期黄河流域、长江流域棉区光照充足，气候干燥，有利于棉花后期生长和采摘，加上棉农生产投入扎实，当年全国单产水平平均为74公斤，高出世界平均水平28公斤，是主要产棉国中单产水平最高的国家。

种植品种改良，单产水平提高 转基因抗虫棉自上世纪90年代中后期引进并成功推广后，以其抗虫、高产、优质和种植使用安全等特性得到广大棉农的认可，目前已是棉花生产中的“主角”。据农业部有关统计，2004年我国转基因抗虫棉种植面积达到5900多万亩，占总播种面积的68%，比本世纪初仅200多万亩提高了近30倍。近年来转基因抗虫棉的广泛推广，是我国棉花单产水平居世界前列的主要原因。

棉农植棉效益不增反降 2004年棉农收益处于近年来的中等偏低水平。据农业部有关调查，2004年度棉农每亩棉花平均减税纯收益为285元，成本收益率为47.6%，比上年下降43.7%。目前我国棉花商品率在95%以上，棉农收益受市场价格变化的影响相当大。收益水平下降的原因主要有两方面：一是收购价格下降，2004年度农户棉花平均收购价格为527元/担，较2003年度的764元/担减少31%。二是农资价格上涨。据调查，由于农资价格上涨，当年棉农每亩物质成本平均增加40元左右。

（农业部农村经济研究中心 杜 珉）

棉 花 购 销

经过2003/2004年度棉价大起大落，企业“大喜大悲”之后，2004/2005年度棉花购销主要特点是：收购企业及纺织企业十分谨慎，籽棉季节性收购淡出，不少省区籽棉收购一直延续到2005年5月份。纺织企业的原棉库存保持较低水平，据相关调查，不少企业把棉花库存控制在1—3个月的水平，往年大量存棉的现象已不多见。总体看，2004年度国内棉花购销市场出现了棉企慎收、纺企慎购的局面。

棉花购销价格低开高走。2005年10月份以后，收购价格不断走低，10月25日跌至年度最低点，当日籽棉收购均价为2.05元/斤，部分地区跌至2元/斤以下，中国棉花收购价格指数(CNCotton S)为9433元/吨，较年度平均水平11054元/吨低1621元/吨。2004年12月份以后，特别是到了2005年元旦后，收购价格开始温和上扬。2005年5月初，中国棉花收购价格指数上涨至12937元/吨，高出年度低点3504元/吨。

与收购价格走势类似，当年新棉销售价格也在年度初期跌入低谷，内地标准级棉价(国家棉花价格B指数)在12月中下旬跌至最低点11181元/吨。国内棉价的低迷状态在2005年元旦以后改观，价格开始温和走强。2005年5月初内地标准级棉价上扬至13700元/吨以上，之后在13700—14000元/吨区间盘整到年度末。

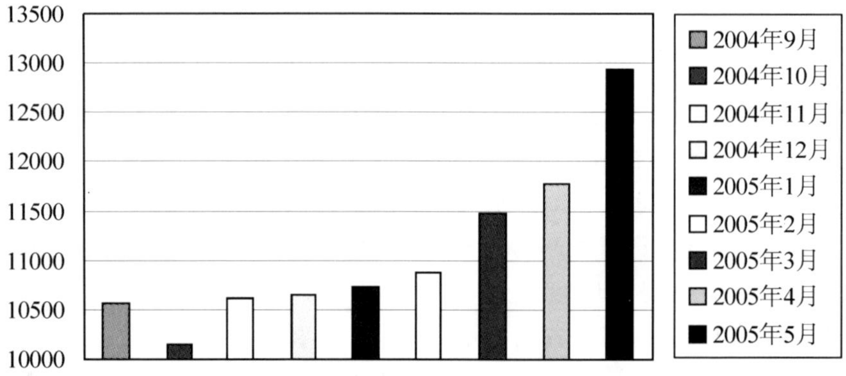

图1—1 2004/2005年度中国棉花收购价格指数月均价

2004/2005年度棉花购销市场特点突出，主要表现在以下几个方面：一是籽棉品质明显提高。二是规模上市较正常年份推迟一个月左右。三是棉企慎收，进度缓慢。当年棉花收购企业风险意识较强，加上棉农惜售，收购一直持续到2005年5月份。四是农发行贷款力度加大。据统计，当年农发行累计发放收购贷款271亿元，支持企业收购皮棉5017万担，同比多发贷款141亿元，多收2663万担。五是市场成交缓慢，价格波动较上年平缓。由于涉棉企业资金普遍偏紧，收购企业库存不多，纺织企业为控制风险，节约资金，保持少量购棉。

（中储棉花信息中心　马晓燕）

棉　花　加　工

对国内棉花加工行业来说，棉花质量检验体制改革试点工作的顺利推进是2004/2005年度的一件大事。当年棉花加工工业发展趋势和特点总体可以概括为：质检改革试点工作圆满完成，政策导向作用显现，投资趋于冷静，国际国内合作加强，市场竞争加剧。

质检改革试点工作圆满完成　一是成功研制了大型棉花打包机成套装置、自动扦样装置、棉包夹包车、棉包条码信息管理系统、棉包回潮率在线检测装置和棉花异性纤维识别排除装置，完善了籽棉烘干机，这些设备和仪器的研制成功和推广使用为改革试点工作提供了强大的技术支撑。二是制订和完善了相关标准和制度。编制、修订了《大型棉包条形码统一编码规则》、《棉花质量检验体制改革加工企业基本技术要求》、《仪器化公证检验棉花包装技术要求》、《公证检验棉花专业仓储监管暂行办法》和《公证检验棉花专业仓储监管仓库基本条件》等重要文件，为试点改革的顺利进行提供了相应的法规保障。

加工企业试点取得明显成效　本年度共有14家棉花加工企业参加了改革试点。各试点企业改用大包包型，按规定程序在加工环节取样并由纤维检验部门实行仪器化公证检验，对成包皮棉逐包编码、实行信息化管理等。试点企业克服困难，在很短的时间内按照有关技术规程的要求，及时配备压力400吨大型打包机及其辅助设备并进行调试。在整个棉花加工季节，设备运转基本正常，14家企业累计加工13万包皮棉。

政策导向作用显现，投资趋于冷静　虽然2004/2005年度仅是改革的试点年度，但随着质量检验体制改革被越来越多的业内人士所了解和接受，本年度棉花加工企业增幅比前几年有明显下降。民间资本在棉花加工业新增投资更加理智和谨慎，在年度后期尤为明显。按照棉花加工行业的惯例，3—9月份是棉花加工企业进行技术改造和设备购置的高峰期，但是从国内几个主要的棉机设备生产企业的销售情况看，2005年3—9月，棉机产品销售额同比降低了20％—30％。

在2005年的棉机市场中，不符合棉花质量检验体制改革要求的主机和附属设备销售量锐减，符合质量检验体制改革要求的主机和附属设备销量逐渐增加，具有一定实力的棉机企业显示出了相应的优势。

国际国内合作加强，市场竞争加剧　国际棉商大举进入中国，加速了国内企业的整合和产业链延伸。中国棉花市场已与世界棉花市场紧密地联系在一起，是世界上棉花市场最活跃的国家，越来越多的国际知名棉花企业通过在中国设立办事处等形式，加快向中国棉花市场渗透的步伐。国内一些具备一定实力的棉花流通集团公司，也在前几年的基础上，继续向产业链上游发展，通过代加工、承包加工厂、控股、购买和新建棉花加工企业，加速进入棉花加工市场，为掌握资源，争取市场竞争的主动权打下了基础，也促进了我国棉花加工业的整合和提高。

国内外棉机制造行业合作步伐加快，提升了市场竞争的层次和内涵。中棉工业有限责任公司继2002年控股收购南通棉花机械有限公司后，又于2005年控股了邯郸棉机有限公司，大大增强了中棉工业有限责任公司的实力和核心竞争力。2005年，美国大陆鹰棉机公司与山东天鹅棉业机械股份有限公司合作，美国拉玛斯公司在中国天津设立了全资子公司——拉玛斯机械技术（天津）有限公司，国内棉机市场的竞争日益加剧，新的棉机制造行业格局正在形成。

（中棉工业有限责任公司　王　颐）

棉 花 检 验

通过对384万吨国产细绒棉公证检验数据的分析了解到，2004/2005年度国产棉品质同比有所提高，但仍低于2001/2002年度、2002/2003年度的水平。说明受近年棉花收购市场主体多元化、混等混级收购等因素的影响，国产棉品级指标总体下降，高等级棉花难以满足国内纺织用棉需求。

平均品级　2004/2005年度，各主产省产棉平均品级均大于3级，全国平均为3.34级，同比减小0.17级(品级指标绝对数值小的品质好，下同)，分别较2001年、2002年增大0.44级和0.42级。与2003年度相比，甘肃棉平均为3.69级，增大0.2级，新疆棉平均品级指标比较稳定，为3.07级，内地各主产省平均品级指标较上年也有较大好转，其中安徽棉平均品级指标最好，为3.04级，湖南棉该项指标仅为4.12级。

高等级棉比重低于正常年份　2004/2005年度全国1－2级棉比重为16.82％，同比上升1.33个百分点。比2001/2002年度下降18.06个百分点，比2002/2003年度下降18.33个百分点。与2003/2004年度相比，新疆、湖北、湖南、甘肃1－2级棉比例下降，其余主产省比例上升，其中江苏棉为19.07％，同比上升15.42个百分点。新疆1－2级棉占比最大，为28.73％。湖南1－2级棉占比重最小，仅为1.17％。

标准级以上棉花比重上升　2004/2005年度，全国1—3级棉比例为60.42％，同比上升9.70个百分点，但比2002/2003年度下降15.71个百分点，比2001/2002年度下降16.97个百分点。2004/2005年度，除甘肃外，各主产省标准级以上棉花比重均有上升，其中江苏上升幅度最大，为72.4％，较上年上升38.48个百分点。安徽1－3级棉比例最高，为74.51％，湖南最低，为24.80％。

纤维长度　2004/2005年度国产棉平均长度为28.56mm，同比增加0.09mm。其中长度在30mm以上的比例为2.88％，同比下降2.79个百分点，28mm以上的比例为88.82％，同比上升3.37个百分点。

分省看，新疆棉平均长度指标与上年持平，为28.56mm，河北、甘肃棉略有下降，其它主产棉省均有所上升。江苏棉平均长度28.97mm，居全国首位，河北省平均长度为28.9mm，平均长度最短的是甘肃棉，为27.69mm。

异性纤维状况好转。2004棉花年度，全国公检细绒棉发现异性纤维的比例按重量计算为20.95％，同比减少2.94个百分点。各主产省产棉发现的异性纤维比例均较2003年度下降。河南棉异性纤维比例在连续三年持续增长后，下降为47.13％，新疆棉的该项指标最低，为10.11％。湖北、河南、湖南、江西棉异性纤维问题较严重，有异性纤维的比例在35％以上。

马克隆值　2004年度，全国主体马克隆值为A级的棉花所占比例为38.12％，同比增长0.68个百分点。其中河南、山东、湖北、湖南、甘肃高于全国平均水平，山东棉主体马克隆值A级比例最高，为50.63％。而湖北、湖南、江西较低，在20％以下。

(中国纤维检验局)

棉 花 进 出 口

2004/2005年度,我国棉花进口量为166万吨,较2003/2004年度减少33万吨,减幅为16%。其中一般贸易方式进口86万吨,较2003/2004年度减少28万吨,减幅24%;其他贸易方式进口80万吨,较2003/2004年度减少5万吨,减幅6%。棉花出口量为5896吨,较2003/2004年度减少2.8万吨,减幅为83%。其中一般贸易方式出口3202吨,较2003/2004年度减少2732吨,减幅46%,其他贸易方式出口2694吨,较2003/2004年度减少2.5万吨,减幅90%。

棉花进口集中在当年度中后期 2004年9月到2005年3月,我国累计进口棉花45.5万吨,占年度棉花进口总量的27.4%,平均每月进口6.5万吨;2005年4月—8月,我国累计进口棉花120.5万吨,占年度棉花进口总量的72.6%,平均每月进口24.1万吨。

进口棉以美棉为主 2004/2005年度,我国共进口美棉83.7万吨,占棉花进口总量的50.4%。乌兹别克斯坦棉位居第二,为25.5万吨,占年度棉花进口总量的15.4%。

青岛、上海和天津为进口棉花的主要港口 2004/2005年度,通过青岛、上海和天津这三个港口进口的棉花数量为65.2万吨、46万吨和22万吨,分别占我国棉花进口总量的39.3%、27.7%和13.3%。

棉花出口以新疆棉为主 2004/2005年度,新疆地区出口棉花2043吨,占年度棉花出口总量的35%,为全国之冠。其次是山东省,棉花出口量为857吨,占年度棉花出口总量的15%

(中储棉花信息中心 郝 今)

棉 花 库 存

期初库存略有增加,期末库存大幅下降 据中国棉花网预测分析2003/2004年度全国棉花产需缺口180万吨,当年进口量达到199万吨,期末库存较2002/2003年度增加了16万吨,为257万吨,库存消费比0.38,2004/2005年度,国内产需缺口进一步加大,达到237万吨,加上当年实际进口量较上年有所下降,仅为166万吨,进口量的减少以及国内用棉的增加使得当年的期末库存大幅下降至185万吨,期末库存消费比0.21%。

工业库存基本稳定,商业库存平稳消耗 根据国家棉花市场监测系统库存调查,2004/2005年度国内用棉量继续呈现上升趋势,2004年9月到2005年5月的9个月中,我国共进口外棉78.59万吨,在此期间纺纱用棉主要以国棉为主,全国商业库存平均每月以70万吨的速度减少,全国工业库存基本维持在一个半月左右。从2005年6月份开始,我国加大了外棉进口速度,6、7、8三个月共进口外棉87.37万吨,不过6、7月份全国工业库存仍然维持在一个半月左右。进入8月份后,由于国内资源进一步趋紧,全国工业库存开始下降,较前期减少约10天。

总体来看,2004/2005年度由于全国纺纱产量又创新高，纺纱用棉量大幅增加，而前期进口比较缓慢，国内商业库存消耗较快，虽然年度后三个月进口量大增，但也没能改变期末库存大幅下降的状况。

（中储棉花信息中心　马晓燕）

国际棉花市场

棉花生产　2004/2005 年度，全球棉花种植面积为 5.4 亿亩，平均单产为 48.4 公斤，全球棉花产量达到了 2609 万吨，以上三项指标均创下历史最高记录(图 1—2、图 1—3、图 1—4)。

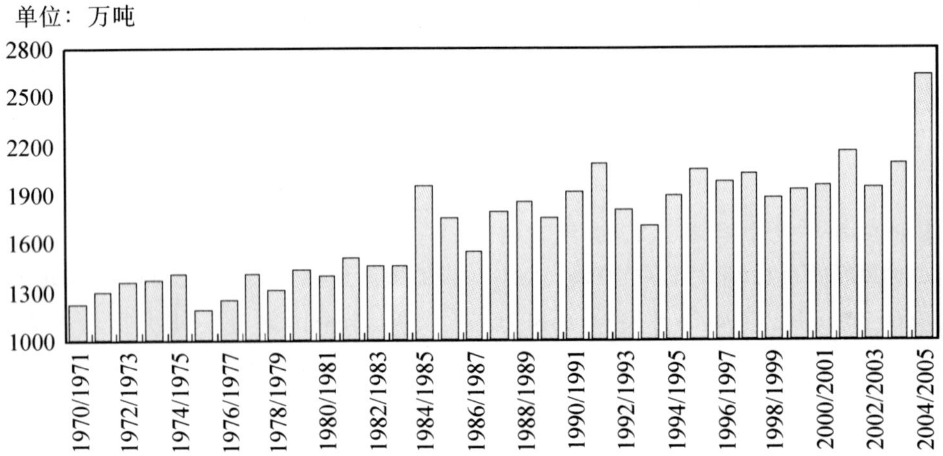

图 1—2　全球棉花产量

资料来源：美国农业部。

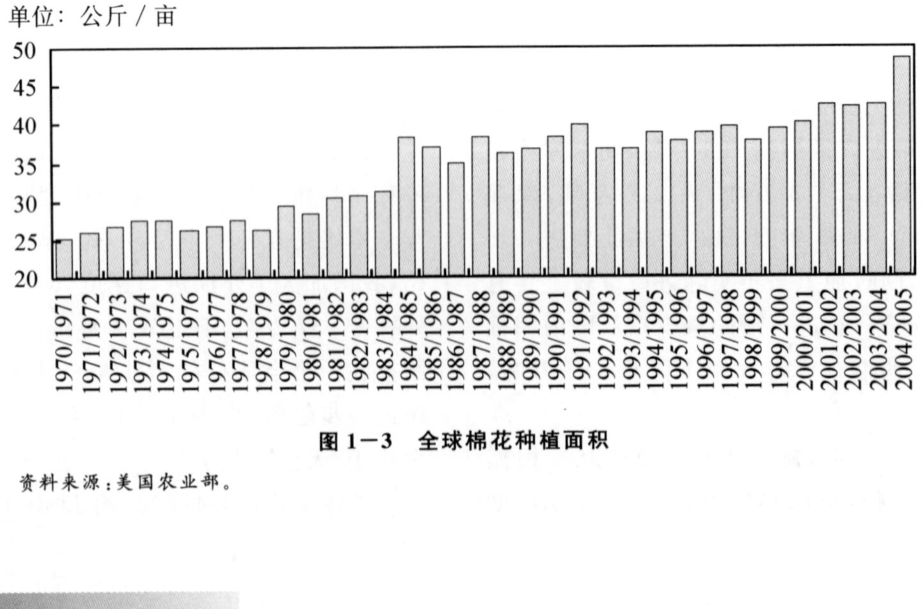

图 1—3　全球棉花种植面积

资料来源：美国农业部。

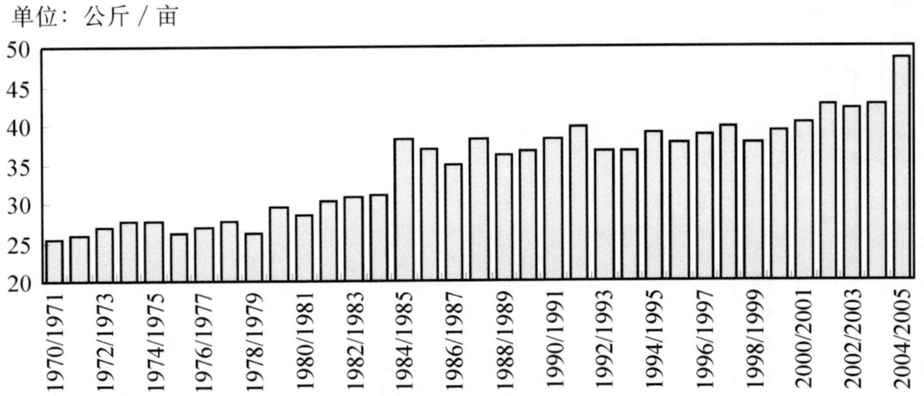

图 1—4 全球棉花单产

资料来源：美国农业部。

中国、美国、印度、巴基斯坦、巴西是全球棉花生产最多的国家。其中中国棉花种植面积为 8535 万亩，单产 74 公斤，产量 632 万吨；美国棉花种植面积为 7926 万亩，单产 64 公斤，产量 506 万吨；印度棉花种植面积为 1.35 亿亩，单产 30 公斤，产量 405 万吨；巴基斯坦棉花种植面积为 4785 万亩，单产 51 公斤，产量 246 万吨；巴西棉花种植面积为 1758 万亩，单产 74 公斤，产量 131 万吨。

棉花消费 2004/2005 年度，全球棉花消费量为 2353 万吨，达到历史最高水平(图 1—5)，其中中国的棉花消费量为 827 万吨(图 1—6)，印度棉花消费量为 327 万吨，巴基斯坦的消费量为 229 万吨，土耳其的消费量为 152 万吨，巴西的消费量为 91 万吨。中国的消费量比印度、巴基斯坦、土耳其和巴西的棉花消费量之和还要多，占全球棉花消费量的 35％。

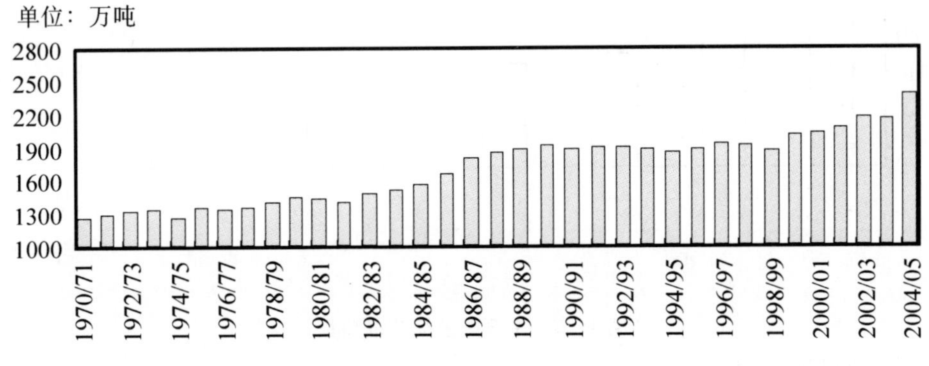

图 1—5 全球棉花消费量变化图

资料来源：美国农业部。

棉花进口 2004/2005 年度，全球棉花进口量为 712 万吨(图 1—7)，中国、土耳其、印度尼西亚、泰国和墨西哥名列前 5 名，其中中国棉花进口量为 139 万吨，土耳其进口 78 万吨，印度尼西亚进口 52 万吨，泰国进口 48 万吨，墨西哥进口 37 万吨。

棉花出口 2004/2005 年度，全球棉花出口量为 751 万吨，其中美国的棉花出口量为 305 万吨(图 1—8)，占全球棉花出口量的 41％，几乎相当于中亚、西非、澳大利亚、巴西和印度的棉花出口量之和。美棉对中国的净出口签约量为 101 万吨，约占美棉净出口

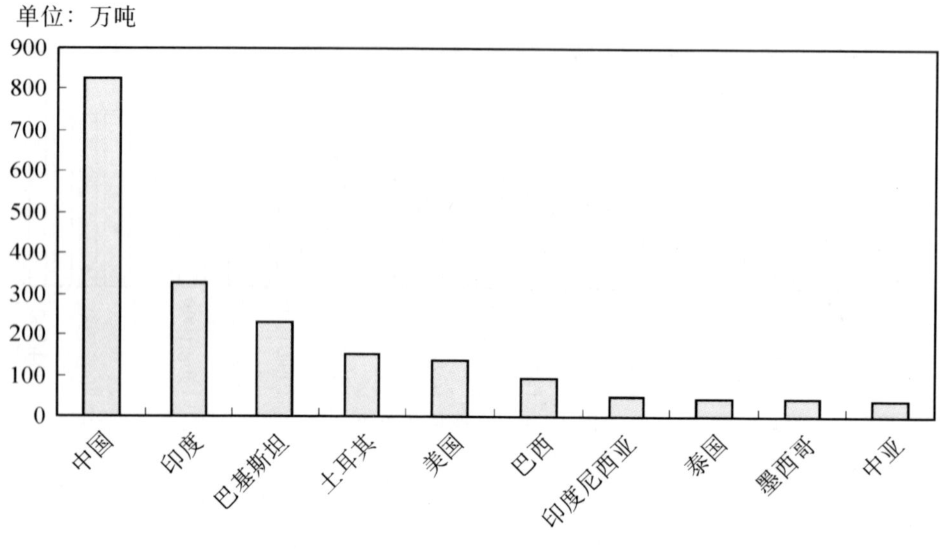

图 1—6 主要国家和地区棉花消费量

资料来源：美国农业部。

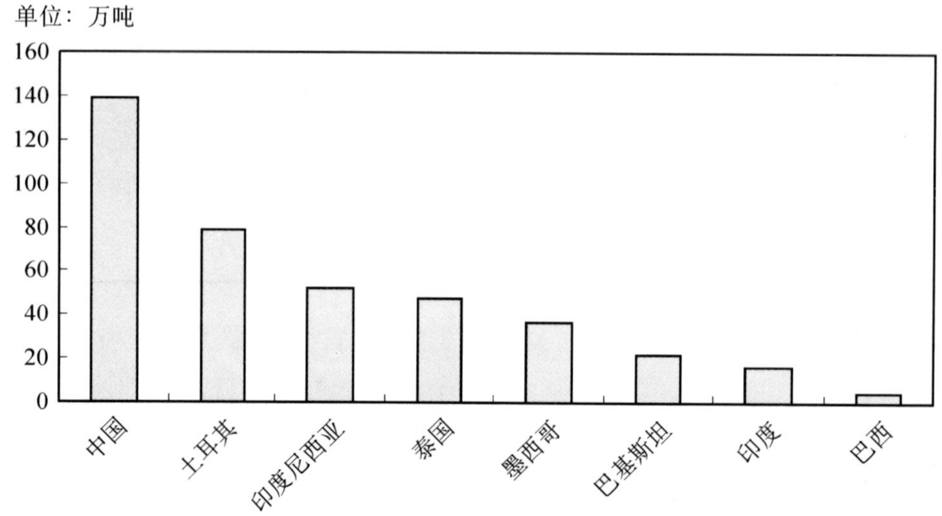

图 1—7 主要国家棉花进口量

资料来源：美国农业部。

签约总量的 1/3（图 1—9）；美棉对中国的出口装运量为 74 万吨，占美棉出口装运总量的 24%（图 1—10）。

棉花价格 2004/2005 年度国际棉价出现了 3 个高点。第一个高点出现在 2004 年 8 月 24 日（图 1—11），国际棉花指数（M）为 56.30 美分/磅；第二个高点出现在 2005 年 4 月 27 日，国际棉花指数（M）为 57 美分/磅；第三个高点出现在 7 月 8 日，国际棉花指数（M）为 55.98 美分/磅。

2004/2005 年度，作为全球最大的棉花消费国和进口国，中国仍是影响国际棉价的一个主要因素。值得注意的是，2003/2004 年度，国际棉价走势与中国棉花进口量的变化基本一致，即在中国棉花进口量增长时，国际棉价随之上涨；反之则下跌。而在 2004/2005 年度，二者的变化并不一致。2004 年 8 月至 2005 年 7 月，中国的棉花进口量基本上呈递增趋势，而国际棉价没有随之连续上涨（图 1—12）。

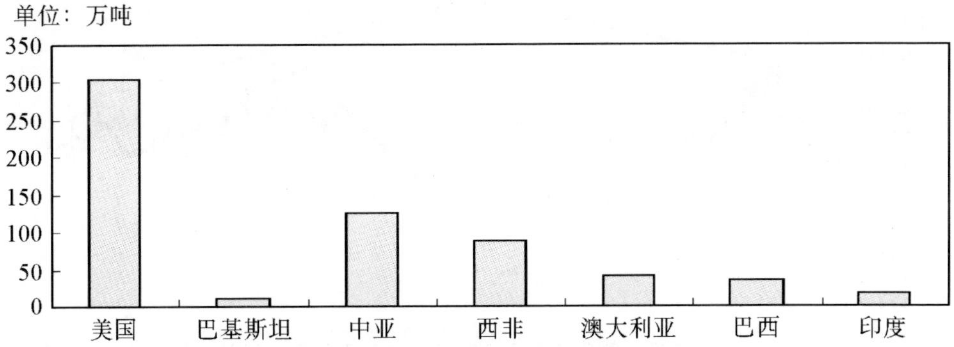

图 1—8 主要国家和地区棉花出口量

资料来源：美国农业部。

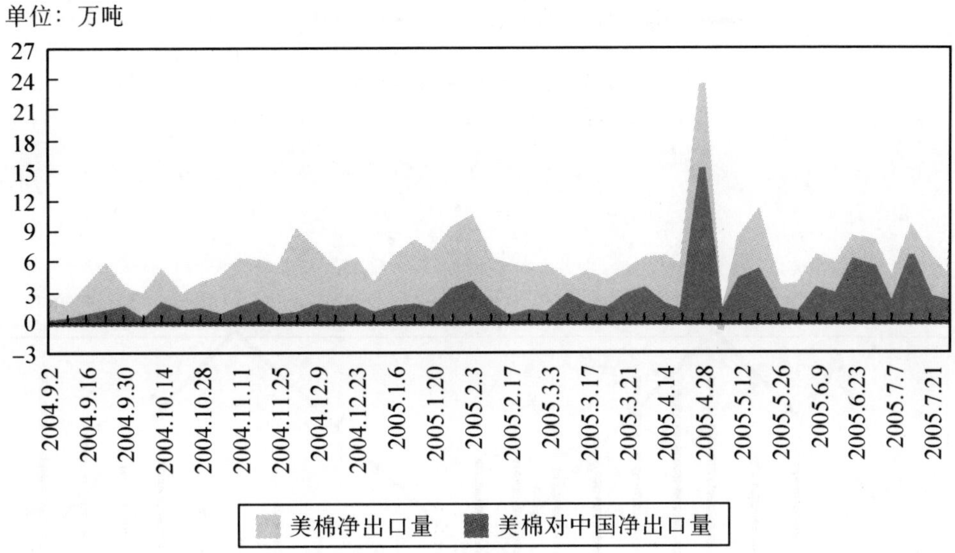

图 1—9 美棉净出口量

资料来源：美国农业部。

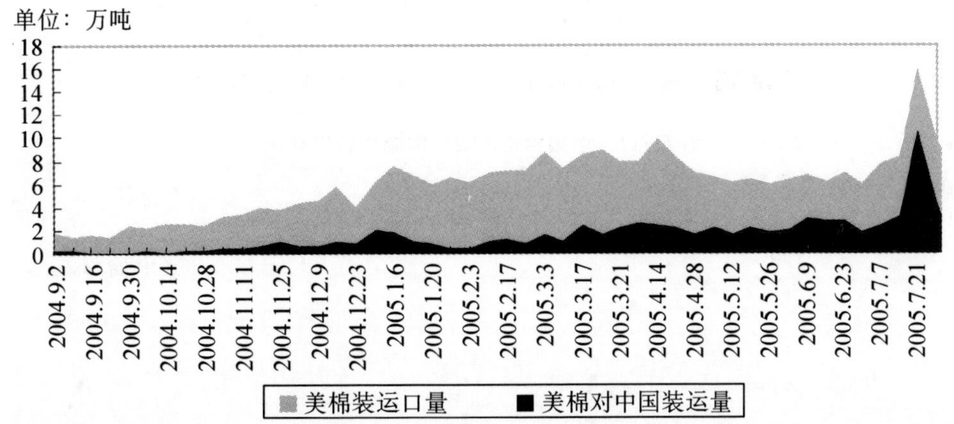

图 1—10 美棉出口装运量

资料来源：美国农业部。

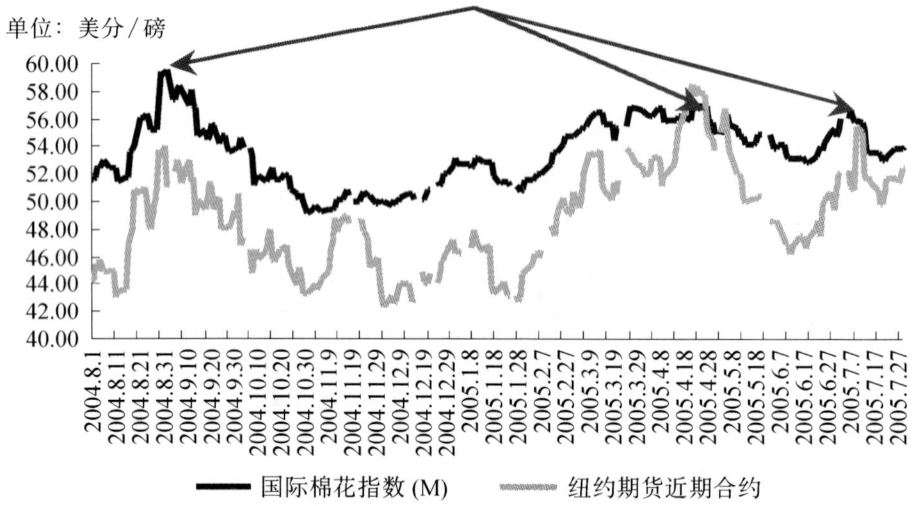

图 1—11 国际棉价走势图

资料来源：美国纽约期货交易所，中国棉花网。

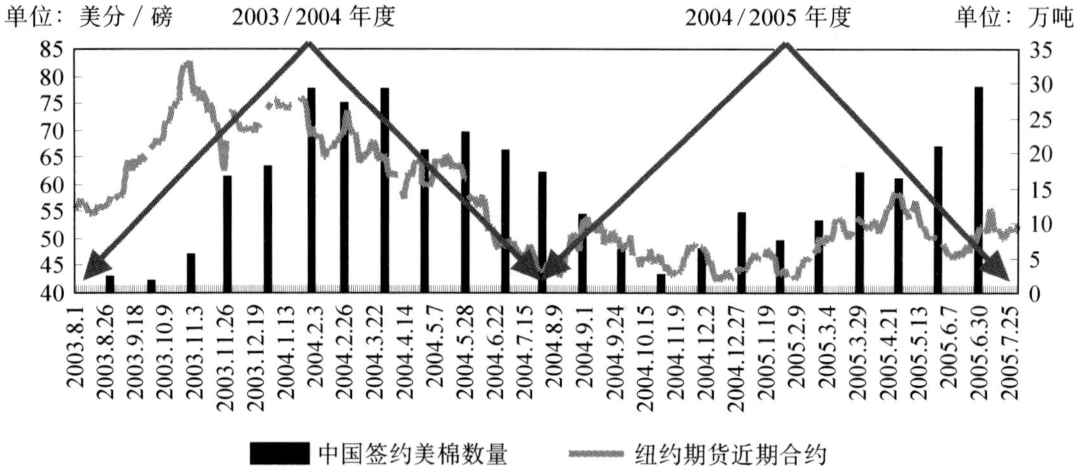

图 1—12 中国棉花进口及国际棉价变化图

资料来源：美国纽约期货交易所，美国农业部。

（中储棉花信息中心 郝 今）

主产省区概况

第二部分

新疆维吾尔自治区

1. 播种面积

据新疆自治区统计局统计，2004/2005 年度全区棉花种植面积 1691.3 万亩，比上年增加 135.7 万亩，增 8.7%。其中自治区地方 983.2 万亩，生产建设兵团 708.1 万亩。喀什地区 257.8 万亩，阿克苏地区 241 万亩，巴音郭楞蒙古自治州 128 万亩，伊犁哈萨克自治州 113 万亩，昌吉回族自治州 110 万亩，塔城地区 103 万亩，博尔塔拉蒙古自治州 45 万亩，和田地区 35 万亩，吐鲁番地区 21 万亩。

2004/2005 年度，新疆长绒棉面积 105.9 万亩，比上年增加 0.7 万亩。其中地方 53.1 万亩，主要集中在阿克苏地区有 44.5 万亩；生产建设兵团 52.8 万亩。

2. 单产和总产

据自治区统计局统计，2004/2005 年度全区平均亩产 103.6 公斤，比上年增加 0.7 公斤。其中自治区地方亩产 109 公斤，生产建设兵团 124 公斤。全区棉花总产 175.3 万吨，比上年增加 15.3 万吨，增幅 9.5%。

3. 植棉成本

自治区地方平均每亩植棉总成本 952.26 元，包括：(一)生产成本 743.23 元，其中物质与服务费用 423.07 万元，人工成本 320.16 万元；(二)土地成本 209.03 元。每亩平均用工 17.7 日。每 50 公斤总成本 420 元，其中生产成本 327.81 元。全区地方棉花平均商品率 99.7%。

4. 主要品种

2004 年自治区地方主要棉花品种是中棉 35，播种面积约占地方棉花总面积的 30%。其他主要品种依次是新陆早 12 号占 10%，豫棉 15 占 8%，新陆早 13 号占 7.9%，新陆早 7 号占 3.2%，新海 21 号、14 号、彩棉、新陆早 4 号、8 号分别占 2.6%—2.2%，其他品种占 25%左右。

(方向军)

山　东　省

一、棉花生产

1. 播种面积

据省统计局统计，2004/2005 年度全省棉花种植面积 1588 万亩，比上年增加 266 万亩，增长 20.1%，棉花播种面积占全国棉花面积比重 18.3%，为近十年来最高。

1995—1999 年，山东棉花播种面积处在历史较低水平，棉花播种面积在 530—720 万亩之间，所占全国比重在 7%—9%，2000 年以来，山东棉花生产渐趋回升，2003 年棉花播种面积达到 1322 万亩，占全国播种面积的 17.9%。受 2003 年棉花价格较高影响，2004 年棉农种棉积极性增长，棉花播种面积达到近 10 年最高水平。山东棉花产量列新疆之后，成为全国第二大产棉省。

山东棉花生产受棉花价格影响较大，呈现出大起大落的状况。近 10 年来，山东棉花面积波动幅度巨大，相邻年份最高波动比 58.7%，最低波动比为

4.5%，从1995年到2004年10年间，波动幅度超过两位数的有9年，2002年的波动幅度9.6%，也接近两位数；波动幅度超过15%的有8年，1999年的波动幅度是13.4%；波动幅度超过20%的有5年；超过25%的有4年；超过30%的有2年，2001年的波动幅度为29.3%；超过50%的有1年。最高年份棉花面积是最低年份的2.95倍。

山东棉花面积的增减幅度对全国棉花面积的增减有较大的影响。近几年来这种影响尤其明显。如2001年山东增长29%，全国增长19%；2003年全省增长32.6%，全国增长22.1%；2004年全省增长20.1%，全国增长12.8%。

表2—1 1995—2004年山东和全国棉花面积同比增减幅度

单位：%

地区	1995	1996	1997	1998	1999	2000	2001	2002	2003	2004
山东	—16	—27.7	—17.8	4.5	—13.4	58.7	29.3	—9.6	32.6	20.1
全国	—1.92	—12.9	—4.88	—0.7	—15.9	7.8	19	—13	22.1	12.8

资料来源：综合相关统计部门数据整理。

2. 单产和总产

据省统计局统计，全省棉花亩产69.1公斤，比上年增长4.2%；总产109.8万吨，比上年增长25.2%，为近十年来最高，占全国的17.4%，曾有7.7%的较低比重年份，最高年份的比重占全国的1/6强，年均比重占13.5%。

3. 种植成本

2004年每亩棉花主副产品产值为891.20元，总成本为737.89元，其中生产成本为666.38元，土地成本为71.51元，净利润为153.31元。

4. 主要品种

主要棉花播种品种为99B，鲁棉研15、16、17、18、20、21、22，山农大丰抗6号等。

在山东省棉花协会的倡导和指导下，全省供销社系统加紧棉花协会的组建工作。2004/2005棉花年度，全省已成立8个市棉花协会，25个县协会。其中主产棉区除菏泽市棉花协会还在筹备外，其他都已成立了协会，8个市棉花协会有6个市协会由供销社主管，25个县协会大多数由供销发起组建。

二、棉花消费

1. 2004年山东棉纺工业拥有纱锭1500万锭，棉纱产量264万吨，同比增长42%，纺织用棉180万吨，同比增长26%。

表2—2 1998—2005年山东纺织行业有关情况

指标	1998	1999	2000	2001	2002	2003	2004
纱锭（万锭）	540	530	550	630	900	1300	1500
纺织投资（亿元）	8.28	12.9	19.34	57.11	83.76	196.97	
纱产量（万吨）	68.59	79.4	94.43	119.15	142.26	186.7	264.05
纺织用棉（万吨）	46.26	57.02	76.48	98.25	115	143	180
纺织出口（亿美元）	27.05	35	47.02	51.59	58.6	74.7	

资料来源：综合山东省统计局及相关部门数据整理。

注：1998—2000年纺织投资为纺织系统内统计数据。

2. 增速快，规模大

山东近年棉纺织工业发展速度远高于全国发展水平，棉纱产量由1998年的64.55万吨增长到2004年的264万吨，增长了4倍多，同期全国增长了2.16倍。2003年以来保持了30%以上的发展增速，2004年纱产量首次超过江苏成为全国第一纺织大省，约占全国的1/4。棉布产量由2000年的12.8亿米发展到2004年的40.9亿米，5年间增长3.8

倍，占全国的26.7%，超过1/4。

3. 产销好，效益增

表2－3　山东近年纺织工业有关数据

年份	销售收入（亿元）	利润额（亿元）	产销率（%）
2001	937	40.3	
2002	1107	50.7	97.81
2003	1514	80	98
2004	2207	113.06	98.59

资料来源：山东省统计局。

4. 投资大，后劲足

2001年以来，纺织企业投资保持了较高的水平，2001年投资57.11亿元，2002年投资83.76亿元，2003年投资196.97亿元，2004年到2005年上半年，全省纺织服装项目投产92项，总投资185.14亿元，5年新增投资总额523亿元。2004－2005年投资项目中，其中2亿元以上的项目30个，投产后年新增销售收入319.76亿元，年增利税43.69亿元，对全省纺织经济的发展将起到巨大的推动作用。投资项目中，科技含量、技术含量大大提高。

5. 产业集群，已形成国内甚至世界范围内有影响力的品牌企业

以知名企业为依托的魏桥、即发、如意、鲁泰、兰雁等纺织服装园已颇具规模。在中国纺织工业协会等九部门发布的2004/2005年度中国纺织各行业竞争力排名中，棉纺行业前20强中全省占7席，魏桥集团已成长为世界一流的纺织企业。

6. 出口形势好，出口地区结构受当前贸易摩擦影响小

2004年，全省纺织服装出口创汇89.13亿美元，同比增长18.56%，其中纺织品出口创汇40.88亿元，同比增长17.5%，出口形势很好。亚洲、欧州、北美州是山东省纺织服装出口主要地区，出口份额分别占全行业的61.54%、15.66%、13.62%，出口方向以亚洲为主，较好地规避了欧美贸易摩擦。

7. 山东棉花产不足需，缺口越来越大

山东虽然在全国是产棉大省，约占全国产量的1/6，但山东纺织工业的发展远超棉花生产的发展，纺织用棉从1998年46万吨，增长到2004年的180万吨，缺口年年存在，且有逐步扩大的趋势。

表2－4　1998－2004年山东棉花产量与纺织用棉量及缺口

单位：万吨

项目	1998	1999	2000	2001	2002	2003	2004
产棉	41.25	33.9	58.95	78.1	72.2	87.7	109
用棉	46.26	57.02	76.48	98.25	115	143	180
缺口	5	23	17.5	20.1	42.8	55.3	71

资料来源：根据山东省统计局数据加工整理。

（孔祥高）

河　南　省

一、棉花生产

1. 播种面积和产量

据省统计局统计，2004/2005年度全省棉花种植面积1427.7万亩，平均亩产47.4公斤，总产67.7万吨。

2. 种植成本

根据省物价局工农业生产成本调查队调查，2004/2005年度河南省棉花平均种植成本为686.19元(其中包括农膜、棉种、肥料、农药、灌溉等相关费用)。当年度棉花平均产值1089.2元/亩，其中：主产品产值925.82元，副产品产值163.38元；生产成本为599.52元，土地成本为86.67元；净利润为403.01元。

3. 主要品种

与上年度相比，河南省棉花种植品种有所更新，

高产优良品种的种植面积逐年扩大。主要种植品种有豫棉 19 号、中棉所 41、豫棉杂 1 号、豫杂 35、中棉 29 号、豫 668、标杂 A1、中棉所 45、岱字棉 99B、中棉 30 号等。

表 2—5 2004/2005 年度河南省棉花种植成本收益表

单位:元/亩

<table>
<tr><td rowspan="2">产值合计
1089.2</td><td colspan="3">主产品 903.6</td></tr>
<tr><td colspan="3">副产品 185.6</td></tr>
<tr><td rowspan="6">总成本
686.19</td><td rowspan="4">生产成本
599.52</td><td rowspan="2">物质及服务费用
282.49</td><td>直接费用 245.32</td></tr>
<tr><td>间接费用 37.17</td></tr>
<tr><td rowspan="2">人工成本
317.03</td><td>家庭用工折价 310.43</td></tr>
<tr><td>雇工费用 6.6</td></tr>
<tr><td rowspan="2">土地成本
86.67</td><td colspan="2">流转地租金 7.83</td></tr>
<tr><td colspan="2">自营地折租 78.84</td></tr>
<tr><td>净利润</td><td colspan="3">403.01</td></tr>
</table>

资料来源:2005 全国农产品成本收益资料汇编。

二、棉花消费

近年来河南省纺织工业逐渐发展成为具有相当规模、门类齐全的产业。随着纺织工业规模扩大,用棉量也随之提高。据省统计局统计,全省 2004 年拥有纱锭 900 万锭,当年纺纱产量为 125.26 万吨,用棉量达到 76 万吨。大中型企业在全省纺织企业中所占比例仍旧较小。据省棉纺织行业协会统计,到 2005 年 9 月,大型纺织企业数量仅占全省纺织工业企业数量的 2.8%,其创造的利润却达到全省纺织工业企业利润总额的 41.3%。

(姚学义)

河　北　省

一、棉花生产

1. 棉花面积

2004/2005 年度河北省棉花生产总的特点是"三增一高",即播种面积、单产、总产量增加,质量提高。据省统计局统计,全省棉花种植面积 1003.7 万亩,比上年增加 131.6 万亩,增长 15.1%。河北省位于黄河流域棉区,是我国主要产棉省之一。棉花已成为河北省的主要经济作物,是广大棉农收入的基本来源,是主产棉区经济发展的重要支柱。

受 2003/2004 年度供求形势紧张、棉花高价位运行、植棉收入显著增加的影响,棉农植棉积极性高涨,2004 年全省棉花播种面积大幅度增加。据省统计局统计,100 万亩以上的市 4 个,面积和产量占全省 91%和 95%,10 万亩以上的县 40 个,其面积和产量分别占全省的 92%和 96%。

2. 棉花产量和单产

据省统计局统计,全省棉花亩产 66.3 公斤,比上年增长 10.7%;总产 66.5 万吨,比上年增长 27.5%,居全国第四位,是历史上第三个高产年。

河北省围绕科技兴棉，大力推广优良品种，通过采用地膜覆盖、合理密植、平衡施肥、全程化控等综合增产配套技术，棉花生产出现了恢复性发展，产业化开发初具规模，单产、效益、品质有了明显的提高。全省地膜棉面积占总面积的 92.9%，造墒播种面积占 71.3%，机播面积占 75%，脱绒包衣面积占 80.4%，分别比去年增加 5.7、26.8、7.7 和 2.4 个百分点。

2004/2005 年度河北棉花质量显著提高。当年前期棉花生产形势较好，但进入 8 月份以后，局部地区天气异常，连续低温阴雨，对棉花生长极为不利。部分地区棉花黄枯萎病、盲蝽蟓、棉蓟马等病虫害发生严重，对棉花产量产生不利影响，衣分偏低，铃重下降。不过总的看，大部分地区棉花长势良好，棉花主体等级为三级，较上年提高一个等级，且色泽较好，纤维长度较长，棉花质量明显好于上年。

3. 棉花种植成本

2004 年河北省每亩棉花主副产品产值为 965.17 元，总成本为 650.04 元，其中生产成本为 569.70 元，土地成本为 80.34 元，净利润为 315.13 元。

河北省把推广棉田间作套种高效种植作为 2004 年棉花工作的重点，作为农业种植业结构调整的一项重要内容，积极推广，大力发展，在邯郸的邱县、肥乡、成安，邢台的威县、南宫、临西，石家庄的辛集，衡水的故城，沧州的吴桥共 9 个县市安排千亩示范园，落实间套面积 211 万亩，比上年增加 40 万亩，其中棉花与西甜瓜 76.94 万亩、棉花与洋葱 15.92 万亩、棉花与马铃薯 10.29 万亩、棉花与豆 25.48 万亩、棉花与小麦 10 万亩、棉花与蒜 7.92 万亩、棉花与天鹰椒 3.28 万亩，亩增效益 1300－3000 元。

积极开展早熟棉花麦后直播试种，进一步推进农业结构调整，努力实现粮棉协调发展，农业部门与科研部门协作，积极探索超早熟棉花麦后直播试种。试种安排在邯郸的成安、肥乡、曲周，邢台的临西、广宗，衡水的深州，沧州的南皮，石家庄的新华区等 8 个县(市、区)，全部为小麦收获后直播，8 个试点初测籽棉产量每亩可达 500 斤左右，纤维品质与普通棉花品种基本接近，品质符合纺织工业需要。8 个试点前茬小麦亩产量都在 1000 斤左右，与棉花单季种植相比，等于多收获一季小麦，具有较高的经济效益和社会效益。麦后棉花直播在河北省中南部棉区试种获得初步成功，为全省扩大小麦播种面积，增加粮食产量，增加农民收入提供了一个新的种植模式和途径。

4. 主要品种

主栽品种全部为抗虫品种，主要有 99B、33B、冀 668、SGK321，种植面积占总面积的 74%；国产抗虫棉面积进一步加大，占总播种面积的 47.7%，较上年增加 10.7 个百分点。

二、棉花消费

河北省是全国重要纺织基地，全省拥有棉纺锭 600 万锭，布机 6.5 万台，均居全国第六位，直接从业人员约 40 万人。2004/2005 年度全省纱产量 49.88 万吨，同比增长 1.97%；布 18.22 亿米，同比增长 16.65%，印染布 10.74 亿米，同比增长 21.37%；绒线 9.1 万吨，同比增长 9.49%；丝织品 1994 万米，同比增长 0.4%；服装 2.85 亿件，同比增长 2.1%。纺织工业每年使用天然纤维约 50 万吨，其中棉花 45 万吨，占 90%，化学纤维 16.82 万吨。近两年，河北省纺织业用棉花基本稳定在 45 万吨左右的水平，但是由于最近两年棉花价格波动较大，面对近一年多的纺织产品出口不畅等情况，一些纺织企业正在积极采取措施提高生产技术、开发新产品、拓展新型纺织原料，原料构成趋向多样化。

2004 年全省纺织行业固定资产投资完成 29.5 亿元，是自 1995 年以来固定资产投资最多的一年，其中技术改造投资 17.70 亿元，同比增长 32.7 %。

完成备案的重点项目有：唐山三友集团化纤有限公司多功能差别化粘胶短纤维技术改造项目，总投资 19552.4 万元，年产差别化粘胶短纤维 10000 吨，抗菌高白度纤维 5000 吨，至年末完成投资 15000 万元。石家庄常山纺织股份有限公司高档紧密纺纱线技术改造项目，总投资 16393 万元，年产高档精梳无毛羽纱线 8464 吨。邯郸圣绵纺织有限公司绿色环保织物生产线项目，总投资17800万元，年产高档面料2300万米。邯郸新维印染股份有限公司高档特阔印染后整理技术改造项目，总投资13163万元，年产高档特宽幅面料1600万米。以上重点项目至年末均正在实施中。

在新产品开发方面，保定天鹅股份有限公司开发的竹浆黏胶长丝达到世界领先水平。邯郸海盛威纺织印染有限公司、石家庄常山纺织股份有限公司开发的多功能面料畅销市场。

（王彦章、王利、韩品、邓祥顺）

安　徽　省

一、棉花生产

1. 播种面积

据省统计局统计，2004/2005年度全省植棉面积624.3万亩，比上年减少39万亩，减幅5.9%。

2. 单产和总产

由于气候适宜，风调雨顺，全省棉花取得了大丰收，棉花总产创下新的历史记录。全省棉花平均亩产为62.8公斤，总产39.2万吨，同比增长32.9%。全省棉花收购量36万吨，比上年增加10万吨，增幅达38.5%。

3. 种植成本

2004/2005年度每亩棉花主副产品产值为946.89元，总成本为580.22元，其中生产成本为535.95元，土地成本为44.37元，净利润为366.67元。

4. 主要品种

全省棉花品种的更新速度进一步加快，中棉所29、皖杂40、国抗棉1号、泗棉4号、南抗3号、皖棉16、鲁棉研15等纤维长度、强度和细度协调一致的优质高产品种占主体地位，种植面积达到372万亩，占全省植棉面积的56%，较上年提高48万亩，其中，中棉所29种植面积140万亩，皖杂40面积92万亩，国抗棉1号40万亩，南抗3号35万亩，泗棉4号27万亩，鲁棉研15面积20万亩，皖棉16面积18万亩。

棉花品种结构进一步优化，抗虫棉和杂交棉由于具有良好的丰产性和抗虫性，推广面积迅速扩大，全省抗虫棉面积达520万亩，占植棉面积的78%，较上年提高4%，其中，转基因保铃棉32B、410B和1560B达到118万亩；杂交棉面积415万亩，占植棉面积的62%，较上年提高11%。

棉花经营方面，到2004年，全省已形成较大规模的棉花龙头企业35家，棉花专业合作社220多个，棉花订单面积120万亩，联结农户45万户。2004/2005年度，安徽省质监部门及其专业纤检机构加大了棉花收购、加工、销售环节质量监督检查频率，范围和力度，全省纤检机构共出动检查人员1502人次，检查棉花收购加工企业629家，检查棉花收购站点428个，检查籽棉大垛3845吨，皮棉14622吨，办理棉花案件56件，涉案金额360万元，端掉制假窝点8个。

2004/2005棉花年度，安徽省农发行累计发放收购贷款87317万元，同比增加46908万元。收购皮棉168万担，同比增加98万担；累计销售收购皮棉141万担；累计发放棉花调销贷款32242万元，同比增加22040万元，调入皮棉53万担，同比增加36万担，收购贷款收回率98.8%，调销贷款收回率100%。全省开贷企业80家，保证了合理的贷款覆盖面，解决了收购资金供应“空白点”问题，贷款投放总量较大，质量较高，效益较好，基本做到了政府满意、企业盈利、农民增收、银行增效，各方利益得到很好兼顾。

二、棉花消费

全省目前拥有纱锭276万锭，气流纺40796头，布机2.8万台，现有棉纺织厂91家，生产棉纱36.9万吨，年纺棉需求27万吨左右。全省纺纱所用原料中，棉花占72%、化纤占28%。2004/2005年度全年纺织工业完成产值198亿元，实现销售收入185.5亿元，完成出口交货值47亿元，全年纺织行业实现利润192亿元。

（吴传信）

江 苏 省

一、棉花生产

1. 播种面积

据省统计局统计，2004/2005年度全省棉花种植面积614.43万亩，比上年增加60.18万亩，增长10.8%。其中种植面积增加的市有盐城268.34万亩，增加4.77万亩，增幅1.8%；南通59.55万亩，增加10.61万亩，增幅21.7%；泰州26.1万亩，增加1.17万亩，增幅4.7%。减少的市有徐州105.25万亩，减少3.09万亩，减幅2.8%；连云港51.95万亩，减少4.25万亩，减幅7.6%；宿迁17.59万亩，减少4.11万亩，减幅18.9%；扬州10.17万亩，减少4.98万亩，减幅32.9%。与上年持平的有淮安6万亩，南京、镇江、苏州、常州等苏南四市共20万亩。自1999年深化流通体制改革以来，全省棉花种植面积整体呈现一年扩、两年缩、三年一个反复的局面。

2. 单产和总产

全省平均亩产81.8公斤，比上年增加29.3公斤，增幅55.8%，创历史新高；棉花总产50万吨，比上年增加21万吨，增幅72%。

单产方面，盐城市亩平单产102公斤，徐州80公斤，南通88公斤，连云港93公斤，扬州90公斤，泰州92公斤，宿迁84公斤，均刷新了历史高产记录。淮安83公斤，南京、镇江、苏州、常州四市平均76.5公斤。

在总产方面，盐城市27.4万吨，同比增幅75.3%；徐州8.4万吨，增幅89.1%，创历史最高记录；宿迁1.5万吨，增幅95.1%；淮安0.5万吨，增幅96.9%；连云港4.8万吨，增幅60.5%；南通5.2万吨，增幅27.9%；泰州2.4万吨，增幅53%；南京、镇江、苏州、常州四市共1.53万吨，增0.15万吨；扬州0.9万吨，减幅12.8%。

3. 种植成本

据省物价局工农业生产成本调查队调查，当年棉花亩平均产值1129.89元/亩（上年915.76元/亩），其中，主产品产值954.62元，副产品产值175.27元。生产总成本876.69元（上年789.33元/亩），其中，生产成本812.83元，包括：1. 物质与服务费用261.37元，2. 人工成本551.46元。土地成本67.95元、净利润253.20元（上年126.43元）。

4. 主要品种

2004/2005年度棉花品种更新，高产优良品种的覆盖面积进一步扩大。棉花种植品种由过去单一的常规抗病棉转变为高品质棉和杂交（抗虫）棉。其中高品质棉品种种植面积由2002年的17万亩，扩大到2003年的83万亩，再扩大到2004年的124万亩，品种主要为科棉1号和科棉3号，占全省棉田面积的20%。杂交抗虫棉面积由2002年的150万亩扩大到2004年的480万亩，占全省的78%。主要品种为国产抗虫棉品种，其中南抗3号78万亩、中棉所29面积83万亩、鲁棉研15面积118万亩。常规棉品种主要有苏棉9号32万亩、苏棉15号17万亩等。

二、棉花消费

2004/2005 年度全省拥有棉纺锭 1206 万绽，纱产量 254.67 万吨，用棉量 140.09 万吨。

江苏是纺织工业的传统基地，经过长期发展，江苏纺织工业已经成为一个有相当规模、门类齐全的产业，在全国纺织行业占有重要地位。

1. 近年棉花生产量和用棉量情况

表 2—6　江苏省近年棉花产量和用棉量　　单位：万吨

年份	产量	用棉量
1990	46.42	45.01
1991	55.71	36.42
1992	52.74	36.22
1993	42.9	46.18
1994	45.71	42.53
1995	56.16	55.89
1996	53.75	54
1997	50.75	62.58
1998	46.19	58.7
1999	24.6	67.24
2000	31.45	76.7
2001	46.05	83.01
2002	36.28	100.64
2003	29.1	128.8
2004	50.28	140.09

资料来源：江苏省统计局。

2. 近年纺织生产能力

根据统计局提供的全省用棉量推算，近几年全省纺纱能力为：1998 年 506 万绽；1999 年 579 万绽；2000 年 661 万绽；2001 年 715 万绽；2002 年 867 万绽；2003 年 1109 万绽；2004 年 1206 万绽(按年万绽用棉量 3.87 万担，化纤比例 40％计算)。全省棉纺更新改造和发展以每年 100 万纱绽左右速度增长。

（王纯平）

浙　江　省

一、棉花生产

1. 播种面积

据省统计局统计，2004/2005 年度浙江省棉花播种面积 27 万亩，比上年度增长 6.5％。

2. 单产和总产

当年省内棉区气候晴热少雨，较为适宜棉花生长，14 号台风"云娜"只对少数地区的棉田造成影响，却给多数干旱棉区带来难得的雨水，使得棉花产量和质量均比往年有所提高。省统计局统计数据显示，浙江省棉花总产量为46万担，同比增加8.3%；平均亩产71公斤，平均等级3级(偏上)，平均长度28.6毫米，平均衣分37.77%。

3. 植棉成本

据省统计部门统计，2004年度棉花种植成本平均为630.2元/亩，其中：种子15.89元、肥料124.02元(化肥115.85元，家肥8.17元)、农药41.12元、农膜9.7元、工具17.89元、修理费6.81元、村级管理费14.57元、用工400.20元。

4. 主要品种

当年省内主要种植品种，东南沿海地区为湘杂3号和本省农业部门研发的品种；西部金衢地区为湘杂3号和湘杂2号，据普遍反映，湘杂3号衣分好，病虫害少、产量高。

5. 当年棉花产销中存在的问题

1）棉花在本省经济的地位下降。各地政府的农业政策导向为效益农业和观光农业，对棉花生产缺乏政策引导和支持。棉农仅凭以往经验决定棉花种植的规模，“二少一老”(对棉花生产的投入少、用工少和人员老龄化)现象明显，生产规模和产量呈下降趋势。

2）收购资金缺乏。全省9个棉花主产区的供销社棉花经营企业全年共投放收购资金4930万元，其中农发行贷款2300万元，占总收购资金的46.65%，通过其他渠道融资2630万元，占53.35%。当年受多种因素的综合影响，国内棉花市场出现了剧烈的价格波动，棉花经营企业均呈现不同程度的亏损，经营艰难。农发行和各商业银行对收购贷款的发放均十分谨慎，纷纷提高贷款门槛，不敢贸然放贷，棉花经营企业普遍受资金供应紧缺的束缚，给正常敞开收购棉花带来一定的困难。

3）市场秩序较为混乱。私商棉贩活动更为猖獗，无证收购和非法加工现象屡禁不止，棉花资源和质量受到破坏。

二、棉花消费

近年来，浙江省纺织品生产和出口呈现出快速增长的势头，2004年，浙江省纺织品出口额首次超过广东省，与销售收入、利润指标一起居全国之首，成为全国纺织第一大省(见《人民日报》2005年3月5日第23版)。全省纺织用棉花和化纤需求呈不断增长的态势。

据浙江省经贸委统计，2004年全省规模以上纺织企业6908家，拥有纺织纱锭350万锭，用棉比例在60%以下，年用棉量400万担左右。全省规模以上纺织企业资产合计3280.4亿元，从业人数147.99万人；实现销售收入3726.2亿元，实现利润156.5亿元。全社会纺纱产量71.7万吨，同比增长17.2%，布产量54.6亿米，同比增长21.1%，化纤产量557.8万吨，同比增长29.7%。

浙江省纺织业的快速发展，得益于活跃的民营经济体制和近年来大规模实施的技术革新。2004年，全省无梭织机的拥有率已从前几年的3%提高到50%以上，萧山、绍兴等地的全社会拥有无梭织机比例高达83%和72%，规模以上纺织企业的无梭化率达90%以上。2004年，全省进口纺织设备价值达10.43亿美元，目前浙江的化纤生产能力和织机数量位居全国第一。

据浙江省外经贸厅公布的数据，2004年浙江省出口纺织品、服装总额196.55亿美元，同比增长26.58%，占全省出口商品总额的比重为33.8%。其中服装及衣着附件107.64亿美元，同比增长17.76%；纺织纱线、织物及制品88.91亿美元，同比增长39.20%。2005年以来继续保持增长势头，1－9月，全省纺织品、服装出口183.7亿美元，已接近2004年全年的出口额，同比增长27.56%。

(徐平波)

湖 南 省

一、棉花生产

1. 播种面积

据省统计局统计，2004/2005 年度全省棉花种植面积 213.8 万亩，比上年增加 6 万亩，增长 2.8%。

2. 单产和总产

据省统计局统计，全省棉花亩产 96.4 公斤，总产 20.62 万吨。

3. 种植成本

2004/2005 年度每亩棉花主副产品产值为 1192. 51元，物质费用 274.97 元，用工作价 543.96 元，税金 20.74 元，减税纯收益 352.84 元。

4. 主要品种

全省棉花品种已经基本实现杂交化，据统计，全省转基因杂交棉的种植面积占到棉花种植面积的 70%左右。主要品种为湘杂棉 2 号、湘杂棉 3 号、农杂 62、楚杂 180 和中 48。其中，湘杂棉 2 号 60 万亩，湘杂棉 3 号 60 万亩，农杂 62 约 25 万亩，楚杂 180 约 10 万亩。这 4 个品种面积共 155 万亩，占全省棉花总面积的 74%。其他 26%的面积栽培的品种在 20 个以上。2004/2005 年度除中棉所 48、47、苏杂 3 号、湘杂棉 3 号、农杂 62、湘杂棉 7 号、鄂杂棉 12 号、AK—9 等品种表现高产外，其余品种均表现大幅度减产，个别品种减产 30%—50%。

2004/2005 年度继续开展高支纱原棉基地建设。由于雨量充沛，气温较高，有利于棉花纤维发育，其纤维长度、成熟度、比强度均高于全国平均水平。

2004/2005 棉花年度，湖南省通过棉花收购、加工资格认定的企业为 250 家，其中 176 家通过棉花加工资格认定。

二、棉花消费

据省纺织行业管理办公室统计，2004/2005 年度全省纺织规模为 250 万锭，纱产量 23.91 万吨，同比增长 18.31%；布产量 4.18 亿米，同比减少 20.23%，其中棉布 16100 万米，同比减少 12.02%。全省用棉 30 万吨。

2004 年年底止，全省三万锭以上的棉纺织企业 24 户，已破产重组 23 户，还剩 1 户也正在改制之中；化纤企业除湘维外均进行了改制重组；麻纺企业除 2 户外已全部进行了改制重组；服装企业除个别厂家外基本上进行了改制重组，全省纺织企业绝大部分已从国有中退出。

经济指标完成情况：2004 年全省纺织国有企业及规模以上非国有企业 351 户，其中亏损企业 69 户，同比减少 10%。全年实现工业增加值（现行价）39.15 亿，全国排名第 17 位，同比增长 14.88%；完成销售产值 150.15 亿元，全国排名第 14 位，同比增长 14.85%。其中，棉纺织印染业 53.69 亿元，同比增长 9.9%、化学纤维业 20.37 亿元，同比增长 7.72%、麻纺织业 16.22 亿元，同比增长 28.32%、纺织制成品业 23.06 亿元，同比增长 24.45%、服装 21.33 亿元，同比增长 13.7%、毛纺织业 1.21 亿元，同比增长 65.84%、针织业 4.66 亿元，同比增长 65.84%、纺织机械业 9.57 亿元，同比增长 4.35%。以上企业管理费用增长 1%，财务费用下降 19%，利润总额同比净增 1.35 亿。全年还有 69 家亏损企业（上年 83 家），亏损额达 1.5687 亿元，同比减亏额 9150 万元。税收 3.8 亿元，比同期 3.4 亿元增长 11.76%；产销率 100.93%，比同期的 99.62%高出 1.3 个百分点。

主要产品产量中，化学纤维 7.51 万吨，同比减少8.19%，其中，粘胶纤维6200吨，同比增长3.3%，合成纤维68300吨，同比减少8.57%；纱产量23.91万吨，同比增长18.31%；布4.18亿米，同比减少20.23%，其中，棉布16100万米，同比减少12.02%；印染布1.38亿米，同比增长15.0%；苎麻布及亚麻布2119万米，同比减少19.29%；服装9854万件，比同期增长59.86%。

（李万新　刘海林）

湖　北　省

一、棉花生产

1. 植棉面积

据省统计局统计，2004/2005年度全省棉花种植面积612万亩，比上年增加79万亩，增长14.8%，是近五年来播种面积最多的一年。2004年棉花主产区的植棉面积呈恢复性增长，重点产棉乡、镇面积稳中略升。

2. 单产和总产

全省棉花亩产65公斤，总产40万吨。虽然当年先后遭受五次暴雨袭击，降雨范围广、强度大、农田渍涝严重，但总体来看，棉花长势正常，总产为8年来新高。

3. 种植成本

当年每亩棉花主副产品产值为1073.14元，生产成本为638.35元，比上年增加114.40元/亩，其中，用工为20.8日/亩，较上年减少5.79日/亩；用工工资为19.65元/日，较上年增加6.04元/日；物资费用为261.41元/亩，较上年增加96.98元/亩，物资费用增加的主要原因是农民注重科学精细植棉，求高产，从选种到种植护理的投入都有所增加；因各地物资费用和亩产值差异较大，经过加权计算，平均减税纯收益为569.46元。

由于2003年棉花价格创历史新高，农民植棉收入大幅度增加，棉花主产区农民植棉积极性较高。主要表现在：一是农民不惜高价购种，备种时间提早。据钟祥市农业局调查，旧口镇有近半数的农户选购的是高价的杂交棉F1代种子，该市春节前购种的农户达60%以上，为近年少见；二是棉花营养钵苗床管理精细，预留棉行耕整质量高，做到了土泡草净，行平土细，沟路畅通；三是棉田投入增加。荆州区农业局调查，尽管农资价格上涨15%以上，但农民施用的棉田底肥和应用的地膜数量同比增加了20%。该区弥市镇老场村二组一农户4亩棉田，底肥施用了3袋碳酸氢铵、3袋过磷酸钙、2袋复合肥，比去年底肥增加40%。

4. 主要品种

湖北省选育的主推品种种植面积增加，北方品种明显减少。2004年种植的主要是鄂杂棉1号、3号、4号、5号、6号等系列品种，占棉花种植面积的70%以上。松滋市农业局调查统计，全市种植鄂杂棉系列品种的面积占植棉面积的74.6%，其中鄂杂棉4号占34.2%，鄂杂棉5号占16.8%，鄂杂棉6号占11.5%，鄂杂棉1号占7.4%，鄂杂棉3号占4.7%。

按照国家总体布局，湖北省棉花加工业生产设备更新改造项目的数量为80个。湖北省已经有仙桃市仙桥棉业有限公司、天门市棉花总公司（小板镇收购加工厂项目）、潜江市鑫成贸易有限公司等17家棉花加工业生产设备更新改造项目通过了省发改委的审批。2004年参加质检试点的两个企业正常生产，其中沙洋县广银厂已送检4800包，潜江市已送检1200多包，省纤检局的实验室运行也很正常。

为了抑制重复投资，避免资源浪费，根据国家发改委、财政部、农业部、国家工商总局、国家质检总局、供销合作总社、农发总行等七部门发布的《关于做好2004年度棉花收购工作的通知》（发改电字

[2004]176号)的要求,2004年湖北省各地工商部门停止了新的棉花加工企业资格审批工作。

2004年湖北省投放棉花收购信贷资金共计19.89亿元,比上年增加11.06亿元,增长125%;支持企业收购棉花366.7万担,比上年多收212万担,增长138%。这是2000年以来农发行支持棉花收购量最大、信贷资金投放最多的一年。全省新批准棉花产业化贷款项目18个,核批贷款总额4.9亿元。棉花产业化贷款项目已经成为支持该省棉花信贷业务和经营效益的一个新的增长点。

二、棉花消费

湖北省2004年拥有棉纺锭633万锭,布机7万台,年产服装15亿件,纺纱产量91.78万吨,用棉量近59.47万吨。

湖北的纺织产业,在长期的建设和发展历程中,形成了包括棉纺织、毛纺织、麻纺织、染整、针织、色织、丝绸、化纤、服装、鞋帽、纺机纺器在内的较为完整的工业体系。技术水平不断提升,2004年全省先进纺纱机和无梭布机的比重分别达到了60%和18%;产品档次不断提高,精梳纱和无接头纱的比重分别达到了35%和70%,高支高密的无梭布比重达到了近30%;集群发展势头良好,形成了各具特色的工业园区和一批规模相当、自成体系的产业实体。

2004年湖北纺织工业生产情况:

表2—7 2004年湖北纺锭和布机规模

规模项目	全国	湖北	湖北占全国比例%
环锭数量(万锭)	6700	633	9.4
纱产量(万吨)	1120	91.78	7.3
布机总数(万台)	91.41	6.63	7.3
无梭织机占比(%)	25.37	20	

注:表2—7至表2—10资料来源为湖北省统计局、海关及纺织系统内部数据。

表2—8 2004年湖北纺织工业经济指标

指标	全国(纺织行业)	湖北省(全行业)	湖北省(纺织行业)	占全国比重(%)	占湖北省比重(%)
总产值(现行价)(亿元)	16108	4996	432	2.68	8.65
销售产值(现行价)(亿元)	15723	4891	417	2.65	8.53
出口交货值(亿元)	4888	210	63	1.29	30.00
出口创汇(亿美元)	974	33.8	8.66	0.89	25.62
增加值(现行价)(亿元)	3989	1665	117	2.93	7.03
产品销售收入(亿元)	15482	5097	393	2.54	7.71
利润总额(亿元)	513	280	5.7	1.11	2.04
利税总额(亿元)	931	573	12	1.83	2.97

表 2—9　2004 年湖北省纺织工业产量

指标	全国		湖北省		
	全年累计	同比±%	全年累计	同比±%	占全国的比重
化学纤维(万吨)	1424.54	20.29	10.46	−6.52	0.73
纱(万吨)	1094.86	18.54	81.78	18.08	7.47
布(亿米)	294.75	19.43	18.69	10.40	6.34
印染布(亿米)	301.63	17.12	2.08	24.55	0.69
针棉织品折用纱线量(万吨)	82.05	17.03	2.05	0.49	2.50
服装(万件)	1183266	15.05	17040	13.70	1.44

表 2—10　纺织服装出口创汇、交货值

出口创汇(亿美元)				出口交货值(亿元)			
	指标	2003 年	2004 年 1—11 月		指标	2003 年	2004 年 1—11 月
全国	合计	802.43	884.45	全国	合计	4185.91	4372.84
	纺织	285.69	323.94		棉纺	921.37	953.89
	服装	519.15	560.52		服装	1825.89	1887.53
湖北	合计	9.22	7.91	湖北	合计	68.04	57.16
	纺织	3	2.51		棉纺	18.66	14.87
	服装	6.22	5.41		服装	29.17	26.87

(马贻文　彭进平)

专论专文

第三部分

2004/2005年度中国棉花生产形势

农业部农村经济研究中心 杜 珉

【作者简介】杜珉，女，1982年毕业于西安交通大学。1993年调入农业部农村经济研究中心，现任农研中心处长、副研究员，中国棉花协会高级顾问，商务部纺织损害预警专家组专家，农业部棉花专家顾问组专家。1995年开始，从事棉花市场政策研究。曾主持和参与农业部等有关部委棉花产业发展的课题研究。近年负责主持了2002/2003农业部重大项目“中国棉花市场预警方案”、“后过渡期中国棉花产业发展战略”以及“WTO与中国棉花”等项目。自2002年以来，一直负责农业部中国棉花市场预警月度分析报告工作。

一、2004/2005年度棉花面积增加，年产量创历史最高

2004年是我国棉花生产历史上发展最好的一年，棉花种植面积为8535万亩，棉花总产达到632万吨，创我国棉花生产发展历史的最好水平。总结全年棉花生产反映出三个特点：

一是三大棉区中黄河流域棉区面积、产量增幅最大，长江流域棉区次之，新疆棉区发展稳定。按照国家统计局统计数据，2004年我国棉花种植面积比上年增长了861万亩，增幅达11.2%；棉花总产达到632万吨，较上年增加146万吨，增幅达30%。其中，黄河流域棉区，棉花种植面积为4238多万亩，较上年增加11%，棉花产量达264万吨，较上年增长39.4%，其次为长江流域棉区，面积和产量的增幅分别为7%和38.7%。比较之下新疆棉区继续保持稳定发展势头，在上年棉花丰收的基础上，面积与产量分别又有9%和13%的增幅。

二是棉花生长的几个关键时期，气候条件总体有利。棉花生长期间，除了部分地区出现了干旱、低温、霜冻以及多雨等情况外，绝大部分棉区气候条件有利于棉花生长。据对上年棉花大丰收的新疆调查，本年度年4、5月份气候条件对棉花播种、出苗、生长十分有利，棉花长势良好。与2003年不同，棉花生长后期黄河流域棉区和长江流域的大部分棉区，天气晴朗，气候干燥有利于棉花后期生长和采摘。特别是2003年因受灾严重减产的河南、山东、江苏等地2004年产量均有大幅度增长(参见表3－1)。

三是在较好的价格预期支撑下，农户棉花生产投入普遍扎实。据农业部农村经济研究中心对河南、山东、新疆和甘肃等棉花主产区个案调查，受2003年棉花收购价格上涨因素，特别是上年度棉花收购后期，2004年棉花播种期间，各棉区棉花收购价格均达到750元/50公斤以上，大幅度上涨的棉花价格刺激了农户2004年的植棉积极性。2004年棉花生长期间，广大植棉农户在增加棉花种植面积的基础上，普遍加大生产的投入力度。除了加大物化投入，如棉种优选、化肥投入、合理灌溉，还注意增强人力投入，加大田间管理力度。

二、棉花生产技术发展，单产居世界产棉大国前列

棉花市场化改革以后，随着棉花供求关系的变化和供给市场的好转，植棉技术有了进一步的发展，棉花品种更新速度进一步加快，棉花生产技术发展反映在2004年表现出以下几个特点：一是转基因抗虫棉成为棉花的主要品种；二是棉花栽培技术有了进一步的发展。

转基因抗虫棉自上世纪90年代中后期，引进、

表 3－1　2004 年我国主要棉区棉花面积和产量

单位：万亩、万吨

棉区	省份	面积			产量		
		2003	2004	增减	2003	2004	增减
长江流域	江苏	554.0	621.0	0.12	29.1	50.3	0.73
	湖北	532.0	584.0	0.10	32.5	39.5	0.22
	安徽	663.0	624.3	(0.06)	29.0	41.2	0.42
	湖南	208.0	213.0	0.02	16.3	20.3	0.25
	四川	47.0	68.0	0.45	2.5	3.3	0.32
	江西	98.0	138.0	0.41	7.6	8.3	0.09
	浙江	26.0	28.0	0.08	2.1	2.3	0.10
	小计	2128.0	2276.3	0.07	119.1	165.2	0.39
黄河流域	河南	1390.0	1342.5	(0.03)	37.7	66.7	0.77
	山东	1322.0	1588.8	0.20	87.7	109.8	0.25
	河北	872.0	1030.0	0.18	50.3	66.5	0.32
	山西	137.0	172.0	0.26	9.2	12.7	0.38
	陕西	98.0	105.0	0.07	4.5	8.4	0.87
	小计	3819.0	4238.3	0.11	189.4	264.1	0.39
北部特早熟	天津	106.0	130.0	0.23	8.5	10.5	0.11
	辽宁	6.0	13.0	1.17	0.3	0.5	0.67
	小计	112.0	143.0	0.28	9.8	11.0	0.12
西北内陆	新疆	1583.0	1635.0	0.03	160.0	178.3	0.11
	甘肃	78.0	102.0	0.31	8.7	11.7	0.34
	小计	1661.0	1807.0	0.09	168.7	190.0	0.13
合计		7674.0	8535	0.11	486.0	630.3	0.29

资料来源：国家统计局，农业部，不包括其他分散棉区。

研发并成功利用以后得到迅速发展，特别是在我国黄河流域和长江流域棉区，转基因抗虫棉以其抗虫、高产、优质和种植使用安全等特性得到广大棉农的喜爱。2004 年转基因抗虫棉在棉花生产中唱了主角。据农业部有关统计，2004 年，转基因抗虫棉的种植面积达到 5900 多万亩，约占棉花种植面积的 68%。比本世纪初全国仅有 200 多万亩的种植面积提高近 30 倍。

在棉花生产发展中，我国棉花科技推广工作人员和广大棉农因地制宜地总结出了许多适合我国棉花生产发展的栽培技术，主要包括长江流域棉区采用的育苗移栽技术、黄河流域推广的地膜覆盖技术和粮棉(菜棉)套作技术、新疆棉区采用的宽膜覆盖与密度栽培技术、化学调控技术和膜下滴灌节水技术等等。特别是膜下滴灌技术得到进一步发展。据新疆农业部门统计，2004 年全区内(包括建设兵团)有 360 多万亩棉田实施滴灌技术。据调查膜下滴灌比常规灌溉方式每亩节水 70%左右。由于膜下灌溉能做到适时适量对棉田进行浇灌，因而膜下滴灌棉田的单产普遍高于常规灌溉棉田的产量。

实践证明，棉花生产中的每次新技术和新品种的推广应用，都促进棉花产量提高。2004 年我国的棉花面积和产量分别占世界总面积、总产量的 15.9%和 26%。产量占世界总量的比例比种植面积所占的比例高出 10.4%，本身说明我国棉花单产水平远高于世界棉花单产平均水平。2004 年世界棉花平均单产为 46 公斤/亩，我国为 74 公斤/亩，高于世界平均单产水平 60%。横向比高于世界同期 48 公斤/亩的单产水平。低于澳大利亚(107 公斤/亩，1997 年)和以色列(126 公斤/亩，1998 年)，列世界第三位。但在世界产棉大国中位居第一。尽管如此，我们也必须看到，纵向比较，2004 年棉花平均单产，仍然停留在2001年的水平上。

改革开放以来我国棉花生产发展主要得益于单产的快速提高。20世纪90年代的中后期，我国棉花单产增速较快，一方面得益于我国广大棉农在棉花种植期间的合理管理，即传统的精耕细种方式，得益于棉农在较好的价格预期下，在有限的土地上投入较高的劳动数量与质量。另一方面，也是最为主要的原因，改革开放以来我国棉花资金、科研投入力度的加大，新的棉花品种、栽培方法得到推广与应用。特别是20世纪90年代以后，转基因抗虫棉的研究、开发与利用，使我国棉花产量和品质以及农户的种植安全性均有了较大幅度的提高。目前我国棉花生产扶持资金大大削弱，提高我国棉花单产的新增长点还没有找到，单产增长缺乏后劲。

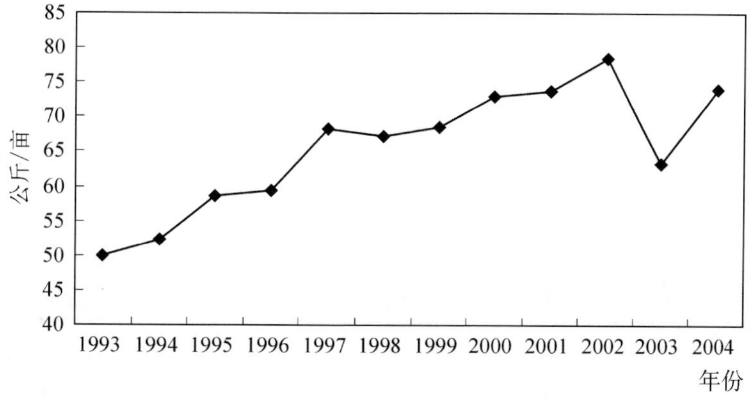

图3—1 1993—2004年我国棉花单产趋势

三、棉花生产丰收之后，农户植棉效益下降

按照农业部有关调查统计，2004年所调查棉农每亩棉花的平均减税纯收益约285元，成本收益率为47.6%，分别比上年下降47.6%和47.9%。影响我国棉农植棉收益的主要因素有两个：一是自然因素，主要指棉花生长期间的气候、自然灾害、病虫害等；二是市场风险因素。客观分析，影响2004年棉农收益的主要因素是市场因素。目前我国棉花商品率达到95%以上，棉农植棉收益受市场风险的影响相当大。

首先，在棉花出售时受买方价格的制约。农户生产规模较小，棉区人均耕地不足1.5亩，文化程度、经营能力与水平低下，据调查棉区劳动力绝大多数受教育程度仅有小学文化水平，农民在参与市场时对市场信息了解能力较弱，大多数农民根据以往的经验判断棉花价格走势。植棉农户的市场经营水平远远落后于目前我国棉花市场的发育程度。农户在市场上没有谈判能力，往往处于价格接受者的被动的弱势地位。据农业部农村固定观察点办公室调查，2004年农户棉花平均收购价格527元/50公斤，较2003年764元/50公斤价格下跌31%。尽管在年度中后期价格有较大幅度的回升，但地处中西部经济相对落后的棉区农户迫于生计，绝大多数在价格最低的10—11月售出了棉花。由于收购价格的下降直接导致农户收益下降。

其次，棉花种植时受生产资料价格的制约。如果说，在棉花收购市场，农户基本属于买方价格的接受者，在棉花生产资料市场上，农户又完全是卖方市场价格的接受者。2004年，随着国际石油价格的上涨，化肥、农膜、农药及柴油等农用生产资料普遍提价，农业部农村经济研究中心对新疆和甘肃农户个案调查分析，2004年由于农用生产资料价格上涨，农户每亩棉花物质费用平均上涨40元左右。

第三，在中国加入WTO以后，农户承受着来自进口棉花的压力。在中国加入WTO以后的3年中，棉花进口量逐年上升，并成为世界最大的棉花进口国。据国家海关统计，2004年度我国进口棉花198万吨，对国内市场造成较大冲击，进而影响了棉农的收益。首先，量上的影响，外国棉花的大量涌入，增加了国内棉花的供给量，改变了国内棉花的供求市场，改变了棉花市场价格，进而改变了农户的收益；其次，价格的打压，由于国际价格总体低于国内价格，进口棉花对国内棉花价格产生打压，被打压后的价格进而影响农户的收益。由于以上市场因素的影响，使得2004年农户种植成本提高，植棉收益下降。

通过成本收益比较分析，2004年农户成本收益处于近年来的中等偏低水平。

表3—2 棉农成本收益

单位：元、元/亩

指标	1995	2000	2001	2002	2003	2004
产值合计	1035.8	839.2	689.6	889.3	1138.7	882.9
生产成本	545.8	517.5	534.9	543.5	545.6	585.6
物质费用	241.4	226.5	222.8	222.3	242.1	282.07
用工作价	304.4	291	312	321.2	303.5	303.5
期间费用	15.1	19.8	20.8	18	12.5	12.5
税金	39.2	55.6	52.1	40.2	37.3	0
含税成本	600.1	592.9	607.8	601.7	595.4	598.1
减税纯收益	435.8	247.1	82.3	287.6	543.4	284.8
成本收益率%	72.6	41.7	13.5	47.8	91.3	47.6

资料来源：《中国农村统计年鉴》，2004年为农业部农研中心调查数据。

按照目前我国棉花生产发展水平，棉花种植成本主要包括物质成本、用工作价、税金和期间费用。其中物质费用包括种子、化肥、农药、浇水、机耕及其他。按照2000—2004年国家统计局棉花种植成本统计，2004年每亩棉花生产成本为585元①，居几年最高水平，在生产成本上涨因素中，主要是物质费用成本的提高，其中主要是化肥、农药、机耕等费用的变化。

值得注意的是，2004年是我国免除农业税的第一年，但由于棉花收购价格下跌，棉花生产资料的上涨，农户植棉收益大幅度下降，因而就棉农而言，党中央的富民政策，在种种市场因素的影响下被大打了折扣，其结果是在棉花大丰收之后，棉农的植棉收益反而下降了。

四、政策建议

我国是世界最大的棉花生产国和消费国，入世以后棉花需求一直处于旺盛势头，因而稳定棉花生产对我国纺织工业乃至国计民生均意义重大。我国棉花种植相对集中，棉花种植在主产区农户家庭经营中具有十分重要的地位。棉花经营收入是棉区农户家庭收入的主要来源。根据农业部农村经济研究中心2004年有关调查分析，主要棉区棉花收入占农户家庭经营现金收入的比重平均水平为28.5%左右。其中，新疆自治区农户棉花收入占家庭现金收入的比重达到60%以上。棉花价格下跌，影响农户收益，而农户的收益水平又决定着农户的种植意向。因而稳定棉花生产，必先稳定棉农的种植收益。

一是鉴于我国棉花产业的重要地位和棉农的弱势地位，加强国家宏观调控，建立棉花收购的最低保护价。应充分利用价格作为调节供给与需求的平衡器的作用，当供大于求时价格下跌，在供不应求时价格上升。通过对价格的调节，达到对国内棉花供给总量进行有效调控。政府可以将国家储备与保护价结合起来，通过对棉花价格调节，保护棉农收益，平衡国内供求。

二是扶持农村棉花专业合作组织发展，提高农民的市场谈判能力。加强棉花市场主体的培育。在目前我国棉花市场的实际运行中，生产者农户受其经营规模、经济实力、文化程度等的限制，市场风险的承受能力很弱，对市场信息的接受与掌握程度与其他经济主体相比，机会并不均等，基本上不具备市

① 2004年成本为作者根据新疆上年数据测算。

场的谈判能力，农户在绝大多数情况下是价格的接受者。农户要使自己真正成为市场的一方代表，必须组织起来，走合作经营的路子。对于新发展起来的棉花专业合作社国家应予以扶持。但必须注意这种组织应是农户间自愿的、真正按照合作制的原则组织起来的。对已有的合作社予以扶持和引导。对没有入社的农户，政府部门不要人为地通过行政干预的方式去组织。棉花市场与其他农产品市场一样，其经营主体应是多种形式的，国营的、集体的、股份制形式的、合作制形式的，国家应在市场准入的大原则下一视同仁，目的是使国家的棉花流通进入良性循环，最终实现国家棉花供给的有效平衡。

2004/2005 年度棉花质量情况分析

中国纤维检验局

【作者简介】中国纤维检验局始建于1950年，是实行公务员管理的全额预算事业单位，隶属于国家质量监督检验检疫总局。2001年国务院颁布的《棉花质量监督管理条例》以法规的形式确立了中国纤维检验局及各级专业纤维检验机构行政执法的主体资格，明确了中国纤维检验局棉花质量监督的行政执法权，以及负责组织实施全国棉花质量监督工作，包括组织实施全国棉花公证检验、全国棉花质量监督检查和依法查处棉花质量违法行为。

一、2004/2005 年度各省产量比重有所变化

通过对384万吨国产细绒棉公证检验数据的统计，十大主产棉省中，新疆棉市场份额达34.53%，虽与2003年度40.66%的份额相比下降6.13个百分点，但仍稳居全国首位。河南、安徽、江苏产棉摆脱2003年度受灾严重、产量大幅度下降的影响，2004年度市场份额有所回升。江西棉近年所占市场比例较小，2004年度仅为0.77%。10个主产省棉花在经营棉公检数量中所占比例情况见图3—2。

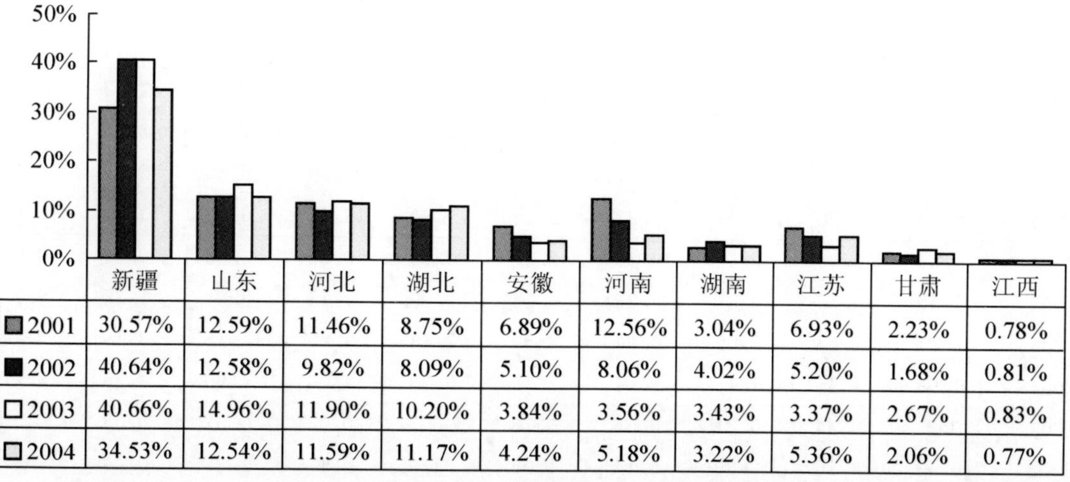

	新疆	山东	河北	湖北	安徽	河南	湖南	江苏	甘肃	江西
2001	30.57%	12.59%	11.46%	8.75%	6.89%	12.56%	3.04%	6.93%	2.23%	0.78%
2002	40.64%	12.58%	9.82%	8.09%	5.10%	8.06%	4.02%	5.20%	1.68%	0.81%
2003	40.66%	14.96%	11.90%	10.20%	3.84%	3.56%	3.43%	3.37%	2.67%	0.83%
2004	34.53%	12.54%	11.59%	11.17%	4.24%	5.18%	3.22%	5.36%	2.06%	0.77%

图3—2　10大主产省在经营棉公检数量中所占比例

二、棉花品质状况

对384万吨2004棉花年度生产的国产细绒棉检验数据进行统计，2004棉花年度全国棉花平均品级3.34级，同比提高0.17个级。1—2级棉比例为16.82%，同比上升1.33个百分点，1—3级（标准级以上）比例为60.42%，同比降低9.70个百分点，有主体品级比例（反映棉花一致性指标）为61.44%，同比降低2.65个百分点。平均长度为28.56mm，同比上升0.09mm，其中长度级30mm以上比例为2.88%，同比降低2.79个百分点，28mm以上比例为88.82%，同比上升3.37个百分点。主体马克隆值级A级（高等级）比例为38.12%，同比上升0.68个百分点。2001－2004棉花年度各品级、长度级、主体马克隆值级比例情况对比见表3－3、表3－4和表3－5。

表3—3　公检细绒棉各品级比例

品级	年度	全国	新疆	山东	河北	湖北	安徽	河南	湖南	江苏	甘肃	江西
1	2001	4.50	10.56	2.81	0.49	0.57	7.27	1.12	0.08	1.83	7.66	0.26
	2002	5.32	10.77	2.61	0.98	0.71	5.94	0.57	0.06	1.25	1.86	0.09
	2003	2.41	5.62	0.12	0.03	0.14	1.03	0.11	0.06	0.02	0.92	0.11
	2004	1.48	3.77	0.12	0.15	0.03	0.56	0.02	0.00	0.58	0.47	0.58
2	2001	30.38	28.75	47.74	27.36	18.66	41.97	24.27	6.98	39.70	29.03	29.01
	2002	29.83	35.20	42.14	25.26	14.46	45.29	19.61	4.22	27.49	20.86	25.59
	2003	13.08	23.90	5.73	4.21	6.04	14.73	1.55	1.48	3.63	12.38	10.40
	2004	15.34	24.95	11.05	8.70	5.88	27.91	3.61	1.17	18.49	9.84	21.52
3	2001	42.51	36.81	37.22	62.13	39.25	33.31	46.46	41.43	39.37	47.95	37.35
	2002	40.98	35.27	41.73	57.16	37.99	32.49	47.18	29.17	48.08	54.55	43.17
	2003	35.24	38.75	41.01	39.09	29.29	35.42	13.41	15.89	30.28	40.57	34.04
	2004	43.60	42.69	50.68	51.95	42.27	46.04	33.04	23.63	53.33	38.64	42.59
4	2001	16.89	18.00	10.05	8.57	29.18	12.61	22.35	33.69	15.08	13.92	25.24
	2002	17.20	14.45	9.65	14.40	28.95	10.75	24.64	36.22	17.52	18.67	20.75
	2003	34.12	22.50	40.92	48.48	41.78	33.89	49.75	37.27	49.19	32.57	35.50
	2004	28.92	19.59	31.35	34.27	38.72	19.18	41.90	42.99	22.41	31.56	23.42
5	2001	4.18	4.61	1.51	1.10	9.21	4.04	5.23	13.67	2.82	1.40	5.55
	2002	4.98	3.49	2.61	1.69	12.58	4.15	6.69	21.05	3.84	2.98	8.23
	2003	11.66	6.93	9.70	6.67	18.71	11.68	29.99	32.56	12.51	10.82	14.01
	2004	8.10	6.90	5.03	3.91	9.49	4.80	16.63	26.32	3.74	11.64	7.51
6	2001	0.86	0.93	0.46	0.30	2.37	0.73	0.52	3.53	0.65	0.05	2.12
	2002	1.36	0.65	0.87	0.36	4.24	1.09	1.13	8.04	1.38	0.77	2.10
	2003	2.81	1.88	1.66	0.94	3.50	2.48	4.66	11.16	3.16	2.40	5.04
	2004	1.93	1.55	1.15	0.64	2.78	0.98	4.06	4.90	1.26	6.17	3.19
7	2001	0.28	0.34	0.21	0.05	0.76	0.07	0.05	0.62	0.55	0.00	0.47
	2002	0.33	0.16	0.39	0.14	1.06	0.29	0.18	1.25	0.44	0.32	0.07
	2003	0.68	0.42	0.85	0.57	0.54	0.76	0.53	1.58	1.22	0.33	0.90
	2004	0.51	0.46	0.48	0.26	0.68	0.43	0.69	0.84	0.20	1.76	1.00

表 3－4　公检细绒棉各长度级比例

长度	年度	全国	新疆	山东	河北	湖北	安徽	河南	湖南	江苏	甘肃	江西
31	2001	3.08	0.13	3.17	19.72	0.18	0.72	0.64	1.48	0.64	0.00	0.00
	2002	1.49	0.42	0.78	10.78	0.13	0.55	0.34	0.06	0.20	0.00	0.20
	2003	0.56	0.42	0.15	2.89	0.22	0.14	0.00	0.03	0.22	0.00	0.00
	2004	0.14	0.17	0.03	0.10	0.07	0.03	0.00	0.05	0.92	0.00	0.00
30	2001	12.19	3.47	20.26	42.36	2.81	11.44	8.03	9.92	13.82	2.56	1.81
	2002	8.94	3.39	12.84	32.99	3.26	9.94	7.51	2.53	16.68	3.11	2.53
	2003	5.12	4.30	3.65	17.93	3.00	3.94	1.52	1.18	4.63	0.83	0.93
	2004	2.47	1.47	1.73	7.57	0.94	2.30	0.82	0.49	12.60	0.06	1.42
29	2001	63.77	62.80	72.39	35.58	52.04	79.86	76.71	49.78	76.81	65.39	73.87
	2002	71.42	76.13	79.88	53.02	61.07	82.28	75.96	47.69	73.35	64.41	72.36
	2003	57.63	64.04	74.77	64.19	55.33	70.58	36.71	37.04	66.45	45.18	55.32
	2004	70.46	70.44	85.30	82.51	63.46	80.29	64.25	46.90	77.70	25.02	68.09
28	2001	14.25	23.49	1.97	1.12	29.07	3.95	9.74	20.19	5.57	28.66	15.73
	2002	11.11	14.68	3.15	1.52	17.40	2.72	9.50	18.66	4.76	24.75	14.69
	2003	22.14	19.47	11.35	9.14	20.23	12.61	28.47	17.77	15.02	34.59	24.27
	2004	15.48	17.83	7.35	5.91	22.72	11.62	15.06	21.83	4.40	46.73	19.00
27	2001	4.92	8.42	1.51	0.73	10.75	2.72	3.97	10.00	1.53	3.07	3.81
	2002	4.28	4.09	1.68	0.98	9.43	2.38	4.31	15.01	1.92	5.71	6.63
	2003	9.02	8.02	6.15	3.61	13.39	7.62	23.08	23.43	7.00	13.78	10.52
	2004	6.95	6.60	3.01	2.30	7.29	3.36	11.15	19.84	2.30	15.35	5.86
16	2001	0.81	0.56	0.02	0.18	2.38	0.78	0.50	5.26	0.50	0.29	2.64
	2002	1.31	0.57	0.58	0.32	4.16	0.98	1.44	8.08	1.46	1.12	1.82
	2003	2.64	1.62	1.72	0.88	4.83	1.98	6.05	9.24	2.86	3.58	3.90
	2004	1.97	1.55	1.04	0.72	2.40	1.12	4.63	6.26	0.67	4.94	1.59
25	2001	0.98	1.13	0.68	0.31	2.77	0.53	0.41	3.37	1.13	0.02	2.14
	2002	1.45	0.72	1.09	0.39	4.54	1.15	0.94	7.96	1.63	0.91	1.78
	2003	2.89	2.14	2.21	1.36	3.01	3.12	4.16	11.31	3.81	2.04	5.06
	2004	2.14	1.86	1.44	0.81	2.95	1.11	3.98	4.53	1.37	7.61	3.60

表 3－5　公检细绒棉各主体马克隆值级比例

主体马克隆值	年度	全国	新疆	山东	河北	湖北	安徽	河南	湖南	江苏	甘肃	江西
A	2001	34.17	45.14	41.48	27.27	12.87	15.36	37.41	8.82	21.65	55.42	25.56
	2002	39.07	49.48	40.26	33.11	21.08	13.92	42.83	10.01	30.44	40.56	18.09
	2003	37.44	48.56	37.10	31.83	19.63	17.86	26.89	13.16	29.14	44.84	14.72
	2004	38.12	41.55	50.63	48.91	21.23	17.06	40.61	14.26	25.10	39.92	6.13
B	2001	48.04	42.75	46.29	59.47	45.32	56.10	39.72	53.29	71.05	28.56	54.90
	2002	45.84	40.83	46.81	47.08	61.08	70.29	32.72	54.97	62.01	19.92	63.77
	2003	44.34	39.00	52.78	62.22	39.03	50.99	25.15	59.23	37.57	21.17	52.67
	2004	43.41	46.66	32.84	33.98	51.29	49.30	37.41	58.09	53.81	28.34	60.71
C	2001	17.71	11.21	12.25	13.28	41.32	28.54	22.73	37.96	7.27	16.02	18.71
	2002	15.09	9.69	12.93	19.81	17.84	15.79	24.45	35.02	7.55	39.52	18.14
	2003	18.22	12.44	10.12	5.95	41.34	31.14	47.96	27.61	33.28	33.98	32.61
	2004	16.96	10.31	15.42	16.42	25.60	32.78	19.86	25.04	20.10	26.86	30.55

2001至2004棉花年度全国及10个主产省平均品级、1—2级棉比例、1—3级棉比例、有主体品级比例对比情况见图3—3、图3—4、图3—5、图3—6。

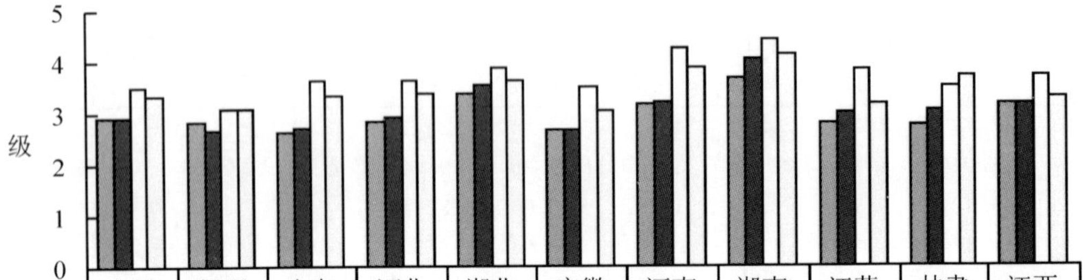

	全国	新疆	山东	河北	湖北	安徽	河南	湖南	江苏	甘肃	江西
2001	2.90	2.82	2.63	2.84	3.37	2.67	3.18	3.68	2.81	2.73	3.15
2002	2.92	2.67	2.72	2.91	3.55	2.66	3.21	4.03	3.01	3.04	3.18
2003	3.51	3.09	3.63	3.63	3.86	3.51	4.24	4.41	3.85	3.49	3.72
2004	3.34	3.07	3.35	3.36	3.62	3.04	3.86	4.12	3.15	3.69	3.29

图3—3 公检细绒棉平均品级对比

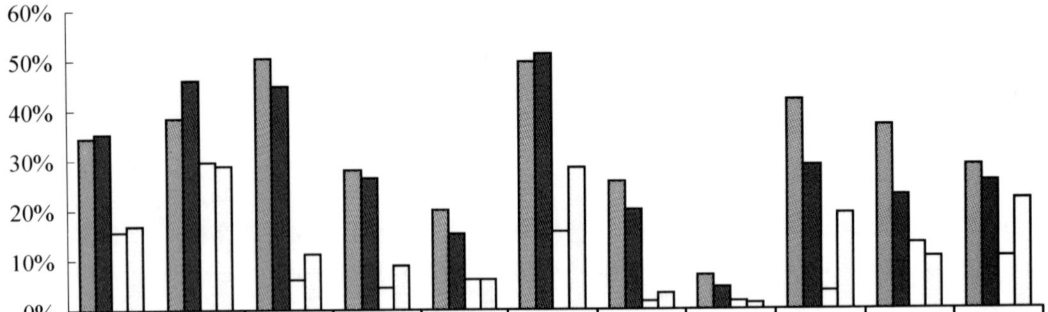

	全国	新疆	山东	河北	湖北	安徽	河南	湖南	江苏	甘肃	江西
2001	34.49%	38.47%	50.22%	27.87%	19.82%	49.65%	25.74%	6.87%	41.92%	36.68%	28.79%
2002	35.15%	45.97%	44.75%	26.24%	15.17%	51.23%	20.18%	4.28%	28.74%	22.72%	25.68%
2003	15.49%	29.52%	5.86%	4.25%	6.18%	15.77%	1.65%	1.54%	3.65%	13.30%	10.50%
2004	16.82%	28.73%	11.17%	8.85%	5.91%	28.47%	3.36%	1.17%	19.07%	10.31%	22.10%

图3—4 公检细绒棉品级1—2级比例对比

1. 平均品级指标

与2003年度相比，甘肃棉下降0.2个级(品级指标绝对数值小的品质好，下同)，新疆棉平均品级指标比较稳定，内地各主产省因气象条件有利于棉花生长，平均品级指标均有较大回升，但与2001、2002棉花年度相比仍呈下降趋势；全国2004年度各主产省产棉平均品级均低于3级，安徽棉、新疆棉平均品级指标最好，分别为3.04、3.07级，湖南棉该项指标最差，仅为4.12级。

高等级(1—2级)棉花比例方面，与2003年度相比，新疆、湖北、湖南、甘肃产棉比例下降，其余主产省比例上升，其中江苏棉同比上升15.42个百分点。但全国各主产省与2001、2002年度相比比例下降较明显，结合平均品级指标，说明受近年棉花收购

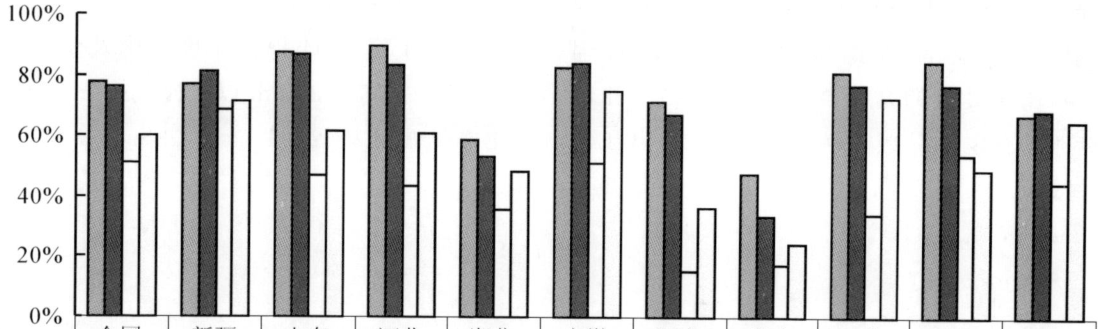

	全国	新疆	山东	河北	湖北	安徽	河南	湖南	江苏	甘肃	江西
2001	77.39%	76.85%	87.54%	89.69%	59.00%	82.29%	71.53%	47.63%	81.15%	84.63%	66.93%
2002	76.13%	81.24%	86.48%	83.40%	53.16%	83.72%	67.36%	33.45%	76.82%	77.27%	68.85%
2003	50.72%	68.28%	46.87%	43.34%	35.47%	51.19%	15.07%	17.43%	33.92%	53.88%	44.54%
2004	60.42%	71.41%	61.85%	60.80%	48.18%	74.51%	36.67%	24.80%	72.40%	48.95%	64.69%

图 3－5 公检细绒棉品级 1－3 级比例对比

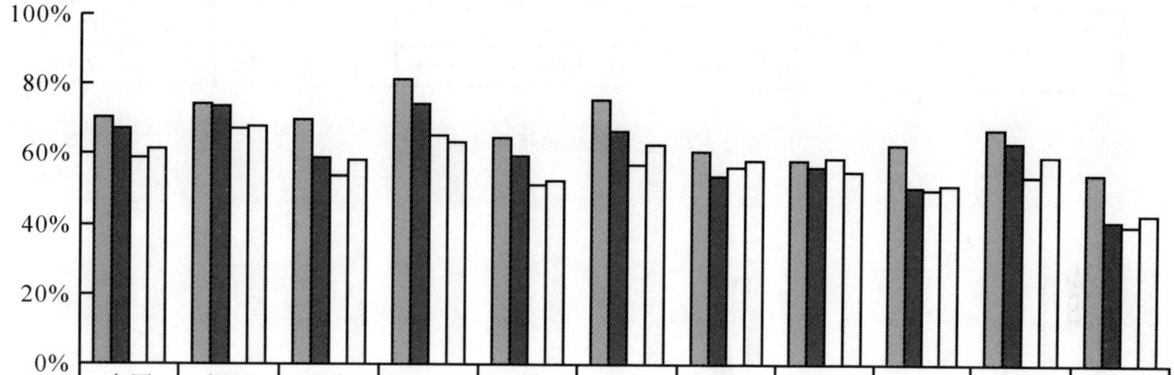

	全国	新疆	山东	河北	湖北	安徽	河南	湖南	江苏	甘肃	江西
2001	70.35%	74.60%	69.72%	81.17%	64.53%	75.85%	60.98%	58.65%	62.55%	67.57%	54.37%
2002	67.26%	73.78%	59.21%	74.16%	59.54%	66.58%	53.92%	56.56%	50.83%	63.34%	41.08%
2003	58.79%	67.21%	53.84%	65.62%	51.12%	56.98%	56.67%	59.28%	50.20%	53.62%	39.60%
2004	61.44%	68.13%	58.46%	63.73%	52.72%	62.79%	58.61%	55.31%	51.08%	59.54%	42.63%

图 3－6 公检细绒棉有主体品级比例对比

市场主体多元化、混等混级收购等因素的影响，国产棉品级指标总体下降，高等级棉花难以满足国内纺织用棉需求。从全国范围看，新疆 1－2 级棉占当年产量的比例最大，达到 28.73%，湖南 1－2 级棉比例最小，仅为 1.17%。

标准级以上（1－3 级）棉花比例全国同比上升 9.70 个百分点，各主产省产棉该项指标除甘肃外全部上升，其中江苏上升幅度最大，达到 38.48 个百分点；从全国范围看，安徽棉 1－3 级比例最高，为 74.51%，湖南棉最低，为 24.80%。

从以上三项指标可以看出，新疆、安徽产棉品级指标优势明显，甘肃棉品级呈现下降趋势，而湖南棉品级较差。

有主体品级比例与 2003 年度相比除河北、湖南外，各主产省均呈上升趋势，其中山东、安徽、甘肃棉升幅明显；有主体品级比例最高的是新疆棉(68.13%)，比例最低的是江西棉(42.63%)。江西产棉持续四年有主体品级比例都较低，反映出江西棉一致性较差。

2. 棉花长度指标

2001至2004棉花年度全国及10个主产省平均长度、长度级30mm以上比例、28mm以上比例对比情况见图3－7、图3－8、图3－9。

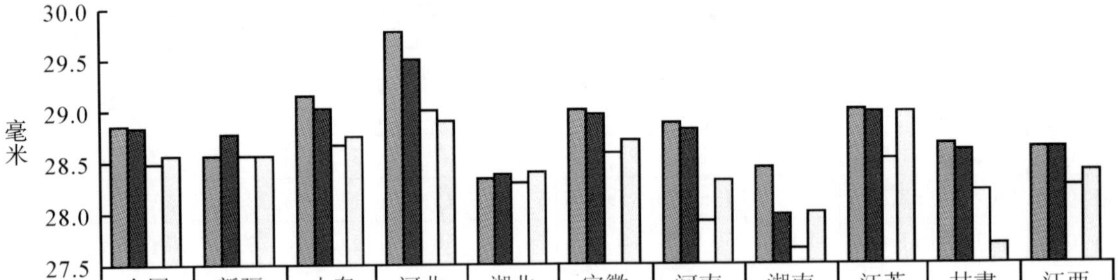

	全国	新疆	山东	河北	湖北	安徽	河南	湖南	江苏	甘肃	江西
2001	28.86	28.57	29.15	29.77	28.34	28.99	28.87	28.43	29.01	28.67	28.63
2002	28.83	28.77	29.02	29.49	28.37	28.96	28.82	27.98	28.98	28.60	28.62
2003	28.47	28.56	28.66	28.99	28.30	28.58	27.92	27.64	28.52	28.20	28.24
2004	28.56	28.56	28.76	28.9	28.40	28.71	28.31	28.00	28.97	27.69	28.39

图3－7 公检细绒棉平均长度对比

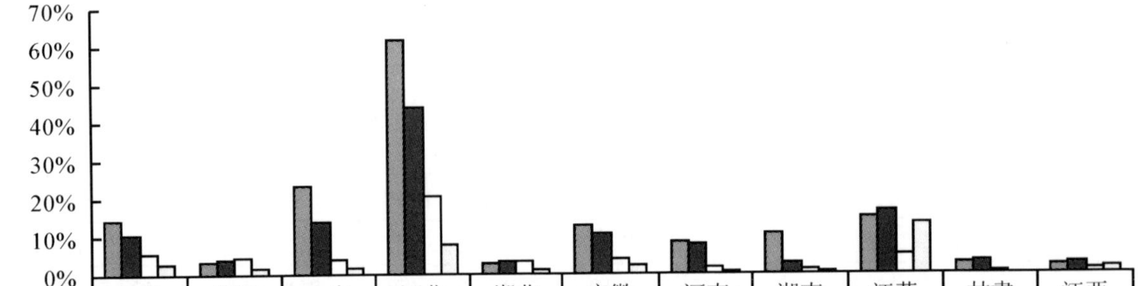

	全国	新疆	山东	河北	湖北	安徽	河南	湖南	江苏	甘肃	江西
2001	14.45%	3.48%	23.33%	61.81%	2.78%	12.74%	8.58%	10.31%	14.77%	2.56%	1.98%
2002	10.43%	3.81%	13.62%	43.77%	3.39%	10.49%	7.85%	2.59%	16.88%	3.11%	2.73%
2003	5.67%	4.72%	3.80%	20.82%	3.21%	4.08%	1.52%	1.21%	4.86%	0.83%	0.93%
2004	2.88%	1.64%	1.76%	7.67%	1.10%	2.33%	0.82%	0.54%	13.52%	0.06%	1.42%

图3－8 公检细绒棉长度30mm以上比例对比

全国平均长度指标与去年相比除新疆棉持平，河北、甘肃棉有所下降外全部上升，甘肃棉该指标下降幅度达0.51mm；江苏棉平均长度28.97mm，居全国首位，平均长度最短的是甘肃棉，为27.69mm。

长度30mm以上比例江苏棉最高，与2003年度相比上升幅度明显，同比上升8.66个百分点。河北

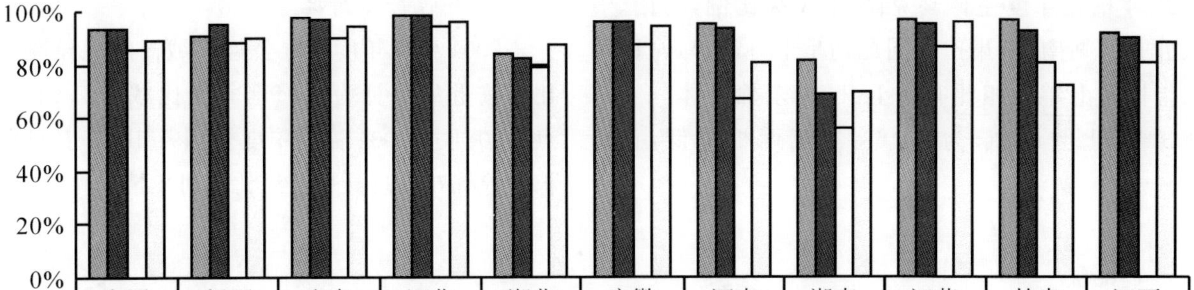

	全国	新疆	山东	河北	湖北	安徽	河南	湖南	江苏	甘肃	江西
2001	93.25%	90.44%	97.62%	98.70%	83.82%	95.65%	94.83%	81.74%	96.87%	96.61%	91.49%
2002	92.96%	94.62%	96.65%	98.31%	81.86%	95.49%	93.31%	68.94%	94.99%	92.27%	89.78%
2003	85.45%	88.23%	89.92%	94.15%	78.78%	87.27%	66.71%	56.01%	86.33%	80.60%	80.52%
2004	88.82%	89.91%	94.41%	96.09%	87.19%	94.24%	80.13%	69.27%	95.62%	71.81%	88.51%

图 3—9 公检细绒棉长度 28mm 以上比例对比

棉该项指标同比下降 13.15 个百分点，下降幅度较为明显；全国十个主产省产棉长度 30mm 以上比例甘肃棉该项指标最低，为 0.06%。

长度 28mm 以上比例全国除甘肃棉外普遍上升。其中 4 个主产省该项指标超过 90%（山东、河北、安徽、江苏）。其中河南、湖南该项指标上升明显；河北棉 28mm 以上比例最高，达到 96.09%，湖南棉 28mm 以上比例最低，为 69.27%。

从以上三项指标可以看出，河北棉依然在长度指标上有优势，但不如往年优势明显。

3. 棉花马克隆指标

2001 至 2004 棉花年度全国及 10 个主产省棉花各主体马克隆值 A 级比例对比情况见图3—10。

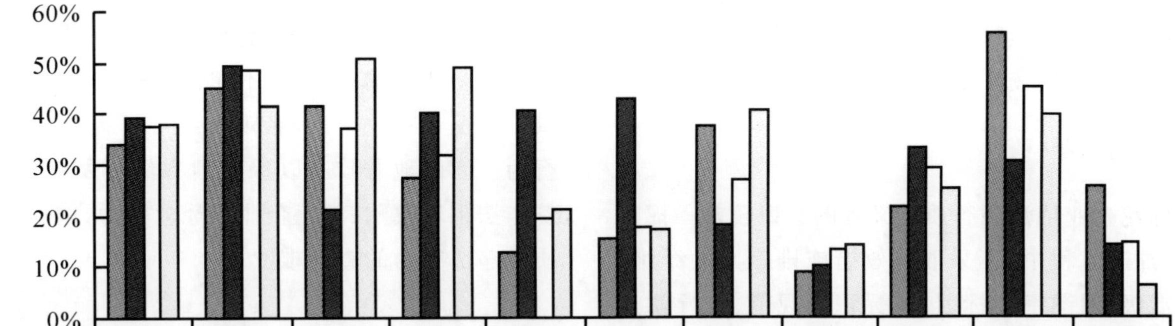

	全国	新疆	山东	河北	湖北	安徽	河南	湖南	江苏	甘肃	江西
2001	34.17%	45.14%	41.48%	27.27%	12.87%	15.36%	37.41%	8.82%	21.65%	55.42%	25.56%
2002	39.07%	49.48%	21.08%	40.26%	40.56%	42.83%	18.09%	10.01%	33.11%	30.44%	13.92%
2003	37.44%	48.56%	37.10%	31.83%	19.63%	17.86%	26.89%	13.16%	29.14%	44.84%	14.72%
2004	38.12%	41.55%	50.63%	48.92%	21.23%	17.06%	40.61%	14.26%	25.11%	39.92%	6.13%

图 3—10 公检细绒棉主体马克隆值 A 级比例对比

2004 棉花年度主体马克隆值 A 级比例，河南、山东、湖北、湖南、甘肃产棉同比均呈上升趋势，全国平均指标同上年度相比有所上升；山东棉主体马克隆值 A 级比例最高，为 50.63%，江西棉最低，为 6.13%。

4. 异性纤维情况

2004 棉花年度全国公检细绒棉发现异性纤维的比例按重量计算为 20.95%，同比减少 2.94 个百分点。2001 至 2004 棉花年度全国及 10 个主产省经营棉公检棉花发现异性纤维比例对比情况见图 3—11。

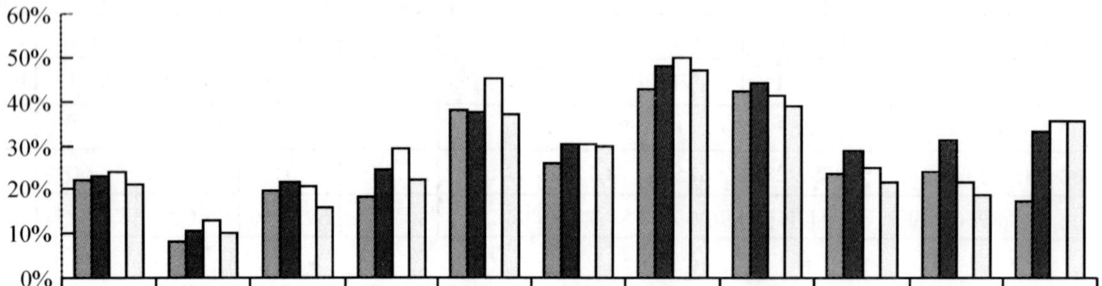

	全国	新疆	山东	河北	湖北	安徽	河南	湖南	江苏	甘肃	江西
2001	22.27	8.29	19.56	18.09	38.12	26.03	42.81	42.39	23.66	23.76	17.27
2002	23.13	10.60	21.80	24.67	37.36	30.40	48.06	44.38	28.81	31.16	33.21
2003	23.89	13.2	20.5	29.35	45.01	30.47	49.91	41.34	25.14	21.52	35.43
2004	20.95	10.11	16.05	22.26	36.88	29.55	47.13	38.97	21.39	18.88	35.28

图 3—11 公检细绒棉异性纤维对比

各主产省产棉发现的异性纤维比例与 2003 年度相比均有所下降；河南棉在连续三年持续增长后，2004 年度下降为 47.13%，新疆棉异纤比例最低，为 10.11%。从图中可以看出，湖北、河南、湖南、江西棉异性纤维问题较严重。

三、存在的问题

棉花企业依法履行质量义务的意识较差。棉花收购、加工过程中，不采取有效措施排除异性纤维，混等混级、回潮率超标、包装标识不规范、随行就市标注等级、货证不同行、货证不符、协商定级、掺杂使假等现象时有发生。用棉企业不执行标准，货买一堆、协商定级，规模小的用棉企业受利益驱使，购买“两小一土”加工的棉花、无照经营企业销售的棉花以及掺杂使假棉花，有的不配合检查工作，拒绝提供供方情况和有关单证，客观上纵容了棉花质量违法行为。有的地方政府以保护地方经济发展为名，保护非法棉花收购、加工企业的经营行为，增加了棉花质量违法行为的查处难度。

2004/2005 年度我国棉花加工工业发展概况

中棉工业公司 王 颐

【作者简介】王颐教授,1982 年毕业于合肥工业大学机械工程系。曾任安徽财贸学院物贸工程系棉花加工与检验专业教授。现任中棉工业公司副总经理、全国棉花加工工业标准化技术委员会主任、《中国棉花加工》杂志主编、中华全国供销合作总社郑州棉麻工程技术设计研究所所长、南通棉机公司总经理。曾在省级以上专业刊物发表论文 30 余篇;完成部级重点项目一个;主持棉花加工工业十几项国家标准和行业标准制定;主编及撰写多本专业教材;主持和参加了十多项棉花加工设备的开发及研制工作。

2004/2005 棉花年度是我国棉花质量检验体制改革试点工作进行的年度,因此,本年度的棉花加工工业也都因质检改革而呈现不同的发展趋势和特点,总体可以概括为,质检改革试点工作圆满完成、政策对行业的导向作用逐渐显现,棉花加工工业投资趋于冷静和规范、国际国内合作加强、市场竞争加剧。

一、棉花质量检验体制改革试点工作圆满完成,达到了预期目的

在棉花质量检验体制改革领导小组的高度重视及各参与企业、单位的密切配合下,棉花质量检验体制改革试点工作取得了相应的成效,发现了一些问题,达到了改革试点的预期目的。就棉花加工工业而言,主要有以下几点:

1. 研制和完善了一批改革所需的仪器及设备

根据体制改革工作计划,棉花质量检验体制改革协调指导小组办公室指定由中棉工业公司承担改革方案中棉花加工方面、改革相关配套政策、改革试点工作和改革推行工作 5 个方面共 14 项内容。中棉工业公司成立了由棉花加工行业内的专家、学者和管理人员组成的棉花加工项目实施小组,认真研究棉花质检体制改革试点加工企业技术条件,组织行业专家、科研单位和棉机制造企业抓紧开发和生产棉花质量检验体制改革所要求的新工艺和新设备。成功研制了大型棉花打包机成套装置、自动扦样装置、棉包夹包车、棉包条码信息管理系统、棉包回潮率在线检测装置和棉花异性纤维识别排除装置,完善了籽棉烘干机,这些设备和仪器的研制成功和推广使用为改革试点工作提供了强大的技术支撑。加工季节开始后,棉机设备制造企业对试点企业仪器设备的运行情况进行了密切跟踪,及时研究和解决相关问题,保证了试点加工企业在加工环节各项工作的正常开展。

2. 相关标准和制度的制订和完善

制修订了《大型棉包条形码统一编码规则》、《棉花质量检验体制改革加工企业基本技术要求》、《仪器化公证检验棉花包装技术要求》、《公证检验棉花专业仓储监管暂行办法》和《公证检验棉花专业仓储监管仓库基本条件》等,为改革的顺利进行提供了相应的法规保障。

3. 加工企业试点取得的成效和发现的问题

本年度共有 14 家棉花加工企业参加了改革试点,各试点企业克服困难,在很短的时间内按照有关技术规程的要求,及时配备压力 400 吨大型打包机及其辅助设备并进行调试。在整个棉花加工季节,设备运转基本正常,14 家企业累计加工 13 万包皮棉。各参与试点的棉花加工企业都改用了大包包

型，按规定程序在加工环节取样并由纤维检验部门实行仪器化公证检验，对成包皮棉逐包编码、实行信息化管理等。

一年来，试点加工企业按照新体制进行了试点，取得了显著的成效。一是培养和贮备了人才。由于此次改革涉及到棉花加工工艺及设备的更新变革，需要掌握新的知识和技术。为了保证试点工作顺利进行，中国棉花协会加工分会先后组织了两次培训班，共为试点企业培训了轧花工、打包工、信息管理员、扦样工等技术人员448人，对其中的82人还颁发了职业技能证书。这些受训的员工，经过一年的试点工作锻炼，已成长为质检改革的技术骨干，并将在以后的改革中发挥重要的作用。二是提高了加工质量。由于试点企业设备配置齐全、工艺设计合理、管理手段先进，棉花加工质量普遍比试点前有所提高。三是增加了试点棉花企业效益。由于先进设备和工艺的使用，加工成本明显降低，而且由于加工质量好，且棉花质量指标数据准确、全面、查询方便，越来越受用棉企业的欢迎，价格上也明显占有优势，有的可高出市价200元/吨左右。四是树立了试点企业形象，扩大了企业知名度。在2005年7月份召开的改革试点总结会上，还向试点企业颁发了国家棉花质量检验体制改革试点企业牌匾，增加了试点企业的无形资产。

但在试点中还发现了一些问题，如技术改造贷款贴息等国家优惠政策的落实问题、结算依据问题、重量问题、棉结和短纤维问题，棉包包装问题及组批问题，参与改革的棉包入监管仓库及参与期货和电子撮合交易的问题等。这些问题能否得到有效解决，将直接影响2005年－2009年棉花质量检验体制改革的推广。

二、政策对行业的导向作用逐渐显现，棉花加工工业投资趋于冷静和规范

《棉花质量检验体制改革方案》、《棉花加工企业基本技术条件》及《全国棉花加工业生产设备更新改造规划的意见》等法规和政策的出台，为我国棉花加工业的未来发展之路明确了方向，也明确了参与改革的棉花加工企业应具备的基本技术条件。在2004/2005年度的棉花加工工业发展中，与棉花质量检验体制改革有关的政策法规起到了明显的导向作用。

1. 棉花加工企业数量增幅明显下降，新增投资趋于冷静和规范

虽然2004/2005年度仅是改革的试点年度，但随着质量检验体制改革被越来越多的业内人士所了解和接受，本年度棉花加工企业增幅比前几年度有明显下降。民间资本在棉花加工业新增投资更加理智和谨慎，加之国家对参与改革的企业贷款贴息等政策的支持还不到位和近几年棉花企业效益普遍下滑，棉花加工业的更新改造和新建投资较多处于观望状态，这种情况在本年度后期体现的更加明显。2005年是棉花质量检验体制改革进行推广的第一年，按照棉花加工行业的惯例，2005年3－9月份，本应是棉花加工企业为参与质量检验体制改革或进行技术改造和设备购置的高峰期，但是从国内几个主要的棉机设备生产企业的销售情况看，棉机产品销售额同比降低了20－30%，棉花加工企业数量增幅明显下降。

造成这种局面的原因是多方面的，主要有以下几点：一是改革完成的时间有个期限（2005年－2009年），大家有一种等等看的思想。虽然国家承诺对符合条件的加工企业技术设备改造贷款进行贴息，但完成技术改造所需的大型打包机系统、夹包车、棉包条码信息管理系统投资近150万元，有些企业还要对相应的工艺及设备进行升级，对厂房进行改造和新建，还需要增加投资，但随着纺织品出口贸易局势的紧张，棉花需求的不确定性因素也越来越大，棉花加工企业不能确定如此巨大的投入何时能收回，小型加工企业根本无法承受这笔投入，有些想参与但也力不从心，只有在改革的过渡期内悄悄生存着、等待观望。二是国家给试点企业的优惠政策没有及时兑现，也不同程度上影响了部分企业的积极性；三是市场总体规模的降低。近两年来，棉花加工业投资逐渐冷静和规范，前几年大量的小作坊式、小型棉花加工企业投资支撑起来的棉机市场逐渐萎缩，行业内越来越多的技术改造和新建加工企业项

目首先要考虑的因素是棉花质量检验体制改革的因素，在新增的棉花加工企业中，较多的企业冷静地分析了当前形势，选择了设备大型化和企业规模化的模式，几年前小作坊式的加工企业投入明显减少。

2. 棉机制造企业格局发生改变，产品结构和市场形势发生了较大的变化

棉花质量检验体制改革试点加工企业基本技术条件对参与改革的棉花加工企业的设备技术和工艺提出了具体的要求，这必然带来上游棉机产品的变革。作为棉机设备提供商的棉机制造企业，在质量检验体制改革的大背景下，企业战略也会作出相应的调整。棉机产品市场需求发生了很大的变化，必然带来棉机企业的产品结构调整。棉机企业主要围绕以液压棉花打包机为龙头的一系列产品进行调整，提高单机的技术水平和含量。

质检改革要求参与改革的企业必须配备400吨压力以上的液压棉花打包机，一些原来生产200吨打包机的棉机企业在产品市场需求减少和经济利益的趋势下，都在纷纷研制400吨棉花打包机，有的根本不具备生产和研发实力，往往是对其他棉机企业的产品进行模仿测绘。但是，这些没有生产许可证的棉机企业生产的大打包机在销售过程中就遇到了前所未有的困难。棉花企业购买没有生产许可证的400吨液压棉花打包机，不仅产品质量和服务没法保证，也将无法享受国家的货款贴息等优惠政策。国家发改委在《关于印发棉花质量检验体制改革试点工作总结会议有关文件的通知》中还对棉花质量检验体制改革加工设备更新改造设备提供企业的名单进行了公布，中国农业发展银行的技术改造贷款贴息政策也指出必须配备国家有关部门指定的有生产许可证的棉机产品，这对净化棉机市场、保证质检改革设备质量提供了强大的政策支持。技术力量差、管理落后、生产实力弱的中小型棉机制造企业面临着严峻的考验。

从2005年前三季度的棉机销售情况看，棉机制造行业的销售行情一改往日的红火，进入熊市状态，小型棉机制造企业及产品生存都将是问题，一些企业已经转产或正在酝酿变革。在2005年的棉机市场中，不符合棉花质量检验体制改革要求的主机和附属设备销售量锐减，符合质量检验体制改革要求的主机和附属设备销量逐渐增加，具有一定实力的棉机企业显示出了相应的优势。未来中国棉机市场的竞争将是产品、质量、服务、品牌的综合竞争。

三、国际国内合作加强、市场竞争加剧

1. 国际棉商大举进入中国，加速了国内企业的整合和产业链延伸

中国棉花市场已与世界棉花市场紧密地联系在一起，是世界上棉花市场最活跃的国家，因此，也是国际棉花企业的必争之地。越来越多的国际知名棉花企业通过在中国设立办事处等形式，加快了渗透中国棉花市场的步伐。受此影响及市场竞争的需要，国内一些具备一定实力的棉花流通集团公司，在前几年的基础上，继续向产业链上游发展，通过代加工、承包加工厂、控股、购买和新建棉花加工企业，加速进入棉花加工市场，为掌握资源、争取市场竞争的主动权打下了基础，也促进了我国棉花加工业的整合和提高。

2. 国际国内棉机制造行业合作步伐加快，提升了市场竞争的层次和内涵

中棉工业有限责任公司继2002年控股收购南通棉花机械有限公司后，又于2005年控股了邯郸棉机有限公司，这二家棉机企业都是国内知名的棉机制造企业，他们的加盟，大大增强了中棉工业有限责任公司的实力和棉机这一核心业务的竞争力。2005年，美国大陆鹰棉机公司与山东天鹅棉业机械股份有限公司也举行了合作签字仪式，美国拉玛斯公司在中国天津设立了全资子公司一拉玛斯机械技术(天津)有限公司，将棉机市场的竞争摆到了国内棉机企业的家门口，这些合作造就了新的棉机制造行业格局，市场竞争对手的存在和提高，也会不断促进技术进步和产业升级。

人民币升值对棉纺织行业的影响浅析

国泰君安证券研究所　李质仙　张伟文

【作者简介】李质仙，男，1956 年生，经济师。毕业于中国人民大学研究生院金融学专业。国泰君安证券研究所所长助理、国泰君安证券公司机构客户总部副总经理，兼中国家用纺织品行业协会常务理事、中国纺织企业家联合会理事、中国纺织规划研究会理事、湖南华升股份有限公司独立董事、中纺投资发展股份有限公司独立董事。1979 年起在大型纺织企业任营销负责人，1989 年起在国家纺织工业部工作，任副处长兼中国家用纺织品行业协会常务副秘书长等。1998 年加入国泰君安证券公司。

张伟文，女，1973 年生，金融学硕士。1998 年加入国泰君安证券研究所，从事纺织服装行业研究。

面对当前国内资源约束日益显现、国际贸易顺差激增、外汇储备高启的宏观环境，转变经济增长模式实现可持续发展已成为政府的主要政策目标，有步骤地实施汇率改革将是政府调控经济的重要手段之一。逐步放宽汇率波动区间、实现渐进式升值是今后一段时间内人民币汇率变化的主要方向。

按终端产品口径计算，目前我国纺织行业对外依存度实际超过 50%，属典型的出口导向型行业。人民币升值将对行业未来的发展前景、增长方式和竞争格局乃至企业的生产经营活动产生深远的影响。棉制品是我国纺织品服装出口中最具竞争力的部分，其主要原料棉花的国内供应缺口超过 30%。棉纺织作为一个上下游均对国外市场相当倚重的行业，人民币升值对其产生的影响值得研究。

一、升值对出口的负面影响无法回避

我国的纺织行业除了具备劳动力、资金和土地等成本要素的比较优势外，在原材料供应、产业链和基础设施配套也具备独特的竞争优势，客观地讲，纺织行业的国际竞争力并非因汇率低企而获得。但是历史经验证明，由于本币升值削弱了出口产品的国际竞争力，无一例外将产生抑制出口的作用。

以日本为例，“广场协议”之后 10 年间，日元兑美元升值 93%，期间世界纤维出口总量增长 194%，而日本国内纤维出口仅增长 8%，其全球份额亦从 7.2% 下降为 2.6%。如果不考虑其它影响因素，日元升值对应其国内纤维出口增速的弹性系数约为 1∶1.5，即日元升值 1%，其国内纺织品出口增速下降 1.5%。

本币升值对出口产品影响的机理是：升值后以人民币表示的产品价格（包括成本和利润）相对不变，而以外币表示的成本相应上升，即出口产品外币标价必须上升，才能保持出口产品的利润率不变。但外币标价上升必然导致出口竞争力下降。理论上企业的应对措施有：

同比例提高产品外币标价以保持利润率不变，但销量的下降必然带来盈利和市场占有率的下降；

产品外币标价不变以保持销售额和市场占有率，但造成产品的人民币标价下降，导致利润率下降；

适度提高产品外币标价，即适度下调人民币标价，在销量和利润率之间寻找平衡点，减少升值的负面影响。

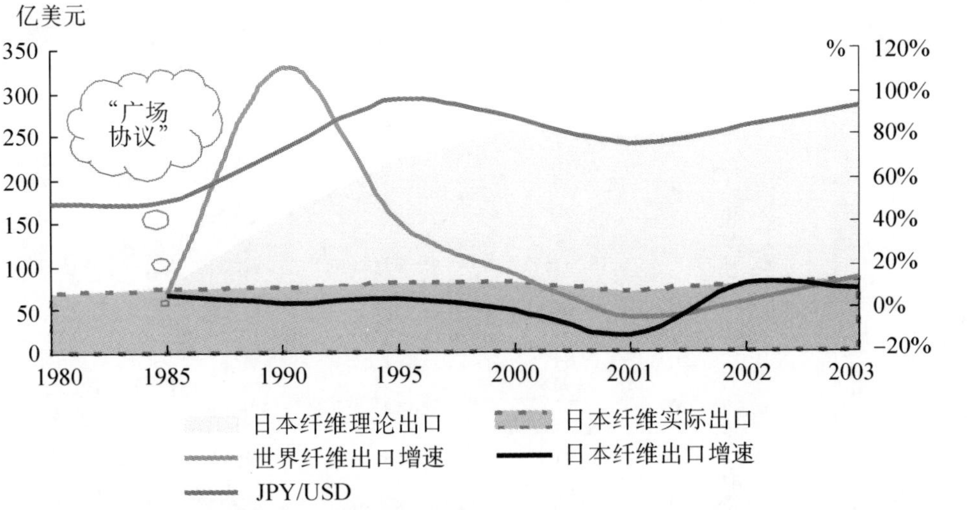

图 3－12 日元升值与日本国内纤维出口的变动关系

资料来源:Japan Tariff Association, ctei, bloomberg

注:根据世界纤维出口总额和日本份额不变的假设条件计算日元纤维理论出口值。

因此,本币升值对出口产品的负面影响是无法回避的。

二、升值对棉纺织行业影响的定量分析

从静态分析的角度,升值的影响实际上取决于出口产品的可贸易成本比例和企业议价能力的高低。以下根据棉纺织行业可贸易成本比例和议价能力分析,分别测算不同的升值幅度区间行业利润受损程度和出口产品的盈亏平衡点。

可贸易成本比例决定名义受损率。棉纺织行业的各成本要素当中原料约占65%的比重,其中棉花占65%、化纤占35%,棉花作为大宗原料价格与国际市场联动,属于可贸易品,涤纶等主要化纤的最初原料为石油,石油价格的国际化使国内化纤总体上与国际同步波动。由于化纤的贸易壁垒、技术差距和品种差异,假设有30%属于可贸易品。两者构成抵销升值负面影响的冲减因素;工资、燃料动力以及各种费用属于非贸易品,是本币升值后成本上升的主要因素。如果不考虑议价能力及其变化,静态计算人民币每升值1%,棉纺织行业每百元出口收入损失的利润额为0.51元。

议价能力与升值幅度呈反比关系。企业通过提高价格而传递升值压力的能力称为议价能力。议价能力也是抵销升值负面影响的重要因素。我们认为行业或企业的议价能力与本币升值幅度成反比关系。即人民币升值初期,企业的议价能力普遍较强,利润受损不明显;如人民币持续升值或达10%以上,企业的议价能力不断下降,边际负效应会迅速扩大。参照行业内调查结果,假设人民币升值1%、2%、5%、10%和15%以上,棉纺织行业的议价能力分别为50%、45%、30%、20%和15%。

实际受损率和盈亏平衡点测算 以2004年数据为依据,通过上述议价能力的假设,计算不同升值区间下棉纺织行业利润受损程度得出,人民币升值2%、5%和10%,棉纺织行业出口产品的营业利润分别下降5.17%、47.02%和139.5%,当升值幅度达8%时,行业出口产品开始由盈利转为亏损。

表 3－6　持续升值对棉纺织行业盈利影响的压力测试

升值幅度％	1％	2％	5％	8％	10％	15％
销售收入	100	100	100	100	100	100
销售成本	91.40	91.40	91.40	91.40	91.40	91.40
毛利润	8.60	8.60	8.60	8.60	8.60	8.60
三项费用	6.40	6.40	6.40	6.40	6.40	6.40
营业利润	2.20	2.20	2.20	2.20	2.20	2.20
成本:可贸易品	49.31	49.31	49.31	49.31	49.31	49.31
非贸易品	42.09	42.09	42.09	42.09	42.09	42.09
成本上升	0.42	0.84	2.1	3.37	4.21	6.31
毛利润下降	0.09	0.17	0.43	0.69	0.86	1.29
受损额合计	0.51	1.01	2.53	4.06	5.07	7.6
提价幅度％	50	45	30	23	20	15
议价可减少损失	0.46	0.9	1.5	1.84	2	2.25
议价后共损失	0.05	0.11	1.03	2.22	3.07	5.35
营业利润下降％	2.21	5.17	47.02	100.69	139.5	243.34

资料来源:国泰君安证券研究所。

三、进口替代对纺织行业的冲击有限

理论上讲,人民币升值将导致进口产品价格下降,竞争力上升,从而形成对国内纺织行业的冲击。由于我国的纺织品服装进口当中纱线、面料等中间产品占绝对比重,2005 年 1—10 月我国进口纺织品服装 140 亿美元,其中纺织品 127 亿美元,占 91％。因此比较而言,上游产品所受的进口冲击较服装等最终产品为大。另一方面,由于我国的进口纺织品服装中一般贸易的比重很低,2005 年 1—10 月纺织品进口当中,加工贸易和一般贸易的比例为 87∶13。加工贸易属于“两头在外”,对国内市场不会形成实质性冲击;而一般贸易进口 17 亿美元,仅占同期纺织品服装行业销售收入的 0.89％。因此,目前的小幅升值带来的进口增加不会对国内纺织业形成明显的冲击。

但不可忽视的是,近年来纺织品进口中一般贸易快速增长,而加工贸易已开始下降。如果人民币持续升值超过 10％,进口纺织品服装对国内的冲击将逐步显现。

四、适度升值有助于缓解棉价上行压力

在棉花减产和下游出口拉动作用之下,2005/2006 年度国内棉花供求趋紧,棉价有上涨的内在要求,进口棉滑准税的征收对国内棉价构成支撑下限,棉花进口依存度上升提高了外棉价格的影响力,人民币小幅升值将缓解棉价上行压力,从长远来看有利于国内外棉价的接轨,促进棉纺企业的成本下降,改善行业经营环境。

2005/2006 年度国内棉花供需偏紧。预计 2005/2006 年度国内棉花供给总量为 755 万吨(产量 570 万吨＋库存 185 万吨),需求总量为 1110 万吨(纺纱用棉量 900 万吨＋社会用棉量 30 万吨＋期末库存 180 万吨),缺口为 355 万吨,显著高出去年的 180 万吨。考虑到 2004/2005 年度尚未使用的配额 98 万吨转入和计划关税内配额 89 万吨,理论上

2005/2006 年度政府将追加 180 万吨左右的进口棉配额。

滑准税制锁定棉价下限。今年 5 月份,国家在 89 万吨关税内配额以外,首次采用滑准税形式增发了 70 万吨棉花进口配额,关税税率提高为 5%—40%。预计 2005/2006 年度国家增发的棉花配额仍将采用滑准税率。根据进口棉基准价和滑准税率的计算公式,进口棉完税后的提货价都在 13000 元/吨以上,这实际上锁定了国内棉价的运行下限。

进口依存度上升促棉价接轨。随着国内棉花供应缺口的扩大,棉花进口量也呈逐年上升之势,预计 2006 年国内棉花消费中的外棉比例将达到 32%,显著高于以往年份。随着国内棉花进口依存度的上升,外棉对国内棉价的影响力将进一步增大。目前国内外同等级棉仍有近 20%的价差,外棉的价格优势和外棉比例的上升将起到抑制国内棉价涨升的作用,此外国内棉花进口量增加又将促进国际棉价的抬升,从而促进国内外棉价的长期接轨。

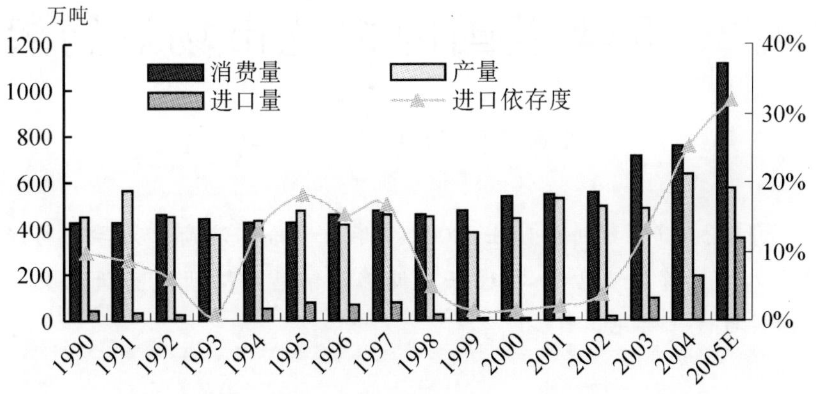

图 3—13　1990 年以来国内棉花供需情况

资料来源:中国纺织工业发展报告。

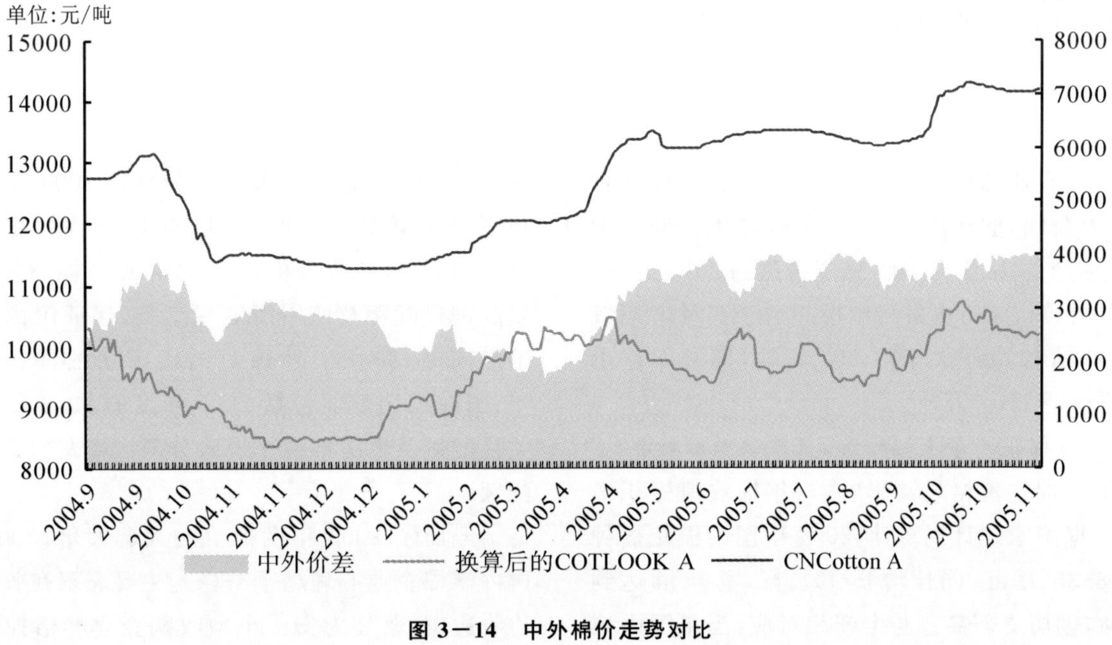

图 3—14　中外棉价走势对比

资料来源:webctc 国泰君安证券研究所。

升值抑制国内棉价上涨。人民币升值将从供需两个方面制约国内棉价的过度上涨:一方面,升值对出口的抑制作用将传递为棉花消费量的下降,从而缓解国内棉花供求压力,起到平抑棉价的作用。另一方面,国际棉花价格一般都以美元结算,人民币兑美元升值直接降低了进口棉的本币价格,强化了外棉的价格优势,棉花进口数量随之上升,供给的增加一定程度缓解了棉价上行的压力。

综上所述,人民币升值趋势将在中长期内成为抑制出口的主要因素,另外一般贸易进口比例较低,决定短期内进口替代的作用有限。由于行业目前维持较低的盈利水平,即使考虑可贸易成本和议价能力等抵消因素,棉纺织行业对升值的消化能力仍然有限,静态计算,持续升值8%为出口产品的盈亏临界点。除此之外,人民币适度升值短期内将起到平抑棉价过度上涨的作用,中长期来看则有利于国内外棉价的接轨,为棉纺织行业创造较好的经营环境。

2004/2005年度国内棉花市场运行特点

中储棉花信息中心 程 杰

【作者简介】程杰,产业经济学硕士,2002年毕业于哈尔滨商业大学贸易经济系。2003年加入中储棉花信息中心,现任中储棉花信息中心研究室研究员,从事棉花市场分析与行业研究工作。

2004年度的基本特点是:国际市场资源过剩,国内资源产不足需,政府调控适当,企业心理平稳,棉价由低位缓慢爬升。

一、2004年度国内外棉花市场产销形势

1. 2004年度,国际市场资源产大于需,期末库存增加

据美国农业部数据,2004年全球棉花播种面积为3587万公顷,同比增加11.3%,棉花生长期间天气适宜,单产约48公斤/亩,总产量达到2610万吨,同比增加26%,为历史最高年份。由于产量增幅较大,当年全球棉花产大于需257万吨,期末库存由874万吨增至1107万吨。

2. 国内棉花产量大幅增加,产需缺口继续扩大

受上年棉花价格较高影响,当年棉农植棉积极性较高。据国家统计局统计,2004年国内棉花播种面积为8535万亩,同比增长11.3%,总产量达到632万吨,创历史新高。与生产相对应,当年国内棉花需求量也快速增长,全社会纱产量达到1263万吨,同比增加24.35%,棉花需求总量约为834万吨,当年产需缺口达到200多万吨。

二、政府调控适当,企业心理平稳

2004年度,相关部门适时适当的调控政策,对于保持价格稳定发挥了较好的作用,在一定程度上避免了国内棉价过度波动。1、为防止棉花价格过低、保护棉农利益,有关部门分别在2004年9月和11月出台了以13100元/吨和11500元/吨最高限价收储2003年度陈棉和2004年度新棉的政策。2、发放进口配额及使用滑准税工具,保证国内市场供给的同时,防止了外棉对国内市场的冲击。2005年,国内可用配额包括2005年度的89.4万吨优惠关税配额及以滑准税率形式分两次增发的140万吨配额。

经历了2003年度棉价的大起大落,2004年度国内涉棉企业心理趋于平稳。主要表现在收购企业边收边销,落袋为安。小型收购企业严格控制价格风险,尽管2005年元旦以后多看好后市,持棉待售

“赌一把”的企业已不多见，纺织企业多采取随用随买的购棉补库策略。据相关机构统计，2004年度，国内纺织企业棉花原料库存水平比较稳定，在大部分时间里维持在一到两个月的水平。

三、2004年度棉花价格走势平缓，内外价差拉大

1. 国内棉价在三个阶段里平稳运行

国内棉价以较低的起点作为2004年度开端。2004年10月份，伴着新棉规模上市，国内标准级棉花价格（国棉B指数 Cncotton B，见图3－15）从13200元/吨下滑到10月底的11000元/吨，创下年度低点，之后保持窄幅波动，弱势一直持续到2004年底。

2005年初进入第二阶段运行。元旦前后，国内棉价开始爬升，并在3月初和4月末分别出现两次较明显的上涨，国内标准级棉价格分别突破12000元/吨和13000元/吨。此阶段涉棉企业信心增强，价格也从低谷中走出，并不断创出年度价格高点。

2005年5月到年度末期，国内棉价窄幅盘整。在此阶段里，国内标准级棉花价格一直在13500/吨元上下波动。

2. 内外棉价差逐步扩大

从2004年度国内外棉花价格走势对比图上看，自2005年5月份以后，国际市场价格走势明显弱于国内市场，Cotlook A指数在2005年4月29日达到高点58.65美分/磅后，一直处于震荡下行趋势之中，最低下探52美分/磅。内外棉价走势差异导致价差逐步增大，到2004年度末，内外价差增至2000元/吨左右。

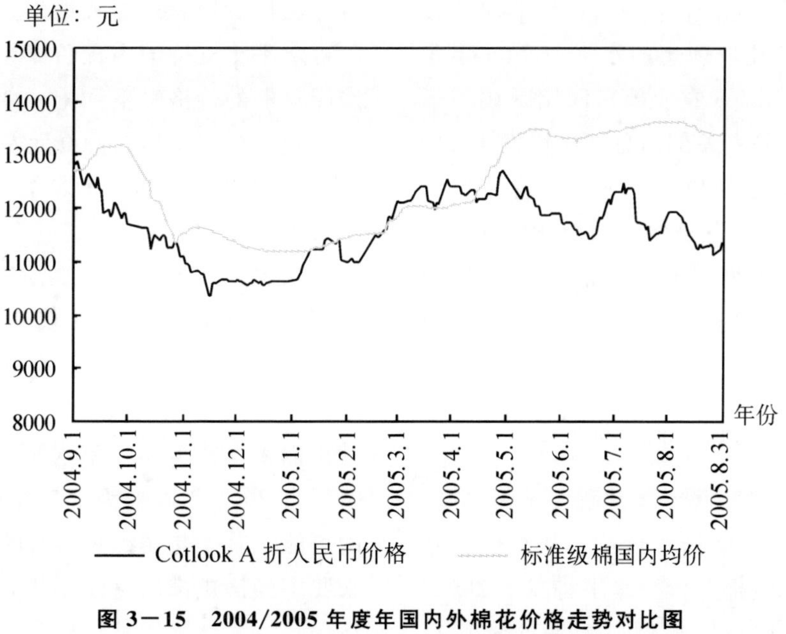

图3－15　2004/2005年度年国内外棉花价格走势对比图

四、影响2004年度国内棉花价格走势的因素分析

我们以时间为轴，总结2004年度影响国内棉价走势的诸因素。

在2004年度初期，影响国内棉价的因素除了全球棉花产大于需及国内棉花产量创历史新高以外，主要还有两方面：一是收购企业资金链紧张，由于2004年度农发行棉花收购资金入市晚、门槛高，年度初期收购资金供应不足，籽棉大量上市后价格较低；而收购企业为了控制风险，必须加快资金周转，现货市场抛压较大。二是政府出台的价格支持政策避免了国内棉价过度下滑，在很大程度上起到了“止

跌”的作用。

在当年度籽棉规模收购结束后的第二阶段，影响国内棉市的主要因素有三个方面：一是市场预期2005年度国内植棉面积将明显减少。由于籽棉价格偏低，农民植棉积极性受到影响，市场普遍预期下一年度棉花产量将明显下降，价格在2004年度中后期即可能攀升。二是外棉进口慢，市场预期年度末供应紧张。虽然2004年度纺织企业可支配的棉花进口配额比较充裕，但外棉进口速度慢，截止到3月底，棉花进口量仅46万吨，时间过半，预计进口量仅相当于当年产需缺口的四分之一左右。三是中国纺织品服装出口保持快速增长。尽管面临着贸易摩擦等诸多不确定性因素，2004年度以来的纺织品出口数据仍然表现较好，对主要出口市场的同比增幅均达到两位数，纺棉需求旺盛。

2005年5月以后，利好因素基本被提前消化，诸多因素制约棉价继续上涨。一是2005年棉花长势良好，单产可能达到比较理想的水平。2005年我国植棉面积同比减少12%(农业部)，同比减幅小于之前预期的20%。二是有关部门分两次增发了140万吨棉花进口配额(以滑准税方式征收关税)，遏制了国内棉价的上涨势头。三是年度后期外棉进口进度加快。从6月份开始，每月外棉到港数量均在20万吨以上，有效补充了国内纺织企业的用棉需求，抑制了棉价上扬。

五、预计新年度棉价重心升高，内外价差增大

近年来，国内外棉花市场一体化程度越来越高。这一演进趋势在2005年度仍将持续。从总体上判断，2005/2006年度国内棉花价格水平将高于2004/2005年度，由于滑准税率形式进口配额的继续存在，国内外市场价格的差异也可能较往年明显，国内外宏观经济环境的变化有可能在一定程度上削弱市场的“牛气”。

1. 全球供求形势决定新年度棉价将运行在2004年度之上

据美国农业部供求月报，2005年度全球棉花产需形势由上一年度的产大于需转变为产需基本平衡(产量2426万吨，消费2459万吨，缺口33万吨)，这决定了新年度全球棉花价格将高于2004年度。据国际棉花咨询委员会(ICAC)预测，2005年度Cotlook A指数均价为61美分/磅，较2004年度上涨9美分，涨幅17%。

2. 一体化程度继续加强，但内外价差可能较大

2004年度，我国增发了140万吨以滑准税征收税率的进口配额，在缓解国内资源不足的同时，也在很大程度上避免了外棉对国内市场造成的冲击，取得了较好的效果。作为净进口国，我国棉价基本在高于国际市场的水平上运行。2005年度国内棉花产需缺口达到历史最高水平，我国可能继续以优惠暂定关税(滑准税)方式增发棉花进口配额，较高的关税水平将支持国内棉价维持在相对较高的水平。按照目前的价格水平和上一年度的滑准税标准，进口一吨外棉多支付约600元左右的关税。

3. 宏观经济环境不容忽视，棉市“牛气”可能会受影响

从国内外的整个宏观经济形势来看，有两个方面可能会影响到2005年棉花价格的走势。其一是美元汇率的变化。美元汇率的变化将影响国际市场棉花价格的变化，自然会对国内市场产生影响。4月份以来反映美元汇率水平的美元指数不断走强，美元自2001年以来为期三年的熊市存在出现反转的可能。其二是纺织品服装的出口环境。随着近年来我国经济规模的逐步增大，主要靠出口拉动的经济增长方式已不能被国际社会所接纳，在新的一年里，纺织品的出口环境、人民币汇率升值压力等问题仍将继续存在，可能会不时的给国内市场造成压力，抵消部分“牛气”。

2005年纺织经济形势回顾与分析

中国纺织信息中心 龚进礼

【作者简介】龚进礼，中国纺织信息中心统计信息部主任，高级经济师。1986年毕业于厦门大学数学系。主要从事计量经济、纺织经济方向的研发。主要成果有：1996年6月《科技进步与纺织工业发展》获国家自然基金三等奖；1994年11月《中国纺织品研究》；1996年4月《我国纺织品出口数量的预测研究》；1992年11月《中国纺织品服装出口战略研究》。期间出版论文及专著：《纺织计量经济模型与实际应用中若干问题的探讨》、《纺织工业面临的市场形势和对策》、《跨进战略发展过程中的纺织工业结构》等。

2005年对于中国纺织而言是具有历史意义的年份。长达40余年的纺织品配额制度的终结，预示着全球纺织品贸易将进入到一个崭新的自由贸易时代。然而，具有讽刺意味的是在这一年里中国纺织不仅没有感受到自由贸易的春天，却连续不断地经历了全球性的纺织贸易壁垒的围剿。与此同时，国际油价高位运行、水电价格上升及东部出现的“民工荒”，使得本已经一片嘈杂的中国纺织旧愁未了又添新忧。当然，2005年的中国纺织也面临着一些十分有利的因素。国内经济的快速增长和消费结构的升级，内销已经成为拉动纺织经济快速增长的第一引擎；国际经济的持续走强，为进一步扩大纺织出口提供了机遇；尤其是近些年结构调整升级所形成的积累效应，大大提升了中国纺织全球化的市场竞争能力。这些因素也构成了2005年中国纺织经济快速发展的主旋律：生产和投资快速增长，经济效益稳步提高，尤其是在贸易摩擦硝烟四起的情况下，纺织品服装全年出口仍将超千亿美元大关，创下历史最好水平。

一、生产和投资

由于受市场需求拉动和配额取消利好消息的激励，2005年纺织主要产品产量保持了较快的增长（表3－7）。在生产运行特征上，一是化纤生产出现严重困难。由于国际油价的大幅飙升和国内棉花价格的回落，导致成本上升，棉花对化纤短纤的替代性增强。化纤产品竞争力下降，大批化纤企业被迫停产，化纤增幅出现明显下滑。2005年一、二、三季度化纤产量同比增幅仅为3.43％、8.03％和11.79％；与2004年同期相比分别下降了25.18、21.75和12.26个百分点；二是除服装外，纺织生产区域化聚集特征日益明显。由于我国区域经济发展的梯度性特征，要素配置形成了明显的区域化产品生产优势。江、浙是我国化纤的主要产地，2005年两省化纤产量占全国的比重为68.67％，比2004年提高3个百分点；山东是我国最大的纱布生产基地，纱布产量约占全国的1/4左右。2005年纱布生产进一步向山东聚集，纱布占全国的比重分别比上年提高了1.9和1.09个百分点；印染布生产浙江一支独秀，产量占据半壁河山，2005年浙江印染布占全国比重与2004年相比提高1.6个百分点。近几年随着东部地区经济的快速发展，劳动力要素成本的快速上升，服装生产逐步向中西部地区转移，服装加工呈现出由东部沿海向内陆转移的趋势。2005年东部沿海5省（浙江、江苏、山东、福建、广东）产量占全国比重为79.16％，与2004年相比下降0.85个百分点。

在固定资产投资方面，由于2003、2004年纺织投资过快增长，国家将纺织列为了限制类投资行业，并在信贷方面采取了紧缩的货币政策。2005年后

表 3－7 2005 年 1－12 月规模以上纺织企业的产品产量

指标	纱(万吨)	布(亿米)	印染布(亿米)	化纤(万吨)	服装(亿件)
产量	1412.40	377.61	362.15	1629.20	147.79
同比(%)	23.61	17.45	15.69	14.75	16.84

纺织固定资产投资与前两年相比明显回落，但总体仍保持了较快的增长态势。2005 年 1－11 月纺织固定资产投资 1367.43 亿元，同比增长 36.22%。在投资表现特征上，一是麻纺、化纤等行业投资明显下降，棉纺、针织等投资快速增长；二是资金筹集渠道以自筹资金为主，约占全部投资的 70%以上，而且呈上升趋势；国内贷款比重不足 15%，而且呈现不断下降趋势。这反映出我国纺织高度市场化的产业发展特征，宏观调控对行业的影响力进一步减弱。

表 3－8 2004 年、2005 年 1－11 月
纺织固定资产来源比重分析表

单位：%

行业	国内贷款比重		利用外资		自筹资金	
	2004	2005	2004	2005	2004	2005
大纺织	14.4	9.1	14.5	14.6	65.2	71.7
纺织业	15.0	9.7	11.6	11.9	67.7	74.3
服装业	8.2	5.3	20.9	19.7	65.7	71.3
化纤业	21.1	14.2	18.8	19.8	52.3	56.5
纺织机械	13.0	6.4	5.1	10.5	80.1	81.6

表 3－9 1－11 月分行业投资情况分析表

行业	2005 年投资(亿元)	与 2004 年同比(%)	投资所占比重(%)	与 2004 年比重变化(%)
棉纺	442.79	57.89	32.38	4.44
毛纺	88.21	45.59	6.45	0.41
麻纺	12.38	－29.32	0.9	－0.84
制成品	142.73	24.05	10.43	－1.02
针织	109.13	51.20	7.98	0.79
服装业	315.86	47.81	23.09	1.811
化纤业	142.26	－0.05	10.47	－3.8
纺织机械	35.18	60.49	2.57	0.38

二、进出口与贸易摩擦

据海关统计，2005 年 1－11 月，我国纺织品服装出口 1045.05 亿美元，同比增长 21.02%；其中纺织品出口 375.32 亿美元，同比增长 23.86%；服装出口 669.72 亿美元，同比增长 19.48%；纺织品服装进口 155 亿美元，同比增长 2.04%。纺织品服装实现贸易顺差 890.05 亿美元，占全国商品贸易顺差的 98%。

在纺织出口方面，主要表现出以下几个方面的特征：一是一般贸易比重快速提升。2005 年 1－11 月我国纺织一般贸易出口 722.46 亿元，同比增长 24.33%，一般贸易占出口比重 69.13%，比去年同期提高 1.83 个百分点；这表明经过近些年的产业结构调整，我国纺织上、中、下游产业配套能力进一步增强，产业技术水平有了明显提高。二是民营企业出口异军突起。据统计，2005 年 1－11 月，我国民营企业出口 280.20 亿美元，同比增速高达 60.68%，比同期的三资企业出口增幅高 39.8 个百分点，比集体企业高出 54.2 个百分点；民营企业出口所占比重也由 2004 年的 20.19%提高至 2005 年的 26.81%，一年提高了 6.61 个百分点。目前中国的民营企业正以其勃勃生机和强劲的竞争能力，在国际纺织竞争舞台崭露头角，并成为了中国纺织参与国际市场竞争的中流砥柱。三是配额取消后，出口区域格局发生了显著变化。2005 年 1－11 月，我国纺织对亚洲地区出口 496.82 亿美元，同比增长 3.18%；占出口比重为 47.54%，比 2004 年下降 8.22 个百分点；而同期对欧洲、北美出口所占比重分别为 24.11%和 18.43%，比上年同期分别提高了 4.19 和 4.09 个百分点；上述出口格局的变化是全球配额制度终结后，我国受限产品出现短期能量释放所至。如 2005 年 1－11 月对美、欧出口增速分别为 58.10%和 66.03%；而 2004 年同期我对欧美的出口增速仅为 13.73%和 22.42%。

2005 年中国与美、欧之间的贸易摩擦举世观注。美欧出于保护本国产业以及政治上的各种原因，在 2005 年纺织配额取消不足 100 天的时间里，就利用“特保”及“反倾销”对我国的纺织品服装实施贸易壁垒措施。2005 年 5 月份美国对我国的精梳棉纱(301 类)等 7 个产品单方面设限，后又增加 3

个产品；截止11月8号达成中美协议，美对我设限产品共计10个大类，涉及金额累计35.39亿美元，占我对美出口总额的21.24%。欧盟方面，根据2005年6月达成的中欧协议，欧盟对我国T恤衫等10类产品进行数量限制。截止11月份，这10个产品累计涉及金额31.37亿美元，占对欧出口总额的18.55%。欧美等国在采取特保措施的同时，对我国的相关产品也展开反倾销调查。2005年3月对我国涤纶长丝布的反倾销进行了初裁，并于9月做出终裁，将税率确定为14.1%～56.2%；美国商务部(DOC)11月公布了对中国画布的反倾销初裁。另外，土尔其、韩国、秘鲁等国也纷纷效仿美欧，对我纺织品实施“反倾销”调查。2005年我国纺织面临恶劣的贸易环境，不仅直接对我纺织出口的增长产生消极影响，更主要的是频繁的贸易摩擦，严重影响了企业正常的生产经营活动，大大增加了企业经营的风险。中国纺织企业在为全球创造了巨大的消费者剩余的同时，却得到了“特保”、“反倾销”等贸易壁垒待遇。基于中国在生产要素和产业配套方面具有的明显的比较优势，可以预言，贸易摩擦将是中国纺织在今后相当长的一段时间里，必须要面对的严酷事实，纺织企业在思想方面要充分做好准备，采取积极应对措施。

三、运行质量和效益

截止2005年11月，我国规模以上纺织企业实现销售收入17567.86亿元，同比增长26.09%；利润总额578.95亿元，同比增长31.15%；在被统计的3.497万家企业中，亏损企业占19.37%，比去年同期下降4.51个百分点；产成品占流动资产比重16.99%，比2004年同期下降0.74个百分点；产销率97.53%，略高于2004年同期水平。分析表明2005年我国纺织经济效益稳步增长，产销衔接良好。在内外销市场比例方面，内销所占比重已达71.25%，比2004年提高1.56个百分点。从增长率看，2005年1－11月内销增长28.37%，外销增长19.10%，内销增幅高于外销9.27个百分点。这反映出我国纺织经济运行中，内销的迅速增长成为拉动纺织经济发展的主要力量。

表3－10 近两年1－11月规模以上纺织企业主要经济指标

单位：亿元

年份	销售收入	利润总额	产成品比重	销售产值	出口交货值
2005	17567.86	578.95	16.99%	17797.77	5117.74
2004	13932.43	441.45	17.73%	14175.38	4297.08
同比	26.09%	31.15%	－0.74%	25.55%	19.10%

从经济运行质量方面看，行业经济综合能力明显提高。除资本保值比2004年略有下降外，资产的效率和盈利能力、企业抗风险能力、管理以及劳动产出水平均有明显提高，综合经济指数达到115，比2004年提高了7点。

表3－11 2005年1－11月工业经济效益评价指标与去年同期比较

项目	成本费用利润率(%)	总资产贡献率(%)	流动资产周转率	资产负债率(%)	劳动生产率(万元/人)	产品销售率(%)	资本保值增值率(%)	工业经济效益综合指数
指标值	3.42	8.50	2.45	61.08	5.10	97.55	114.86	115
比去年同期增减	0.14	0.93	0.16	－0.08	0.73	0.15	－1.99	7

但应该看到，目前我国纺织盈利水平与全国工业相比，仍处于较低水平。2004年纺织毛利率仅为全国工业平均水平的65%，利润率为全国工业的54%，而且呈现下降趋势。近几年来，由于水电油等要素价格上涨，纺织制造成本上升，导致纺织毛利率下降。2005年1－11月纺织毛利率为10.44%，比去年同期毛利率低0.14个百分点。企业通过苦练内功、加强管理，2005年1－11月管理费用占销售

收入比重较上年同期相比下降了0.36个百分点，实现了利润率3.29%，略高于去年同期3.16%水平。

表3－12　2000－2005年纺织效益情况

单位：%

指标	2000	2001	2002	2003	2004	2005年1－11月
纺织利润率	3.54	2.98	3.36	3.68	3.32	3.29
占工业比重	67.81	59.02	63.60	63.19	54.98	
纺织毛利率	12.98	11.37	11.30	11.26	10.74	10.44
占工业比重	70.48	64.67	64.32	65.74	65.64	

四、结束语

中国作为世界最大的纺织原料生产、产品加工及出口大国，在当今世界纺织工业中的地位举足轻重。一方面中国生产的纺织品"物美价廉"，显示出强劲的竞争能力，赢得了全球消费者的青睐，并由此也引发了配额取消后全球纺织品贸易格局的剧烈变化，一些发达和发展中国家为保护其产业，纷纷树起了贸易保护及壁垒的大旗，一时间贸易摩擦硝烟四起，2005年中国纺织的贸易环境可谓"阴云密布"；而另一方面，中国纺织的单位盈利水平却随着规模的扩大，呈现出下降的趋势。出口的贴牌产品100%的物质形态由中国企业生产，而在产品价值实现上中国企业仅赢得10%－15%的份额，中国企业在全球纺织分工合作中仍处于"蓝领"的地位。如果从一国产业对国民经济发展的影响看，目前中国纺织业的发展可以讲有喜也有忧。从喜的一面看，中国纺织业在吸纳农村剩余劳动力、推进城镇化发展以及国际收支平衡等方面，有其它产业难以替代的优势，适合"稳定是前提、发展是硬道理"的基本国策；而从忧上看，鉴于目前我国纺织发展仍存在着产出水平低、环境污染严重、资源约束日益显著等方面的问题，中国纺织的可持续发展也面临严峻挑战。为此，我们建议：一是加强对中国纺织整体性的研究，不仅要着眼纺织生产领域的问题，同时更要注重纺织品价值链分配机制的研究，并以此寻求我们最好的价值实现途径。二是加快纺织市场化建设步伐，加快中国纺织与国际市场的接轨，在产品质量检测、社会责任、环保等方面建立统一规范的行业标准体系，为规范纺织企业市场行为，避免无序竞争，提供必须的环境氛围和条件。三是坚持可持续的科学发展观，政府和协会利用财政、信贷及信息发布等手段，积极引导纺织企业做强、做精，走资源消耗少、环境污染小、产品附加值高的可持续发展道路。

2004/2005年度国际棉花市场产销形势与发展趋势分析

艾仑宝棉花(中国)公司

【作者简介】艾仑宝棉花公司(Allenberg)，位于美国田纳西州孟菲斯市，成立于1917年，于1981年被路易·达孚集团收购，现已成为世界上最大的棉花经销商之一。它和它的姊妹公司——位于比利时安特卫普的路易·达孚国际棉业(LDCI)经营所有产地的棉花，每年的总经营量超过100万吨。艾仑宝棉花公司拥有世界一流的信息收集设施，在风险防范方面各种创新的技术和方法，在国际市场上赢得了极高的声誉。

2004/2005年度，世界棉花消费依然强劲，但创记录的棉花产量扭转了连续两年期末库存减少的局面，世界棉花价格在历史低位振荡，大量的期末库存也为2005/2006年度的价格上涨带来压力。

一、2004/2005 世界棉花价格的变化

从近 20 年纽约期货价格变化情况来看，考虑到美元的汇率变化因素，2004/2005 的价格处在从 2001 年末以来的又一个历史低位。

影响 2004/2005 年度国际棉花价格的主要因素：

1. 产量：播种面积增加，有利的气候，增产的市场预期和结果。

2. 中国进口乏力：棉花集中到港的现货压力和价格波动损失造成的买方资金压力。

图 3—16　近 20 年世界棉花价格走势

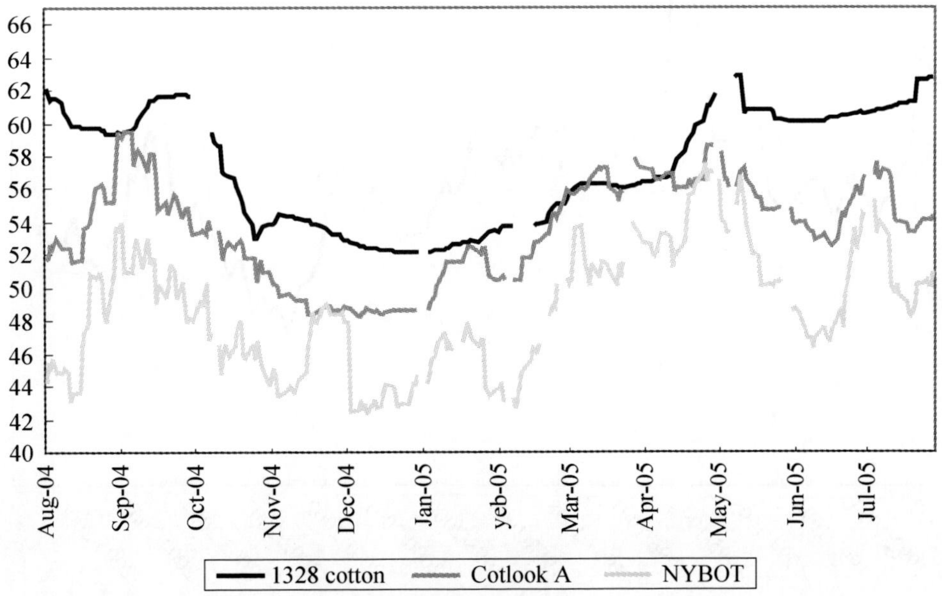

图 3—17　2004/2005 年度棉花价格走势

3. 投机基金的参与。

4. 美国的农业贷款和补贴政策导致的美棉大量出口。

二、世界棉花生产

据 USDA11 月报告估计，2004/2005 年度世界棉花生产总产量为 2621.5 万吨，创历史最高记录，比上年的 2069.7 万吨增产约 551.8 万吨，增长 26.7%，增幅创下近 20 年新高。

2004 年世界棉花总产量增长的主要原因：一是 2003/2004 年度棉花价格上涨对生产者的激励作用逐步显现，2002 年以来，由于国际棉花市场供给偏紧，市场价格止跌回升并持续走高。在 2004/2005 年度的棉花播种期间，Cotlook A 棉花价格高达 70 美分以上。生产者的棉花销售价格相应上涨，收入增加，生产积极性提高；二是美国、中国和印度等主要产棉大国的棉花播种面积扩大，全球棉花总播种面积 3587 万公顷，年增长 10.8%；三是 2004 年世界棉花主产区的气候条件普遍好于上年，单产水平达到 731 公斤每公顷，创历史最高记录，比上年增长 14.4%，增幅创下近 20 年新高。

1. 中国

虽然 2003/2004 年度受灾害天气的影响严重减产，但从 2003 年 10 月的收获时间到 2004 年 4 月播种期间，价格的上涨弥补了农民因减产带来的收益损失，并显著提高了种植意向，棉花播种面积达到 569 万公顷，比上年增长 11.4%。同时良好的天气持续整个棉花生产季节，产量达到创历史记录的 632 万吨。但是，随着消费剧增，产量的增加并没有改善供需缺口进一步扩大和期末库存降低的情况。

2. 美国

2004/2005 年美国棉花产量创历史记录的达到了 506 万吨，比上年增长 27.3%。美国棉花在强大贷款支持、生产补贴和出口补贴的帮助下，出口记录再创新高达到 313.7 万吨，比上年增加 14.2 万吨。其中，美棉主要进口国家：中国进口 72 万吨，占本国总进口量的 51.8%；土耳其进口 44.6 万吨，占本国总进口量的 60%；墨西哥进口 35.3 万吨，占本国总进口量的 95.5%。

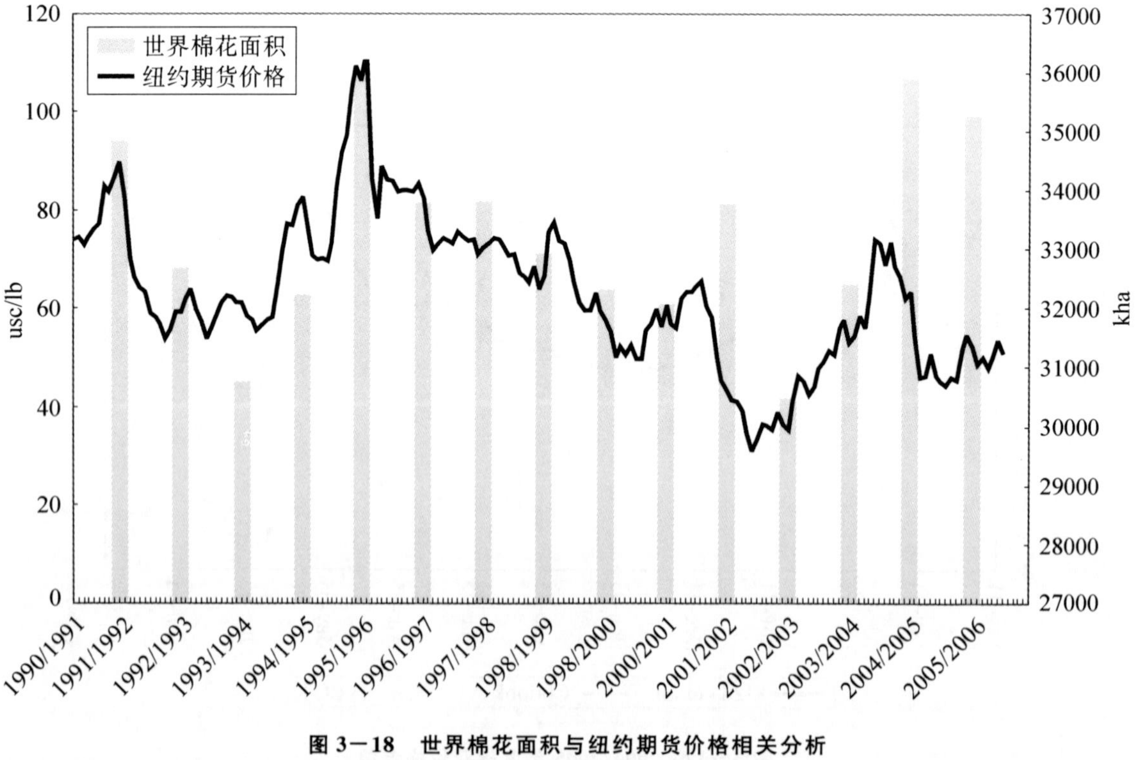

图 3－18　世界棉花面积与纽约期货价格相关分析

三、世界棉花消费

据 USDA 估计，2004/2005 年度世界棉花消费量为 2368.8 万吨，再创历史新高。比上年增加 233.3 万吨，增长 10.9%，同时增幅也创下历史最高记录。

2005 年 1 月 1 日，纺织品配额取消后，进口棉纺织品的竞争更趋激烈，使美国和欧盟的进口服装零售价格显著下降，大大的刺激了纺织品消费的增加。由此也导致了美国国内纺织业的衰退，2004/2005 年度美国工厂用棉量为 145.7 万吨，预计 2005/2006 年度将进一步萎缩到 130 万吨。

表 3—13　2005 年 12 月 USDA 全球消费预测

单位：万吨

国家和地区	2000/2001	2001/2002	2002/2003	2003/2004	2004/2005	2005/2006
全球总计	2006.7	2053.6	2140.4	2135.5	2368.8	2500.6
中国(大陆)	511.7	571.5	651	696.7	838.2	936.2
印度	294.9	289	289.6	293.9	326.6	364.7
巴基斯坦	176.4	185.1	204.7	209	234.1	255.8
美国	192.9	167.6	158.4	135.4	145.7	130.6
土耳其	112.5	133.9	137.2	135	152.4	153.5
巴西	91.4	82.7	78.4	86	91.4	87.1
印度尼西亚	53.3	50.1	49	46.8	49	50.1
其他	573.5	573.6	572.3	532.5	531.3	522.5

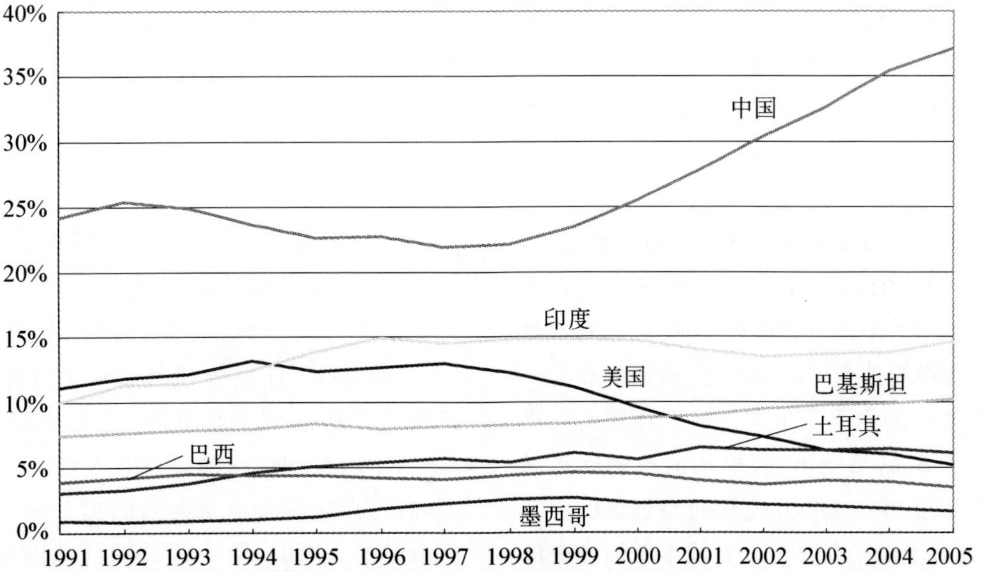

图 3—19　各国棉花消费占世界比例变化

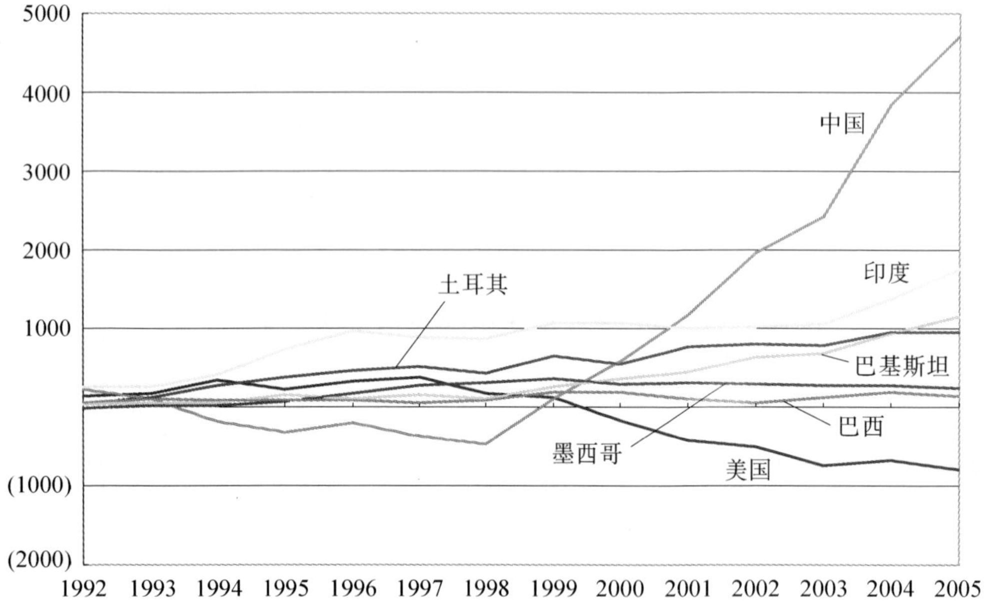

图 3－20　自 1991/1992 年度消费量差异变化

与此同时，亚洲地区尤其是中国和印度的 GDP 保持高速增长，人均国民收入和人均消费均明显增加，拉动了对国内纺织品服装的需求，从而推动了棉花的消费。近几年来全球的棉花需求很大程度上是由正在发展壮大的亚洲市场拉动的。

在过去的 5 年中，中国从 2000/2001 年度消费 511.7 万吨到 2004/2005 年度的 838.2 万吨，增加 326.5 万吨；而同期世界棉花消费从 2006.7 万吨到 2368.8 万吨，增加 362.1 万吨；可见，中国棉花消费量的增长占了世界棉花消费量增长的绝大部分。印度和巴基斯坦也是为数不多保持高增长的国家，这三个国家共占 59.1％的份额。由于印巴两国的原料成本和劳动力成本相对中国更有优势，印度更是有着将自己打造成为纺织制造业中心的决心，他们将成为日后中国纺织品出口的主要竞争对手。土耳其由于靠近欧盟等主要纺织品消费市场，棉花消费量逐年增加，2004/2005 年度达到 152 万吨从而超过美国(146 万吨)，排名第四；但由于受其劳动力成本增加带来的生产成本增加，货币升值，配额取消后其他低成本国家带来的价格压力等影响，虽然消费量可能保持增长，但其市场份额将受到极大挑战。

从上世纪 90 年代开始，随着石油价格的不断攀升，棉花对聚酯的价格比有下降的趋势，并很可能会持续到 2005/2006 年度，这对棉花消费来说是有利的。

四、世界棉花贸易

受全球丰产的影响，2004/2005 年度世界棉花贸易量为 715.9 万吨，比上年减少 3％。棉花出口国前 5 名分别是美国 304.8 万吨、中亚 125 万吨、西非 88.8 万吨、澳大利亚 41.4 万吨、巴西 35.9 万吨；进口前 5 名分别是中国 139.1 万吨、土耳其 78.4 万吨、印尼 52.3 万吨、泰国 47.9 万吨、墨西哥 37 万吨。除中国外其他国家的供给盈余是 460 万吨，巨大的供给压力，持续打压了 2004/2005 年度的国际棉花市场价格。

USDA12 月报告预计 2005/2006 年度世界棉花贸易量将达到 909 万吨，比上年增长 188 万吨。其中，中国将创纪录进口 359 万吨，比上年增长 220 万吨，这意味着全球贸易量的增长绝大多数都是中国贡献的。同时，除中国外的其他国家的供给盈余是 370 万吨，其中美国的盈余是 381 万吨，可见美国棉花消费将更加依赖于美棉出口，需要寻找消费市场来缓解库存压力。

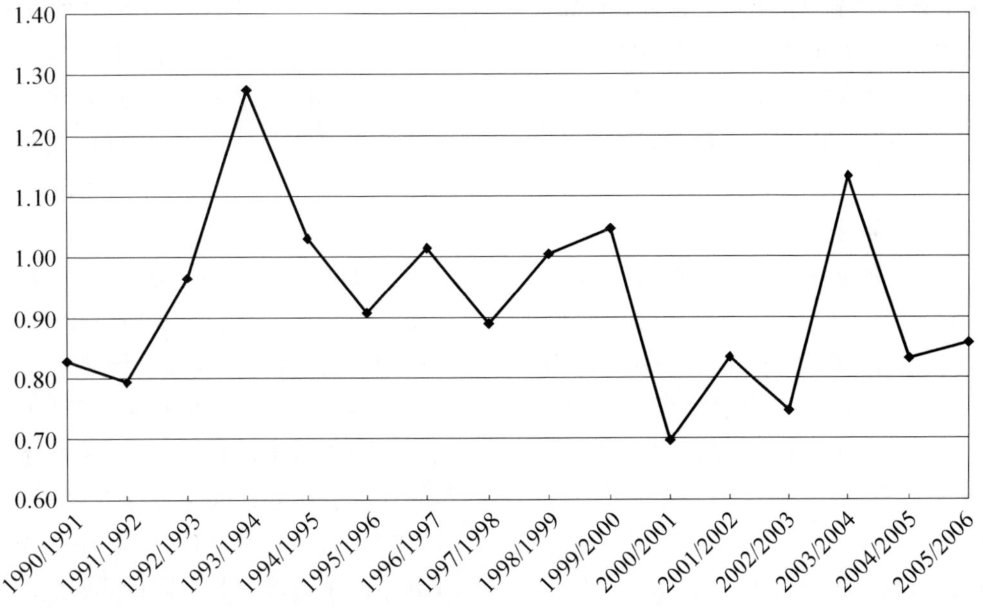

图 3－21　世界棉花聚酯纤维价格比

五、2005/2006 年度影响世界棉花价格的主要因素

1. 2005/2006 全球基本供需情况

目前，随着北半球棉花收获的基本结束，2005/2006 年度的产量情况逐步清晰。据 USDA12 月报告预测，2005/2006 年度世界棉花总产量为 2444.4 万吨，同比下降 6.7%。面积为 3522.4 万公顷，同比下降 1.8%。可以看出，2004/2005 年度世界棉花产量的极大扩张，在缓解了近两年供需偏紧的局面的同时，也迫使价格回落到一个相对的历史价格低点，种植效益的降低，造成 2005/2006 年度世界棉花面积减少。同时，灾害性天气较上年频繁发生，造成单产同比下降 5%，为 694 公斤/公顷。

表 3－14　2005 年 12 月 USDA 全球产销存预测

单位：万吨

国家和地区	期初库存	产量	进口量	消费量	出口量	期末库存	库存消费比
全球总计	1121.6	2444.9	909.2	2500.6	899.2	1108.7	44.3%
中国	229.9	533.4	359.3	936.2	0.7	218.6	23.3%
美国	120.6	516	0.9	130.6	357.1	150.2	30.8%
中亚	51.2	182.7	0.1	34	142.8	57	32.3%
西非	41.4	103.6	0.1	4.1	98.8	42	40.8%
印度	180.5	405	17.4	364.7	39.2	199	49.3%
巴基斯坦	84.5	212.3	37	255.8	7.6	69.9	26.5%
土耳其	36.8	77.3	75.1	153.5	2.2	33.5	21.5%
印度尼西亚	10.5	0.7	50.1	50.1	0.4	9.6	19.0%
泰国	12.6	1.1	46.8	47.5	0	12.6	26.6%
墨西哥	29.8	15.2	27.2	41.4	4.4	25.9	56.7%
巴西	110.6	103.4	5	87.1	43.5	90.6	69.3%

世界消费量将会达到2500万吨的历史新高，同比上升5.6%，其中中国、印度和巴基斯坦扮演着最主要的角色，而其他国家变化不大；供需缺口56万吨，期末库存1109万吨，比上年略降13万吨；结转库存消费比为44.3%，比上年略降3%；

但是，预测表明贸易量会达到历史新高909万吨，同比上升26%。在全球总供需状况没有发生大的波动的情况下，贸易量的激增，表明了地区间发展的不平衡，这主要来自于中国巨大的供需缺口而引发的进口强劲需求。但是，除中国外其他国家约347万吨的产销盈余预示着国际棉价上涨的巨大压力。

2. 中国因素

(1)进口

a)中国的进口量和进口进度

USDA12月报告预测中国2005/2006年度的进口量是359万吨，目前已经进口了110.9万吨(8月一11月)，这意味着在剩下的8个月里平均每个月至少进口31万吨，而根据近10年该阶段的最大进口量(191万吨)分析，年度进口量最大约为300万吨，进口装运的压力可见一斑。

b)配额政策

相信有2004年和2005年配额发放的经验，中国政府会更好的利用配额政策来调控进口进度和进口价格。灵活的配额政策将稳定国内外市场价格，并大大减少各种投机因素导致的暴涨暴跌情况。

c)外商新型的销售手段一寄售，也就是保税区进口棉，将大大缓解进口量集中释放的压力，也给进口进度的预测带来不确定性。2005年8到10月，保税区进口量达20.8万吨。

(2)库存

现在的问题是，什么样的库存对中国来说是可以接受的合理的水平。经历了2003/2004年度棉花价格的剧烈波动，中国的棉花商业库存已经降低到棉纺厂继续运转所需要的最低水平。包括政府的国储和地方棉花流通企业不再大量的储备棉花。高速增长的纺纱消费，政府信贷的限制，国家更为灵活的进口配额调控机制等因素都鼓励国内的棉纺企业降低棉花库存。USDA12月预测的前提是中国产量533万吨，而中国棉花协会的数字是545万吨(11月)，农业部的数字是570万吨(10月)，假设其936万吨的消费预测是正确的，随棉花期末库存水平的变化，实际可能进口量将会产生巨大差异。

(3)消费

USDA12月预测显示，2005/2006年度中国的消费量将大增，印度、巴基斯坦和土耳其的消费也有所增加，这些对国际棉花市场起到一个活跃作用，并在短期内会使国内棉价有所提升。随之而来的是国内纺织用棉成本的提高，加上不断上升的劳动力价格与印度等国相比丧失竞争优势，可能的人民币升值，将削弱纺织品出口的竞争力。同时，国际市场对棉制品需求的增长是有限的，我国出口增幅的提高，除了因市场需求自然增加外，还有一部分是挤占了其它发展中国家、发达国家的份额，虽然已解决了与美国和欧盟的纺织品特保争端，但巩固与再扩大国际市场份额的难度将不断增大。据统计，截至2004年，中国的人均棉花消费量只有2.7公斤，低于全球3.4公斤的平均消费量。印度只有2.1公斤，而美国则为15.6公斤。因此，中国的人均棉花消费还有着巨大的增长潜力，内需仍是中国棉纺织业的支柱和依存体。只有在保持出口增长的同时积极扩大内需，才是纺织品保持增长的根本。同时，在近期的“十一五”规划中，中国政府有可能从2006年开始对纺织行业产能过剩问题进行宏观调控。这些都是影响消费的不确定因素。

(4)产量

中国的供需缺口在2006/2007年度将进一步扩大。10月农业部的冬小麦播种意向调查显示，2006/2007年度其播种面积将增加1%左右。根据近20年的冬小麦和棉花面积之间的竞争关系分析，在大多数情况下是负相关的，这意味着棉花的面积有可能减少。但考虑到2005/2006年度棉花的绝对收益是增加的，因此预计2006/2007年度的棉花面积将会是微增。假设单产水平和上年相同，2006/2007年度产量应该是小幅增长。但考虑到中国纺

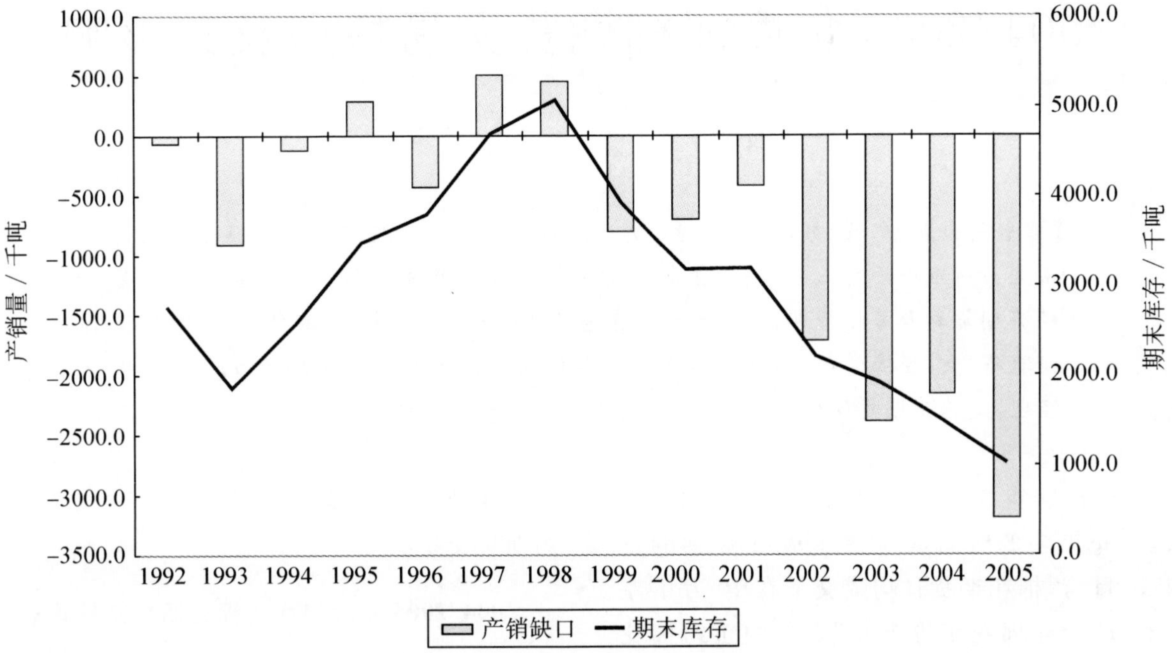

图 3－22　中国产销缺口和期末库存

织品强劲的竞争力仍将继续，棉花消费稳定增长，可以预见 2006/2007 年度棉花产量将滞后于消费的增长，供需缺口进一步扩大。

另外，从国家的农业政策来看，中国对棉花的态度，应该是保持面积稳定，提高单产，总产稳步提高。对中国来说，鼓励粮食作物生产、保障粮食安全是首要的。近几年来，国内粮食作物供应偏紧，国家利用补贴扶植政策等鼓励稳定和扩大粮食种植面积。同时，随着城市化水平提高，劳动力价格提高，在农村居民家庭平均每人纯收入中，工资性收入的比重逐步提高，越来越多的青壮年农民考虑机会成本，选择打工，这对高劳动力成本的棉花种植来说是个不利因素。

3. 美国的出口销售压力

USDA12 月预测美国 2005/2006 年度的出口量是 357 万吨，目前已经出口了 68.4 万吨（8 月－11 月），而根据近 10 年每个月的最大出口销售量分析，该年度出口量最大可能性为 342.7 万吨，可见，美棉出口装运的压力巨大。同时，受中亚、西非、澳大利亚、巴西、印度等国的出口意向的影响，美棉和其他产地进口棉在中国的竞争，成为世界棉价上涨的制约因素。

当然，还有汇率波动，石油价格的变化，美国的农业补贴政策，下一年度农民的种植意向和投资基金的行为等都是影响 2005/2006 年度棉花价格走势的重要因素。

2004/2005 年度郑棉期货交易特点及其影响

郑州商品交易所　姬广坡　郭淑华

【作者简介】姬广坡，男，1958 出生，陕西西安人，博士，高级经济师。现任郑州商品交易所市场开发三部部长，负责棉花期货的市场开发工作。近年独著或合著经济期货类专著十余部，在各类报刊杂志上发表论文 70 余篇，共计约 200 万字。郭淑华，女，经济学硕士，高级经济师。现任郑州商品交易所市场开发三部高级经理，是棉花期货研发、合约及制度设计的主要参与人之一。

郑州棉花期货 2004 年 6 月 1 日开始交易，在上市短短一年多的时间里，就展现出了蓬勃的发展生机。目前，棉花期货日均成交量在 10 万手左右，与有着“全球棉花定价中心”之称的纽约棉花期货成交量基本相当，受到国内外人士的广泛关注。郑州棉花期货的国际影响力越来越大，在美国农业部（2 月 24—25 日）召开的“2005 年农业展望论坛”上，美国全球棉花信息有限公司董事长兼 CEO 乔尼根先生专门就中国棉花期货做了大会发言，并得出结论：中国的“棉花期货是最成功的”、“目前郑州棉花期货交易基本反映了中国棉花价格的变动情况，平均空盘量将在一年之内超过纽约期货交易所”。

一、2004/2005 年度郑商所棉花期货交易基本情况

棉花期货成交量、持仓量稳步增长。截止 2005 年 10 月 31 日，累计成交棉花期货合约 2367.77 万手（每手 5 吨，折合 11838.85 万吨），环比增长 35.02%；成交金额 16384.41 亿元，环比增长 38.74%；月末持仓量稳步增长，2004 年 6 月仅为 11904 手，10 月 31 日已达 82798 手（见图 3—23 和图 3—24）。

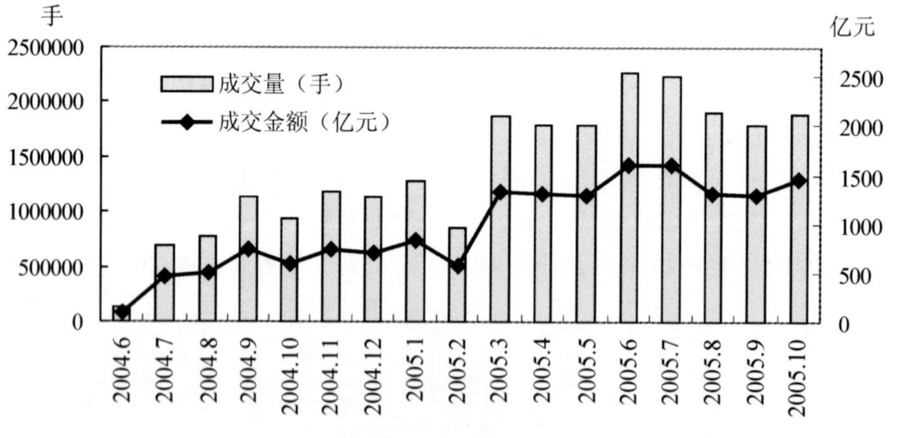

图 3—23　棉花期货日均成交量、成交金额

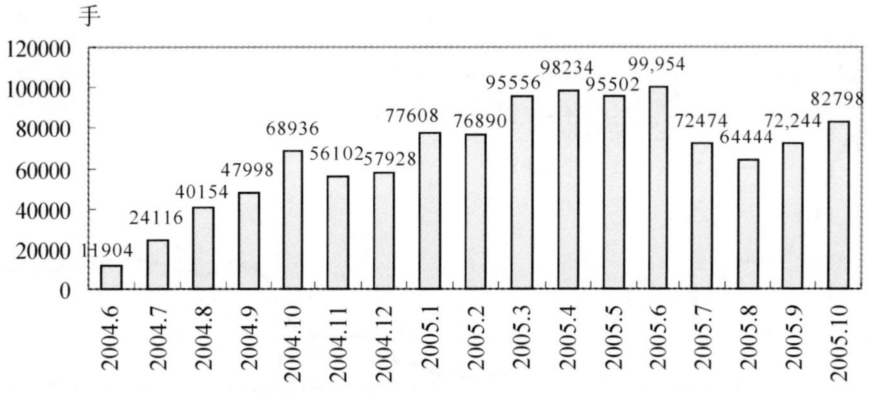

图 3－24　棉花期货月末持仓量

棉花仓单进出通畅，实物交割顺利进行。棉花期货挂盘的第一个合约是 CF411（即 2004 年 11 月份到期的棉花合约），自 2004 年 10 月份开始，陆续有现货企业注册仓单，截止 2005 年 10 月 31 日，共生成 2004 年度棉花仓单 6317 张（每张仓单 20 吨，下同，折 126340 吨），交割棉花 105280 吨，期货转现货 41160 吨，共流出仓单 5737 张（折 114740 吨）（见图 3－25）。目前，已经有 2005 年度的新仓单生成。

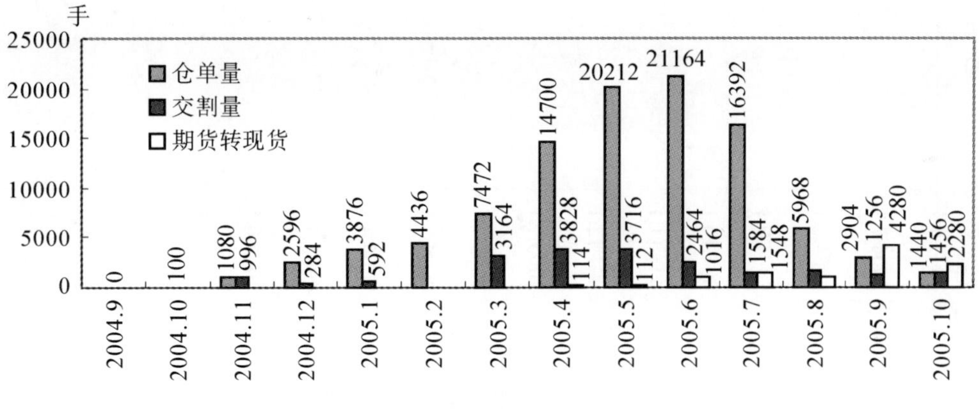

图 3－25　棉花期货仓单量及交割量

注：11 月份交割量为 CF411 合约的交割量，12 月份交割量为 CF412 合约的交割量，1 月份交割量为 CF501 合约的交割量，3 月份交割量为 CF503 合约的交割量，4 月份交割量为 CF504 合约的交割量。

郑棉期货价格提前反映棉花供求关系变化趋势，与国内外棉价走势基本一致。棉花期货价格引领了现货价格走向。2004 年 6 月棉花期货挂盘以后，在三个多月的时间里棉花期货价格领先于现货市场一路走低。2004 年 9 月 9 日，随着新年度的到来，期货价格开始先于现货市场稳步上升，2005 年 5 月份后，期货、现货价格非常一致，但 8 月末开始这一平衡又被打破，期货价格又开始领涨，同时现货价格也紧随其后，在高位运行。在期货、现货价格变动的过程中，期货市场发现价格的功能得到国内外棉花行业的一致认同（见图 3－26 和图 3－27）。棉花期货市场熨平了现货价格，稳定了棉花现货市场。

郑棉期货受到国内外涉棉企业和主流媒体的广泛关注。棉花期货上市交易至今，英国路透社、世华财经信息网、中国棉花网、中国棉花信息网等多家网站登载棉花期货行情及交易评述；美国驻华大使及

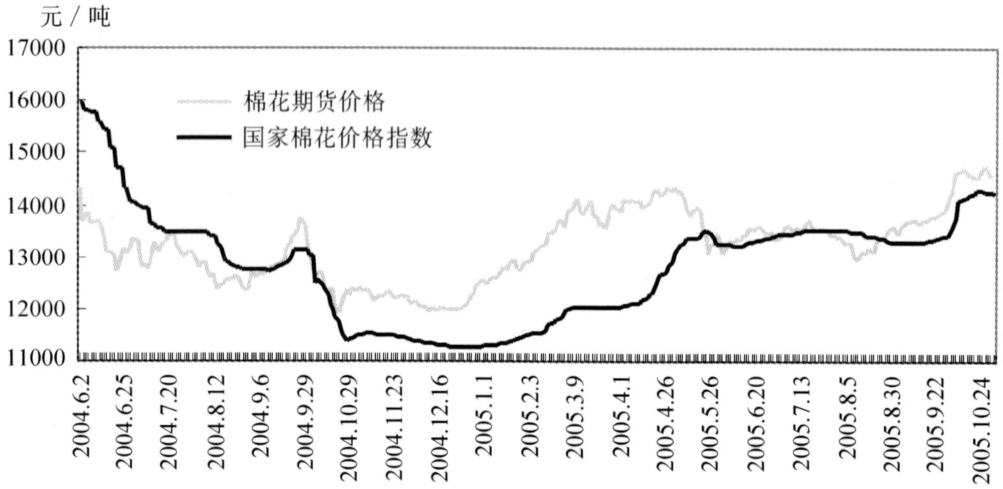

图 3－26 国内棉花期货价格走势

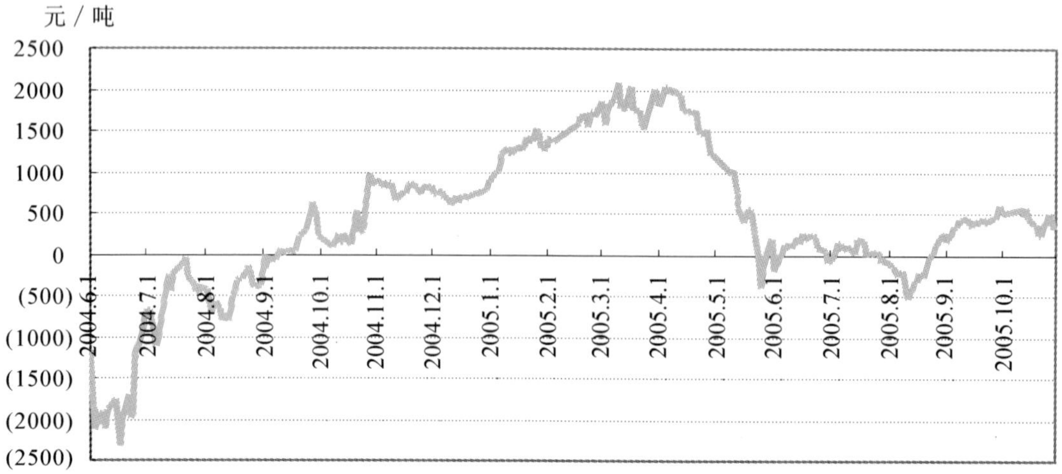

图 3－27 期货、现货差价走势

农业部官员专程来郑州了解棉花期货交易情况；中央电视台、河南电视台、《期货日报》、《中国证券报》、《证券时报》、《上海证券报》、《中国纺织报》等多家媒体在第一时间刊登了棉花期货上市情况及后续交易情况；美国棉花咨询公司、英国棉花展望公司等派人员到郑商所了解棉花期货情况，编制并向全球发布郑州棉花期货价格信息；美国艾仑宝棉花公司、达利文公司、威尔兄弟棉花公司等多家国外棉花（跨国）公司及其驻中国分公司高度关注中国棉花期货的交易情况。

与国际上成熟的市场相比，郑州棉花期货市场仍处于初级阶段。虽然郑州棉花期货成交量同口径计算已超过美国（见图 3－28）；但持仓量不到美国纽约的 10％（见图 3－29）；2004 年纽约棉花期货成交量是美国产量的 18 倍，而同期郑州（七个月的成交量）仅为 3.07 倍，按 12 个月折算也只达到 5.98 倍；截止 2005 年 9 月 31 日，纽约为 13 倍，郑州为 6 倍，市场投机性低于美国纽约。

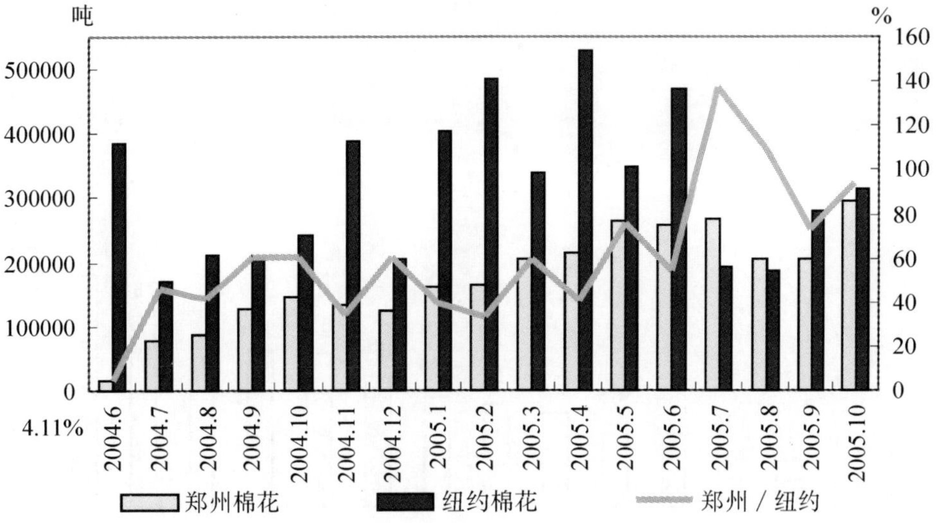

图 3—28　郑州与纽约棉花期货成交量

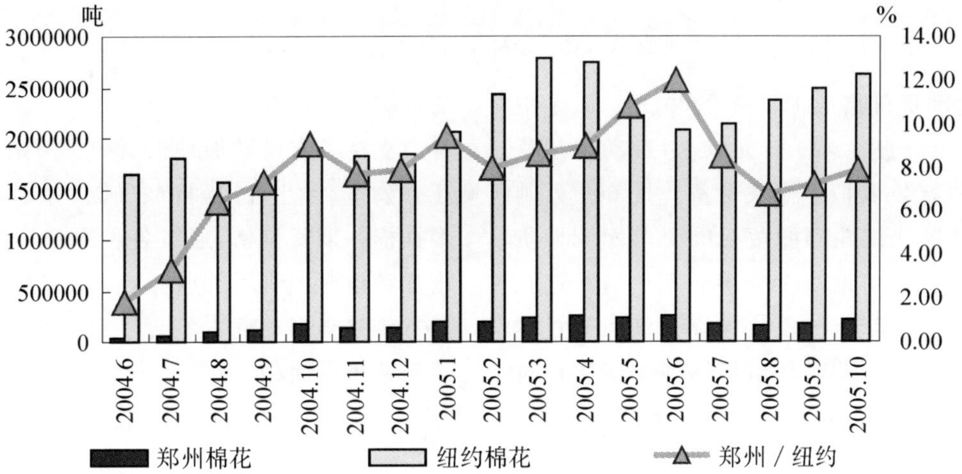

图 3—29　郑州与纽约棉花期货持仓量

二、2004/2005 年度涉棉企业参与棉花期货交易的基本情况

棉花期货推出后，参与交易的投资者数量逐渐增加，日参与者最多时超过 4000 户。涉棉企业的开户数逐月增加，据不完全统计，截止到 2005 年 10 月 31 日已达 1945 家(见图 3—30)。

棉花期货上市后，河南、山东、河北和新疆等棉花主产省、区进入期货市场套期保值的企业，于 2004 年 10 月份开始按国家标准加工棉花、注册仓单，在期货市场上卖出了好价格。2004 年 10 月份仅有 7 家加工企业在期货市场上卖出了棉花，截止 2005 年 9 月底达 294 家，卖出价均高于现货市场 500 元以上，规避了市场风险，提高了经济效益。在 360 家流通和纺织企业接货的过程中，也有效地规避了市场风险，并得到了质量较好、一致性高、无异纤的棉花。

三、2004/2005 年度棉花期货交易对棉花市场的影响

棉花期货上市以后，在增加农民收入、调整种植结构、提高棉花总体质量等方面成效显著。

棉花期货市场有效保护了种棉农民利益，切实增加了农民收入。2004 年 10 月新棉收获后，328 品级棉花现货价格每吨 11000 元左右(有些地方降到

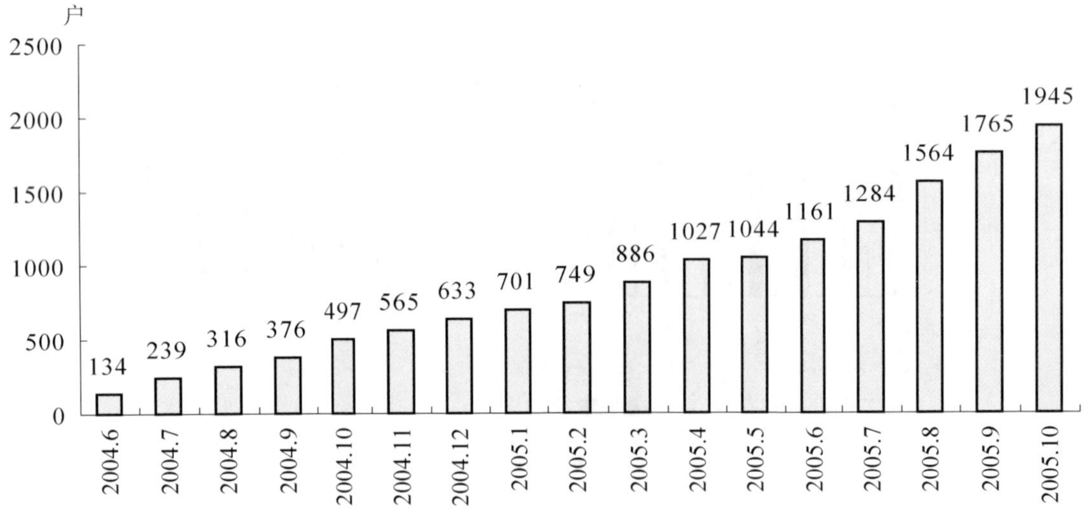

图 3—30 涉棉企业开户数统计

9000 多元)，比期货价格低 1500—2000 元。由于棉花期货价格每吨一直在 12000 元以上，带动了现货价格缓慢上升，有效保护了棉农利益。按 600 万吨产量计算，如果这些棉花都能按标准要求卖到期货市场，全国种棉农民可增收 120 多亿元。当然这只是一个测算数据，实际上棉农从棉价企稳回升过程中确实减少了损失，棉花期货市场体现了优质优价原则。为了提高棉花的一致性，减少异性纤维，卖出好价格，参与棉花期货套期保值的企业一般都提高了籽棉收购价格，按每斤籽棉收购价高出市场收购价 0.1 元计算，仅加工仓单涉及的棉农可直接增加收入近亿元。

棉花期货市场促进了种植结构调整，稳定了 2005 年棉花种植面积。2004 年棉花收获后，国内外棉价下跌，伤害了种棉农民的积极性。年初有关调查数据显示：2005 年我国棉花播种面积将减少 25% 左右。农业部 3 月末植棉意向调查结果显示，我国棉花种植面积将减少 11.5%，与原来预测减幅(25%)相比，种植面积明显回升。这是由于棉花期货价格从 2004 年底开始展开反弹行情，2005 年 2 月份代表新年度棉花的 CF509 合约(2005 年 9 月份到期)价格一直在 14000 元/吨之上，即 2005 年收获的籽棉收购价在 2.8—3.0 元/斤。这一价格信息强有力支持了农民增加种棉面积。河南南阳市政府棉花办公室、河北省河间市农研会等地方政府或组织根据棉花期货价格，通过各种渠道向当地棉农宣传增加种植面积将增加收益，山东省某些公司还根据期货价格与当地棉农签订了订单棉花，有效地稳定了当地植棉面积。

棉花期货促使加工企业提高质量标准化意识，改进加工工艺。棉花加工企业要想通过期货市场卖出棉花，一般采取了以下几项措施：一是使用符合国标规定的包皮布和铅丝；二是加大挑捡异性纤维的力度；三是做好收购和存放时的分级工作；四是提高僵瓣棉的拣出率；五是完善加工时的排杂装置。有些企业甚至还把收购工作前移，通过向棉农发放纯棉棉袋，来减少异性纤维的混入，要求农民做到“分摘、分晒、分存、分售”等，通过一系列的努力，期货交割棉的合格率达到 83.8%。

随着棉花期货市场规模的扩大，我国棉花质量水平将进一步提高。通过郑商所的宣传和推介，通过一些加工企业的尝试，2004 棉花年度，我国有 2% 的棉花通过期货市场流通。目前，大部分加工企业都知道棉花的国家标准和包装标准，了解如何能够让加工出来的棉花达到国家的标准，更多的企业2005年准备参与到通过期货市场套期保值的行列。经过一段时间的发展，我国棉花的总体质量必将产生质的飞跃。一些生产高档纺织品的企业已将目光转移到高质量的期货交割棉。在对99家使用期货交割棉的纺织企业调研后发现，纺织企业对棉花非常满意，有些企业是分月通过期货市场买入棉花，既锁定了成本，又得到了高质量的棉花。河南省纤维检验局一位多年从事棉花公检工作的检验师说：棉花期货交割的实践证明，通过市场利用经济杠杆是解决棉花质量问题的有效方法。

四、涉棉企业在棉花期货交易过程中存在的问题

棉花期货是新中国成立以来首次推出的一个期货品种，由于棉花介于农产品和工业品之间，商品率高，产业链较长，从业人数众多，因此，国家一直比较重视相关产业，出台相关政策也比较谨慎，棉花也是市场放开相对较晚的一个品种。

涉棉企业对棉花国家标准、棉花包装标准的认知度存在一定的差距。期货交易的是标准化合约，这与现货交易有着很大的不同。就棉花期货合约来说，它采用棉花国家标准作为确认质量的依据，要求所有在期货市场上流通的棉花必须同时满足国家标准GB1103－1999(主要在主体品级、长度、马克隆值、回潮率、异性纤维、标识等方面)和棉花包装标准GB/T6975－2001(主要在包布、包型、包索等方面)的规定。在没有上市棉花期货之前，所有现货贸易都是看货论价，大家对有关国家标准都相对忽视，有些长期从事棉花经营的人甚至不能说出国家标准中的主要内容，这给他们从事棉花期货套期保值交易、期现套利交易带来了很大的难度。经过郑商所一年多的努力，现在大部分加工企业均能生产出符合国家标准的棉花。

涉棉企业对套期保值的认识还不全面。期货市场能为企业提供稳定经营的运行环境，这是国际期货市场经过150多年的实践证明了的事实。同样，中国的棉花期货能为国内涉棉企业稳定生产和经营提供规避风险的工具。涉棉企业应充分利用这种有效的工具，在激烈的市场竞争中占据主动。但由于棉花市场放开的晚，棉花期货又处在起步阶段，目前，能够正确分析市场并主动参与套期保值的涉棉企业还为数不多，随着期货市场的不断成熟和涉棉企业对套期保值认识的不断深入，套期保值必将被广大的涉棉企业使用，带动企业步入良性发展的轨道。

资金匮乏一直困扰着广大涉棉企业。期货交易实行保证金管理，在买卖之始的一瞬间即收取保证金，并根据每日价格变化进行结算。对涉棉企业来说，如果根据当时的价格进行套期保值操作，除了要考虑在该价格下应交纳的交易保证金外，还要考虑一旦价格出现不利于自已的价格变化时可能会追加保证金。而且根据《期货交易管理暂行条例》和《关于在农业发展银行贷款的棉花企业不得进入期货市场紧急通知》的规定，企业进行套期保值交易必须使用自有资金。即使仅仅是交易保证金，这对现在资金相对紧张的涉棉企业来说也是一笔沉重的负担，有些企业虽然也认识到套期保值的好处，但苦于缺乏作为套期保值保证金的自有资金而无法入市；有些企业千方百计地筹集一些自有资金进入市场套期保值，但由于资金的限制，交易量大大小于现货贸易量，无法达到预期的保值目的。

国际市场的通行做法是，做为现货贸易企业必须有在期货市场上有套期保值头寸对现货进行保护，企业才能贷到款，这一点和我国有较大的差别。

随着资本市场改革的不断深入，银行对贷款企业的要求也会发生很大变化，相信这一问题会得到根本解决。

五、近一步发展郑州棉花期货市场将采取的措施

棉花期货市场上市仅仅一年多时间，它的功能已开始初步发挥，已成为涉棉企业和行业主管的参考依据，但与国外成熟的棉花期货市场相比，还存在很多的不足，还需要政策的支持。

第一，各级政府和新闻媒体应加大对棉花期货的宣传力度。期货市场从其诞生的一刻起就有为产业链条各环节企业规避风险的功能，如能较好的利

用，可以为企业创造良好的发展环境。目前，部分流通企业和纺织企业已经开始从事棉花的套期保值业务，但绝大多数的涉棉企业，尤其是棉花生产企业、植棉农户还没有开始利用期货市场规避风险。希望各级政府和新闻媒体加大对棉花期货的宣传力度，为企业的稳步健康发展创造条件。

第二，金融机构支持涉棉企业开展套期保值业务。企业开展套期保值业务有利于金融机构回收贷款，在国外，如果企业不在期货市场套期保值，金融机构是不给其贷款的。目前我国涉棉企业的资金实力非常有限，如果没有金融机构的支持，要想在期货市场进行套期保值业务有一定的难度，希望金融机构能够在这方面给企业以帮助。尤其是中国农业发展银行，作为棉花收购资金的主要发放银行，更应该积极支持企业开展套期保值，既可以按时回收政策性资金，又可以为企业带来利润，真正实现“顺价销售”。

第三，加强期货知识宣传普及工作，增强企业驾驭市场的能力。期货市场作为资本市场的一部分，与一般企业和个人的生活有一定的距离，因此，希望各级政府部门和行业组织不定期地组织举办期货知识培训班，为企业培养人才，增强企业驾驭市场的能力，为企业良性、健康地发展打下基础。

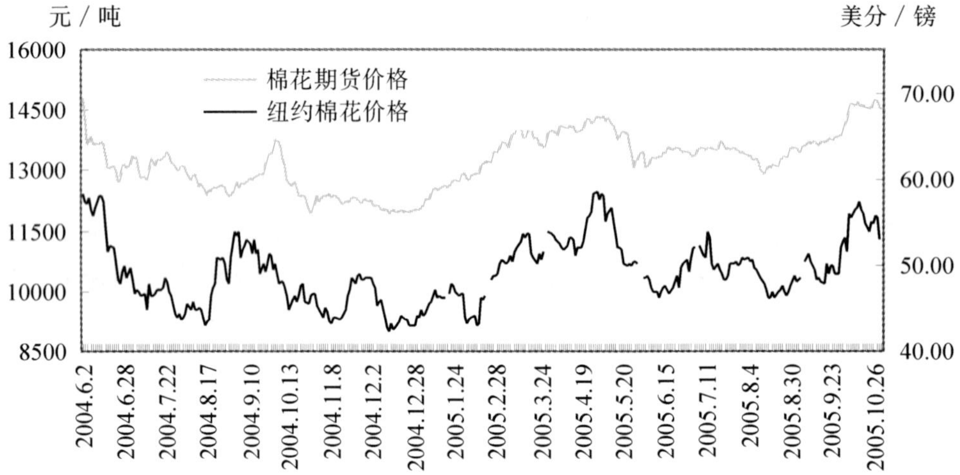

图 3—31 纽约和郑州棉花期货价格走势图

2004/2005 年度电子撮合交易回顾及后期展望

中储棉花信息中心 程 杰

一、2004/2005 年度撮合价格在三个阶段、两个区间内运行

1. 2004 年度电子撮合价格走势可以明显地分成三个阶段，即年度初期到 2004 年 10 月中旬价格下探低点阶段、10 月中下旬到 5 月初的攀升阶段和 5 月份以后的价格横向波动阶段。以 MA 合同综合指数为例（以下称撮合价格指数），在下探低点阶段，撮合价格指数最低跌至 11780 元/吨，创下 2003 年度以来最低。在攀升阶段，撮合指数最高涨至 14500 元/吨，与 2002 年度价格高点持平。总体来看，2004 年撮合价格运行区间没有突破 2002 年度价格变化的高、低点。

2. 对近两年撮合价格运行空间及价格变化因

素分析后不难看出，2004年度电子撮合价格实际上是在两个不同水平的区间内运行(详见图3－32中相关图示)。以2005年3月中旬划分，自2004年度新棉上市到2005年3月中旬，撮合价格在区间一内运行，自2月底突破Ⅱ线后，撮合价格开始在较高的区间二内运行。

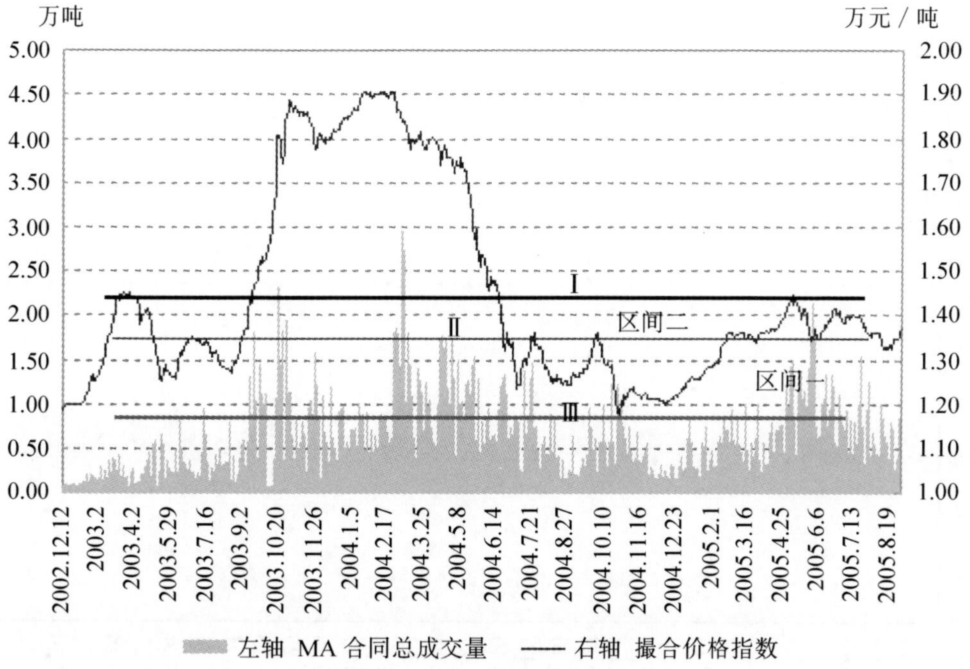

图3－32 撮合价格指数走势图

二、市场供求决定价格走势，撮合交易持仓量规律性变动

1. 新棉大量上市及资金短缺压低棉价

从2004年度初到12月中旬，因新棉大量上市及涉棉企业资金紧张等基本面因素作用，市场价格不断走低，虽然不少地区棉农不认可较低水平的籽棉价格，但在中小加工企业竞售的助力下，现货价格不断走低，籽棉收购价格最低跌至1.9元/斤，12月底国内标准级棉价跌至11181元/吨。受现货市场影响，撮合价格一直低位运行。

2. 需求强劲及减产预期增强市场信心

促使撮合价格进入攀升阶段的主要原因在于市场资金状况相对好转及新棉上市压力的逐步消退。进入收购旺季后，农发行资金逐步进入市场，对缓解棉花企业资金压力起到了较大作用。据了解，到7月底，农发行资金支持收购皮棉294万吨，占当年国内棉花产量的47%。新棉上市压力逐步消退主要表现在市场对年度后期国内市场供需偏紧的预期。虽然2004年国内棉花产量达到632万吨的历史新高，但远逊于国内纺棉需求的增长，考虑到2005年国内植棉面积可能明显减少，以及外棉进口进度较慢，国内市场信心大增，逐步走出了新棉上市压力的阴影，推动撮合价格攀升。

3. 全球棉花产大于需及纺织品出口迷局制约棉价上涨

尽管2005年初以来，市场基于新年度种植面积减少及国内纺棉需求强劲等因素而信心大增，但当年全球棉花产大于需的客观事实从根本上制约了棉价的上升空间，据美国农业部供需月报显示，2004年全球棉花产大于需160万吨，国际市场完全有能力弥补国内的供需缺口。扼杀5月份以来国内棉价涨势的另一因素是不断出现的纺织品出口贸易摩擦，在一定程度上使市场陷入一场“迷局”中。撮合价格指数在涨至图3－32中阻力线Ⅰ后，转而进入横向波动，未能突破年度高点后继续上行。

4. MA合同持仓量呈规律性变动

从图3－33看，随着新年度国内市场形势的逐步明朗化，每年的8、9月份撮合交易都有一个持仓总量的明显增长期。2003年度，撮合交易MA合同总持仓量由8月底的16080吨快速增长至9月底的55730吨，增幅达247%。2004年度，MA合同总持仓量由8月底的23680吨增至9月底的33130吨，增加9450吨，增幅40%。

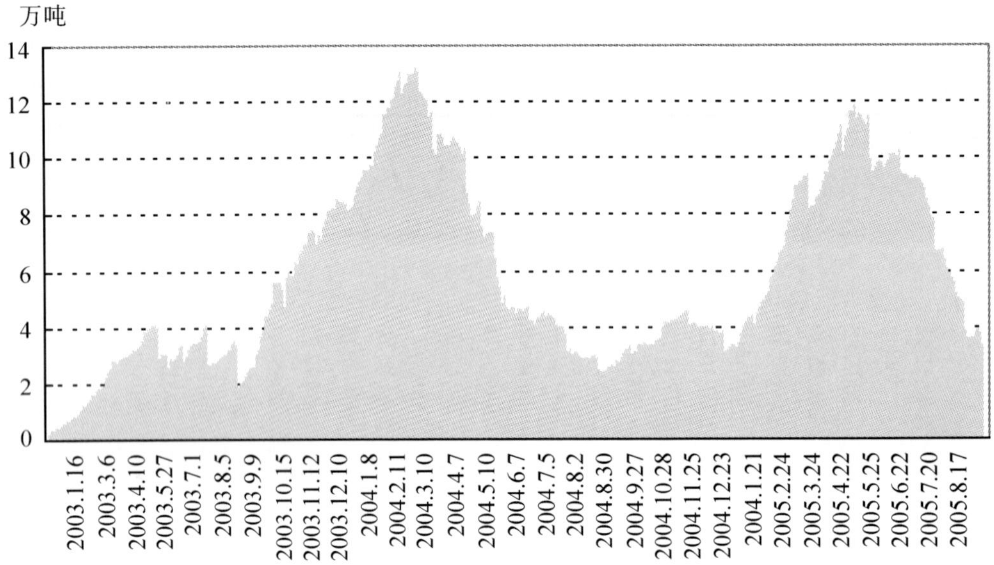

图3－33 撮合交易MA合同订货量变化图

三、2005年度市场基本面特点及撮合价格走势展望

1. 基本面中长期利好

全球方面，据USDA8月份供求月报，2005年度全球棉花产量预计为2428万吨，消费2443万吨，当年产需基本平衡。而国内市场产需缺口仍需外棉填补，美国农业部预计新年度我国棉花产量555万吨，消费893万吨，产需缺口为338万吨，仍有出现国内企业集中订购外棉的可能。总体来看，新年度全球棉花产销形势由上年产大于需150万吨转为产需基本平衡，预计国际棉价高于上年的水平，国际棉花咨询委员会（ICAC）8月份预计Cotlook A指数年均价为65美分/磅，高于2004年52美分/磅的水平。

2. 阴雨天气抑制增产势头，棉农对籽棉价格预期较高

8月份部分棉区遭遇暴雨灾害及低温阴雨天气，棉花产量及品质受到不同程度影响，增产势头受到打压，各地棉农对籽棉价格预期较高。

3. 企业资金情况好于上年

国内部分地区的零星收购已经开始，经过2004年度的休养生息，涉棉企业资金状况较上年同期有所好转。整体来看，企业新棉收购资金较上年宽裕。

4. 国家储备库存明显增加，后期外棉到港数量仍可能保持较高水平

经过2004年以来的收储工作，国家储备库存已大为增加，到2005年底，将有近100万吨左右的储备库存，这将为国家实施宏观调控政策提供较大的

余地。另据美国农业部数据，自 2004 年度中国共签约美棉 147.63 万吨，相应的装运量为 91 万吨，约有 56 万吨将在后期逐步装运，加上订购的其它外棉，2005/2006 年度初期外棉供给将比较充裕。

5. 后期存在的不确定因素

除天气因素外，其它诸如人民币汇率变动、亚洲及全球经济增长速度等因素均可能在中长期内影响棉价走势。自 2005 年 7 月 21 日人民币汇率进行调整以来，人民币兑美元汇率基本处于小幅攀升趋势中，市场仍对人民币存在升值预期。受石油价格居高不下等因素影响，不少经济学家预期下一年亚洲及全球经济增长速度可能会有所放缓，新年度全球棉花消费能否保持美国农业部预计的 2%增幅还存在变数。

6. 技术面上，增仓的可能性较大

随着市场形势逐步明朗化，MA 合同持仓量也能随之放大，撮合价格变化的动能也将增加。

综上所述，在去除不确定因素情况下，2005/2006 年度撮合价格运行区间将高于 2004 年度。具体来看，图 3－32 中的区间一可能成为一个较坚实的底部，新年度价格将主要在区间二及其上方运行。阻力线Ⅰ是新年度价格运行中比较重要的分界线(2004 年度高点)，市场可能在适当时机选择突破并向上拓展空间，从技术角度看，在阻力线Ⅰ之上约有 1000 元左右的上涨空间。但在国际市场资源基本平衡和期末库存数量较大的背景下，对后市的期望值不宜过高，人民币汇率变动等一系列的不确定性因素可能会抵消棉价的一部分上涨空间。

四、撮合交易相关数据

表 3－15　撮合交易相关数据

项目	2004 年度	2003 年度
总成交量	150 万吨	199.58 万吨
平均每交易日成交量	0.60 万吨	0.81 万吨
最后交易日后交割量	9.36 万吨	7.12 万吨
交割量占成交量比重	6.24%	3.57%
最高持仓量	11.82 万吨(2005 年 5 月 9 日)	13.20 万吨(2004 年 2 月 27 日)
近月合同最高日均价	14108 元吨(2005 年 4 月 30 日)MA0505	18676 元吨(2005 年 2 月 28 日)MA0402
近月合同最低日均价	11800 元吨(2004 年 10 月 25 日)MA0411	12397 元吨(2004 年 7 月 6 日)MA0407

统计资料

第四部分

棉花生产

4—1　2004/2005年度分省棉花生产情况

单位：千公顷、公斤/公顷、万吨

省　份	农作物总播种面积	棉花播种面积	棉花产量	单位面积棉花产量
北　京	312.5	6.5	0.8	1188
天　津	504.3	86.9	12	1385
河　北	8695.4	669.1	66.5	994
山　西	3741.5	114.6	12	1048
内蒙古	5924	6.7	0.7	1105
辽　宁	3723.3	5.3	0.5	895
吉　林	4904	0.2		440
上　海	404.4	1.1	0.2	1612
江　苏	7669	409.6	50.3	1228
浙　江	2778.4	18.8	2.3	1213
安　徽	9200.4	398.9	41.2	1033
福　建	2519.3	0.1		971
江　西	5182.8	62.5	8.5	1357
山　东	10638.6	1059.2	109.8	1036
河　南	13789.7	951.8	66.7	700
湖　北	7155.9	408.3	39.5	969
湖　南	7886.2	167.7	20.3	1210
广　西	6368.2	1.7	0.1	515
重　庆	3435.3	0.4		560
四　川	9387.5	35.8	3.3	924
贵　州	4695	1.6	0.1	399
云　南	5890	0.6		428
陕　西	4099.8	80.1	8.2	1027
甘　肃	3668.9	68.3	11	1609
宁　夏	1158.3	0.2		1510
新　疆	3592.3	1136.9	178.3	1568

资料来源：国家统计局。

4—2 近年来全国棉花生产情况

单位：万吨、千公顷、公斤/公顷

年 份	农作物总播种面积	棉花播种面积	棉花产量	单位面积产量
1978	150105	4867	216.7	445
1980	146381	4920	270.7	550
1985	143626	5141	414.7	807
1989	146554	5203	378.8	728
1990	148363	5588	450.8	807
1991	149586	6538	567.5	868
1992	149008	6835	450.8	660
1993	147741	4985	373.9	750
1994	148241	5528	434.1	785
1995	149879	5422	476.8	879
1996	152381	4722	420.3	890
1997	153969	4491	460.3	1025
1998	155706	4459	450.1	1009
1999	156373	3726	382.9	1028
2000	156300	4041	441.7	1093
2001	155708	4810	532.4	1107
2002	154636	4184	491.6	1175
2003	152415	5111	486.0	951
2004	153553	5693	632.4	1111

资料来源：国家统计局。

4—3 2004/2005年度新疆维吾尔自治区棉花生产情况

单位：千公顷、公斤/公顷、吨

地 区	棉花播种面积	其中长绒棉面积	棉花产量	长绒棉产量	单位面积产量
全区总计	1127.55	70.63	1752500	112200	1554
乌鲁木齐市	0.1	0	105	0	1050
克拉玛依市	5.9	0	5841	0	990
吐鲁番地区	14.15	0	18519	0	1309
哈密地区	9.03	0	14356	0	1590
昌吉回族自治州	73.55	0	118099	0	1606
伊犁哈萨克自治州	75.27	0	119955	0	1594
塔城地区	68.91	3.5	113182	4559	1642
博尔塔拉蒙古自治州	30.15	0	58764	0	1949
巴音郭楞蒙古自治州	85.31	1.93	144543	2754	1694
阿克苏地区	160.67	29.69	281692	40592	1765
克孜勒苏柯尔克孜自治州	6.14	0	8244	0	1343
喀什地区	171.88	0.31	263334	305	1532
和田地区	23.33	0	38339	0	1643
生产建设兵团	472.07	35.2	877760	64030	1859

资料来源：新疆维吾尔自治区统计局。

4—4　2004/2005年度甘肃省棉花生产情况

单位：千公顷、公斤/公顷、吨

地　区	棉花播种面积	棉花产量	单位面积产量
全省总计	68.33	110000	1609.24
兰州市	0	0	0
嘉峪关市	0	0	0
金昌市	0.05	170.4	3195
白银市	0.15	297.5	2028.41
天水市	0.17	143.9	863.4
武威市	16.68	25016	1499.76
张掖市	2.14	3893.87	1819.57
平凉市	0	0	0
酒泉市	44.04	74309.34	1687.31
庆阳市	0	0	0
定西市	0	0	0
陇南市	0.05	21.4	458.57
临夏州	0	0	0
甘南州	0	0.13	0

资料来源：甘肃省统计局。

4—5　2004/2005年度陕西省棉花生产情况

单位：千公顷、公斤/公顷、吨

地　区	棉花播种面积	棉花产量	单位面积产量
全省总计	80.09	82260	1027
西安市	3.29	4006	1219
铜川市	0.01	12	1200
宝鸡市	0.18	232	1318
咸阳市	1.27	783	615
渭南市	72.04	73662	1023
延安市	0.48	283	587
汉中市	0.06	66	1082
榆林市	0.25	123	488
安康市	0.03	22	733
商洛市	0.02	27	1421
杨凌示范区	0	0	0

资料来源：陕西省统计局。

4—6 2004/2005年度山东省棉花生产情况

单位：公顷、公斤/公顷、吨

地　区	棉花播种面积	棉花产量	单位面积产量
全省总计	1059207	1097709	1036
济南市	36110	39343	1090
青岛市	6333	7216	1139
淄博市	23291	18170	1209
枣庄市	2924	3389	1159
东营市	98731	107304	1087
烟台市	0	0	0
潍坊市	47847	51590	1078
济宁市	102913	120250	1168
泰安市	9405	7140	759
威海市	0	0	0
日照市	917	779	850
莱芜市	216	305	1412
临沂市	10570	13978	1322
德州市	198751	260751	1312
聊城市	95733	108043	1129
滨州市	162035	197707	1220
荷泽市	259268	273844	1056

资料来源：山东省统计局。

4—7 2004/2005年度河南省棉花生产情况

单位：公顷、公斤/公顷、万吨

地　区	棉花播种面积	棉花产量	单位面积产量
全省总计	951.8	66.67	700
郑州市	7.16	0.67	939
开封市	96.85	5.44	562
洛阳市	4.69	0.44	932
平顶山市	5.23	0.48	926
安阳市	42.52	3.28	771
鹤壁市	1.75	0.1	589
新乡市	29.41	2.6	884
焦作市	7.92	0.83	1053
濮阳市	21.6	1.49	688
许昌市	34.19	3.13	915
漯河市	24.83	2.16	872
三门峡市	2.86	0.2	682
南阳市	162.44	16.61	1022
商丘市	186.55	10.88	583
信阳市	20.02	1.77	883
周口市	286.49	17.63	615
驻马店市	35.72	2.58	721
济源市	0.6	0.05	753

资料来源：河南省统计局。

4—8 2004/2005年度河北省棉花生产情况

单位：千公顷、公斤/公顷、吨

地 区	棉花播种面积	棉花产量	单位面积产量
全省总计	669.13	665369	994.4
石家庄市	19.99	20339	1017
秦皇岛市	1.94	1846	952
唐山市	39.45	43229	1096
廊坊市	56.93	59008	1037
保定市	42.13	38089	904
沧州市	169.77	166393	980
衡水市	147.77	159408	1079
邢台市	180.36	181808	1008
邯郸市	111.54	121682	1091

资料来源：河北省统计局。

4—9 2004/2005年度安徽省棉花生产情况

单位：公顷、公斤/公顷、吨

地 区	棉花播种面积	棉花产量	单位面积产量
全省总计	416208	392254	942
合肥市	16636	16232	976
淮北市	15327	18608	1214
亳州市	67942	73568	1083
宿州市	71148	82223	1156
蚌埠市	40550	45625	1125
阜阳市	28955	30739	1062
淮南市	2484	3047	1227
滁州市	16287	17005	1044
六安市	8407	8562	1018
马鞍山市	3821	4400	1152
巢湖市	55270	69274	1253
芜湖市	6748	7593	1125
宣城市	8958	10279	1147
铜陵市	4645	5701	1227
池州市	16757	17824	1064
安庆市	52080	71353	1370
黄山市	193	221	1145

资料来源：安徽省统计局。

4—10 2004年江苏省棉花产量

单位:吨

地　区	棉花产量	地　区	棉花产量
全省总计	502800	连云港市	48183
南京市	6058	淮安市	4725
无锡市	0	盐城市	277414
徐州市	83708	扬州市	10444
常州市	368	镇江市	1759
苏州市	7450	泰州市	24531
南通市	52685	宿迁市	14849

资料来源:江苏省统计局。

4—11 2004年湖南省棉花产量

单位:吨

地　区	棉花产量	地区	棉花产量
全省总计	204294	张家界市	2057
长沙市	849	益阳市	31782
株洲市	1048	郴州市	352
湘潭市	495	永州市	2242
衡阳市	17474	怀化市	1897
邵阳市	684	娄底市	695
岳阳市	52378	湘西自治区	276
常德市	92065		

资料来源:湖南省统计局。

4—12　2004年湖北省棉花产量

单位:万吨

地　区	棉花产量	地区	棉花产量
全省总计	39.54	孝感市	2.84
武汉市	2.57	黄冈市	3.98
黄石市	0.34	咸宁市	0.16
十堰市	0.01	随州市	1.32
荆州市	12.16	恩师自治州	0.01
宜昌市	2.19	仙桃市	2.22
襄樊市	4.22	天门市	4.32
鄂州市	0.32	潜江市	3.69
荆门市	4.27		

资料来源:湖北省统计局。

棉花价格

4—13　近年来国家棉花价格指数月均价格

单位:元/吨

月份	CncottonA	CncottonB	月份	CncottonA	CncottonB
2002年9月	10610	10116	2004年3月	18277	17517
2002年10月	10698	10414	2004年4月	18115	17237
2002年11月	11210	10896	2004年5月	17731	16713
2002年12月	11370	11045	2004年6月	16250	15163
2003年1月	11460	11206	2004年7月	14837	14278
2003年2月	12337	12193	2004年8月	13754	12879
2003年3月	13505	13289	2004年9月	13806	12998
2003年4月	13701	13370	2004年10月	12492	12031

续表

月份	CncottonA	CncottonB	月份	CncottonA	CncottonB
2003 年 5 月	12875	12591	2004 年 11 月	12095	11541
2003 年 6 月	13018	12797	2004 年 12 月	11802	11227
2003 年 7 月	13482	13267	2005 年 1 月	11865	11295
2003 年 8 月	13058	13066	2005 年 2 月	12230	11602
2003 年 9 月	13878	13651	2005 年 3 月	12594	12007
2003 年 10 月	17260	17020	2005 年 4 月	12990	12488
2003 年 11 月	18086	17734	2005 年 5 月	13788	13428
2003 年 12 月	17865	17237	2005 年 6 月	13753	13375
2004 年 1 月	18204	17534	2005 年 7 月	13943	13556
2004 年 2 月	18403	17776	2005 年 8 月	13914	13503

注：国家棉花价格指数（CNCotton Index）简称为国棉指数，是每个工作日棉花现货在内地 7 大区域市场成交价格的平均值，于当日下午发布。为便于与国际通用的 Cotlook A、B 指数比较，2004 年以前的国家棉花价格指数（CNCotton Index）分别代表当日 328 级、527 级棉花在内地市场的成交均价。

从 2003 年度起，中国国内用棉企业对国际高等级棉花需求增加，国外棉商对中国企业的报价集中于中、高等级棉花。为方便国内用棉企业更直观地了解国际现货市场行情，同时便于与国际同等级棉花现货价格进行比较，本网决定调整"国家棉花价格指数（CNCotton Index）"的代表品种。

自 2005 年 1 月起，中国棉花网将国家棉花价格指数（CNCotton Index）——国家棉花价格指数 A（CNCotton A）及国家棉花价格指数 B（CNCotton B）调整为分别代表内地 229 级、328 级棉花的内地市场成交价。

国家棉花价格指数（CNCotton Index）强调地区概念，并假设同等级棉花在同一个地区的工厂接收价与轧花厂仓库交货价水平基本一致。

国家棉花价格指数（CNCotton Index）是国家棉花市场监测系统对国内 140 家监测企业实际成交价格进行跟踪汇总得出，与当日发布的《国内主要地区棉花现货价格行情》配合使用，可比较全面反映当日国内主要地区棉花平均成交价格水平。

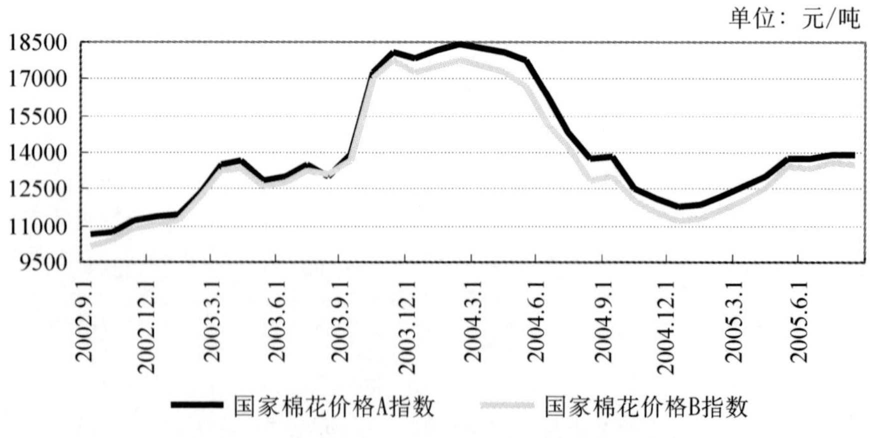

图 4—1　2002/2003 年度来国内棉花价格走势

4—14 国家棉花价格指数日价格

单位：元/吨

日期	Cncotton A	Cncotton B	日期	Cncotton A	Cncotton B
2004年			10月25日	12091	11546
9月1日	13480	12707	10月26日	11908	11357
9月2日	13458	12687	10月27日	11912	11360
9月3日	13479	12698	10月28日	11999	11468
9月6日	13537	12723	10月29日	12038	11504
9月7日	13557	12753	11月1日	12064	11532
9月8日	13616	12788	11月2日	12067	11535
9月9日	13673	12859	11月3日	12091	11551
9月10日	13729	12918	11月4日	12139	11608
9月13日	13830	13018	11月5日	12159	11649
9月14日	13908	13103	11月8日	12165	11642
9月15日	13919	13117	11月9日	12165	11643
9月16日	13938	13135	11月10日	12169	11646
9月17日	13941	13144	11月11日	12155	11621
9月20日	13951	13146	11月12日	12153	11619
9月21日	13953	13146	11月15日	12131	11593
9月22日	13958	13150	11月16日	12127	11592
9月23日	13961	13152	11月17日	12129	11576
9月24日	13973	13190	11月18日	12108	11531
9月27日	13973	13189	11月19日	12108	11532
9月28日	13973	13185	11月22日	12095	11498
9月29日	13960	13157	11月23日	12066	11479
9月30日	13960	13156	11月24日	12048	11468
10月8日	13059	12683	11月25日	12021	11435
10月9日	13044	12672	11月26日	11999	11415
10月10日	12990	12577	11月29日	11986	11398
10月11日	12965	12521	11月30日	11942	11349
10月12日	12962	12517	12月1日	11934	11340
10月13日	12634	12196	12月2日	11930	11333
10月14日	12612	12180	12月3日	11912	11309
10月15日	12606	12138	12月6日	11874	11269
10月18日	12585	12113	12月7日	11872	11267
10月19日	12507	12008	12月8日	11860	11263
10月20日	12411	11898	12月9日	11855	11255
10月21日	12303	11809	12月10日	11842	11238
10月22日	12234	11691	12月13日	11806	11224

续表 1

日期	Cncotton A	Cncotton B	日期	Cncotton A	Cncotton B
12月14日	11792	11222	2月5日	12155	11512
12月15日	11776	11217	2月6日	12158	11516
12月16日	11765	11201	2月7日	12158	11516
12月17日	11748	11198	2月16日	12161	11520
12月20日	11747	11195	2月17日	12161	11523
12月21日	11744	11191	2月18日	12176	11533
12月22日	11744	11189	2月21日	12189	11550
12月23日	11744	11188	2月22日	12325	11665
12月24日	11744	11188	2月23日	12371	11747
12月27日	11752	11188	2月24日	12399	11765
12月28日	11752	11188	2月25日	12426	11777
12月29日	11752	11185	2月28日	12439	11788
12月30日	11752	11182	3月1日	12491	11843
12月31日	11752	11181	3月2日	12526	11915
2005年			3月3日	12554	11947
1月4日	11752	11181	3月4日	12579	11998
1月5日	11754	11181	3月7日	12599	12035
1月6日	11763	11195	3月8日	12611	12042
1月7日	11770	11204	3月9日	12619	12042
1月11日	11789	11222	3月10日	12624	12048
1月10日	11777	11213	3月11日	12630	12045
1月12日	11803	11237	3月14日	12627	12049
1月13日	11812	11252	3月15日	12622	12043
1月14日	11824	11270	3月16日	12621	12040
1月17日	11825	11279	3月17日	12616	12037
1月18日	11835	11294	3月18日	12596	12018
1月19日	11835	11294	3月21日	12592	12004
1月20日	11858	11313	3月22日	12591	12001
1月21日	11887	11337	3月23日	12588	12000
1月24日	11926	11363	3月24日	12586	12000
1月25日	11942	11376	3月25日	12583	12000
1月26日	11981	11388	3月28日	12583	12006
1月27日	12019	11422	3月29日	12586	12012
1月28日	12051	11435	3月30日	12597	12029
1月31日	12090	11447	3月31日	12630	12048
2月1日	12122	11474	4月1日	12630	12058
2月2日	12133	11481	4月4日	12635	12063
2月3日	12148	11502	4月5日	12640	12078
2月4日	12152	11509	4月6日	12674	12102

续表 2

日期	Cncotton A	Cncotton B	日期	Cncotton A	Cncotton B
4 月 7 日	12682	12108	6 月 6 日	13700	13325
4 月 8 日	12685	12115	6 月 7 日	13701	13325
4 月 11 日	12686	12117	6 月 8 日	13701	13329
4 月 12 日	12700	12132	6 月 9 日	13650	13230
4 月 13 日	12768	12188	6 月 10 日	13695	13329
4 月 14 日	12853	12260	6 月 13 日	13697	13333
4 月 15 日	12913	12342	6 月 14 日	13719	13338
4 月 18 日	13011	12446	6 月 15 日	13753	13363
4 月 19 日	13093	12550	6 月 16 日	13767	13378
4 月 20 日	13136	12607	6 月 17 日	13775	13392
4 月 21 日	13168	12663	6 月 20 日	13785	13396
4 月 22 日	13238	12776	6 月 21 日	13793	13405
4 月 25 日	13263	12822	6 月 22 日	13798	13408
4 月 26 日	13300	12918	6 月 23 日	13802	13410
4 月 27 日	13359	13025	6 月 24 日	13810	13413
4 月 28 日	13364	13042	6 月 27 日	13825	13431
4 月 29 日	13450	13141	6 月 28 日	13828	13448
4 月 30 日	13530	13189	6 月 29 日	13831	13454
5 月 8 日	13738	13396	6 月 30 日	13831	13452
5 月 9 日	13746	13406	7 月 1 日	13839	13453
5 月 10 日	13749	13413	7 月 4 日	13890	13466
5 月 11 日	13790	13418	7 月 5 日	13899	13470
5 月 12 日	13826	13453	7 月 6 日	13900	13502
5 月 13 日	13845	13489	7 月 7 日	13902	13503
5 月 16 日	13847	13490	7 月 8 日	13906	13505
5 月 17 日	13847	13491	7 月 11 日	13916	13515
5 月 18 日	13844	13486	7 月 12 日	13918	13527
5 月 19 日	13850	13490	7 月 13 日	13927	13553
5 月 20 日	13862	13481	7 月 14 日	13930	13553
5 月 23 日	13859	13480	7 月 15 日	13943	13569
5 月 24 日	13844	13460	7 月 18 日	13952	13573
5 月 25 日	13727	13365	7 月 19 日	13956	13592
5 月 26 日	13711	13355	7 月 20 日	13979	13597
5 月 27 日	13705	13349	7 月 21 日	13979	13600
5 月 30 日	13699	13341	7 月 22 日	13981	13608
5 月 31 日	13699	13335	7 月 25 日	13983	13612
6 月 1 日	13699	13334	7 月 26 日	14003	13612
6 月 2 日	13699	13328	7 月 27 日	13999	13621
6 月 3 日	13699	13325	7 月 28 日	13999	13626

续表 3

日期	Cncotton A	Cncotton B	日期	Cncotton A	Cncotton B
7 月 29 日	13999	13622	8 月 16 日	13890	13473
8 月 1 日	14010	13624	8 月 17 日	13880	13467
8 月 2 日	14010	13625	8 月 18 日	13873	13459
8 月 3 日	14009	13625	8 月 19 日	13868	13456
8 月 4 日	14008	13623	8 月 22 日	13850	13416
8 月 5 日	14000	13613	8 月 23 日	13846	13408
8 月 8 日	14000	13612	8 月 24 日	13839	13389
8 月 9 日	13993	13607	8 月 25 日	13832	13388
8 月 10 日	13985	13583	8 月 26 日	13816	13373
8 月 11 日	13964	13559	8 月 29 日	13811	13369
8 月 12 日	13961	13555	8 月 30 日	13808	13368
8 月 15 日	13952	13547	8 月 31 日	13823	13435

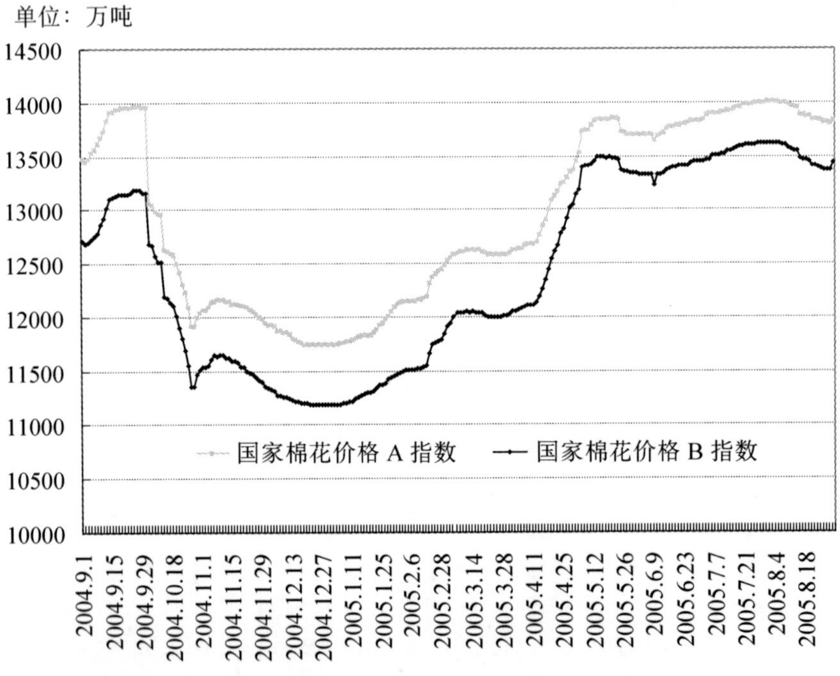

图 4—2　2004/2005 年度国内棉花价格走势

4—15　2004/2005年度分月国内各等级棉价格

单位:万吨

月份	229	328	428	527
2004年9月	13806	13006	12374	11661
2004年10月	12492	12013	11209	11004
2004年11月	12095	11541	10889	10737
2004年12月	11802	11227	10589	10336
2005年1月	11865	11295	10586	10270
2005年2月	12230	11586	10865	10514
2005年3月	12594	12009	11220	10826
2005年4月	12990	12488	11624	11013
2005年5月	13788	13428	12478	11598
2005年6月	13755	13375	12556	11573
2005年7月	13943	13556	12842	11934
2005年8月	13914	13503	12850	11967

4—16　2004/2005年度国内主要地区棉花价格

单位:元/吨

月份	冀鲁豫地区					东南沿海地区				
	129	229	328	428	527	129	229	328	428	527
2004年9月		13731	12970	12339	11612	14293	13806	12994	12372	11614
2004年10月	12910	12433	11959	11159	10934	12452	12532	12048	11261	11050
2004年11月		11975	11496	10889	10673		12107	11576	10983	10821
2004年12月		11785	11271	10606	10288		11841	11269	10649	10365
2005年1月	12800	11879	11330	10621	10262		11911	11354	10628	10298
2005年2月		12165	11541	10843	10480		12301	11664	10910	10555
2005年3月	13000	12522	11920	11164	10765		12666	12102	11273	10891
2005年4月	13723	12944	12447	11573	10942		13023	12527	11659	11032
2005年5月	14189	13757	13395	12447	11551	14102	13807	13431	12475	11625
2005年6月	14364	13703	13297	12593	11674	14000	13766	13359	12599	11597
2005年7月	14500	13851	13477	13023	12101	14190	13955	13564	12782	11978
2005年8月	14326	13793	13428	12853	12027	14200	13929	13500	12864	11998

续表 1

月份	长江中下游地区					华南地区				
	129	229	328	428	527	129	229	328	428	527
2004 年 9 月	14339	13842	13032	12385	11661	14558	13911	13114	12445	11726
2004 年 10 月	13240	12494	12007	11208	11028	13000	12550	12061	11261	11018
2004 年 11 月		12039	11509	10890	10727		12188	11570	10887	10767
2004 年 12 月		11779	11199	10566	10302		11838	11229	10638	10369
2005 年 1 月		11911	11354	10628	10298		11868	11282	10608	10270
2005 年 2 月		12215	11584	10854	10516		12238	11582	10864	10526
2005 年 3 月	13109	12590	11976	11208	10796		12622	12025	11245	10888
2005 年 4 月	13228	12960	12476	11626	10975		13066	12538	11690	11119
2005 年 5 月		13719	13362	12422	11591		13857	13470	12486	11657
2005 年 6 月		13592	13257	12522	11554		13829	13442	12609	11617
2005 年 7 月		13895	13516	12701	11858		13972	13556	12980	12025
2005 年 8 月		13924	13483	12868	11977		13946	13554	12872	12047

续表 2

月份	西南地区					西北地区				
	129	229	328	428	527	129	229	328	428	527
2004 年 9 月		13871	13060	12415	11728	14057	13593	12795	12231	11466
2004 年 10 月		12524	12046	11221	11023		12393	11916	11079	10875
2004 年 11 月		12181	11537	10829	10757		11959	11483	10821	10577
2004 年 12 月		11803	11172	10556	10350		11712	11190	10521	10250
2005 年 1 月		11849	11246	10556	10255		11793	11250	10523	10215
2005 年 2 月		12268	11582	10866	10528		12137	11527	10786	10468
2005 年 3 月		12640	12041	11260	10913	12907	12453	11925	11160	10754
2005 年 4 月		13032	12511	11668	11108	13207	12843	12325	11540	10859
2005 年 5 月		13862	13494	12505	11653	13800	13533	13146	12388	11366
2005 年 6 月		13900	13548	12559	11516	13800	13534	13171	12479	11438
2005 年 7 月		14095	13700	12732	11775	13852	13710	13297	12778	11877
2005 年 8 月		14047	13636	12811	11830	13878	13735	13346	12837	11912

续表 3

月份	北方地区					新疆				
	129	229	328	428	527	129	229	328	428	527
2004 年 9 月	14125	13673	12864	12286	11623	13972	13413	12557		
2004 年 10 月	12950	12430	11970	11159	10984	12896	12582	12176		
2004 年 11 月		12079	11561	10853	10677	12670	12344	11801	10600	
2004 年 12 月		11772	11223	10523	10347	12460	12120	11592		
2005 年 1 月		11808	11239	10507	10260	12402	12012	11505	10419	
2005 年 2 月		12199	11573	10863	10490	12726	12224	11763	11213	
2005 年 3 月		12520	11988	11168	10703	12919	12460	11962	11406	
2005 年 4 月		12914	12430	11529	10903	13032	12656	12177	11546	
2005 年 5 月		14050	13728	13413	12529	13500	13271	12887	11955	
2005 年 6 月	14027	13738	13344	12456	11493	13471	13001	12794	12056	
2005 年 7 月	14155	13889	13524	12836	11869	13432	13174	12848	12427	
2005 年 8 月	14078	13846	13418	12834	11920	13402	13158	12858	12517	

4—17　2004/2005 年度国内主要地区皮棉收购成本月均价格

单位:元/吨

月份	河北	安徽	湖北	湖南	江苏	陕西	新疆	河南	山东
平均	11014	10301	10064	10115	10495	9619	9701	11029	11222
2004 年 9 月	11489	10101	10456	11067	10100	10478	10039	11628	11745
2004 年 10 月	10437	10113	10281	9904	10581	10303	9894	10710	10766
2004 年 11 月	10892	10365	10311	10176	10535	9256	9254	10768	10993
2004 年 12 月	10658	10322	9887	10026	10642	9140	9957	10854	10860
2005 年 1 月	10599	10265	9772	10086		9395	9546	10844	11082
2005 年 2 月	11036	10292	9772	10074		9497	000	10871	11039
2005 年 3 月	11809	10494	9772				11307	11444	11732
2005 年 4 月	11968	10409						11426	11851
2005 年 5 月	12729							12368	13344

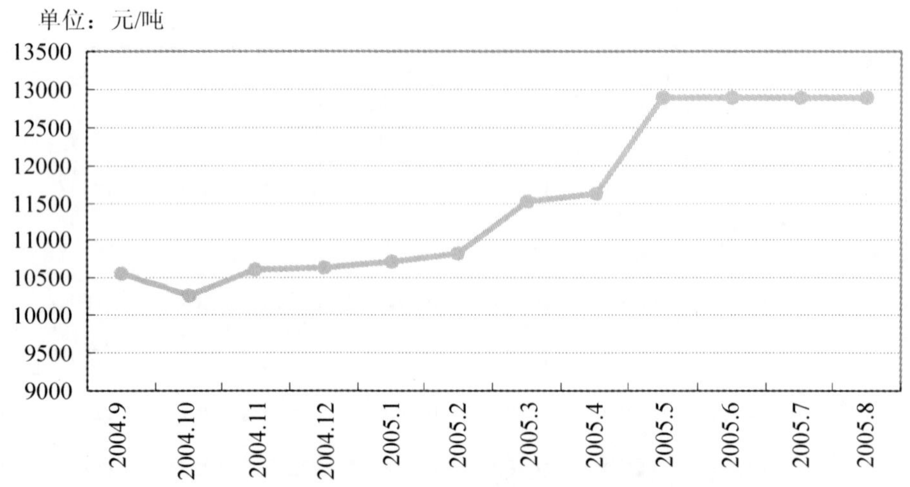

图 4—3　2004/2005 年度中国棉花收购价格指数

4—18　2004/2005 年度内地与新疆籽棉收购成本比较

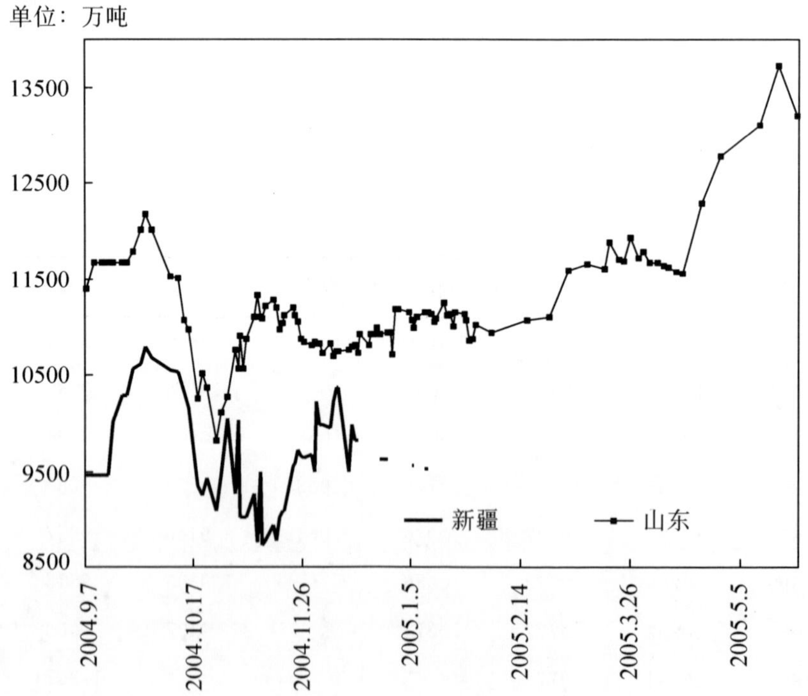

图 4—4　内地与新疆籽棉收购成本比较

4—19　2004/2005 年度国内棉花、纯棉纱及涤短月均价格

单位:元/吨

月份	328 级棉	32 支纯棉纱	涤纶短纤	棉涤差价	棉纱差价	月份	328 级棉	32 支纯棉纱	涤纶短纤	棉涤差价	棉纱差价
2004 年 9 月	12998	19910	11666	1333	6911	2005 年 3 月	12007	18426	11970	37	6419
2004 年 10 月	12031	19657	12310	−279	7626	2005 年 4 月	12488	18450	11965	524	5962
2004 年 11 月	11541	19074	11867	−326	7533	2005 年 5 月	13428	18959	10978	2450	5532
2004 年 12 月	11227	18374	11449	−222	7147	2005 年 6 月	13375	18731	10786	2588	5356
2005 年 1 月	11295	18150	11798	−503	6855	2005 年 7 月	13511	18775	10814	2697	5265
2005 年 2 月	11602	18139	12089	−488	6538	2005 年 8 月	13503	18945	10766	2737	5442

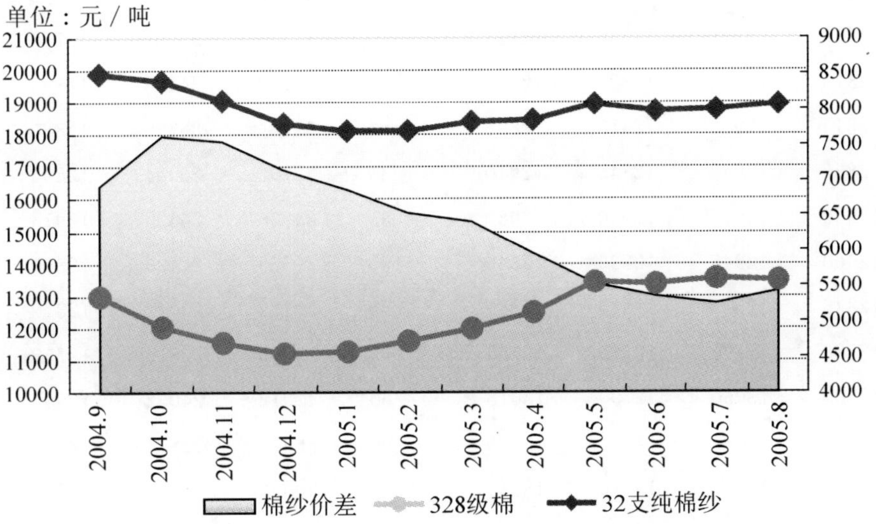

图 4—5　2004/2005 年度国内棉花、棉纱价格差异

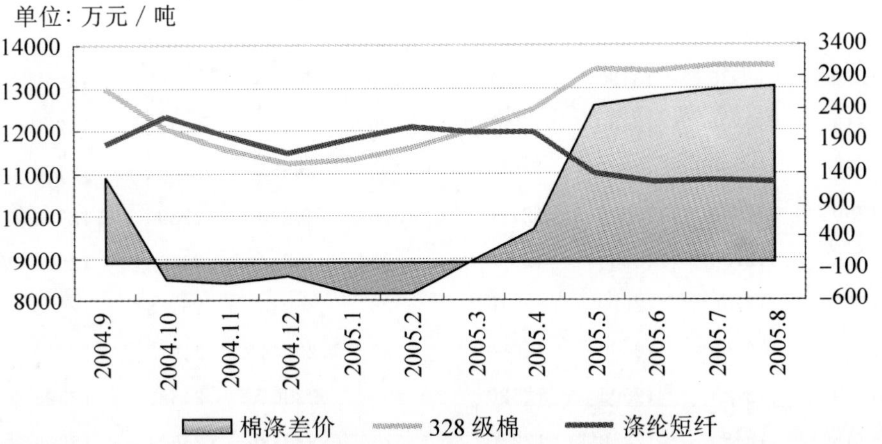

图 4—6　2004/2005 年度国内棉花、涤纶价格差异

4—20　2004/2005年度郑棉期货主力合约每日交易情况

单位:元/吨、手

日期	开盘价	最高价	最低价	收盘价	涨跌	成交量	持仓量	结算价	总成交量	总持仓量
2004年										
9月1日	12820	12820	12630	12650	20	26962	20176	12730	42676	37698
9月2日	12620	12735	12615	12710	−20	26906	21820	12685	39920	40510
9月3日	12720	12810	12690	12800	115	30554	20912	12770	50018	40228
9月6日	12700	12750	12640	12705	−65	22562	19570	12695	36770	39356
9月7日	12680	12725	12635	12665	−30	17208	19110	12675	25294	38744
9月8日	12710	12885	12670	12885	210	34548	24258	12775	49118	43550
9月9日	12875	12970	12820	12850	75	48732	24488	12895	64430	42948
9月10日	12815	12930	12815	12895	0	39784	26750	12880	53804	46064
9月13日	12855	12940	12845	12910	30	32752	26934	12895	47210	46876
9月14日	12950	13015	12940	12980	85	34776	26528	12975	54346	47490
9月15日	12900	12945	12835	12840	−135	29528	24496	12890	44196	45570
9月16日	12845	12915	12815	12885	−5	29122	23042	12870	44414	44108
9月17日	12780	12790	12720	12765	−105	24396	22810	12755	37716	43352
9月20日	12800	13060	12790	13015	260	42012	24052	12965	57166	44134
9月21日	12980	13065	12930	13055	90	35670	22874	12990	58724	43662
9月22日	13080	13355	13070	13315	325	39090	21992	13255	57710	43118
9月23日	13380	13470	13180	13265	10	47252	22422	13295	73858	44680
9月24日	13275	13435	13225	13395	100	47804	24400	13365	67252	45346
9月27日	13345	13495	13290	13365	0	47292	23316	13420	68330	45816
9月28日	13395	13460	13330	13330	−90	37476	20524	13385	56356	46098
9月29日	13305	13335	13190	13215	−170	30694	20592	13245	50698	47866
9月30日	13190	13305	13180	13265	20	30540	20482	13250	49848	47970
10月8日	13250	13260	13040	13055	−195	29258	22652	13100	40430	50210
10月11日	12995	12995	12610	12740	−360	30990	22890	12760	43604	53036
10月12日	12685	12760	12650	12665	−95	28844	23108	12690	37434	54122
10月13日	12570	12760	12520	12715	25	36948	25166	12645	44454	57240
10月14日	12710	12765	12660	12680	35	29744	24918	12710	35634	57158
10月15日	12700	12725	12505	12520	−190	33364	24682	12595	37762	56948
10月18日	12480	12480	12270	12270	−325	38838	26504	12365	44832	58790
10月19日	12300	12440	12235	12350	−15	66316	31292	12355	74658	63782

续表 1

日期	开盘价	最高价	最低价	收盘价	涨跌	成交量	持仓量	结算价	总成交量	总持仓量
10 月 20 日	12400	12445	12350	12400	45	38932	35984	12390	51004	70120
10 月 21 日	12420	12420	12305	12315	−75	27130	34246	12370	38106	68578
10 月 22 日	12200	12200	11940	11955	−415	50592	32446	12035	63214	67274
10 月 25 日	11950	11950	11850	11930	−105	39156	34746	11910	49158	69432
10 月 26 日	11975	12120	11960	12080	170	45920	35258	12070	56460	69544
10 月 27 日	12070	12360	12010	12355	285	71922	35640	12190	85392	68584
10 月 28 日	12350	12500	12285	12360	170	93162	32150	12385	103350	61194
10 月 29 日	12165	12345	12160	12340	−45	85800	35454	12250	131398	64918
11 月 1 日	12360	12425	12300	12355	105	66762	33230	12370	80646	66048
11 月 2 日	12325	12410	12300	12325	−45	46864	33694	12365	60294	65712
11 月 3 日	12345	12420	12250	12390	25	54516	34544	12350	67668	66600
11 月 4 日	12380	12465	12290	12305	−45	70298	31382	12400	84096	62866
11 月 5 日	12240	12360	12240	12325	−75	55014	31358	12320	75090	62392
11 月 8 日	12340	12435	12325	12390	70	32718	30602	12390	50878	61750
11 月 9 日	12400	12455	12315	12345	−45	44942	31400	12380	58332	61892
11 月 10 日	12380	12380	12165	12185	−195	48494	30336	12280	64882	61680
11 月 11 日	12180	12200	12125	12185	−95	34486	29080	12155	55170	61280
11 月 12 日	12185	12235	12140	12185	30	30086	27648	12185	53464	61100
11 月 15 日	12210	12295	12175	12285	100	28772	27090	12250	56862	60184
11 月 17 日	12230	12295	12210	12260	35	19108	24566	12245	32474	58672
11 月 18 日	12280	12370	12270	12330	85	28922	25200	12325	46224	59888
11 月 19 日	12375	12405	12290	12315	−10	18240	22686	12340	32840	57978
11 月 22 日	12405	12430	12310	12320	−120	10588	21988	12360	37176	58528
11 月 23 日	12350	12365	12280	12330	−30	14568	23202	12315	38394	58024
11 月 24 日	12330	12365	12255	12350	35	25254	24854	12295	50258	58144
11 月 25 日	12340	12400	12305	12385	90	23424	27578	12370	44292	58700
11 月 26 日	12380	12395	12340	12380	10	19768	28052	12370	48068	59182
11 月 29 日	12355	12390	12295	12315	−55	22732	24940	12330	58686	55768
11 月 30 日	12350	12375	12320	12340	10	16036	26642	12350	46960	56100
12 月 1 日	12370	12430	12360	12375	25	25660	27876	12390	61266	57814
12 月 2 日	12335	12350	12310	12330	−60	19630	26924	12330	46012	56504
12 月 3 日	12290	12330	12290	12315	−15	18268	26108	12315	45350	55462
12 月 6 日	12270	12270	12200	12210	−105	24728	27972	12220	57114	57130
12 月 7 日	12220	12240	12185	12225	5	18160	27330	12205	48352	56028
12 月 8 日	12245	12250	12185	12185	−20	13954	27632	12225	37222	56164
12 月 9 日	12145	12170	12120	12165	−60	24292	27974	12150	52522	56446
12 月 10 日	12180	12180	12145	12165	15	16028	27000	12165	43038	55870

续表 2

日期	开盘价	最高价	最低价	收盘价	涨跌	成交量	持仓量	结算价	总成交量	总持仓量
12 月 13 日	12100	12150	12050	12135	−30	14482	26336	12130	42108	55246
12 月 14 日	12180	12220	12155	12215	85	20850	25956	12195	48594	55612
12 月 15 日	12180	12195	12165	12180	−15	12474	25356	12175	45756	53718
12 月 16 日	12195	12250	12175	12240	65	18644	25532	12220	60766	54404
12 月 17 日	12250	12280	12205	12220	−20	9946	25116	12235	29082	54156
12 月 20 日	12215	12260	12210	12220	−15	14316	24098	12235	40334	53974
12 月 21 日	12215	12230	12180	12200	−35	15668	23506	12205	46536	53750
12 月 22 日	12200	12225	12175	12210	5	10942	23074	12200	45836	55346
12 月 23 日	12175	12210	12170	12210	10	11744	22362	12200	30358	54948
12 月 24 日	12215	12240	12215	12220	20	11026	22026	12225	43206	55862
12 月 27 日	12345	12395	12330	12370	40	30236	22906	12370	57650	57130
12 月 28 日	12375	12410	12350	12390	20	33002	23660	12375	64466	57628
12 月 29 日	12445	12450	12405	12445	70	31372	25170	12420	67654	57830
12 月 30 日	12420	12445	12415	12420	0	37528	27462	12435	72338	56782
12 月 31 日	12450	12500	12440	12500	65	24604	29642	12470	47990	57916
2005 年										
1 月 4 日	12445	12485	12380	12385	−85	29474	31878	12420	50600	61046
1 月 5 日	12395	12470	12360	12460	40	40760	33702	12425	67322	65560
1 月 6 日	12540	12695	12505	12680	255	50866	36358	12600	84906	68956
1 月 7 日	12690	12690	12615	12635	35	37968	35382	12655	61612	69254
1 月 10 日	12705	12775	12630	12635	−20	41532	34480	12705	71868	69772
1 月 11 日	12705	12740	12595	12615	−90	31592	32636	12655	65210	70140
1 月 12 日	12570	12675	12550	12675	20	27792	33370	12630	60972	72218
1 月 13 日	12675	12770	12660	12755	125	33030	31752	12725	76328	72774
1 月 14 日	12725	12795	12705	12770	45	21558	31804	12745	63398	73888
1 月 17 日	12755	12770	12695	12740	−5	19310	30592	12730	61684	72896
1 月 18 日	12715	12795	12715	12770	40	19524	29870	12760	54802	72184
1 月 19 日	12790	12850	12790	12830	70	20154	30032	12825	51426	73504
1 月 20 日	12920	12935	12880	12905	80	18712	28896	12910	62084	72864
1 月 21 日	12860	12895	12825	12880	−30	12264	28394	12865	50154	71816
1 月 24 日	12830	12990	12785	12970	105	14968	28796	12885	58930	75370
1 月 25 日	12920	13055	12920	13035	150	18782	27818	13010	68254	77736
1 月 26 日	13205	13230	13115	13165	0	22712	28750	13170	64700	79924
1 月 27 日	13150	13215	13120	13175	5	24928	30594	13175	61328	81472
1 月 28 日	12930	13090	12930	12990	−185	39372	28810	13025	86302	77576
1 月 31 日	12965	13095	12950	13085	60	26306	29210	13020	64554	77596
2 月 1 日	13100	13185	13080	13180	160	25728	30332	13160	65342	76054

续表 3

日期	开盘价	最高价	最低价	收盘价	涨跌	成交量	持仓量	结算价	总成交量	总持仓量
2月2日	13180	13210	13130	13145	−15	15118	30728	13160	57014	79130
2月3日	13165	13215	13150	13200	40	18802	29706	13185	58372	78146
2月4日	13140	13225	13130	13220	35	13844	29294	13175	45830	77514
2月16日	13395	13445	13320	13410	235	20040	30024	13375	48870	79114
2月17日	13395	13465	13375	13440	65	17010	30806	13435	48168	80226
2月18日	13425	13540	13410	13510	75	20202	28520	13495	59864	76586
2月21日	13555	13575	13400	13405	−90	26374	27184	13475	72812	75822
2月22日	13405	13565	13375	13550	75	26248	27036	13500	78222	75746
2月23日	13650	13765	13635	13715	215	32474	27146	13710	81420	75818
2月24日	13700	13750	13660	13725	15	29656	26960	13715	81636	77378
2月25日	13690	13740	13675	13705	−10	22126	26492	13710	73966	76970
2月28日	13880	13905	13785	13825	115	25984	27178	13850	81846	76890
3月1日	13880	13960	13770	13840	−10	27102	27040	13835	88646	76940
3月2日	13800	13855	13750	13850	15	20440	27094	13825	88430	77032
3月3日	13825	13890	13815	13870	45	20826	25360	13855	72350	77546
3月4日	14045	14140	14000	14135	135	18844	24404	14070	73222	79954
3月7日	14200	14240	14155	14230	160	20970	26222	14190	64712	81798
3月8日	14165	14235	14150	14215	25	19106	26866	14195	60154	82816
3月9日	14300	14370	14270	14360	165	20732	26740	14310	64564	82752
3月10日	14430	14430	14330	14335	25	15744	27358	14390	64546	82950
3月11日	14305	14385	13910	13915	−475	36338	28562	14125	80762	83432
3月14日	14020	14275	13840	14255	130	49338	30560	14135	98348	85692
3月15日	14220	14260	14165	14240	105	29258	29414	14215	90698	78484
3月16日	14280	14580	14200	14450	235	33850	31222	14425	84956	81082
3月17日	14460	14510	14285	14345	−80	38304	30942	14395	88266	80930
3月18日	14050	14195	13920	13975	−420	34306	28992	14060	83430	77010
3月21日	13975	14130	13955	14075	15	22872	30014	14065	73334	78172
3月22日	13950	13985	13810	13880	−185	29002	30282	13890	76040	79356
3月23日	13980	14050	13840	13845	−45	33890	30114	13950	84958	82654
3月24日	13800	13910	13710	13810	−140	28660	30390	13835	74848	84326
3月25日	13920	14320	13880	14220	385	51310	31714	14055	111732	89328
3月28日	14200	14335	14160	14280	225	44560	31610	14270	106304	90186
3月29日	14420	14480	14270	14330	60	42172	32630	14395	95212	94560
3月30日	14295	14355	14240	14305	−90	27236	31390	14300	81358	93372
3月31日	14320	14375	14260	14270	−30	28444	30330	14320	70064	95534
4月1日	14325	14325	14215	14240	−80	22002	31562	14275	75040	94672
4月4日	14205	14375	14205	14365	90	24370	31032	14310	91402	98660

续表 4

日期	开盘价	最高价	最低价	收盘价	涨跌	成交量	持仓量	结算价	总成交量	总持仓量
4 月 5 日	14530	14540	14420	14460	0	18044	30928	14475	69276	98510
4 月 6 日	14420	14450	14380	14425	－50	14280	30888	14420	66700	98214
4 月 7 日	14450	14550	14425	14550	130	17568	33638	14480	77730	101062
4 月 8 日	14515	14580	14425	14475	－5	22042	33012	14485	84458	100780
4 月 11 日	14575	14780	14540	14780	295	46598	42348	14700	120854	108698
4 月 12 日	14770	14800	14700	14755	55	29150	44032	14745	84024	110728
4 月 13 日	14700	14700	14185	14460	－285	50780	42078	14470	105518	107426
4 月 14 日	14320	14390	14180	14265	－205	38748	42626	14295	97342	107524
4 月 15 日	14330	14420	14310	14395	100	27712	42192	14370	79676	99594
4 月 18 日	14400	14450	14370	14390	20	22144	42170	14415	82080	99222
4 月 19 日	14500	14580	14480	14565	150	31904	41100	14545	81168	98624
4 月 20 日	14710	14730	14620	14625	80	25132	42338	14690	79114	100234
4 月 21 日	14690	14690	14460	14510	－180	34668	41862	14595	92296	100884
4 月 22 日	14545	14590	14495	14560	－35	24056	41236	14545	92494	100882
4 月 25 日	14595	14630	14555	14600	55	22204	41870	14585	86908	102178
4 月 26 日	14800	14850	14650	14650	65	27620	41968	14735	94416	104354
4 月 27 日	14680	14695	14575	14650	－85	24876	41076	14640	78370	103700
4 月 28 日	14600	14670	14590	14655	15	17522	40814	14650	84380	102440
4 月 29 日	14690	14755	14670	14700	50	21240	37836	14705	69592	98234
5 月 9 日	14510	14610	14500	14575	－130	23032	38190	14560	84436	102638
5 月 10 日	14625	14650	14530	14560	0	21536	34936	14585	104186	104020
5 月 11 日	14595	14595	14300	14350	－235	22210	34198	14450	88360	105314
5 月 12 日	14400	14480	14345	14440	－10	19354	33840	14435	91974	106566
5 月 13 日	14340	14390	14065	14190	－245	30648	32416	14215	106544	107110
5 月 16 日	14100	14170	13965	14130	－85	26984	29892	14090	107268	107568
5 月 17 日	14100	14170	14005	14155	65	15770	29450	14115	107554	107944
5 月 18 日	14750	14915	14740	14910	205	25300	28054	14820	94692	106752
5 月 19 日	14890	14900	14805	14835	15	20436	29014	14840	90118	107158
5 月 20 日	14700	14720	14590	14605	－235	34742	30482	14660	110386	106550
5 月 23 日	14700	14700	14130	14180	－480	36454	33134	14305	119188	98798
5 月 24 日	14250	14290	14120	14190	－115	29548	32912	14210	104298	96786
5 月 25 日	14150	14175	13720	13905	－305	59506	37314	13905	142382	97968
5 月 26 日	14000	14100	13930	14005	100	46958	38498	14010	117416	98000
5 月 27 日	14005	14095	13960	14085	75	31510	38936	14030	100682	97646
5 月 30 日	14045	14390	13910	14285	255	51148	39460	14230	112800	97602
5 月 31 日	14320	14375	14135	14170	－60	45056	40740	14240	111994	95574
6 月 1 日	14000	14000	13760	13760	－480	41320	42060	13875	104652	98030

续表 5

日期	开盘价	最高价	最低价	收盘价	涨跌	成交量	持仓量	结算价	总成交量	总持仓量
6 月 2 日	13850	13955	13795	13925	50	38172	41056	13900	97298	96612
6 月 3 日	13950	13990	13915	13975	75	31992	41342	13955	108868	96686
6 月 6 日	13955	14235	13915	14190	235	51844	42322	14130	109066	97432
6 月 7 日	14000	14180	13930	14090	－40	50136	42882	14100	113976	97636
6 月 8 日	14010	14180	14010	14155	55	43840	44408	14140	110990	99224
6 月 9 日	14125	14260	14125	14165	25	39112	45498	14210	103052	100414
6 月 10 日	14150	14200	14090	14175	－35	29892	45786	14145	93066	105936
6 月 13 日	14335	14450	14275	14285	140	45704	47992	14330	111302	105772
6 月 14 日	14345	14360	14240	14305	－25	43934	47160	14285	120820	104826
6 月 15 日	14300	14325	14270	14300	15	24064	47280	14300	97324	100816
6 月 16 日	14270	14315	14255	14270	－30	27404	45634	14295	93738	102072
6 月 17 日	14280	14305	14150	14160	－135	36540	45440	14230	111710	102794
6 月 20 日	14360	14370	14250	14280	0	22722	42254	14305	107626	102496
6 月 21 日	14360	14370	14250	14280	0	22722	42254	14305	104716	102614
6 月 22 日	14320	14320	14230	14245	－60	14674	41890	14265	106768	103270
6 月 23 日	14165	14210	13985	14020	－245	19516	41538	14090	98856	102692
6 月 24 日	14150	14185	14070	14130	40	16932	40368	14125	86798	101482
6 月 27 日	14195	14220	14090	14105	－20	13754	40164	14150	93440	101504
6 月 28 日	14080	14190	14015	14025	－125	24458	38706	14085	104010	100652
6 月 29 日	13920	13980	13875	13945	－140	22132	38788	13930	100096	100442
6 月 30 日	14010	14020	13895	13900	－30	15810	38140	13940	83126	99992
7 月 1 日	13950	14095	13885	14095	155	16762	37474	13970	80678	98236
7 月 4 日	14070	14290	14055	14275	305	32914	38112	14200	123088	101148
7 月 5 日	14600	14630	14505	14555	55	23768	38988	14555	93868	101806
7 月 6 日	14595	14630	14480	14560	5	29238	40248	14555	105834	102322
7 月 7 日	14470	14505	14395	14460	－95	22998	41098	14455	94886	102770
7 月 8 日	14470	14595	14470	14590	135	27520	43140	14560	86432	104442
7 月 11 日	14565	14785	14540	14755	195	46180	46982	14695	121366	107186
7 月 12 日	14740	14825	14640	14815	120	48286	50628	14725	128140	109240
7 月 13 日	14740	14825	14640	14815	120	48286	50628	14725	133768	103906
7 月 14 日	14500	14595	14485	14575	15	43518	49344	14540	118158	103734
7 月 15 日	14590	14620	14515	14520	－20	32108	47976	14575	105900	99190
7 月 18 日	14490	14545	14350	14395	－180	36566	47970	14450	107850	98174
7 月 19 日	14360	14395	14230	14260	－190	33378	45864	14285	106390	95028
7 月 20 日	14185	14190	13950	14060	－225	34046	44660	14055	104290	93430
7 月 21 日	14090	14155	14065	14115	60	25822	44170	14110	118412	91462
7 月 22 日	13880	14075	13840	14045	－65	29138	44038	14005	99186	88356

续表 6

日期	开盘价	最高价	最低价	收盘价	涨跌	成交量	持仓量	结算价	总成交量	总持仓量
7月25日	14120	14150	14020	14130	125	26020	44616	14090	98512	88860
7月26日	14130	14185	14060	14090	0	27246	43670	14125	108830	87514
7月27日	14095	14095	13940	13975	—150	27976	41606	14005	99128	84750
7月28日	13960	13980	13850	13890	—115	30506	39308	13900	87276	78214
7月29日	13900	13985	13745	13980	80	39900	35890	13890	108608	73186
8月1日	14015	14065	13925	13930	40	29572	36024	13995	84998	73306
8月2日	13920	13950	13855	13895	—100	20986	35322	13905	68908	72630
8月3日	13905	13980	13830	13850	—55	19640	34280	13910	73208	72212
8月4日	13800	13820	13685	13685	—225	19056	33298	13755	77472	72110
8月5日	13700	13735	13650	13705	—50	19746	31422	13700	74412	71456
8月8日	13690	13760	13650	13715	15	14472	30216	13725	66420	70780
8月9日	13695	13730	13505	13525	—200	22200	30200	13650	80946	72126
8月10日	13515	13550	13280	13290	—360	31144	28642	13385	98424	71784
8月11日	13250	13330	13190	13290	—95	22438	26874	13265	87768	70108
8月12日	13240	13375	13205	13340	75	23726	26160	13325	87534	69282
8月15日	13310	13355	13240	13260	—65	19180	25554	13285	84862	65350
8月16日	13180	13400	13150	13390	105	20950	24420	13290	94954	65528
8月17日	13395	13465	13290	13315	25	20550	23894	13405	95862	65366
8月18日	13335	13420	13265	13305	—100	18054	23818	13355	80318	65342
8月19日	13290	13340	13205	13300	—55	14130	23248	13270	86424	64622
8月22日	13345	13550	13345	13545	275	16452	22534	13465	86088	63232
8月23日	13565	13585	13500	13540	75	14004	22426	13535	77582	63352
8月24日	13570	13605	13510	13550	15	12954	22076	13560	73896	63598
8月25日	13520	13640	13475	13640	80	14902	21826	13540	72498	64708
8月26日	13595	13675	13570	13585	45	14276	21256	13625	80234	64194
8月29日	13625	13800	13625	13795	170	14794	19642	13730	88460	64840
8月30日	13930	13980	13860	13925	60	26888	19956	13910	87812	65288
8月31日	14000	14030	13940	13965	55	24528	19724	13975	82348	64902

资料来源:郑州商品交易所。

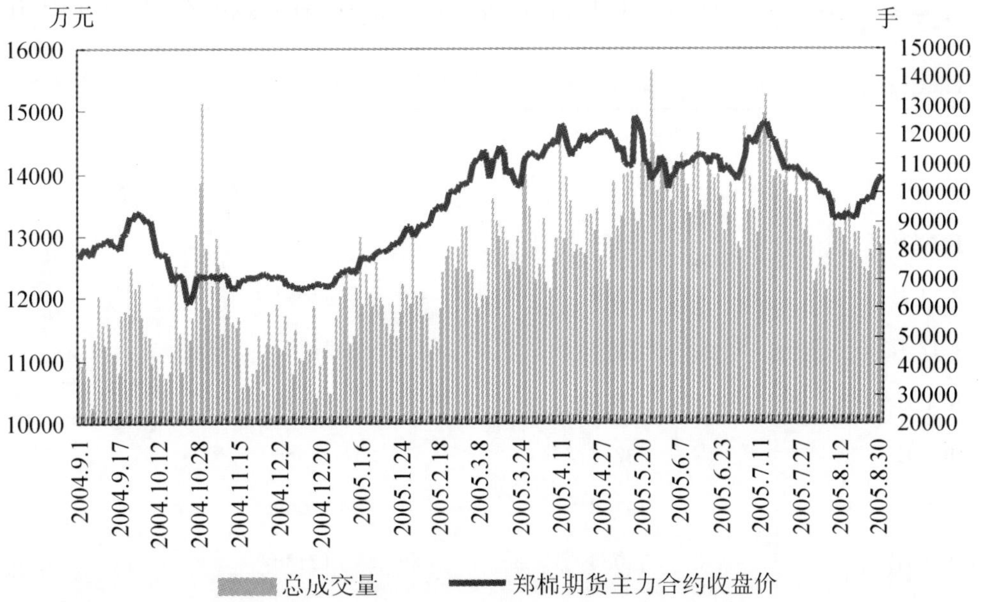

图 4—7 2004/2005 年度郑棉主力合约价格走势

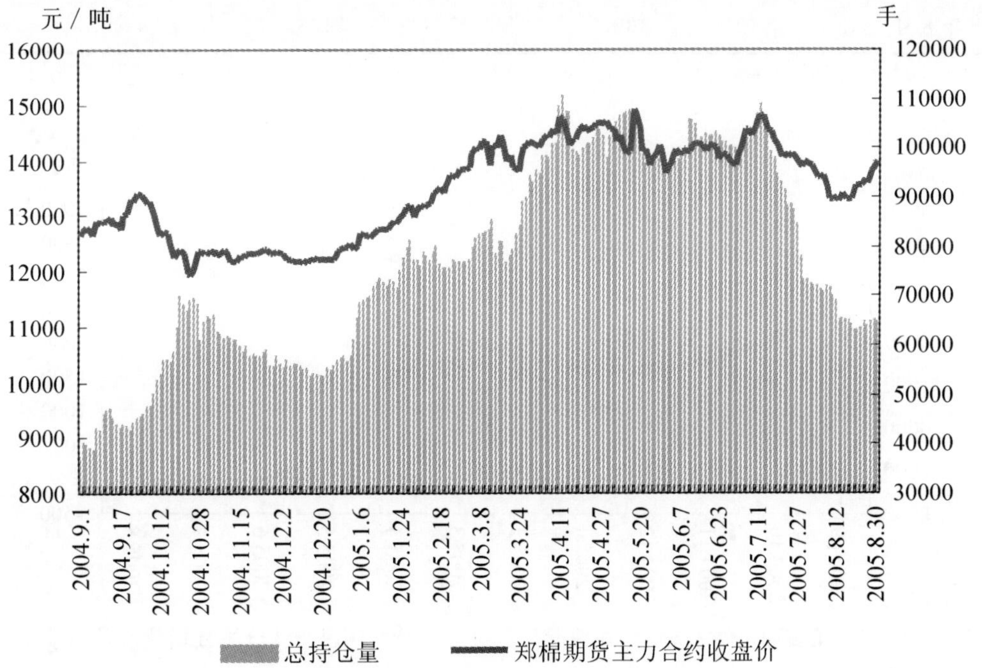

图 4—8 2004/2005 年度郑棉持仓变化情况

4—21　2004/2005 年度国内期、现货市场棉花月均价格

单元:元/吨

月份	郑棉期货近月合约价格	CNCotton B(标准级棉价格)	价差
2004 年 9 月	13076	13006	70
2004 年 10 月	13474	12013	1461
2004 年 11 月	13102	11541	1561
2004 年 12 月	12025	11227	798
2005 年 1 月	12519	11295	1224
2005 年 2 月	13217	11586	1631
2005 年 3 月	13786	12009	1777
2005 年 4 月	14086	12488	1598
2005 年 5 月	13768	13428	340
2005 年 6 月	13393	13375	18
2005 年 7 月	13542	13556	—14
2005 年 8 月	13275	13503	—228

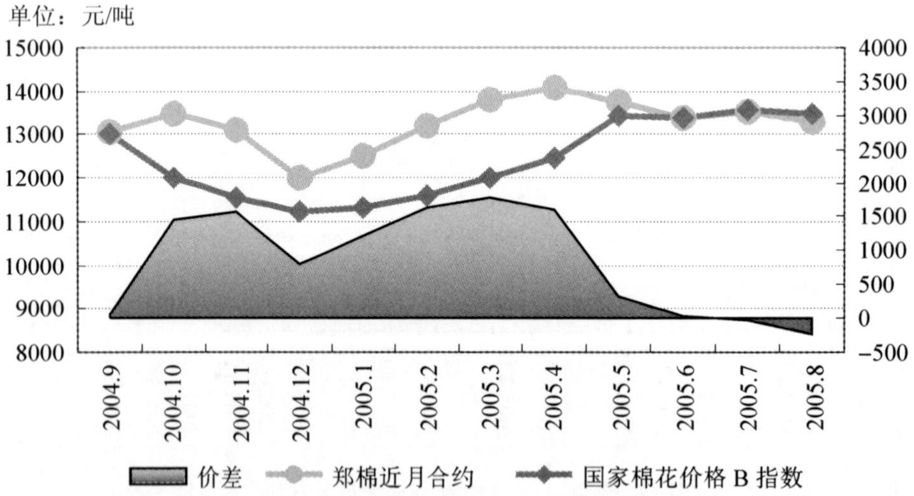

图 4—9　2004/2005 年度国内期、现货价格对比

4—22　近年撮合交易与现货市场价格

单位:元/吨

月份	撮合交易近月合约月均价	国棉A指数（国内229级棉均价）	月份	撮合交易近月合约月均价	国棉A指数（国内229级棉均价）
2002年12月	11629	11382	2004年6月	14412	16250
2003年1月	11887	11462	2004年7月	13243	14837
2003年2月	12756	12373	2004年8月	12970	13754
2003年3月	14004	13511	2004年9月	13249	13806
2003年4月	13790	13717	2004年10月	12612	12492
2003年5月	12596	12810	2004年11月	12105	12095
2003年6月	13055	13015	2004年12月	11983	11802
2003年7月	13311	13479	2005年1月	12243	11865
2003年8月	12919	13305	2005年2月	12783	12230
2003年9月	14332	13879	2005年3月	13116	12594
2003年10月	17309	17260	2005年4月	13457	13007
2003年11月	18104	18086	2005年5月	13592	13788
2004年12月	17748	17865	2005年6月	13502	13753
2004年1月	18435	18204	2005年7月	13614	13943
2004年2月	18564	18403	2005年8月	13329	13914
2004年3月	17793	18277	2005年9月	13874	13844
2004年4月	17441	18115	2005年10月	14714	14617
2004年5月	16421	17731	2005年11月	14715	14655

图4—10　近年来国内现货、撮合价格对比

4－23　近年撮合交易MA合同综合指数月均价及当月成交量

单位：元/吨、吨

月份	MA合同综合指数(元/吨)	MA合同当月总成交量(吨)	月份	MA合同综合指数(元/吨)	MA合同当月总成交量(吨)
2002年12月	11963	7900	2004年7月	13046	163520
2003年1月	12254	17970	2004年8月	12622	86130
2003年2月	13055	21430	2004年9月	12971	84950
2003年3月	14334	37420	2004年10月	12508	127120
2003年4月	13929	43760	2004年11月	12223	96920
2003年5月	12710	28310	2004年12月	12169	51300
2003年6月	13145	51360	2005年1月	12642	84370
2003年7月	13277	61490	2005年2月	13257	86400
2003年8月	12932	56300	2005年3月	13524	125820
2003年9月	14559	154420	2005年4月	13886	152580
2003年10月	17495	131720	2005年5月	13953	213490
2003年11月	18399	156040	2005年6月	13857	182980
2003年12月	18197	140350	2005年7月	13861	160520
2004年1月	18863	110570	2005年8月	13485	133620
2004年2月	18965	164620	2005年9月	14151	133230
2004年3月	18063	293410	2005年10月	15027	127120
2004年4月	17659	235860	2005年11月	15069	104940
2004年5月	16418	184160	2005年12月	14964	27290
2004年6月	14168	174980			

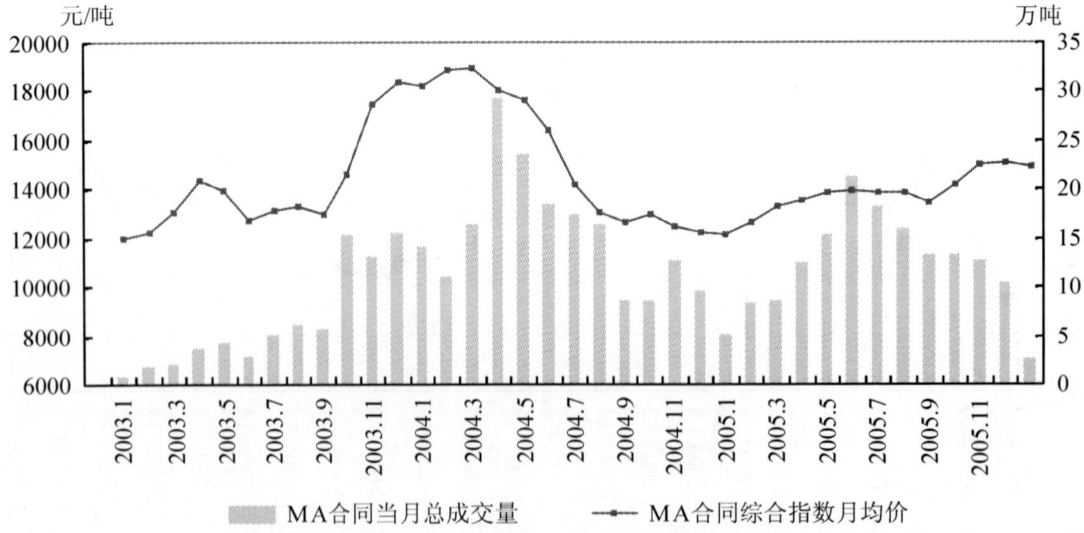

图4－11　近年撮合交易量价走势情况

4－24　2004/2005 年度撮合交易 MA 合同总订货量

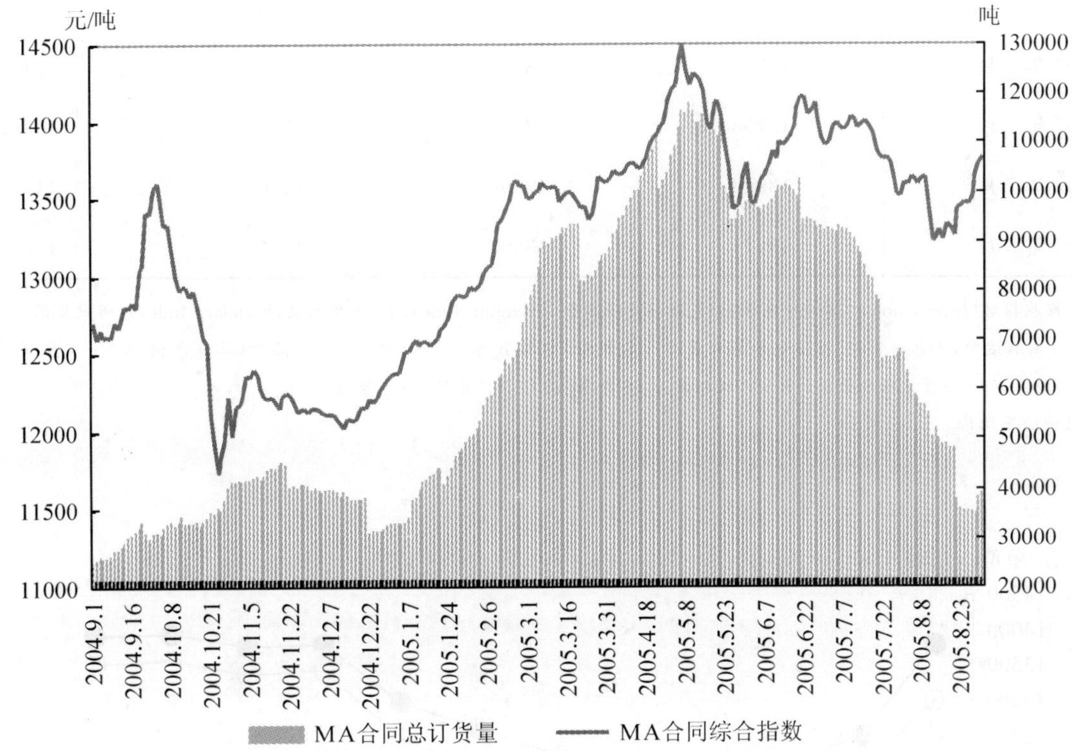

图 4－12　2004/2005 年度撮合交易订货量变化

4－25　2004/2005 年度国内外现货市场价格比较

单位:元/吨

月份	CncottonA 指数	CncottonB 指数	国际棉花指数(SM)	国际棉花指数(M)
2004 年 9 月	13806	13006	12599	11980
2004 年 10 月	12492	12013	12062	11139
2004 年 11 月	12095	11541	11397	10591
2004 年 12 月	11802	11229	11537	10671
2005 年 1 月	11865	11295	12122	11114
2005 年 2 月	12230	11586	12414	11039

续表 1

月份	CncottonA 指数	CncottonB 指数	国际棉花指数(SM)	国际棉花指数(M)
2005 年 3 月	12594	12011	13278	11795
2005 年 4 月	12964	12455	13467	11953
2005 年 5 月	13788	13417	13601	12122
2005 年 6 月	13755	13375	13073	11867
2005 年 7 月	13943	13556	12960	11988
2005 年 8 月	13914	13503	12605	11665

注:国际棉花指数(International Cotton Indices)包括 SM 级指数(Premium Index)和 M 级指数(Standard Index),所采集的是亚洲主要港口 CNF 价(即成本加运费,不包括关税、增值税和港口费用),其中 SM 级指数为 12 个 SM 1—1/8"品种(马克隆值:3.5—4.9,无公差;强力:26.5—28.4 克/特克斯)5 个最低报价的平均价;M 级指数为 18 个 M 1—3/32"品种(马克隆值:3.5—4.9,无公差;强力:26.5—28.4 克/特克斯)5 个最低报价的平均价。

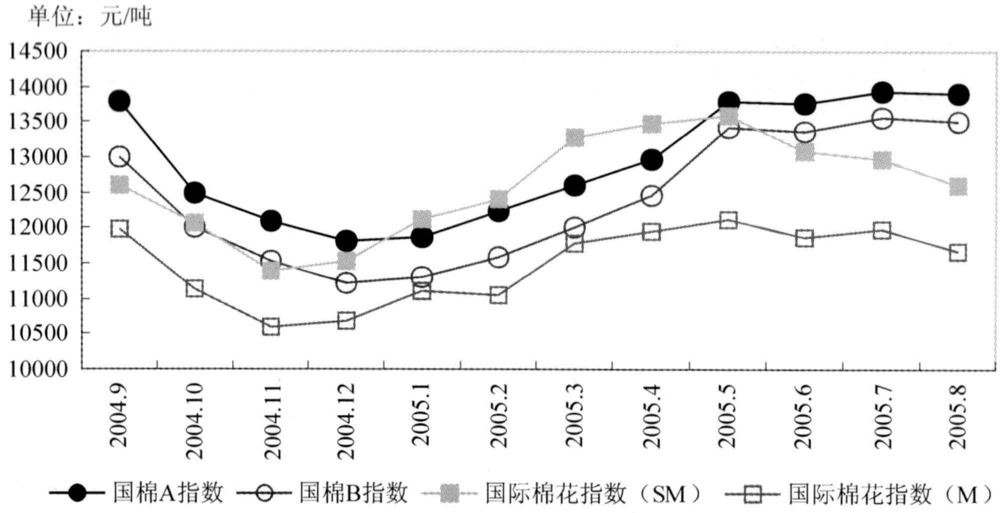

图 4—13　2004/2005 年度国内外棉花价格对比

4—26　2004/2005 年度国际棉花价格 M 指数与北欧到岸价 A 指数月均价比较

单位:美分/磅

月份	国际棉花指数(SM)	北欧到岸价 A 指数
2004 年 9 月	56.57	56.57
2004 年 10 月	52.53	52.63
2004 年 11 月	49.90	49.23
2004 年 12 月	50.28	48.59
2005 年 1 月	52.41	51.16
2005 年 2 月	52.05	52.25
2005 年 3 月	55.68	56.39
2005 年 4 月	56.44	56.87
2005 年 5 月	55.07	55.84
2005 年 6 月	53.89	53.99
2005 年 7 月	54.45	55.06
2005 年 8 月	52.96	52.17

注:北欧到岸价是反映国际棉花市场现货价格水平的一个指标,分 Cotlook A 指数和 Cotlook B 指数。报价单位为美分/磅。

北欧到岸价 A 指数是一系列国际贸易主要陆地棉选择(目前为十五个,十四个国家)中的五个最便宜报价的平均值。A 指数的基准质量标准是中级、长度为 1—1/32 英寸的棉花。报价的地理基础是北欧,所报的条件为到岸价(C. I. F)。或者说,北欧到岸价 A 指数是指每日国际上十五个陆地棉品种折算成 M 级 1—1/32 英寸运到北欧的报价中五个最便宜报价的平均价。

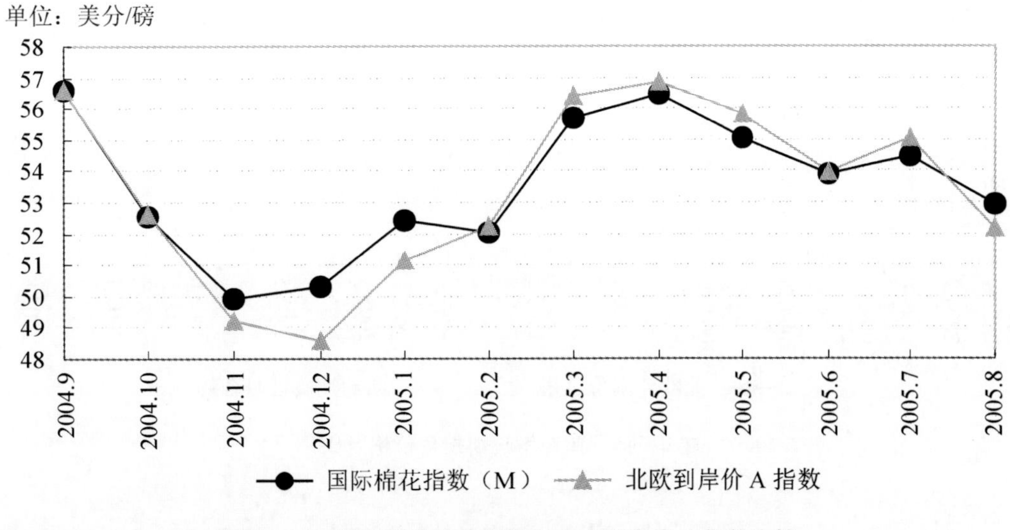

图 4—14　国际棉花价格指数与北欧到岸价 A 指数比较

4—27　2004/2005 年度国际市场期、现货月均价格比较

单位：美分/磅

月份	北欧到岸价 A 指数	纽约期货近月合约
2004 年 9 月	56.57	50.89
2004 年 10 月	52.63	46.76
2004 年 11 月	49.23	45.92
2004 年 12 月	48.59	44.13
2005 年 1 月	51.16	45.96
2005 年 2 月	52.25	45.62
2005 年 3 月	56.39	51.69
2005 年 4 月	56.87	54.36
2005 年 5 月	55.84	52.83
2005 年 6 月	53.99	48.34
2005 年 7 月	55.06	50.48
2005 年 8 月	52.17	48.13

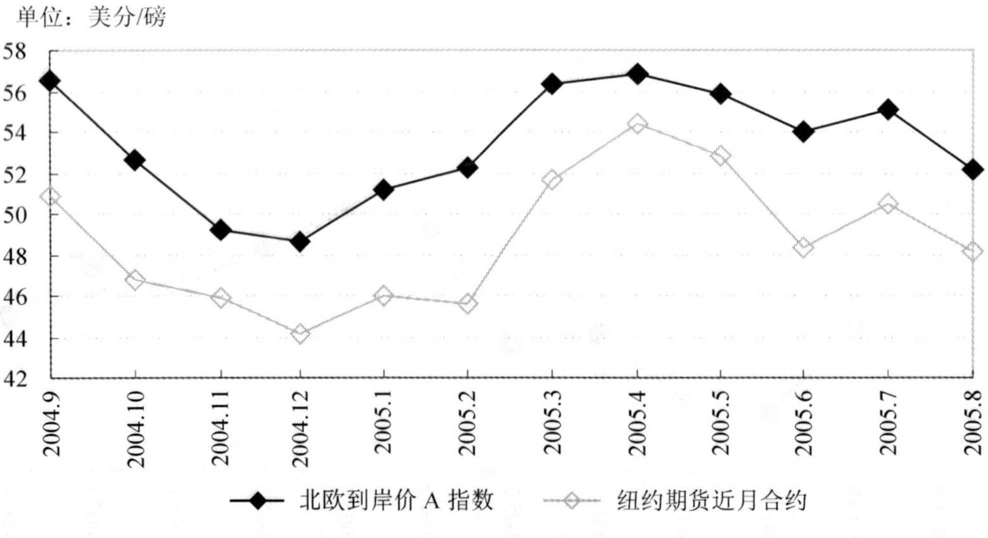

图 4—15　国际市场期现货价格对比

4－28 2004/2005年度每日纽约期货近月合约价格

单位:元/吨

日期	合约	最高价	最底价	结算价
2004年				
9月1日	2004年10月	55.20	53.05	53.40
9月2日	2004年10月	55.00	53.50	54.00
9月3日	2004年10月	53.00	51.00	51.00
9月7日	2004年10月	52.20	48.00	52.20
9月8日	2004年10月	53.85	51.90	53.00
9月9日	2004年10月	52.60	50.25	52.55
9月10日	2004年10月	52.00	50.50	51.25
9月13日	2004年10月	53.00	51.50	53.05
9月14日	2004年10月	54.00	51.40	51.45
9月15日	2004年10月	52.70	51.20	51.75
9月16日	2004年10月	52.00	48.90	48.97
9月17日	2004年10月	50.50	49.10	50.21
9月20日	2004年10月	49.80	48.60	49.35
9月21日	2004年10月	50.25	49.55	50.20
9月22日	2004年10月	51.60	50.50	51.40
9月23日	2004年10月	51.55	51.00	51.01
9月24日	2004年10月	51.01	49.90	49.40
9月27日	2004年10月	51.50	50.00	50.30
9月28日	2004年10月	50.59	49.00	47.95
9月29日	2004年10月	49.35	47.60	48.20
10月30日	2004年10月	48.00	47.50	48.10
10月1日	2004年10月	48.50	47.50	48.00
10月4日	2004年10月	49.50	49.20	49.25
10月5日	2004年10月	50.00	50.00	48.87
10月6日	2004年10月	50.35	49.30	50.35
10月7日	2004年10月	50.50	50.50	46.87
10月8日	2004年10月	0.00	0.00	46.85
10月11日	2004年10月	0.00	0.00	46.02
10月12日	2004年10月	0.00	0.00	44.29
10月13日	2004年10月	0.00	0.00	45.45
10月14日	2004年12月	48.50	46.45	46.52
10月18日	2004年12月	46.50	45.50	46.42
10月19日	2004年12月	47.75	46.00	47.54

续表 1

日期	合约	最高价	最底价	结算价
10 月 20 日	2004 年 12 月	48.90	47.10	47.99
10 月 21 日	2004 年 12 月	47.40	45.80	45.81
10 月 22 日	2004 年 12 月	46.25	45.11	45.67
10 月 25 日	2004 年 12 月	47.15	45.90	46.54
10 月 26 日	2004 年 12 月	47.00	46.40	46.62
10 月 27 日	2004 年 12 月	47.20	46.50	46.83
10 月 28 日	2004 年 12 月	46.40	45.00	45.31
11 月 29 日	2004 年 12 月	45.80	44.65	44.98
11 月 1 日	2004 年 12 月	44.90	43.55	43.98
11 月 2 日	2004 年 12 月	45.30	43.55	45.15
11 月 3 日	2004 年 12 月	45.60	44.26	44.58
11 月 4 日	2004 年 12 月	44.58	43.10	43.37
11 月 5 日	2004 年 12 月	43.80	43.20	43.36
11 月 8 日	2004 年 12 月	44.20	43.36	43.83
11 月 9 日	2004 年 12 月	44.70	43.80	44.04
11 月 10 日	2004 年 12 月	44.58	43.35	43.65
11 月 11 日	2004 年 12 月	44.20	43.50	43.88
11 月 12 日	2004 年 12 月	44.40	43.50	44.34
11 月 15 日	2004 年 12 月	45.50	44.40	44.91
11 月 16 日	2004 年 12 月	47.40	45.20	46.59
11 月 17 日	2004 年 12 月	47.30	46.10	47.14
11 月 18 日	2004 年 12 月	48.50	47.50	48.50
11 月 19 日	2004 年 12 月	48.85	45.50	47.83
11 月 22 日	2004 年 12 月	48.80	47.70	48.78
11 月 23 日	2004 年 12 月	49.10	48.50	49.00
11 月 24 日	2004 年 12 月	49.15	48.50	48.40
11 月 29 日	2004 年 12 月	48.50	47.95	48.50
12 月 30 日	2004 年 12 月	48.65	48.10	48.65
12 月 1 日	2004 年 12 月	48.51	46.40	47.88
12 月 2 日	2004 年 12 月	47.50	47.30	47.40
12 月 3 日	2004 年 12 月	47.00	45.00	45.25
12 月 6 日	2004 年 12 月	46.00	45.30	45.80
12 月 7 日	2004 年 12 月	46.00	45.50	45.97
12 月 8 日	2004 年 12 月	46.60	42.50	14.00
12 月 9 日	2005 年 3 月	43.05	42.60	42.86
12 月 10 日	2005 年 3 月	43.75	42.10	42.31
12 月 13 日	2005 年 3 月	43.25	42.60	43.22
12 月 14 日	2005 年 3 月	43.55	42.60	42.63
12 月 15 日	2005 年 3 月	43.50	42.65	42.76

续表 2

日期	合约	最高价	最底价	结算价
12 月 16 日	2005 年 3 月	43.48	42.76	43.46
12 月 17 日	2005 年 3 月	44.15	43.30	44.13
12 月 20 日	2005 年 3 月	44.50	43.90	43.99
12 月 21 日	2005 年 3 月	44.25	43.60	43.62
12 月 22 日	2005 年 3 月	43.70	42.21	42.72
12 月 23 日	2005 年 3 月	43.00	42.51	42.90
12 月 27 日	2005 年 3 月	42.95	42.17	42.92
12 月 28 日	2005 年 3 月	44.24	43.00	44.20
12 月 29 日	2005 年 3 月	44.58	43.65	44.01
12 月 30 日	2005 年 3 月	44.95	43.00	44.77
2005 年				
1 月 3 日	2005 年 3 月	44.90	43.90	44.12
1 月 4 日	2005 年 3 月	44.60	43.41	44.49
1 月 5 日	2005 年 3 月	45.70	44.50	45.62
1 月 6 日	2005 年 3 月	46.19	45.51	45.81
1 月 7 日	2005 年 3 月	46.98	45.40	46.56
1 月 10 日	2005 年 3 月	47.30	46.10	47.24
1 月 11 日	2005 年 3 月	47.00	45.86	46.20
1 月 12 日	2005 年 3 月	46.70	45.89	46.59
1 月 13 日	2005 年 3 月	46.45	45.62	46.28
1 月 14 日	2005 年 3 月	46.30	45.66	46.17
1 月 18 日	2005 年 3 月	46.80	45.80	46.71
1 月 19 日	2005 年 3 月	48.00	46.65	47.96
1 月 20 日	2005 年 3 月	48.31	47.45	47.58
1 月 21 日	2005 年 3 月	47.40	46.15	46.97
1 月 24 日	2005 年 3 月	46.85	46.05	46.44
1 月 25 日	2005 年 3 月	46.80	45.75	46.78
1 月 26 日	2005 年 3 月	47.35	46.60	46.78
1 月 27 日	2005 年 3 月	47.10	43.83	43.86
1 月 28 日	2005 年 3 月	44.25	42.40	43.35
2 月 31 日	2005 年 3 月	44.10	43.35	43.76
2 月 1 日	2005 年 3 月	44.35	43.41	43.88
2 月 2 日	2005 年 3 月	44.50	43.75	44.27
2 月 3 日	2005 年 3 月	44.45	43.10	43.12
2 月 4 日	2005 年 3 月	43.45	42.81	43.20
2 月 7 日	2005 年 3 月	43.75	43.01	43.24
2 月 8 日	2005 年 3 月	43.15	42.65	42.70
2 月 9 日	2005 年 3 月	43.70	42.61	43.07
2 月 10 日	2005 年 3 月	45.00	43.40	44.74

续表 3

日期	合约	最高价	最底价	结算价
2 月 11 日	2005 年 3 月	45.30	44.75	44.95
2 月 14 日	2005 年 3 月	46.00	45.10	45.56
2 月 15 日	2005 年 3 月	46.90	45.85	46.28
2 月 16 日	2005 年 3 月	46.95	45.25	46.20
2 月 17 日	2005 年 3 月	46.20	45.71	45.98
2 月 18 日	2005 年 3 月	46.70	45.55	46.54
2 月 22 日	2005 年 3 月	48.30	46.55	48.25
2 月 23 日	2005 年 3 月	48.50	47.60	47.90
2 月 24 日	2005 年 3 月	47.80	47.00	47.50
2 月 25 日	2005 年 3 月	49.25	47.30	49.10
3 月 28 日	2005 年 3 月	50.30	49.80	50.30
3 月 1 日	2005 年 3 月	50.15	49.40	49.55
3 月 2 日	2005 年 3 月	50.20	48.96	49.12
3 月 3 日	2005 年 3 月	49.00	47.75	49.15
3 月 4 日	2005 年 3 月	50.75	49.75	50.75
3 月 7 日	2005 年 3 月	50.50	49.50	49.53
3 月 8 日	2005 年 3 月	50.45	50.00	50.42
3 月 9 日	2005 年 5 月	52.40	51.25	52.00
3 月 10 日	2005 年 5 月	53.20	51.65	52.65
3 月 11 日	2005 年 5 月	53.80	52.15	53.65
3 月 14 日	2005 年 5 月	53.20	51.80	53.11
3 月 15 日	2005 年 5 月	53.70	52.50	53.63
3 月 16 日	2005 年 5 月	54.20	53.00	53.78
3 月 17 日	2005 年 5 月	53.25	50.85	51.33
3 月 18 日	2005 年 5 月	51.75	50.60	50.94
3 月 21 日	2005 年 5 月	50.30	49.10	50.12
3 月 22 日	2005 年 5 月	51.70	50.25	51.38
3 月 23 日	2005 年 5 月	50.97	49.75	50.58
3 月 24 日	2005 年 5 月	52.40	50.00	51.59
3 月 28 日	2005 年 5 月	54.55	52.10	53.96
3 月 29 日	2005 年 5 月	54.60	53.20	53.58
3 月 30 日	2005 年 5 月	53.58	52.85	53.38
4 月 31 日	2005 年 5 月	54.10	52.65	53.03
4 月 1 日	2005 年 5 月	53.35	50.55	52.80
4 月 4 日	2005 年 5 月	53.20	52.30	52.60
4 月 5 日	2005 年 5 月	52.50	51.95	52.05
4 月 6 日	2005 年 5 月	52.00	51.25	51.88
4 月 7 日	2005 年 5 月	53.00	52.10	52.22
4 月 8 日	2005 年 5 月	53.40	51.52	53.21

续表 4

日期	合约	最高价	最底价	结算价
4 月 11 日	2005 年 5 月	53.70	52.65	53.27
4 月 12 日	2005 年 5 月	53.30	52.75	53.00
4 月 13 日	2005 年 5 月	52.60	50.90	51.22
4 月 14 日	2005 年 5 月	52.50	51.05	52.14
4 月 15 日	2005 年 5 月	52.35	51.90	52.06
4 月 18 日	2005 年 5 月	54.00	51.90	52.78
4 月 19 日	2005 年 5 月	55.00	53.35	54.18
4 月 20 日	2005 年 5 月	55.70	53.85	55.54
4 月 21 日	2005 年 5 月	56.20	54.90	55.70
4 月 22 日	2005 年 5 月	56.20	54.51	56.15
4 月 25 日	2005 年 5 月	60.50	56.30	58.25
4 月 26 日	2005 年 5 月	58.60	57.45	58.50
4 月 27 日	2005 年 5 月	59.00	57.55	57.70
4 月 28 日	2005 年 5 月	58.50	56.50	58.40
5 月 29 日	2005 年 5 月	58.20	57.80	58.00
5 月 2 日	2005 年 5 月	58.00	57.25	57.80
5 月 3 日	2005 年 5 月	57.50	55.50	55.50
5 月 4 日	2005 年 5 月	55.00	53.00	55.00
5 月 5 日	2005 年 5 月	55.00	54.30	54.60
5 月 6 日	2005 年 5 月	55.00	54.00	53.79
5 月 9 日	2005 年 7 月	55.20	53.50	55.01
5 月 10 日	2005 年 7 月	56.00	55.01	55.93
5 月 11 日	2005 年 7 月	56.90	55.35	56.80
5 月 12 日	2005 年 7 月	56.15	54.80	55.08
5 月 13 日	2005 年 7 月	54.90	53.05	53.75
5 月 16 日	2005 年 7 月	53.15	52.00	52.01
5 月 17 日	2005 年 7 月	52.15	50.45	52.06
5 月 18 日	2005 年 7 月	52.67	51.55	51.80
5 月 19 日	2005 年 7 月	51.60	50.10	50.15
5 月 20 日	2005 年 7 月	50.75	49.81	50.05
5 月 23 日	2005 年 7 月	51.05	50.10	50.27
5 月 24 日	2005 年 7 月	50.90	49.61	50.08
5 月 25 日	2005 年 7 月	50.45	49.87	50.37
5 月 26 日	2005 年 7 月	50.90	50.35	50.38
5 月 27 日	2005 年 7 月	50.90	50.28	50.43
6 月 31 日	2005 年 7 月	49.95	48.50	48.64
6 月 1 日	2005 年 7 月	48.70	47.65	48.59
6 月 2 日	2005 年 7 月	49.21	48.15	48.76
6 月 3 日	2005 年 7 月	49.10	48.10	48.34

续表 5

日期	合约	最高价	最底价	结算价
6 月 6 日	2005 年 7 月	48.65	47.15	47.37
6 月 7 日	2005 年 7 月	47.65	46.85	46.94
6 月 8 日	2005 年 7 月	47.15	46.20	46.89
6 月 9 日	2005 年 7 月	47.65	46.10	46.29
6 月 10 日	2005 年 7 月	47.15	46.30	46.96
6 月 13 日	2005 年 7 月	47.70	47.25	47.53
6 月 14 日	2005 年 7 月	47.75	47.25	47.60
6 月 15 日	2005 年 7 月	47.75	47.00	47.07
6 月 16 日	2005 年 7 月	47.85	46.55	46.64
6 月 17 日	2005 年 7 月	47.50	46.80	47.38
6 月 20 日	2005 年 7 月	48.55	47.50	48.16
6 月 21 日	2005 年 7 月	49.00	48.00	48.73
6 月 22 日	2005 年 7 月	49.25	47.50	47.51
6 月 23 日	2005 年 7 月	50.05	47.10	49.65
6 月 24 日	2005 年 7 月	50.30	48.90	50.13
6 月 27 日	2005 年 7 月	50.85	50.05	50.75
6 月 28 日	2005 年 7 月	50.70	49.20	49.35
6 月 29 日	2005 年 7 月	50.80	49.10	50.80
7 月 30 日	2005 年 7 月	52.20	50.50	52.00
7 月 1 日	2005 年 7 月	52.15	51.50	52.15
7 月 5 日	2005 年 7 月	52.90	51.50	52.25
7 月 6 日	2005 年 7 月	51.80	50.90	51.10
7 月 7 日	2005 年 7 月	52.05	50.90	50.90
7 月 8 日	2005 年 10 月	54.10	52.90	53.80
7 月 11 日	2005 年 10 月	53.60	52.90	53.15
7 月 12 日	2005 年 10 月	51.90	50.15	50.15
7 月 13 日	2005 年 10 月	50.00	48.85	49.60
7 月 14 日	2005 年 10 月	50.20	49.27	50.20
7 月 15 日	2005 年 10 月	50.50	49.50	49.54
7 月 18 日	2005 年 10 月	49.55	48.55	49.09
7 月 19 日	2005 年 10 月	48.65	47.95	48.45
7 月 20 日	2005 年 10 月	48.90	47.95	48.25
7 月 21 日	2005 年 10 月	49.10	48.10	48.90
7 月 22 日	2005 年 10 月	50.27	48.65	50.20
7 月 25 日	2005 年 10 月	50.20	49.50	50.20
7 月 26 日	2005 年 10 月	51.35	50.00	50.50
7 月 27 日	2005 年 10 月	50.30	49.50	50.05
7 月 28 日	2005 年 10 月	50.70	49.89	50.11
8 月 29 日	2005 年 10 月	51.00	50.15	50.99

续表 6

日期	合约	最高价	最底价	结算价
8 月 1 日	2005 年 10 月	51.00	50.55	50.70
8 月 2 日	2005 年 10 月	51.40	49.80	50.95
8 月 3 日	2005 年 10 月	51.35	50.30	50.39
8 月 4 日	2005 年 10 月	50.75	50.10	50.60
8 月 5 日	2005 年 10 月	50.50	49.60	49.80
8 月 8 日	2005 年 10 月	49.80	49.40	49.42
8 月 9 日	2005 年 10 月	49.50	49.15	49.15
8 月 10 日	2005 年 10 月	49.11	48.45	48.51
8 月 11 日	2005 年 10 月	48.90	47.80	47.88
8 月 12 日	2005 年 10 月	48.20	47.00	47.13
8 月 15 日	2005 年 10 月	46.80	46.10	46.15
8 月 16 日	2005 年 10 月	46.90	46.25	46.25
8 月 17 日	2005 年 10 月	47.10	46.55	47.00
8 月 18 日	2005 年 10 月	47.40	46.20	46.26
8 月 19 日	2005 年 10 月	46.90	46.00	46.87
8 月 22 日	2005 年 10 月	47.80	46.40	47.30
8 月 23 日	2005 年 10 月	47.80	47.10	47.67
8 月 24 日	2005 年 10 月	48.05	46.55	47.00
8 月 25 日	2005 年 10 月	47.10	46.52	46.52
8 月 26 日	2005 年 10 月	46.90	46.70	46.90
8 月 29 日	2005 年 10 月	48.50	46.75	47.63
8 月 30 日	2005 年 10 月	49.20	47.70	48.75
8 月 31 日	2005 年 10 月	48.95	48.00	48.15

资料来源：纽约期货交易所。

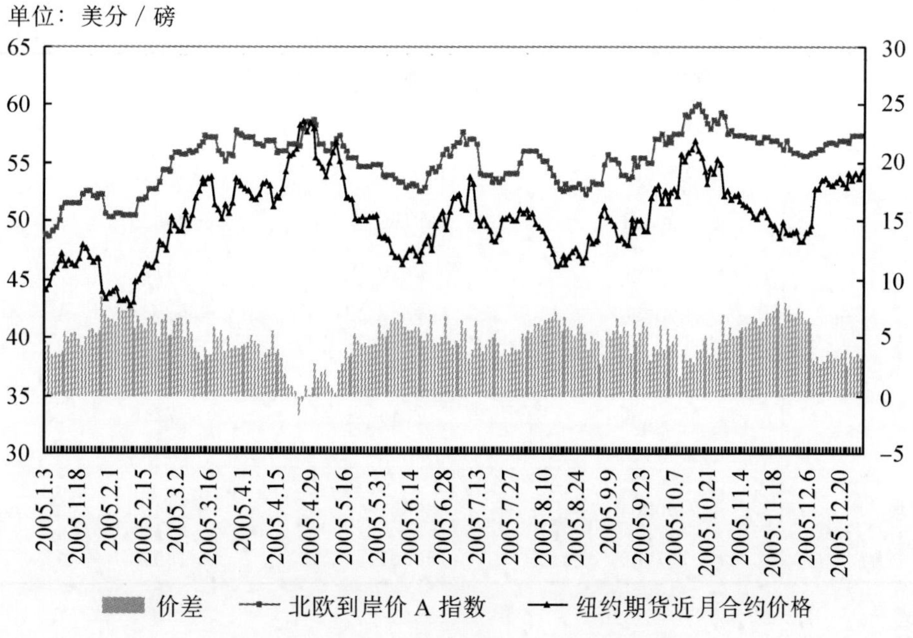

图 4—16　2005 年国际市场期现货价格比较

4—29 纽约期货价格走势与基金净多头率

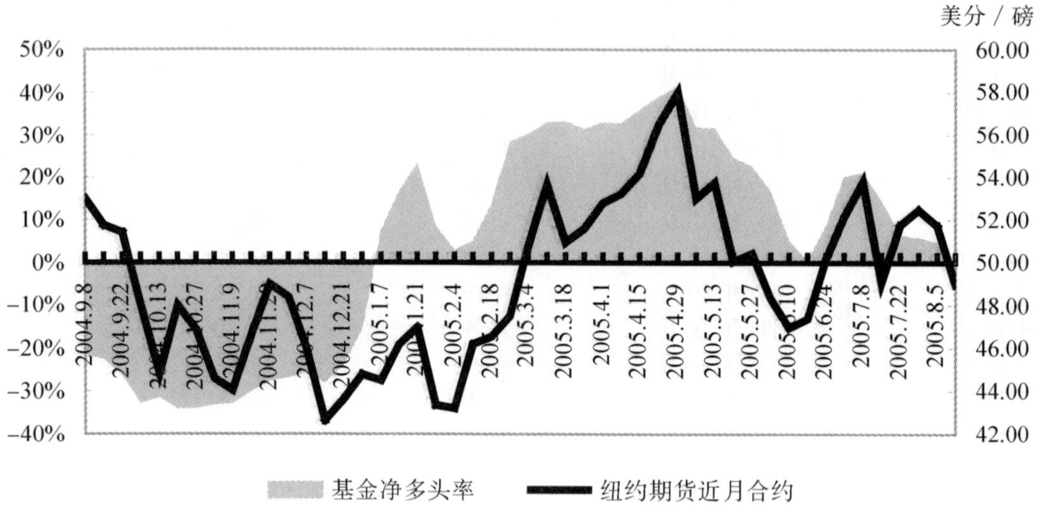

图 4—17 纽约期货价格走势与基金净多头率

棉花进出口

4—30 2004/2005 年度分贸易方式棉花进口量

单位:万吨

项目名称	年度累计	同期	同比±	±%
总计	1659850	1986006	−326156	−16
(一)一般贸易	863329	1139846	−276517	−24
(二)其他来源合计	796521	846160	−49639	−6
1. 来料加工	6693	10810	−4117	−38
2. 进料加工	570766	652029	−81263	−12
3. 出料加工	113	221	−108	−49
4. 边境小额贸易	0	7246	−7246	−100
5. 外商投资	0	0	0	0
6. 保税仓库进出境	50304	25853	+24451	+95
7. 保税仓库转口货物	167000	150001	+16998	+11

资料来源:中国海关。

4—31　2004/2005年度分国别棉花进口量

单位:万吨,%

国　别	数量	比重	国别	数量	比重
合　计	165.59	100	墨西哥	2.3	1.39
美　国	83.68	50.53	多　哥	1.57	0.95
乌兹别克斯坦	25.54	15.42	巴　西	1.33	0.80
澳大利亚	8.99	5.43	喀麦隆	1.27	0.77
布基纳法索	7.07	4.27	埃　及	1.26	0.76
印　度	6.03	3.64	巴基斯坦	1.13	0.68
贝　宁	5.62	3.39	乍　得	1.02	0.62
马　里	4.14	2.50	坦桑尼亚	1.02	0.62
巴拉圭	3.05	1.84	西班牙	0.97	0.59
科特迪瓦	2.69	1.62	其它国家	6.91	4.17

资料来源:中国海关。

4—32　2004/2005年度分港别棉花进口量

单位:万吨,%

港别	数量	比重	港别	数量	比重
青岛海关	65.16	39.37	大连海关	1.1	0.66
上海海关	45.95	27.76	武汉海关	0.53	0.32
天津海关	22.04	13.32	杭州海关	0.44	0.27
南京海关	8.49	5.13	合肥海关	0.43	0.26
黄埔海关	5.19	3.14	郑州海关	0.33	0.20
湛江海关	4.22	2.55	西安海关	0.28	0.17
宁波海关	3.89	2.35	福州海关	0.26	0.16
乌鲁木齐海关	2.3	1.39	厦门海关	0.24	0.15
深圳海关	1.74	1.05	成都海关	0.08	0.05
广州海关	1.66	1.00	汕头海关	0.02	0.01
江门海关	1.16	0.70			

资料来源:中国海关。

4—33　2004/2005年度分港别棉花出口量

单位：吨

港别	数量	港别	数量
天津海关	3199	大连海关	423
上海海关	603	青岛海关	696
黄埔海关	157	南京海关	639

资料来源：中国海关。

4—34　2004/2005年度分贸易方式棉花出口量

单位：吨

项目名称	年度累计	同期	同比±	±%
总计	5896	33825	−27929	−83
(一)一般贸易	3202	5925	−2723	−46
(二)其他来源合计	2694	27900	−25206	−90
1. 来料加工	0	0	0	0
2. 进料加工	0	0	0	0
3. 出料加工	123	55	+68	+123
4. 边境小额贸易	476	76	+399	+522
5. 保税区仓储转口	1452	27565	−26113	−95
6. 其他	643	203	+440	+217

资料来源：中国海关。

4—35　2004/2005年度分国别棉花出口量

单位：吨

国家和地区	数量	国家和地区	数量
日本	1651	朝鲜	423
泰国	1067	印度	258
印度尼西亚	1010	美国	202
韩国	678	澳大利亚	1
台湾地区	426		

资料来源：中国海关。

4—36　2004/2005 年度分省棉花出口量

单位：吨

港　别	数　量	港　别	数　量
新　疆	2042.97	广　东	262.53
山　东	856.56	北　京	99.92
天　津	664.03	河　北	1.00
江　苏	639.45	辽　宁	0.48
上　海	371.80		

资料来源：中国海关。

4—37　2004/2005 年度棉花出口企业构成

单位：吨

企业类型	数　量	企业类型	数　量
国有企业	1354	中外合资企业	1215
私人企业	707	其他企业	639
外商独资企业	292	集体企业	259

资料来源：中国海关。

棉花消费与纺织生产、进出口统计

4—38　国内纺纱产量及棉花消费分月预测

单位：万吨

月份	纺纱产量	用棉量	同比增长％
全国总计	1262.67	833.74	24.35
2004 年 9 月	99.45	65.67	20.46
2004 年 10 月	96.46	63.69	21.38
2004 年 11 月	102.5	67.68	23.75
2004 年 12 月	112.79	74.48	34.43
2005 年 1 月	82.98	54.79	39.63

续表 1

月份	纺纱产量	用棉量	同比增长%
2005 年 2 月	78.65	51.93	5.95
2005 年 3 月	104.85	69.23	20.50
2005 年 4 月	112.73	74.44	22.47
2005 年 5 月	115.42	76.21	25.47
2005 年 6 月	123.57	81.59	28.95
2005 年 7 月	115.35	76.17	27.85
2005 年 8 月	117.92	77.86	23.01

注：1. 用棉量计算标准：耗棉 1.065，配棉比按照 64%。

2. 纺纱产量数据源于国家统计局。

4—39　2004/2005 年度分省纱产量及棉花消费预测

单位：万吨

地　区	纺纱产量	用棉量	同比增长(%)
全国总计	1262.67	833.74	24.35
山　东	319.83	211.18	43.87
江　苏	254.67	168.16	18.26
河　南	125.26	82.71	23.95
湖　北	89.85	59.33	21.76
浙　江	87.97	58.09	28.63
福　建	61.04	40.30	38.44
河　北	58.62	38.71	15.17
安　徽	36.09	23.83	11.63
广　东	32.06	21.17	20.71
新　疆	27.7	18.29	23.99
湖　南	24.86	16.42	19.40
四　川	21.64	14.29	2.80
江　西	19.03	12.57	15.26
陕　西	18.52	12.23	0.33
辽　宁	16.03	10.58	12.81
广　西	11.36	7.50	5.97

续表1

地　　区	纺纱产量	用棉量	同比增长(%)
上　　海	11.13	7.35	3.82
山　　西	10.5	6.93	11.58
天　　津	7.87	5.20	3.28
重　　庆	6.87	4.54	4.89
吉　　林	6.78	4.48	10.24
黑 龙 江	5.23	3.45	－14.82
内　　蒙	2.31	1.53	8.45
甘　　肃	2.17	1.43	7.43
北　　京	2.05	1.35	－23.51
贵　　州	1.44	0.95	－10.56
云　　南	1.24	0.82	16.98
青　　海	0.35	0.23	150.00
宁　　夏	0.2	0.13	－25.93

注:纺纱产量数据源自国家统计局。

4—40　分月全国纺织生产量

月份	纺纱产量(万吨)	同比增长(%)	化纤产量(万吨)	同比增长(%)	棉布产量(亿米)	同比增长(%)
2004年9月	99.45	20.46	121.86	14.83	12.84	18.90
2004年10月	96.46	21.38	123.18	8.73	13.58	7.37
2004年11月	102.5	23.75	126.57	8.33	14.14	8.28
2004年12月	112.79	34.43	116.74	6.28	16.47	9.72
2005年2月	78.65	5.95	107.10	－4.71	11.93	18.82
2005年3月	104.85	20.50	120.19	5.48	14.64	19.80
2005年4月	112.73	22.47	125.72	6.00	16.58	34.36
2005年5月	115.42	25.47	122.74	8.44	16.89	37.99
2005年6月	123.57	28.95	146.22	21.46	18.54	39.40
2005年7月	115.35	27.85	140.30	25.51	16.44	32.90
2005年8月	117.92	23.01	137.44	16.41	15.60	19.63
全国总计	1179.69	26.21	1388.06	10.53	167.65	28.39

资料来源:国家统计局。

4—41 2004年分省纺织品服装进出口额

单位:万美元

地区	进出口额	同比±%	出口金额	同比±%	进口金额	同比±%
总计	11197413	18.49	9512806	20.61	1684607	7.79
浙江	2074393	25.76	1966316	26.56	108077	12.84
广东	2548350	6.71	1786225	8.18	762126	3.42
江苏	1684756	24.22	1490449	24.81	194307	19.91
上海	1390568	16.36	1165148	17.01	225420	13.11
山东	1028370	16.89	886653	18.69	141717	6.79
福建	504866	41.73	442768	51.13	62098	−1.8
河北	314438	60.31	308217	61.79	6221	10.45
辽宁	301366	12.75	226771	14.56	74596	7.59
北京	225498	17.09	184432	16.73	41066	18.73
天津	173662	10.94	145855	10.01	27807	16.11
黑龙江	143475	28.85	142597	29.52	878	−29.65
新疆	132989	45.05	132776	44.97	213	122.47
安徽	96240	16.49	91965	17.65	4276	−3.86
湖北	99929	−4.65	85371	−6	14557	4.1
四川	78823	31.1	76152	31.15	2671	29.81
江西	79352	25.2	75216	24.73	4136	34.39
河南	63514	3.21	62542	3.89	972	−27.31
内蒙古	47850	27.37	46993	28.25	856	−7.6
湖南	43060	3.82	41099	4.08	1961	−1.45
陕西	31451	12.62	31113	13.01	338	−14.68
广西	27175	4.3	24612	2.85	2563	20.6
吉林	26991	3.66	23328	6.24	3663	−10.24
海南	23749	15.16	20949	14.35	2800	21.63
重庆	17438	43.55	17122	43.84	316	29.33
云南	12016	7.59	11821	7.84	196	−5.44
甘肃	6177	−32.36	6089	−31.68	88	−59.73
西藏	5269	−3.5	5207	−3.84	62	37.91
山西	5611	−3.36	5061	−4.62	549	10.02
青海	4395	−32.59	4384	−32.69	11	81.75
宁夏	4286	−32.67	4279	−32.5	8	−72.14
贵州	1354	11.19	1297	13.66	57	−25.62

资料来源:中国海关。

4—42　2005年1—8月分省纺织品服装进出口额

单位:万美元

地　区	进出口额	同比±%	出口金额	同比±%	进口金额	同比±%
总　计	8454324	19.81	7329180	23.14	1125144	1.89
浙　江	1672636	27.83	1597704	29.04	74932	6.45
广　东	1865068	13.8	1372120	20.06	492948	－0.63
江　苏	1355762	27.5	1218625	30.1	137137	8.31
上　海	1023755	11.81	873100	13.75	150655	1.77
山　东	787075	21.02	687486	23.75	99589	5.03
福　建	338207	1.56	296619	2.25	41588	－3.13
河　北	178210	14.22	173334	14.03	4877	21.54
辽　宁	217417	18.35	167079	23.45	50338	4.07
黑龙江	157449	111.07	156704	111.85	746	18.78
北　京	177452	25.19	150688	30.98	26764	0.27
天　津	131332	17.91	112286	21.75	19046	－0.58
新　疆	83645	50.59	83567	50.72	78	－19.67
安　徽	71135	14.46	68717	16.07	2419	－17.91
湖　北	73516	13.12	64921	16.94	8595	－9.25
四　川	56418	14.63	54335	14.12	2083	29.66
江　西	50192	－1.16	47308	－1.41	2884	3.13
河　南	46819	16.07	46236	16.82	582	－23.15
湖　南	29904	4.1	28268	2.65	1636	37.91
内　蒙	27433	－3.33	27223	－1.98	210	－65.29
陕　西	19746	7.26	19416	6.8	330	44.28
吉　林	19637	18.34	16882	19.08	2755	14.05
广　西	17423	19.52	15599	22.48	1824	－0.94
海　南	14847	－6.57	12864	－8.93	1983	12.31
重　庆	13224	17.26	12742	15.47	482	98.32
云　南	9068	32.8	8787	30.18	281	258.86
山　西	4317	15.46	4052	20.95	265	－31.92
甘　肃	3503	－10.34	3474	－9.27	29	－63.09
宁　夏	2834	31.58	2824	31.35	10	163.3
青　海	2705	11.61	2704	12	1	－85.54
西　藏	2622	8.79	2561	7.6	62	100.2
贵　州	970	6.71	957	11.28	13	－73.82

资料来源:中国海关。

4—43　2004年分省纺织品进出口额

单位：万美元

地　区	进出口额	同比±%	出口金额	同比±%	进口金额	同比±%
总　计	4882338	18.6	3350768	24.37	1531570	7.67
浙　江	994492	35.74	889681	39.2	104811	12.08
江　苏	807207	26.94	621523	28.89	185684	20.81
广　东	1199358	6.56	530213	12.06	669145	2.57
山　东	546714	14.65	408843	17.49	137871	6.96
上　海	525080	20.94	320994	25.67	204086	14.19
福　建	127082	13.27	66890	30.83	60193	−1.43
河　北	66897	30.53	61610	32.08	5287	14.82
天　津	76582	10.32	51112	8.89	25470	13.3
安　徽	52536	20.11	48411	22.87	4125	−4.92
辽　宁	109767	14.39	43148	24.31	66619	8.78
河　南	41751	3.53	41066	4.31	685	−28.28
北　京	76521	16.94	40513	17.71	36009	16.09
四　川	37807	30.78	37061	31.03	747	19.35
黑龙江	30453	15.25	29649	17.31	804	−30.02
湖　北	39607	−3.8	26112	−8.83	13494	7.7
湖　南	24585	12.17	22638	13.58	1948	−1.96
江　西	22990	12.41	19085	9.34	3905	30.33
陕　西	17671	−9.76	17337	−9.67	334	−14.24
新　疆	15089	−0.77	14878	−1.54	211	122.75
内蒙古	14093	65.54	13244	73.03	850	−1.13
重　庆	13077	38.95	12782	39.13	295	31.45
云　南	7477	2.23	7346	3.26	131	−34.46
吉　林	10071	−4.6	6517	−0.93	3554	−10.66
海　南	8513	15.47	5937	12.23	2576	23.73
广　西	6923	−2.07	4797	−10.37	2127	23.81
山　西	3053	5.73	2662	4.34	391	16.19
甘　肃	2262	−0.81	2174	5.47	88	−59.88
青　海	2146	38.17	2135	38.02	11	78.42
西　藏	1475	0.39	1418	−0.66	58	35.47
宁　夏	603	7.76	596	11.5	6	−73.81
贵　州	455	−4.43	398	−0.29	57	−26

资料来源：中国海关。

4—44　2005年1—8月分省纺织品进出口额

单位:万美元

地　区	进出口额	同比±%	出口金额	同比±%	进口金额	同比±%
总　计	3692162	17.42	2663595	24.67	1028567	2.05
浙　江	791760	27.01	719800	29.71	71959	5.15
江　苏	634844	22.95	503789	27.46	131055	8.24
广　东	840722	7.74	398112	15.76	442610	1.42
山　东	438133	25.1	341479	32.35	96655	4.8
上　海	381074	8.53	249121	15.58	131954	−2.68
福　建	98318	14.42	57990	31.32	40328	−3.46
河　北	46623	7.28	42449	6.16	4174	20.15
黑龙江	36384	131.66	35687	135.93	696	20.18
天　津	52688	3.39	34859	4.13	17829	1.97
安　徽	37146	8.39	34851	10.97	2295	−19.88
北　京	56656	16.95	33076	31.95	23579	0.86
辽　宁	74998	6.83	30588	16.63	44409	0.98
四　川	29790	24.72	29206	24.34	585	47.24
河　南	28577	6.43	28014	6.32	563	12.26
新　疆	24766	194	24689	196.46	77	−19.37
湖　北	25124	−1.89	17056	1.09	8068	−7.64
湖　南	16750	5.71	15139	3.26	1611	35.99
江　西	14741	−1.42	11971	−3.09	2771	6.49
陕　西	10992	−6.99	10664	−8.02	328	45.85
重　庆	10335	19.61	9861	17.27	474	104.57
内　蒙	9371	−13.32	9165	−10.24	207	−65.61
云　南	6776	50.76	6589	48.03	187	328.45
吉　林	6824	3.77	4285	2.15	2539	6.62
广　西	5722	26.35	4105	41.48	1617	−0.62
海　南	5473	−0.48	3711	−4.72	1761	9.82
山　西	2614	36.36	2479	51.48	135	−51.84
青　海	1580	30.59	1579	31.52	1	−87.71
甘　肃	1293	−10.77	1265	−7.8	28	−63.38
宁　夏	929	109.16	919	108.51	10	192.31
西　藏	821	−4.91	774	−7.17	47	58.61
贵　州	338	8.85	325	24.34	13	−74.16

资料来源:中国海关。

4—45　1992—2004年全国货物贸易商品进出口总值及纺织品服装进出口额

单位:亿美元

年份	全国商品					
	进出口	出口	进口	同比%		
				进出口	出口	进口
1992年	1655.3	849.4	805.9	22	18.2	26.3
1993年	1957.1	917.6	1039.5	18.2	8	28.9
1994年	2367.3	1210.4	1156.9	20.9	31.9	11.2
1995年	2808.5	1487.7	1320.8	18.7	22.9	14.2
1996年	2899.04	1510.7	1388.4	3.2	1.5	5.1
1997年	3250.6	1826.9	1423.6	12.2	20.9	2.5
1998年	3239.2	1837.6	1401.7	—0.4	0.5	—1.5
1999年	3606.5	1949.3	1657.2	11.3	6.1	18.2
2000年	4743.1	2492.1	2251	31.5	27.8	35.8
2001年	5097.7	2661.6	2436.1	7.5	6.8	8.2
2002年	6207.9	3255.7	2952.2	21.8	22.3	21.2
2003年	8512.1	4383.7	4128.4	37.1	34.6	39.9
2004年	11547.4	5933.6	5613.8	35.7	35.4	36

续表1

年份	其中:纺织品服装								
	进出口	占全部%	出口	占全部%	进口	占全部%	同比%		
							进出口	出口	进口
1992年	347.3	21	246.2	28.9	101.1	12.5	45.8	37.8	69.8
1993年	357.4	18.3	260.7	28.4	96.7	9.3	2.9	5.8	—4.3
1994年	470.8	19.9	342.2	28.3	128.6	11.1	31.7	31.2	32.9
1995年	517	18.4	358.8	24.1	158.2	12	9.8	4.8	23
1996年	516.5	17.8	349.7	23.1	166.8	12	—0.1	—2.5	5.4
1997年	604	18.6	432.1	23.7	171.9	12.1	16.9	23.5	3.01
1998年	548.7	16.9	404.8	22	143.9	10.3	—9.2	—6.3	—16.3
1999年	523.2	14.5	403.3	20.7	120.2	7.3	0.6	2	—3.2
2000年	662	14	521.7	20.9	140.2	6.2	26.5	29.4	16.6
2001年	672.9	13.2	534.4	20.1	138.4	5.7	1.6	2.4	—1.3
2002年	761.9	12.3	617.9	19	144	4.9	13.2	15.6	4
2003年	945	11.1	788.7	18	156.3	3.8	24	27.7	8.5
2004年	1119.7	9.7	951.3	16	168.5	3	18.5	20.6	7.8

注:表中1992—1998年的数字按海关商品统计中的第十一大类"纺织原料及纺织制品",包括HS50—63章的内容进行统计,1999年及以后的数字增加了部分内容,并不再包括50—63章中纺织原料部分,仅包含纺织品和服装。

4—46 2005年1—8月全国货物贸易商品进出口总值及纺织品服装进出口额

单位:亿美元

月份	全国商品					
	进出口	出口	进口	同比%		
				进出口	出口	进口
2005年1月	950.6	507.8	442.9	33.1	42.2	24
2005年2月	844.5	445.3	399.2	11	30.8	—5
2005年3月	1160.1	608.7	551.4	25.6	32.8	18.6
2005年4月	1197.1	621.5	575.6	23.9	31.9	16.2
2005年5月	1078.7	584.3	494.4	22.8	30.3	15
2005年6月	1222.4	659.6	562.8	23	30.6	15.1
2005年7月	1207.6	655.8	551.8	20.8	28.7	
2005年8月	1250.1	673.7	576.4	27.2	31.1	22.9
2005年合计	8911.1	4756.7	4154.5	23.5	31.9	15.1

续表1

月份	其中:纺织品服装								
	进出口	占全部%	出口	占全部%	进口	占全部%	同比%		
							进出口	出口	进口
2005年1月	93.8	9.9	82.3	16.2	11.5	2.6	27.4	29	16.7
2005年2月	72.1	8.5	63	14.1	9.1	2.3	19.2	30.9	—26.2
2005年3月	104.4	8.7	88.7	14.3	15.7	2.7	15.3	16.6	8.7
2005年4月	100.3	9.3	86.1	14.7	14.3	2.9	19.5	22.6	3.7
2005年5月	121.1	9.9	104.7	15.9	16.4	2.9	24	27.8	4.1
2005年6月	127.2	10.5	111.5	17	15.7	2.8	19.3	23.2	—2.6
2005年7月	132.9	10.6	117.9	9.4	15	1.2	29.6	33.4	5.82
2005年8月	845.4	9.5	732.9	8.2	112.5	1.3	19.8	23.14	1.89

资料来源:中国海关。

4—47　2004/2005年度分月棉纱进出口额

单位：吨、万美元

月份	进口				出口			
	数量	同比增减(%)	金额	同比增减(%)	数量	同比增减(%)	金额	同比增减(%)
全国总计	754493.1	−3.78	160730	−4.13	466730	−2.75	135245	2.10
2004年9月	60871.00	1.69	12924	3.32	37116	−15.64	11191	−3.53
2004年10月	56055.00	−14.80	12147	−12.12	34180	−23.39	9827	−16.81
2004年11月	59645.00	−10.40	13107	−9.40	36139	−25.44	10436	−21.37
2004年12月	58209.00	−29.19	12554	−30.75	32908	−46.89	9117	−48.82
2005年1月	56246.00	−6.21	11066	−16.82	37434	35.82	7442	−10.66
2005年2月	35791.00	−44.49	7447	−46.80	21334	−39.69	6213	−44.73
2005年3月	72139.00	5.67	15365	5.75	49058	10.58	14182	−0.76
2005年4月	77366.00	20.96	16346	19.24	49570	29.00	14574	16.70
2005年5月	71582.00	27.27	15554	28.38	48402	29.30	14276	18.24
2005年6月	68791.00	22.12	14752	24.55	44963	18.04	14061	15.15
2005年7月	66725.60	19.51	14069	22.39	38577	11.57	11912	9.14
2005年8月	71072.54	34.48	15399	41.30	37049	14.61	12014	18.15

资料来源：中国海关。

4—48　2004/2005年度分贸易方式棉纱进口量

单位：吨

年份	总计	1.一般贸易	2.来料加工	3.进料加工	4.保税仓库进出境	5.其他
全国总计	751690.211	40680.442	196266.263	507912.458	2807.585	4023.463
2004年9月	60871.472	3784.455	15557.236	41409.871		119.91
2004年10月	56055.38	2337.223	12428.002	40943.256		346.899
2004年11月	59645.438	2317.109	15150.416	41759.816	9.072	409.025
2004年12月	58208.697	3426.861	16571.017	37720.37		490.449
2005年1月	53442.15	3093.374	17101.686	32992.529		254.561
2005年2月	35790.712	2328.089	10363.411	22694.17	125.464	279.578
2005年3月	72139.022	3631.899	19299.544	48929.457		278.122
2005年4月	77365.965	3771.21	21045.333	51938.866	6.009	604.547
2005年5月	71582.15	2686.572	18656.823	49665.847	196.177	376.731
2005年6月	68791.084	3635.17	17415.094	46309.603	1072.895	358.322
2005年7月	66725.605	4103.2	15733.207	45434.035	1193.805	261.358
2005年8月	71072.536	5565.28	16944.494	48114.638	204.163	243.961

资料来源：中国海关。

4—49　2004/2005年度棉纱分贸易方式出口量

单位:吨

月份	总计	1.一般贸易	2.来料加工	3.进料加工	4.边境小额贸易	5.保税仓库进出境	6.其他
全国总计	458747.841	190021.329	13845.915	251568.935	1003.27	87.473	2220.919
2004年9月	37116.033	12347.566	879.813	23405.729	33.168	6.726	443.031
2004年10月	34180.405	12899.248	748.301	20004.937	88.723	3.733	435.463
2004年11月	36139.008	15516.145	934.603	19369.061	74.413	2.238	242.548
2004年12月	32908.374	15883.663	991.801	15844.196	30.761	18.609	139.344
2005年1月	26190.219	11717.82	845.507	13371.867	171.861	4.978	78.186
2005年2月	21334.121	9806.554	446.47	10926.035	116.114	1.339	37.609
2005年3月	49058.475	20667.172	1698.579	26423.27	167.272	11.106	91.076
2005年4月	49570.466	21929.141	1359.216	26043.093	137.82	4.205	96.991
2005年5月	48401.686	19636.905	1063.067	27638.494	4.553	5.585	53.082
2005年6月	44963.129	19247.697	1689.133	23670.126	15.518	10.066	330.589
2005年7月	38576.733	15126.202	1908.939	21318.767	116.34	8.074	98.411
2005年8月	40309.192	15243.216	1280.486	23553.36	46.727	10.814	174.589

资料来源:中国海关。

4—50　2004/2005年度分月棉布进出口额

单位:万米、万美元、%

月份	进口				出口			
	数量	同比增减(%)	金额	同比增减(%)	数量	同比增减(%)	金额	同比增减(%)
全国总计	161855.7	－6.79	213508	－5.81	528385	－19.64	575720	－14.24
2004年9月	12627.00	0.41	15633	10.08	43821	－1.30	48010	14.06
2004年10月	13746.00	3.86	15108	1.25	43861	0.88	48949	17.60
2004年11月	16500.00	16.71	21140	22.39	48217	13.28	53369	27.61
2004年12月	18545.00	10.62	24485	8.15	50339	－8.80	55548	1.70
2005年1月	13131.00	49.85	15696	23.59	37195	133.18	43501	29.61
2005年2月	8217.00	－22.14	12645	－8.49	31161	30.26	32788	25.92
2005年3月	13361.00	3.13	19181	6.16	47125	20.21	49716	12.94
2005年4月	14933.00	6.13	19490	7.41	45834	13.89	50265	10.52
2005年5月	12771.00	－2.74	16795	3.09	42821	15.13	46298	11.79
2005年6月	13197.00	－2.37	19075	2.10	45997	18.58	49144	17.28
2005年7月	12519.60	2.92	18140	－1.44	44414	22.05	47122	20.71
2005年8月	12308.14	1.27	16120	2.99	47600	24.72	51010	24.18

资料来源:中国海关,其中全国总计项为各月累计。

4—51　2004/2005 年度分贸易方式棉布进口量

单位：万米

月份	总计	1. 一般贸易	2. 来料加工	3. 进料加工	4. 外商投资	5. 保税仓库进出境	6. 保税区仓储转口货物	7. 其他
全国总计	159190.9707	1713.6994	64915.9158	89829.3424	0.0048	105.236	2546.1153	80.657
2004 年 9 月	12627.0472	166.6008	5331.8876	6883.2256		4.335	233.9485	7.0497
2004 年 10 月	13746.0159	131.2859	5549.3855	7798.2043		2.8959	257.8446	6.3997
2004 年 11 月	16500.1221	142.1866	6728.0049	9238.2475	0.002	1.6575	385.7935	4.2301
2004 年 12 月	18544.7297	137.2344	7569.8449	10552.0185		8.4654	271.5778	5.5887
2005 年 1 月	10466.8533	157.0075	4428.435	5641.7862		4.5798	229.1242	5.9206
2005 年 2 月	8216.8026	91.8187	3490.3743	4438.6747		1.8496	189.8403	4.245
2005 年 3 月	13360.5629	135.5331	5590.8252	7417.4547		3.4655	205.0516	8.2328
2005 年 4 月	14933.0919	158.5548	6072.5802	8569.823		3.148	122.8665	6.1194
2005 年 5 月	12771.1591	127.7595	5054.1218	7452.8534		12.2352	117.6331	6.5561
2005 年 6 月	13196.8594	142.9914	5440.4473	7416.8366	0.0003	11.3039	178.1326	7.1473
2005 年 7 月	12519.587	173.9709	5094.3545	7093.2721	0.0015	35.0208	115.2836	7.6836
2005 年 8 月	12308.1396	148.7558	4565.6546	7326.9458	0.001	16.2794	239.019	11.484

资料来源：中国海关。

4—52　2004/2005 年度分贸易方式棉布出口量

单位：万米

月份	总计	1. 一般贸易	2. 来料加工	3. 进料加工	4. 边境小额贸易	5. 保税仓库进出境	6. 保税区仓储转口货物	7. 其他
全国总计	522011.9058	364202.3774	14900.3213	139319.6414	687.967	141.3463	2262.4988	
2004 年 9 月	43820.5339	29587.4353	1435.1972	12505.7488	33.737	10.3752	240.4829	7.5575
2004 年 10 月	43860.9544	30270.8123	1470.6152	11863.6817	27.9669	12.3473	215.531	
2004 年 11 月	48216.8149	34583.0471	1549.0225	11822.2824	26.8995	9.2579	226.3055	
2004 年 12 月	50338.6952	34540.7995	1888.3076	13509.3994	36.64	13.9244	349.6243	
2005 年 1 月	40021.7413	27891.5344	1255.5028	10713.5737	13.0396	11.883	136.2063	0.0015
2005 年 2 月	31161.4436	21682.0301	649.8938	8655.3929	41.5	4.6608	127.956	0.01
2005 年 3 月	47125.0376	30365.6307	1275.2992	15198.6115	39.3727	9.8505	236.1388	0.1342
2005 年 4 月	45834.2413	31450.0035	1308.6741	12712.8739	114.2482	12.1471	236.2445	0.05
2005 年 5 月	42820.654	29410.6791	989.6291	12242.8337	51.9011	4.9988	115.5092	5.103
2005 年 6 月	45996.892	32179.3835	1039.7371	12384.5379	99.9402	16.4417	174.8676	101.984
2005 年 7 月	44413.5522	30144.9477	941.0289	12994.2411	94.4801	21.0987	97.3751	120.3806
2005 年 8 月	38401.3454	32096.0742	1097.4138	4716.4644	108.2417	14.3609	106.2576	262.5328

资料来源：中国海关。

4—53　2004年分市场棉纱进出口额

单位:万美元

洲别、国家或地区	进出口额	占比%	同比%	出口额	占比%	同比%	进口额	占比%	同比%
全球	286845.3	100	—0.47	133655.5	100	—3.03	153189.8	100	1.88
亚洲	282197.3	98.38	—0.65	130528.7	97.66	—3.36	151668.6	99.01	1.82
东盟	19437	6.78	5.69	6519.4	4.88	—7.94	12917.6	8.43	14.22
中东	478.8	0.17	—57.69	400.6	0.3	—58.5	78.2	0.05	—52.93
非洲	1295.8	0.45	—26.08	1250	0.94	—25.24	45.9	0.03	—43.52
欧洲	2005.5	0.7	89.23	824.5	0.62	186.98	1181.1	0.77	52.88
欧盟	1680.2	0.59	74.67	697.6	0.52	207.05	982.6	0.64	33.74
欧盟十五国	1663.1	0.58	74.92	690.7	0.52	211.46	972.4	0.63	33.38
欧盟东扩十国	17.2	0.01	53.58	6.9	0.01	26.74	10.3	0.01	79.02
拉丁美洲	257.8	0.09	22.33	155.5	0.12	50.14	102.2	0.07	—4.56
北美洲	911.8	0.32	51.73	817.8	0.61	43.16	94	0.06	216.61
大洋洲	176.9	0.06	—66.9	79	0.06	—35.45	98	0.06	—76.23
国际组织	＜0.1	0	—	0	0	—	＜0.1	0	—
1　香港	115825.6	40.38	—6.64	109728.5	82.1	—3.26	6097.1	3.98	—42.72
2　日本	8501.8	2.96	29.62	5434.1	4.07	17.73	3067.7	2	57.85
3　韩国	9427.3	3.29	—3.83	5296.1	3.96	—8.13	4131.1	2.7	2.3
4　缅甸	2381.1	0.83	5.97	2381.1	1.78	5.97	0	0	—
5　澳门	2040.4	0.71	27.55	1522.2	1.14	35.16	518.2	0.34	9.44
6　孟加拉国	977.3	0.34	—42.25	976.5	0.73	—42.3	0.8	0	—
7　美国	851.2	0.3	57.92	792.3	0.59	53.2	59	0.04	169.57
8　泰国	4091.7	1.43	37.07	728	0.54	26.12	3363.7	2.2	39.7
9　印度尼西亚	8777.1	3.06	—9.18	725.9	0.54	—57.86	8051.2	5.26	1.39
10　越南	1011.3	0.35	6.39	715.6	0.54	25.69	295.7	0.19	—22.44
11　马来西亚	988.7	0.34	11.9	706.9	0.53	5.79	281.8	0.18	30.87
12　意大利	1407.4	0.49	97.78	588.1	0.44	289.93	819.3	0.53	46.1
13　新加坡	512.3	0.18	—27.79	491.1	0.37	—29.06	21.2	0.01	23.18
14　纳米比亚	490.1	0.17	—5.92	490.1	0.37	—5.92	0	0	—

续表 1

洲别、国家或地区		进出口额	占比%	同比%	出口额	占比%	同比%	进口额	占比%	同比%
15	斯里兰卡	432.6	0.15	95.96	430.1	0.32	102.45	2.5	0	−69.45
16	柬埔寨	1266.7	0.44	83.8	405.5	0.3	7.13	861.2	0.56	177.2
17	菲律宾	406.9	0.14	70.08	364	0.27	78.86	42.9	0.03	20.04
18	蒙古	296.4	0.1	−9.86	296.4	0.22	−9.86	0	0	—
19	埃及	207.2	0.07	−28.01	201	0.15	−20.56	6.1	0	−82.32
20	南非	156	0.05	−43.38	149.1	0.11	−45.88	6.9	0	>1000
21	马达加斯加	127.6	0.04	39.32	127.6	0.1	39.32	0	0	—
22	俄罗斯联邦	102.7	0.04	129.92	102.7	0.08	129.92	0	0	—
23	阿拉伯联合酋长国	132	0.05	−64.06	96.1	0.07	−73.51	35.9	0.02	714.73
24	朝鲜	75	0.03	129.22	75	0.06	129.22	0	0	—
25	澳大利亚	169.4	0.06	−67.6	71.4	0.05	−35.47	98	0.06	−76.23
26	西班牙	76.6	0.03	89.59	64.2	0.05	107.92	12.3	0.01	29.99
27	毛里求斯	54.4	0.02	−55.66	50.2	0.04	−55.24	4.2	0	−60.09
28	台湾省	6533.6	2.28	3.75	45.3	0.03	5.93	6488.3	4.24	3.73
29	墨西哥	44.3	0.02	220.34	44	0.03	221.42	0.3	0	119.14
30	加纳	43	0.02	−22.54	43	0.03	−22.54	0	0	—
31	塞内加尔	30.3	0.01	29.99	30.3	0.02	29.99	0	0	—
32	印度	16041.2	5.59	40.39	30.3	0.02	−13.6	16010.9	10.45	40.55
33	智利	28.2	0.01	130.4	28.2	0.02	130.4	0	0	—
34	苏丹	26.4	0.01	−5.78	26.4	0.02	−5.78	0	0	—
35	加拿大	60.6	0.02	−2.15	25.6	0.02	−52.76	35	0.02	348.17
36	民主刚果	23.3	0.01	57.78	23.3	0.02	57.78	0	0	—
37	以色列	18.3	0.01	−59.85	18.3	0.01	−59.85	0	0	—
38	尼日利亚	21	0.01	−82.62	17.9	0.01	−85.14	3	0	—
39	危地马拉	17.9	0.01	21.34	17.9	0.01	21.34	0	0	—
40	多哥	17	0.01	−35.17	17	0.01	−35.17	0	0	—

资料来源：中国海关。

4—54 2004年分省市棉纱进出口情况

单位：万美元

序号	地区	进出口额	同比%	出口额	同比%	进口额	同比%	进出口家数	同比%	出口家数	同比%	进口家数	同比%
	总 计	286845.3	−0.47	133655.5	−3.04	153189.8	1.88	3280	4.76	1209	7.28	2316	2.89
1	广 东	167197.9	−1.64	35764.4	1.81	131433.5	−2.54	1151	6.87	372	15.89	892	3.72
2	山 东	36526	12.14	30768.6	8.2	5757.4	39.24	413	−10.41	134	−1.47	305	−12.86
3	江 苏	34356.8	−9.24	28888	−17.36	5468.8	88.65	379	7.98	167	20.14	242	1.26
4	浙 江	20370.9	14.2	15760.3	7.38	4610.6	45.88	254	5.83	143	14.4	128	−5.19
5	上 海	6705	13.38	4401.2	14.19	2303.8	11.86	454	18.23	108	−5.26	386	23.32
6	辽 宁	3903.8	46.5	3195.3	42.27	708.5	69.25	132	20	35	16.67	102	18.6
7	新 疆	2373.1	−42.99	2373.1	−42.94	0	−100	17	−34.62	17	−32	0	−100
8	湖 北	2110.5	−42.2	2024.2	−43.7	86.2	54.46	33	−17.5	28	−12.5	5	−37.5
9	云 南	2002.4	−1.31	2002.4	−1.31	0	−100	22	10	22	15.79	0	−100
10	河 南	2027.7	−20.22	1994.3	−19.31	33.4	−52.28	19	−26.92	17	−10.53	2	−71.43
11	安 徽	1728.3	112.17	1707.4	113.6	20.8	37.07	19	35.71	15	36.36	4	33.33
12	河 北	1320.1	−6.08	1273.1	−4.22	47	−38.47	34	−8.11	19	−5	16	−5.88
13	四 川	955.4	24.77	937.3	31.75	18.1	−66.7	15	66.67	14	55.56	2	100
14	广 西	1016.6	−12.37	616.7	−28.63	400	35.08	24	50	6	−25	18	125
15	福 建	1914.6	−22.75	376.1	−52.11	1538.5	−9.13	113	8.65	25	31.58	93	4.49
16	重 庆	334.8	116.11	334.8	116.11	0	—	11	120	11	120	0	—
17	江 西	500.8	10.16	332.1	0.55	168.7	35.7	19	11.76	9	0	10	25
18	北 京	513.7	−29.48	272.3	−56.15	241.4	124.7	54	−14.29	15	−42.31	41	0
19	湖 南	242	−23.24	233.4	−17.14	8.6	−74.39	4	−20	3	−25	2	0
20	海 南	173.2	79.46	173.2	79.46	0	—	2	−50	2	−50	0	—
21	陕 西	61.7	20.96	60.1	18.09	1.6	962.4	10	0	8	−11.11	2	100
22	天 津	249.7	6.22	59.4	−22.47	190.3	20.09	59	0	16	14.29	46	−9.8
23	黑龙江	49.4	181.39	49.4	337.6	<0.1	−99.9	7	−22.22	6	20	1	−75
24	吉 林	185.5	1.62	43.7	−41.56	141.8	31.62	11	−35.29	7	−12.5	5	−58.33
25	贵 州	10.5	—	10.5	—	0	—	1	—	1	—	0	—
26	内蒙古	9.6	−49.75	2.6	−72.09	7	−28.48	13	−7.14	4	−42.86	9	0
27	宁 夏	1	−97.8	1	−97.8	0	−100	1	−50	1	0	0	−100
28	甘 肃	0.5	−99.13	0.5	−98.58	0	−100	2	−60	2	−50	0	−100
29	西 藏	0.5	49.03	0.2	6.28	0.3	85.26	3	50	1	0	2	100
30	山 西	3.5	−72.31	0.1	−99.45	3.5	92.65	4	0	1	−66.67	3	200

资料来源：中国海关。

4—55　2004年棉纱进出口企业构成

单位：万美元

序号	名称	进出口额	同比%	出口额	同比%	进口额	同比%
	总计	286845.3	－0.47	133655.5	－3.04	153189.8	1.88
1	国有及国有参股企业(1)	46352.5	－21.44	29153.3	－25.2	17199.3	－14.12
3	三资企业(1A)	185408.2	3.92	60128	8.69	125280.1	1.78
5	中外合作(2)	48661.7	－8.94	17294.1	－1.89	31367.6	－12.41
7	中外合资(3)	48509.6	－17.43	14918.5	－9.84	33591.1	－20.4
9	外商独资(4)	88236.8	33.24	27915.4	32.02	60321.4	33.81
11	民营企业(4A)	55084.6	8.44	44374.2	1.89	10710.4	47.81
13	集体企业(5)	37181.9	－5.7	32540.2	－6.98	4641.7	4.4
15	私人企业(6)	17902.7	57.47	11834	38.11	6068.7	116.72
16	其它	＜0.1	－53.65	＜0.1	—	＜0.1	－97.45

续表1

序号	名称	进出口家数	同比%	出口家数	同比%	进口家数	同比%
	总计	3280	4.73	1209	7.18	2316	2.89
1	国有及国有参股企业(1)	699	－16.29	410	－18.97	377	－14.12
3	三资企业(1A)	1698	0.3	287	14.34	1532	－1.23
5	中外合作(2)	165	－10.33	25	－10.71	156	－9.83
7	中外合资(3)	467	－4.89	103	－4.63	396	－4.58
9	外商独资(4)	1066	4.72	159	38.26	980	1.77
11	民营企业(4A)	881	46.35	511	37.74	406	56.76
13	集体企业(5)	176	－9.28	97	－11.82	100	－1.96
15	私人企业(6)	705	72.79	414	58.62	306	94.9
16	其它	2	0	1	—	1	－50

资料来源：中国海关。

4—56　2004年分市场棉布进出口额

单位:万美元

洲别、国家或地区	进出口额	占比%	同比%	出口额	占比%	同比%	进口额	占比%	同比%
全球	742567.7	100	11.35	525118.3	100	11.51	217449.4	100	10.96
亚洲	568000.4	76.49	11.69	357739.7	68.13	12.54	210260.7	96.69	10.29
东盟	77067.2	10.38	24.55	68415.7	13.03	23.46	8651.5	3.98	33.89
中东	20530.3	2.76	3.46	20018.2	3.81	1.87	512.1	0.24	163.41
非洲	80059.9	10.78	7.48	79890.6	15.21	7.31	169.3	0.08	293.17
欧洲	31113.5	4.19	8.51	25290.5	4.82	4.77	5822.9	2.68	28.47
欧盟	22464.8	3.03	3.83	16684.1	3.18	—2.73	5780.7	2.66	28.91
欧盟十五国	19946.9	2.69	12.63	14218.8	2.71	7.28	5728.1	2.63	28.58
欧盟东扩十国	2517.9	0.34	—35.87	2465.3	0.47	—36.74	52.6	0.02	79.14
拉丁美洲	46058.7	6.2	27.04	46031.2	8.77	27.08	27.5	0.01	—17.47
北美洲	14104.2	1.9	—5.2	13309.2	2.53	—7.84	795.1	0.37	82.41
大洋洲	3197.5	0.43	—19.98	2857.1	0.54	—24.2	340.4	0.16	50.24
国际组织	33.5	0	—30.52	0	0	—	33.5	0.02	—30.52
1　香港	205250.7	27.64	10.66	162054	30.86	9.71	43196.7	19.87	14.39
2　孟加拉国	38961.3	5.25	14.67	38951.5	7.42	14.66	9.8	0	17.63
3　韩国	42266.3	5.69	4.82	23975.7	4.57	1.13	18290.7	8.41	10.08
4　日本	89171.5	12.01	10.91	20926.9	3.99	7.07	68244.6	31.38	12.14
5　贝宁	19772.7	2.66	—10.78	19772.7	3.77	—10.78	0	0	—
6　墨西哥	16313.8	2.2	33.61	16311.2	3.11	33.64	2.6	0	—44.43
7　印度尼西亚	17653.3	2.38	20.27	15236.9	2.9	30.63	2416.4	1.11	—19.82
8　越南	14128.3	1.9	24.06	13975.9	2.66	24.43	152.4	0.07	—2.44
9　柬埔寨	11445.2	1.54	51.61	11421.7	2.18	51.38	23.5	0.01	489.79
10　美国	11828.5	1.59	—7.1	11380.5	2.17	—8.07	447.9	0.21	27.1
11　斯里兰卡	10172.2	1.37	23.36	10166.2	1.94	23.44	6	0	—43.82
12　多哥	8750.7	1.18	25.05	8750.7	1.67	25.05	0	0	—
13　菲律宾	8579.2	1.16	27.61	8478.6	1.61	27.63	100.6	0.05	25.83
14　泰国	13321.4	1.79	44.51	8296.5	1.58	20.01	5024.8	2.31	117.98

续表 1

洲别、国家或地区	进出口额	占比%	同比%	出口额	占比%	同比%	进口额	占比%	同比%
15 加纳	7714.1	1.04	94.07	7714.1	1.47	94.07	0	0	—
16 印度	8426.8	1.13	52.16	7446.6	1.42	64.37	980.1	0.45	−2.73
17 意大利	10283.5	1.38	22.43	6520.6	1.24	17.06	3762.9	1.73	33.01
18 肯尼亚	6006.8	0.81	48.09	6006.8	1.14	48.09	0	0	—
19 冈比亚	5579.8	0.75	−11.17	5579.8	1.06	−11.17	0	0	—
20 南非	4801.9	0.65	19.19	4796.2	0.91	19.31	5.8	0	−34.89
21 新加坡	4916.6	0.66	−17.79	4753.4	0.91	−17.63	163.1	0.08	−22.06
22 阿拉伯联合酋长国	4534.6	0.61	1.16	4452	0.85	2.07	82.6	0.04	−31.51
23 哥伦比亚	4414.6	0.59	79.65	4412.2	0.84	79.97	2.4	0	−57.97
24 尼加拉瓜	4002.1	0.54	17.03	4002.1	0.76	17.03	0	0	—
25 危地马拉	3928.3	0.53	5.83	3928.3	0.75	5.83	0	0	−100
26 埃及	3887.3	0.52	34.83	3884.6	0.74	34.74	2.7	0	—
27 土耳其	4194.9	0.56	12.93	3841	0.73	7.24	353.9	0.16	165.92
28 马来西亚	4409.8	0.59	53.32	3646.7	0.69	67.07	763.1	0.35	10.04
29 以色列	3606.8	0.49	13.17	3593.1	0.68	12.76	13.7	0.01	>1000
30 塞内加尔	3552.2	0.48	31.15	3552.2	0.68	31.21	0	0	−100
31 尼日利亚	3643	0.49	−54.54	3503.4	0.67	−56.13	139.6	0.06	433.24
32 澳门	4021.7	0.54	8.98	3144	0.6	27.16	877.7	0.4	−27.93
33 萨尔瓦多	2993.2	0.4	−26.54	2993.2	0.57	−26.54	0	0	−100
34 台湾省	20660.8	2.78	11.21	2932.3	0.56	49.44	17728.5	8.15	6.7
35 毛里求斯	2939.5	0.4	39.68	2931	0.56	39.72	8.5	0	27.69
36 俄罗斯联邦	2807.8	0.38	−15.75	2807.6	0.53	−15.76	0.2	0	265.38
37 巴拿马	2668.5	0.36	52.46	2668.3	0.51	52.44	0.3	0	—
38 缅甸	2604.5	0.35	−23.16	2601.3	0.5	−23.25	3.3	0	—
39 澳大利亚	2817.7	0.38	−14.95	2483.4	0.47	−19.58	334.3	0.15	48.49
40 智利	2022	0.27	21.53	2021.9	0.39	21.53	0.1	0	

资料来源：中国海关。

4—57 2004年分省市棉布进出口情况

单位:万美元

序号	地区	进出口额	同比%	出口额	同比%	进口额	同比%	进出口家数	同比%	出口家数	同比%	进口家数	同比%
	总计	742567.7	11.35	525118.3	11.52	217449.4	10.96	10105	12.37	3723	15.51	7296	10.36
1	江苏	144300.1	15.71	116239.7	16.26	28060.5	13.47	1551	21.74	736	30.04	991	15.23
2	山东	122802.9	28.59	110953.4	29.68	11849.5	19.21	1183	13.21	385	20.31	900	10.16
3	广东	192534.8	7.09	93654.5	9.5	98880.4	4.91	2998	3.67	713	10.54	2441	1.45
4	浙江	92664.7	0.62	74487.9	0.45	18176.8	1.32	1124	22.98	635	16.94	617	27.74
5	上海	74873.1	10.88	39443.7	0.76	35429.3	24.86	1318	16.64	394	10.99	1126	17.29
6	天津	15187.7	24.72	10597.2	20.14	4590.4	36.77	182	22.15	52	−8.77	150	32.74
7	河北	10357.2	−8.5	9954.3	−9.65	402.9	33.44	116	9.43	73	−1.35	52	20.93
8	河南	8836.2	−0.19	8828.5	0.2	7.7	−81.84	50	−5.66	46	−4.17	7	−12.5
9	陕西	8830.3	−14.34	8741.2	−14.61	89	23.82	60	30.43	53	17.78	7	133.33
10	安徽	8714.5	38.37	8304.7	40.55	409.8	5.29	81	−3.57	62	5.08	29	−14.71
11	福建	10469.4	46.22	7990.2	55.74	2479.2	22.15	257	13.72	76	58.33	197	4.79
12	四川	6857.5	29.7	6710.8	28.92	146.6	79.23	53	8.16	50	4.17	5	66.67
13	湖南	7140.9	20.15	6198.3	19.68	942.6	23.35	29	−3.33	25	−3.85	9	12.5
14	北京	9740.8	2.24	5599.7	−2.32	4141.1	9.14	191	2.14	68	17.24	150	−1.32
15	湖北	7542.7	−10.24	4977.4	−18.75	2565.4	12.63	103	−12.71	78	−15.22	36	9.09
16	江西	4740.5	−8.54	4276.8	−9.76	463.7	4.43	55	30.95	33	32	28	33.33
17	辽宁	10768.3	17.13	3231.1	−4.3	7537.2	29.56	534	19.2	80	26.98	480	15.38
18	海南	1380.2	0.69	1175.6	1.97	204.6	−6.06	24	41.18	18	20	9	125
19	重庆	832	−22.12	828.2	−21.49	3.8	−71.7	21	5	19	0	2	0
20	云南	769.7	−52.82	768.6	−52.85	1.1	−9.6	35	−27.08	32	−28.89	8	33.33
21	山西	731.8	−32.67	691.4	−33.44	40.4	−15.89	14	7.69	11	10	3	−25
22	吉林	1351.9	30.71	689.8	109.59	662.1	−6.11	32	14.29	13	30	23	4.55
23	新疆	335.8	−19.47	314.8	−22.55	21	100.52	22	83.33	19	72.73	3	200
24	广西	270.8	−6.72	212.7	−14.33	58.1	38.16	31	14.81	20	11.11	13	18.18
25	黑龙江	430.8	2.05	170.1	51.58	260.8	−15.88	18	20	13	62.5	6	−14.29
26	西藏	42.1	−75.08	42.1	−75.08	0	—	6	50	6	50	0	—
27	内蒙古	27	−63.67	24.4	−63.28	2.6	−66.92	12	20	9	50	3	−40
28	贵州	4.8	−28.68	4.8	−28.68	0	—	2	100	2	100	0	—
29	甘肃	26.3	—	3.5	—	22.7	—	2	—	1	—	1	—
30	宁夏	2.8	−70.46	2.8	−57.86	0	−100	1	−80	1	−75	0	−100

资料来源:中国海关。

4—58　2004年棉布进出口企业构成

单位:万美元

序号	名称	进出口额	同比%	出口额	同比%	进口额	同比%
	总计	742567.7	11.34	525118.3	11.5	217449.4	10.96
1	国有及国有参股企业(1)	273234.9	-6.15	225636.3	-8.23	47598.5	5.18
3	三资企业(1A)	292487.8	18.88	143745.9	30.51	148742	9.45
5	中外合作(2)	14769.8	-20.39	5543.3	-35.34	9226.5	-7.54
7	中外合资(3)	127037.8	13.78	67059.7	29.51	59978.1	0.18
9	外商独资(4)	150680.2	30.07	71142.9	42.89	79537.3	20.41
11	民营企业(4A)	176822.3	36.29	155718.9	35.48	21103.4	42.55
13	集体企业(5)	88056	18.77	79766.5	23.33	8289.4	-12.4
15	私人企业(6)	88766.3	59.65	75952.4	51.12	12813.9	139.92
16	其它	22.7	361.49	17.2	—	5.5	12.2

续表1

序号	名称	进出口额	同比%	出口额	同比%	进口额	同比%
	总计	10105	12.33	3723	15.41	7296	10.36
1	国有及国有参股企业(1)	1755	-14.01	1218	-15.88	1021	-8.76
3	三资企业(1A)	5293	5.78	604	17.05	4855	4.36
5	中外合作(2)	412	-11.4	37	-7.5	386	-12.67
7	中外合资(3)	1822	2.02	304	10.14	1576	-0.38
9	外商独资(4)	3059	11.12	263	31.5	2893	10.08
11	民营企业(4A)	3047	56.74	1898	50.4	1413	69.63
13	集体企业(5)	584	-3.63	372	-5.58	304	4.47
15	私人企业(6)	2463	84.08	1526	75.81	1109	104.61
16	其它	10	42.86	3	—	7	0

资料来源:中国海关。

中国棉花产销存

4—59 2004/2005年度全国棉花产销存预测分月调整表

单位:万吨

月份	期初库存	产量	进口	国内需求	出口	期末库存
2004年9月	135	635	140	778	5	127
2004年10月	135	630	150	784	5	126
2004年11月	135	622	170	790	3	134
2004年12月	135	632	170	790	3	144
2005年1月	135	632	170	790	3	144
2005年2月	154	632	180	816	2	148
2005年3月	154	632	180	816	2	148
2005年4月	165	632	170	827	2	138
2005年5月	165	632	190	847	2	130
2005年6月	175	632	160	827	1	140
2005年7月	260	632	160	860	1	191
2005年8月	257	632	159	869	1	178

4—60 2001/2002年度以来国内棉花产销存平衡表

单位:万吨、元/吨

年度	期初库存	产量	进口	国内需求	出口	期末库存	库存消费比	年度均价
2001/2002	393	532	12	591	9	346	0.59	8638
2002/2003	346	492	72	668	15	241	0.36	12008
2003/2004	241	487	199	670	3	257	0.38	16176
2004/2005	257	632	166	869	1	185	0.21	12432
2005/2006预计	185	570	340	927	0	168	0.18	14200

4—61 近年来库存消费比及标准级棉花价格对比

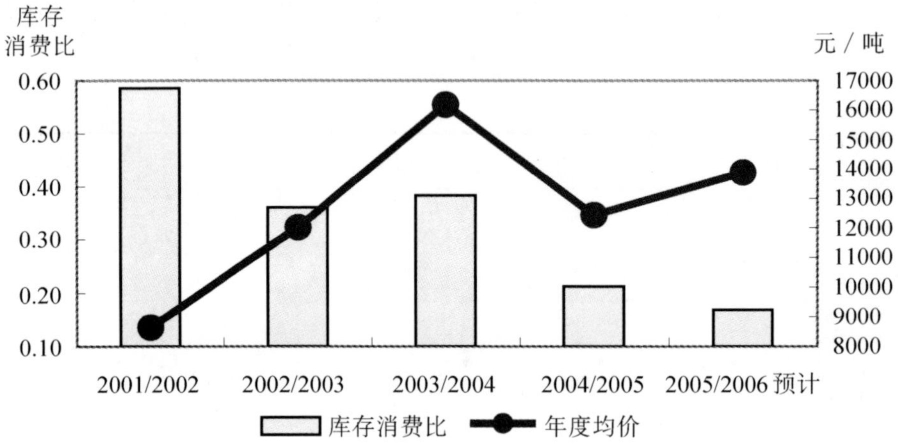

图 4—18 近来来库存消费比及标准级棉花价格对比

国际棉花产销存

4—62 2004/2005 年度主要国家棉花产销存预测

单位:万吨

国家和地区	期初库存	产量	进口	消费	出口	期末库存	库存消费比
全　球	874.4	2609.5	712.4	2353.0	750.5	1107.8	47.08%
美　国	76.4	506.2	0.7	136.1	304.8	141.5	32.10%
巴基斯坦	44.2	246.0	21.8	228.6	10.9	72.1	30.09%
中　亚	36.8	175.1	0.1	37.9	125.0	49.2	30.21%
西　非	27.9	106.9	0.1	4.4	88.8	41.4	44.39%
澳大利亚	19.4	61.0	0.1	1.5	41.4	40.5	94.42%
巴　西	100.8	130.6	4.4	91.4	35.9	110.6	86.84%
印　度	88.4	405.0	16.3	326.6	17.4	165.7	48.16%
墨西哥	24.0	13.7	37.0	43.5	3.9	26.8	56.42%
中　国	270.2	631.4	139.1	827.4	0.7	229.0	27.66%
土耳其	27.9	90.4	78.4	152.4	3.3	40.9	26.29%

资料来源:美国农业部 2005 年 11 月月报。

注:库存消费比=期末库存/(消费量+出口量);全球库存消费比=期末库存/消费量

4—63　2004/2005 年度主要国家棉花产销存预测

单位：万吨

国家和地区	期初库存	产量	进口	消费	出口	期末库存	库存消费比
全　球	811.7	2625.7	687.0	2325.7	727.4	1071.4	46.00%
美　国	76.3	506.2	0.9	135.0	286.3	162.1	38.00%
巴　西	92.3	138.8	4.5	92.5	38.0	105.1	81.00%
埃　及	4.9	28.5	8.5	21.0	13.0	7.9	23.00%
西　非	41.0	112.8	0.0	2.9	82.0	68.9	81.00%
中　亚	21.0	112.5	0.1	22.5	79.2	31.9	31.00%
中　国	167.8	632.0	135.0	820.0	0.6	114.2	14.00%
澳大利亚	37.8	40.1	1.1	54.7	22.1	0.0	0.00%
印　度	85.1	408.0	15.0	330.0	17.5	160.6	46.00%
巴基斯坦	63.2	248.2	25.0	230.0	11.0	95.4	40.00%
土 耳 其	50.0	90.0	73.5	152.5	2.5	58.5	38.00%

资料来源：美国农业部 2005 年 11 月月报。

4—64　2004/2005 及 2005/2006 年度全球产销存预测比较

单位：万吨

年度	期初库存	产量	进口量	消费量	出口量	期末库存	库存消费比
2004/2005	883.9	2622.1	717.4	2366.2	761.1	1109.6	46.90%
2005/2006	1109.6	2426.3	885.3	2457.2	875.7	1109.5	45.15%
变化	225.8	−195.7	167.9	91.0	114.6	−0.1	−1.74%

资料来源：美国农业部 2005 年 11 月月报。

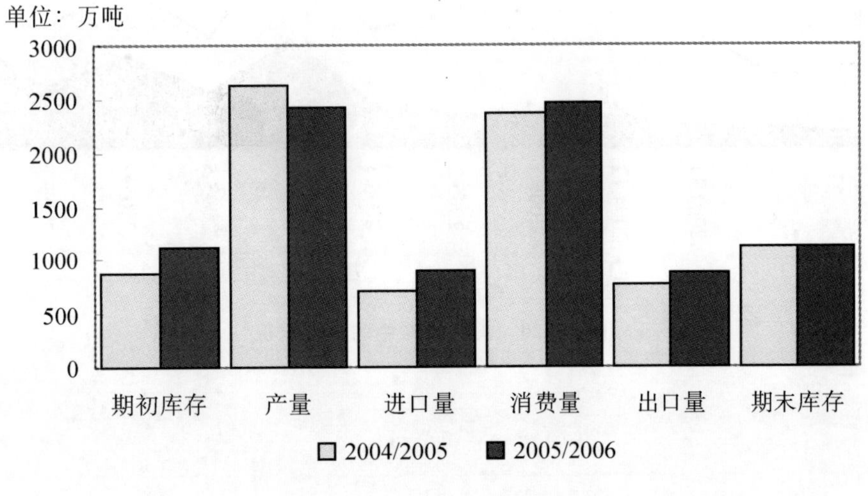

图 4—19　全球棉花产销存情况

4—65 分月美棉出口量

单位:万吨

月份	美棉净出口量	美棉对中国净出口量
2004 年 9 月	15.73	2.72
2004 年 10 月	13.67	4.18
2004 年 11 月	21.61	4.24
2004 年 12 月	30.27	6.05
2005 年 1 月	30.04	7.1
2005 年 2 月	26.82	6.56
2005 年 3 月	22.57	8.68
2005 年 4 月	40.98	20.73
2005 年 5 月	21.18	10.47
2005 年 6 月	31.36	17.66
2005 年 7 月	23.23	12.04
2005 年 8 月	24.92	21.39

资料来源:美国农业部。

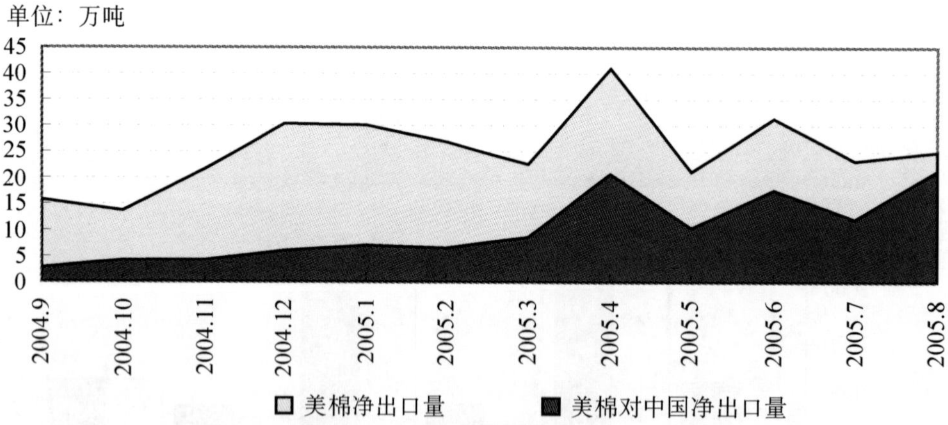

图 4—20 美棉及对中国出口情况

4—66 分月美国纺织用棉量

单位:万吨

月份	美国纺织用棉量	月份	美国纺织用棉量
2004 年 9 月	13.73	2005 年 3 月	13.67
2004 年 10 月	11.02	2005 年 4 月	10.47
2004 年 11 月	10.48	2005 年 5 月	10.49
2004 年 12 月	11.38	2005 年 6 月	13.12
2005 年 1 月	10.33	2005 年 7 月	10.00
2005 年 2 月	10.70	2005 年 8 月	10.35

资料来源:美国统计局。

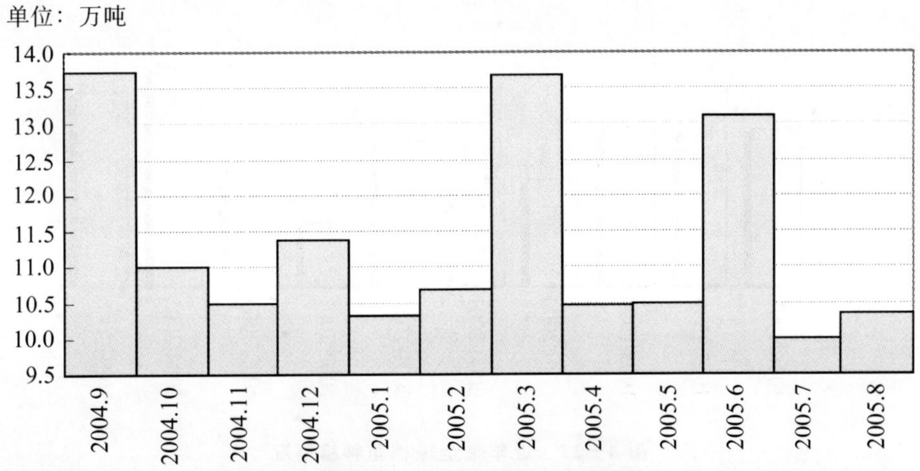

图 4—21 美国国内纺织用棉情况

4—67 近10年全球棉花种植面积

单位:亿亩

年度	种植面积	年度	种植面积
1996/1997	4.3	2001/2002	4.2
1997/1998	4.3	2002/2003	3.8
1998/1999	4.3	2003/2004	4.1
1999/2000	4.0	2004/2005	4.6
2000/2001	4.0	2005/2006	4.5

资料来源:美国农业部2005年11月日报。

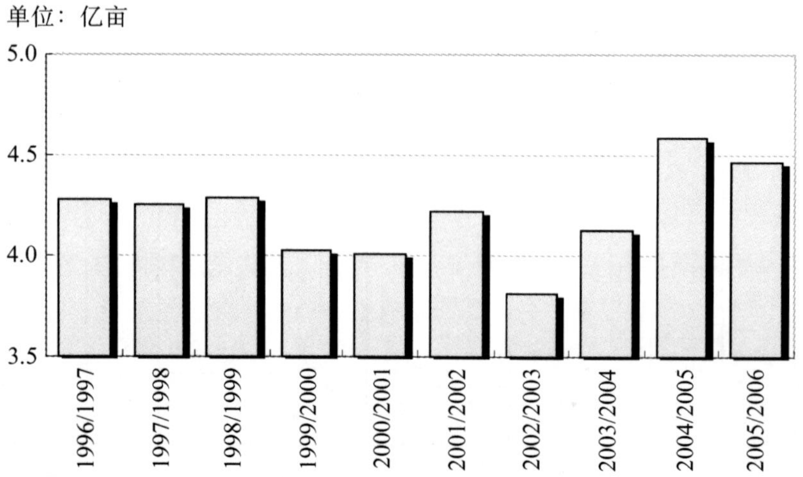

图4—22 近年来全球棉花种植情况

4—68　近10年全球棉花单产

单位:公斤/亩

年度	单产	年度	单产
1996/1997	36.2	2001/2002	40.5
1997/1998	37.6	2002/2003	40.5
1998/1999	36.4	2003/2004	40.5
1999/2000	38.3	2004/2005	46.1
2000/2001	38.9	2005/2006(预测)	43.2

资料来源:美国农业部2005年11月日报。

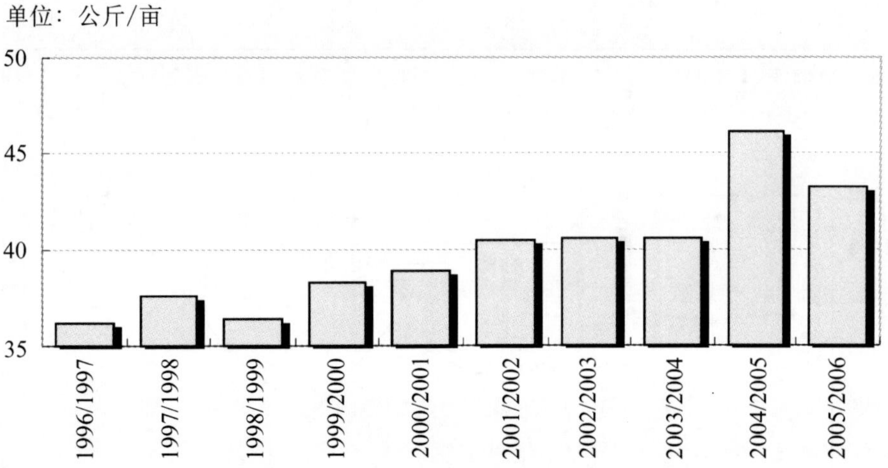

图4—23　近年来全球棉花单产情况

4－69　近 10 年全球棉花产销存

单位：万吨

年度	期初库存	产量	进口量	消费量	出口量	期末库存	库存消费比
1996/1997	866.8	1960.1	618.8	1907.3	584.3	963.0	50.49％
1997/1998	963.0	2008.2	561.0	1896.8	581.8	1060.8	55.93％
1998/1999	1060.8	1861.6	532.0	1843.9	512.2	1116.6	60.55％
1999/2000	1116.6	1909.9	608.6	1981.7	592.0	1069.5	53.97％
2000/2001	1069.5	1934.5	570.1	2005.8	574.6	1018.0	50.75％
2001/2002	1018.0	2150.1	641.4	2053.3	631.5	1134.6	55.26％
2002/2003	1134.6	1921.4	655.6	2140.3	660.2	921.6	43.06％
2003/2004	921.6	2069.7	738.9	2136.4	721.8	883.9	41.37％
2004/2005	883.9	2622.1	717.4	2366.2	761.1	1109.6	46.90％
2005/2006(预测)	1109.6	2426.3	885.3	2457.2	875.7	1109.5	45.15％

资料来源：美国农业部 2005 年 11 月日报。

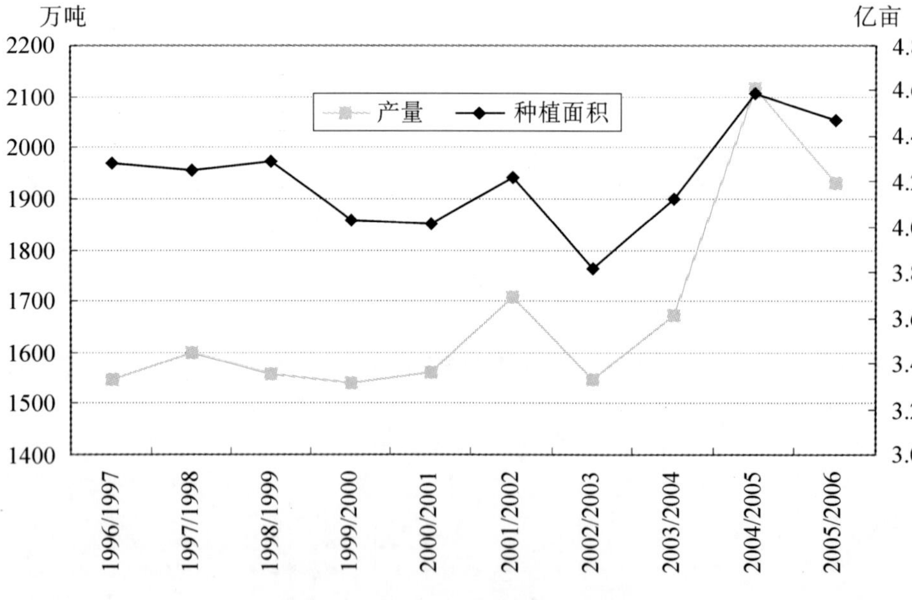

图 4－24　近年来全球棉花生产情况

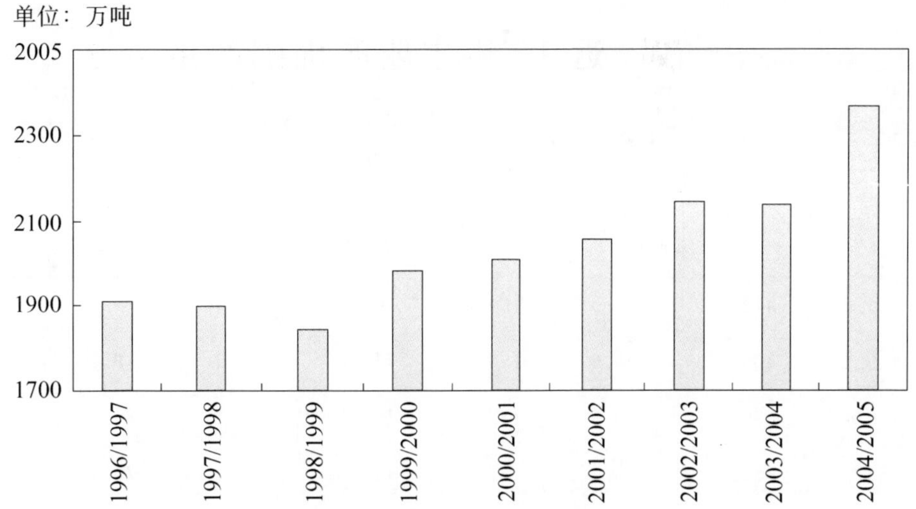

图 4－25　近年来全球棉花消费量

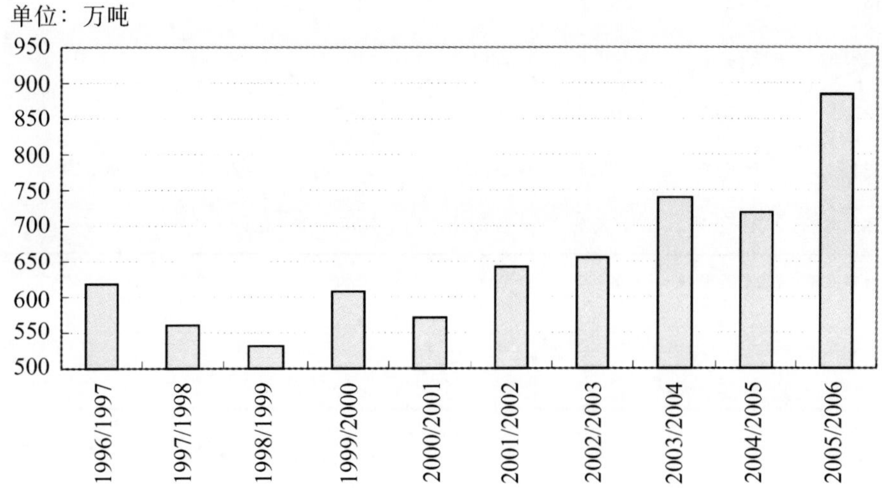

图 4－26　近年来全球棉化进口量

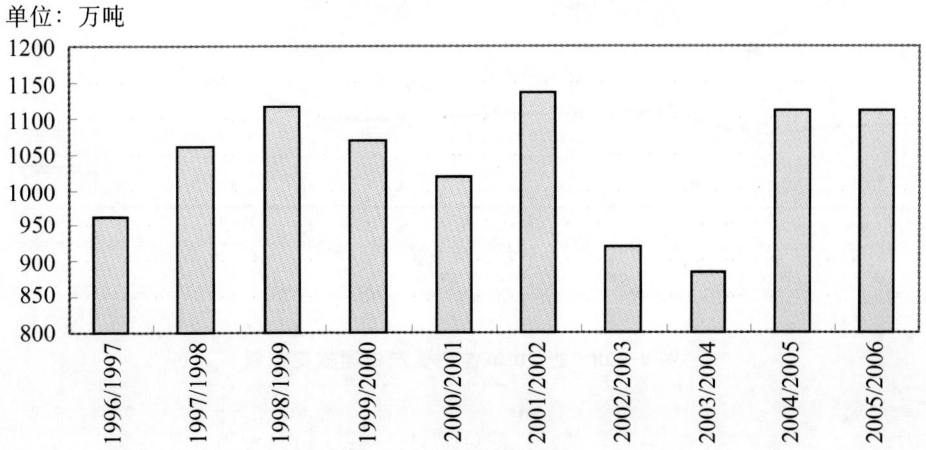

图 4－27　近年来全球棉花库存情况

4—70　近10年主要产棉国产量

单位:万吨

年度	中国	美国	印度	巴基斯坦	乌兹别克斯坦	巴西	土耳其	澳大利亚	西非
1996/1997	420.2	412.4	303.0	159.4	104.8	30.6	78.4	60.8	79.6
1997/1998	459.4	409.2	268.6	156.2	113.8	41.2	79.5	68.9	93.9
1998/1999	450.7	303	280.5	137.2	100.2	52.1	84.0	72.4	87.7
1999/2000	383.2	369.4	265.2	187.2	112.8	70.0	79.1	75.3	84.4
2000/2001	442	374.2	238.0	178.5	95.8	93.9	78.4	80.6	70.0
2001/2002	531.3	442.1	267.8	180.7	106.7	76.6	86.5	72.7	97.8
2002/2003	492.1	374.7	230.8	169.8	100.2	84.7	91.0	36.6	89.7
2003/2004	485.5	397.5	300.5	168.7	89.3	131.0	89.3	37.0	96.5
2004/2005	631.4	506.2	413.7	246.0	113.2	128.5	90.4	65.3	104.4
2005/2006(预测)	533.4	494.6	413.7	206.8	108.9	121.9	80.6	52.3	95.3

资料来源:美国农业部2005年11月月报。

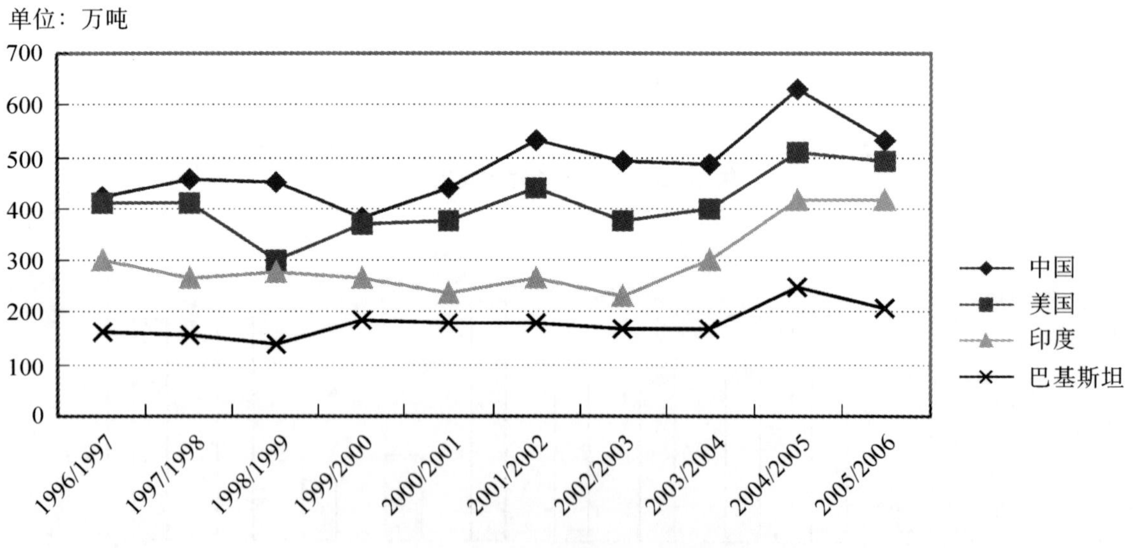

图4—28　近10年各主要产棉国棉花产量

4—71 近10年主要国家棉花消费量

单位:万吨

年度	中国	印度	巴基斯坦	土耳其	印度尼西亚	泰国	墨西哥
1996/1997	434.4	285.7	152.4	103.1	46.5	30.0	34.8
1997/1998	416.9	276.0	156.5	108.9	40.3	29.0	43.5
1998/1999	407.2	274.8	152.4	100.2	47.9	28.1	47.9
1999/2000	463.8	295.0	166.6	121.9	43.5	34.0	52.3
2000/2001	511.7	294.9	176.4	112.5	53.3	35.9	45.7
2001/2002	571.5	289.0	185.1	133.9	50.1	39.2	47.9
2002/2003	651.0	289.6	204.7	137.2	49.0	42.5	45.7
2003/2004	696.7	293.9	209.0	135.0	46.8	40.3	43.5
2004/2005	838.3	326.6	234.1	152.4	49.0	46.8	44.6
2005/2006(预测)	903.6	359.3	244.9	153.5	50.1	47.4	41.4

资料来源:美国农业部2005年11月月报。

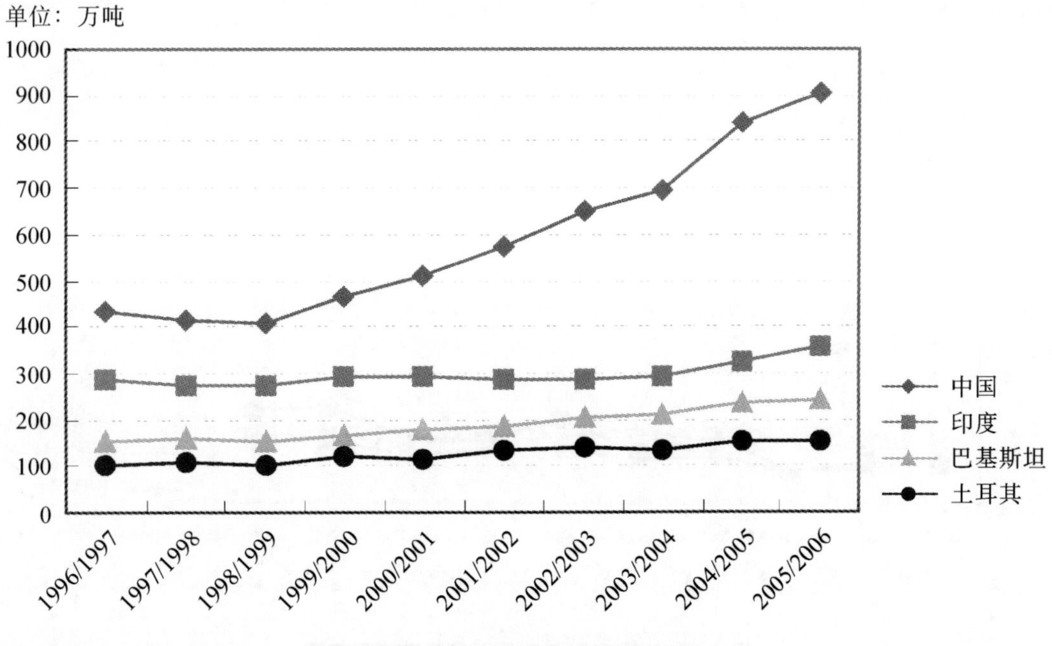

图4—29 近年各主要国家棉花消费情况

4—72 近10年主要棉花进口国进口量

单位:万吨

年度	中国	土耳其	印度尼西亚	泰国	巴基斯坦	墨西哥	印度
1996/1997	76.0	29.5	46.7	30.8	6.1	19.5	0.3
1997/1998	37.6	31.6	41.6	26.9	2.6	29.9	3.2
1998/1999	7.2	24.8	50.6	26.3	20.1	31.0	11.1
1999/2000	2.5	52.5	45.2	36.9	10.3	39.5	34.8
2000/2001	5.0	38.3	57.7	34.2	9.8	40.6	34.1
2001/2002	9.8	64.8	51.3	41.0	21.8	45.0	52.0
2002/2003	68.1	49.3	48.5	42.3	18.5	50.7	26.5
2003/2004	192.3	51.6	46.8	36.5	40.3	40.5	17.4
2004/2005	139.0	74.2	52.3	49.7	30.5	39.4	17.4
2005/2006(预测)	337.5	72.9	50.1	46.8	34.8	26.1	17.4

资料来源:美国农业部2005年11月月报。

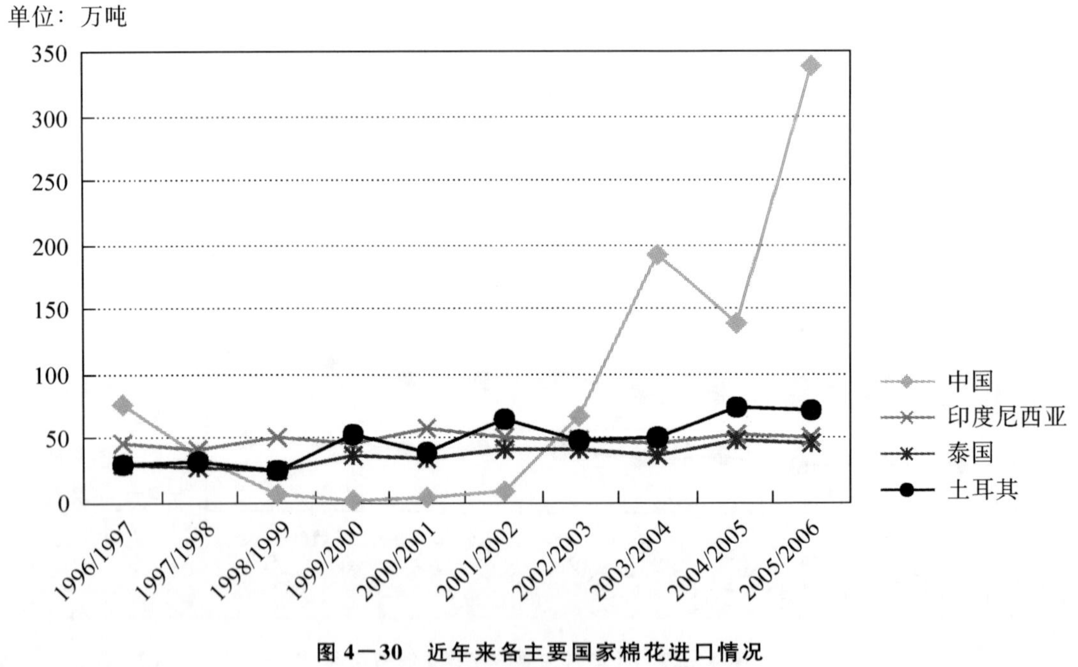

图4—30 近年来各主要国家棉花进口情况

4—73　近10年主要国家棉花期末库存量

单位:万吨

年度	印度	美国	巴基斯坦	土耳其	墨西哥	泰国	印度尼西亚
1996/1997	101.9	86.5	39.6	12.1	7.1	11.9	2.2
1997/1998	90.9	84.6	33.1	12.1	9.6	9.3	2.8
1998/1999	103.4	85.8	37.3	12.3	12.3	7.1	4.7
1999/2000	107.0	85.2	58.7	17.4	10.6	9.6	5.2
2000/2001	82.1	130.6	57.6	18.8	11.8	7.9	8.9
2001/2002	111.6	162.2	71.0	33.4	15.7	11.4	9.9
2002/2003	78.1	117.2	49.1	29.7	23.3	12.1	8.8
2003/2004	88.4	76.3	44.2	27.8	24.9	9.1	8.0
2004/2005	175.5	123.0	74.1	36.7	29.8	12.7	10.4
2005/2006(预测)	208.2	139.3	62.2	33.4	26.0	12.8	9.6

资料来源:美国农业部2005年11月月报。

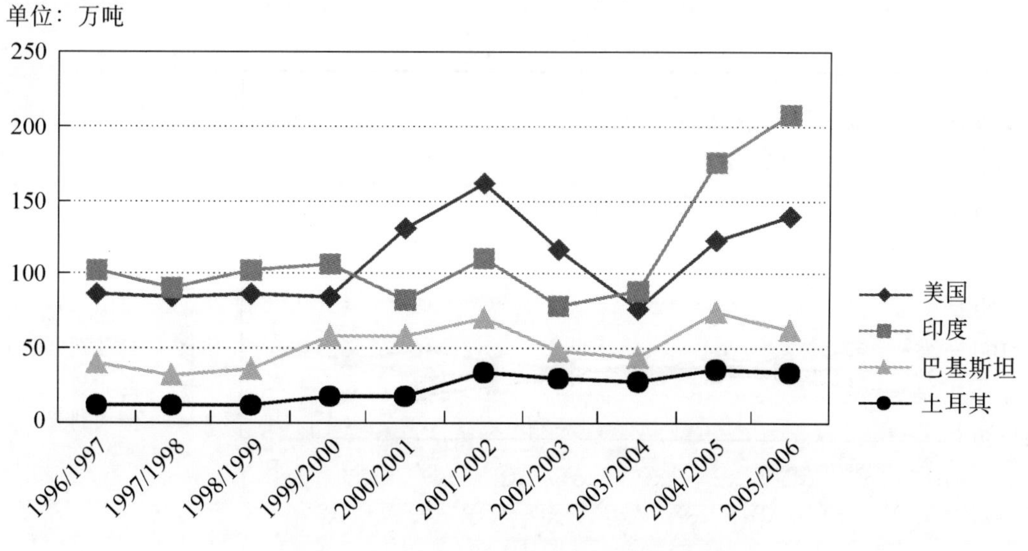

图4—31　近年来各主要国家棉花库存情况

4—74　近10年主要棉花出口国出口量

单位:万吨

年度	美国	西非	乌兹别克斯坦	澳大利亚	巴西	埃及
1996/1997	149.5	72.0	99.1	51.9	0.0	4.6
1997/1998	163.3	78.7	99.5	59.0	0.0	7.0
1998/1999	93.6	78.3	83.0	66.2	0.5	9.8
1999/2000	147.0	81.3	91.4	69.9	0.3	9.3
2000/2001	146.7	71.0	75.1	85.0	6.9	8.2
2001/2002	239.5	77.3	76.2	68.1	14.7	8.9
2002/2003	259.1	82.8	74.0	57.8	10.6	15.2
2003/2004	299.6	97.7	67.5	47.0	21.0	8.7
2004/2005	313.7	86.1	86.0	43.6	33.9	13.1
2005/2006(预测)	348.4	98.6	91.4	61.0	38.1	15.2

资料来源:美国农业部2005年11月月报。

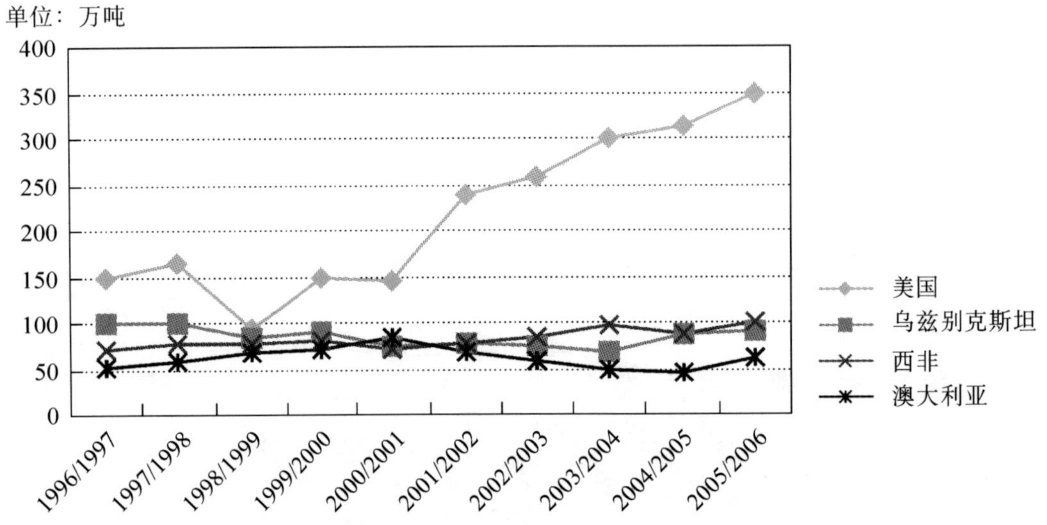

图4—32　近年来各主要国家棉花出口情况

4—75　近10年国际棉价与产销存比较

单位:美分/磅、万吨

年度	产量	进口量	消费量	出口量	期末库存	库存消费比(%)	北欧到岸均价
1995/1996	2040.2	584.2	1864.2	595.6	866.8	46.50	85.61
1996/1997	1960.1	618.8	1907.3	584.3	963.0	50.49	78.59
1997/1998	2008.2	561.0	1896.8	581.8	1060.8	55.93	72.21
1998/1999	1861.6	532.0	1843.9	512.2	1116.6	60.55	58.89
1999/2000	1909.9	608.6	1981.7	592.0	1069.5	53.97	52.84
2000/2001	1934.5	570.1	2005.8	574.6	1018.0	50.75	57.20
2001/2002	2150.1	641.4	2053.3	631.5	1134.6	55.26	41.81
2002/2003	1921.4	655.6	2140.3	660.2	921.6	43.06	55.71
2003/2004	2069.7	738.9	2136.4	721.8	883.9	41.37	69.19
2004/2005	2622.1	717.4	2366.2	761.1	1109.6	46.90	53.52

注:北欧到岸均价对应 Mid 1—3/32″棉花,产销存数据源自美国农业部。

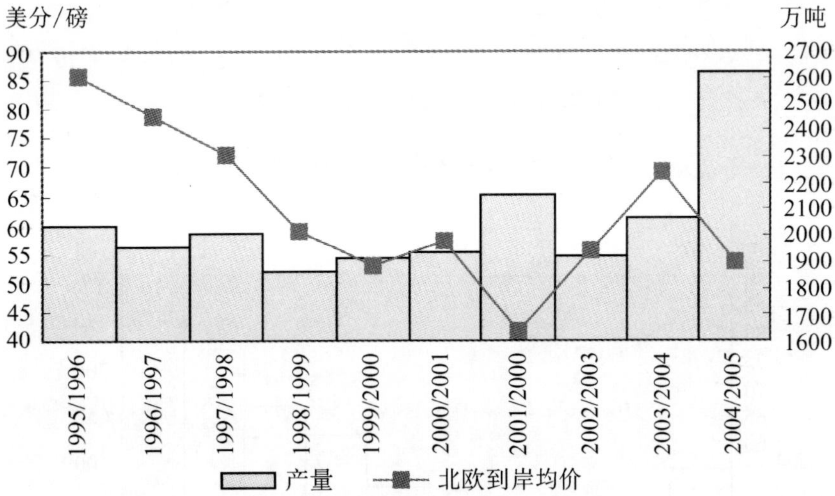

图 4—33　近年全球棉花产量与价格

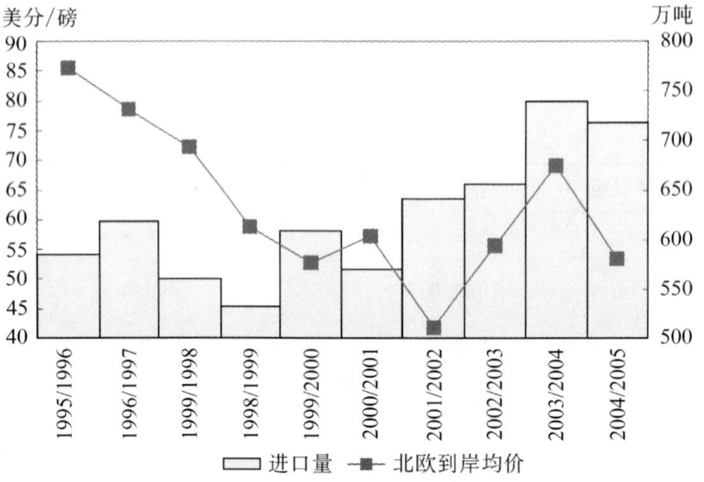

图 4－34　近年全球棉花进口与价格

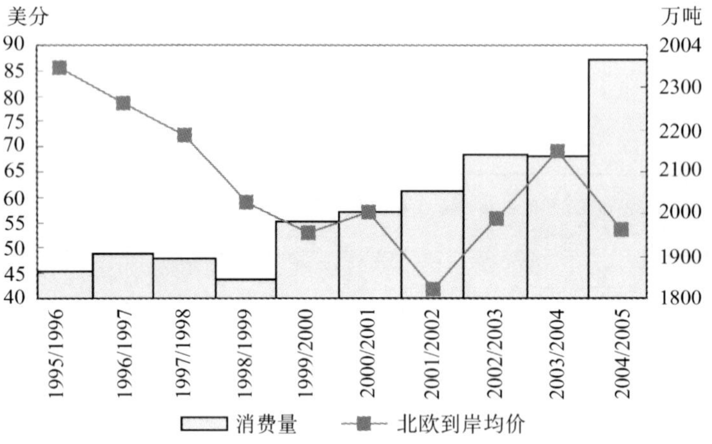

图 4－35　近年全球棉花消费与价格

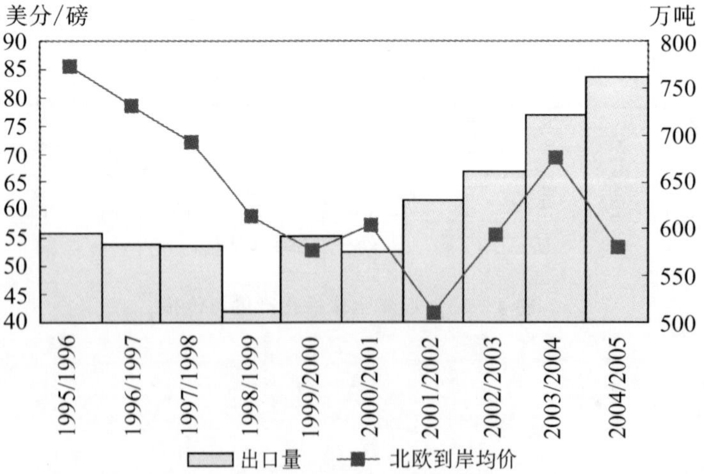

图 4－36　近年全球棉花出口与价格

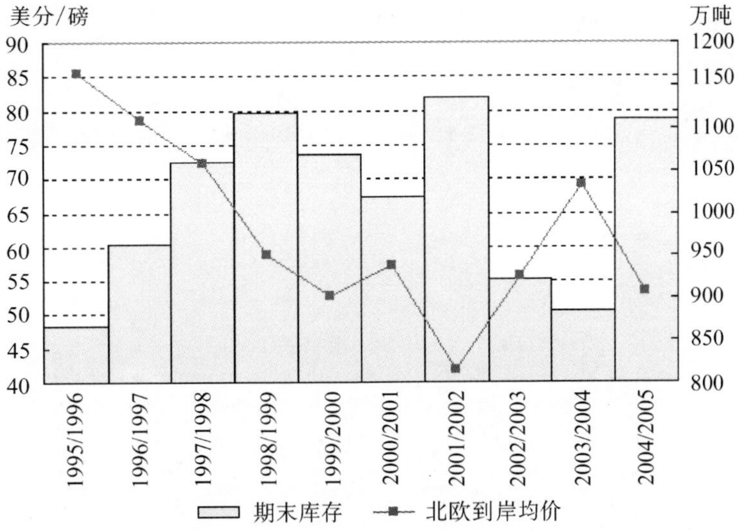

图 4－37　近年全球棉花期末库存与价格

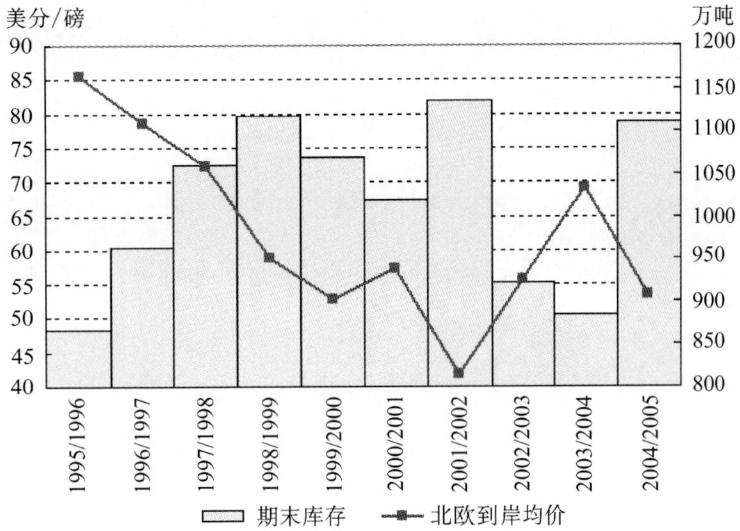

图 4－38　近年全球棉花库存消费与价格

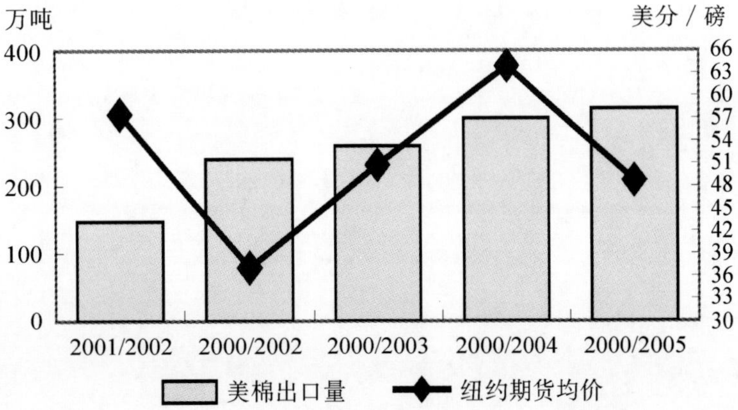

图 4－39　近 5 年纽约期货价格与美棉出口量比较

大事记

第五部分

国　内　部　分

国家收储 2003 年度棉花

2004 年 8 月 18 日，中国储备棉管理总公司联合全国棉花交易市场发布《关于轮入部分储备棉的公告》。公告称，自 2004 年 8 月 23 日开始收储，全国棉花交易市场通过竞价方式，采购 2003/2004 年度国产棉 328 级和进口棉 M1－3/32 级以上棉花，最高限价为 13100 元/吨。

中国棉花网发布 2004 年全国棉花产量调查报告

2004 年 9 月中旬，中国棉花网在全国范围内进行了棉花产量抽样调查，调查涉及全国八个主要产棉省区的 45 个县、市、农牧团场。从总体上来看，各地棉花都保持了良好的生长态势，虽然黄河流域出现了中度病虫害，同时 8 月份的阴雨天气也对棉花产量和质量有一些负面影响，但影响仅局限于冀鲁豫地区。根据国家棉花市场监测系统反馈的信息，全国棉花预计平均单产将达到 71 公斤，总量将达到 635 万吨。

国家发展改革委员会等七部委召开全国棉花工作电视电话会议

2004 年 9 月 21 日会议上，国家发展改革委员会副主任李盛霖预测了 2004 年度棉花形势，预计 2004 年度棉花总需求达 770 万吨左右，国内棉花生产和消费仍有缺口。中国农业发展银行表示要切实做好 2004 年度收购资金供应和管理工作。

棉花质量检验体制改革顺利进行

2004 年 9 月份，棉花质量检验体制改革试点加工工作正式开始。2004 年 9 月底至 11 月初，由国家发展与改革委员会、中国农业发展银行、中国纤维检验局、中华全国供销合作总社等部门联合组成的试点企业验收小组，分别对新疆、山东、河北、河南、湖北几省的试点棉花加工企业进行了验收。

五部门联合整顿市场秩序

2004 年 9 月 30 日，为规范棉花流通秩序，国家发展和改革委员会、农业部、国家工商行政管理总局、国家质量监督检验检疫总局、中华全国供销合作总社联合发布了《整顿棉花流通秩序工作方案》(发改经贸[2004]2123 号)的通知。

质检改革试点工作文件发布

2004 年 10 月 25 日，棉花质量检验体制改革工作协调指导小组办公室发布了《关于印发棉花质量检验体制改革试点工作文件的通知》相关文件包括《棉花仪器化检验国家标准(草案)》、《棉花质量仪器化公证检验暂行办法》、《棉花质量检验体制改革加工企业试点工作实施暂行办法》、《棉花质量仪器化公证检验监督抽验管理暂行办法》、《棉花质量仪器化公证检验样品管理暂行办法》、《棉花质量检验体制改革试点企业棉花加工技术规程》和《公证检验棉花仓储监管暂行办法》。

收储 2004 年国产新棉

2004 年 11 月 2 日，国家发展和改革委员会、国家财政部和农业发展银行发布《关于下达 2004 年度国家储备棉收储计划的通知》(发改经贸[2004]2405 号)，以标准级 11500 元/吨的上限入储新棉 30 万吨。2004 年 11 月 9 日，中国储备棉管理总公司通过竞价采购的方式拉开了 2004/2005 年度新棉收储序幕，首日成交了 500 吨。

质检改革供需见面会

2004 年 12 月 2 日，由国家发展改革委经贸司主办，全国棉花交易市场具体承办组织安排的质检改革试点加工企业棉花供需见面会在沪召开。

为了适应加入世界贸易组织新形势和改革棉花流通体制的要求，完善棉花质量保障体系，提高我国棉花和棉纺织品的竞争力，根据国务院批准的棉花质量检验体制改革方案的要求，2005 年初国家发展改革委等部门特制定了《全国棉花加工业生产设备更新改造规划意见》。

发放 2005 年 89.4 万吨棉花进口配额

2004 年 12 月底，国家发展改革委发放 2005 年棉花优惠关税进口配额 89.4 万吨。

相关部门调整 2004 年国产棉收储价格

2005 年 3 月 28 日，国家发展和改革委员会、国家财政部和农业发展银行发布通知，调整 2004 年度国产棉收储价格，国产标准级棉花以 12000 元/吨作为最高到库价格。

相关部委增发棉花进口配额

2005 年 4 月和 7 月中旬，国家发展和改革委员会先后两次共增发 140 万吨进口棉配额。2005 年 4 月 30 日，国务院关税税则委员会发布公告，对使用 2005 年增发配额进口的棉花，按“关税配额外暂定优惠关税税率(滑准税税率)”征收进口关税。

加工机械标准发布

2005 年 6 月 23 日，《液压棉花打包机》、《锯齿轧花机》和《籽棉清理机》这三个国家标准由国家质量监督检验检疫总局和国家标准化管理委员会联合发布，并于 9 月 1 日起实施。

质检试点改革总结大会

2005 年 7 月 1 日，国家发展改革委、财政部、国家质检总局、供销总社、农业部、农业发展银行六部委联合召开棉花质量检验体制改革试点工作总结大会，改革工作协调指导小组办公室主任、国家发展改革委经贸司司长毕井泉回顾了改革试点一年间所做的工作及所取得的成效，并总结了改革中反映出的一些深层次问题。

人民币汇率升值

2005 年 7 月 21 日，中国人民银行宣布，我国开始实行以市场供求为基础、参考一篮子货币进行调节、有管理的浮动汇率制度。同时，将美元兑人民币交易价格调整为 1:8.11，作为次日银行间外汇市场上指定银行之间交易的中间价，每日可在 0.3% 以内上下浮动。与先前的美元兑人民币 1:8.27 比较，人民币升值幅度为 2%。

棉花进口配额再分配

2005 年 8 月 15 日，国家发展和改革委员会、商务部根据《农产品进口关税配额管理暂行办法》，制定并公布《2005 年农产品进口关税配额再分配公告》。

热带风暴登陆我国

2004 年 8—12 月，共有 8 次台风和热带风暴在我国登陆。台风带来的降水对增加水库蓄水及缓解江南、华南旱情十分有利，但是狂风暴雨给沿海部分地区造成较重损失。其中，在浙江登陆的第 14 号台风“云娜”对我国影响最强，给浙江造成重大损失。2004 年台风造成的损失低于 20 世纪 90 年代以来的平均水平，但是较前两年偏重。2005 年 7—8 月，第 5 号“海棠”、第 8 号“天鹰”、第 9 号“麦莎”、第 10 号“珊瑚”先后在我国登陆，其中，“麦莎”破坏力强，对我国东部沿海和华东地区影响严重。

纺　织　部　分

秘鲁对从中国进口纺织品进行反倾销调查

秘鲁从 2004 年 10 月 14 日起对我国合成纤维制服装、棉制非针织服装等 20 个税号的纺织品实施临时保障措施。11 月初，秘鲁政府宣布对从中国和巴西进口的棉布和粗布展开反倾销调查。

广交会成交状况不理想

2004 年 10 月 15—30 日，第 96 届中国出口商品交易会即“秋交会”在广州市举办，因纺织品贸易摩擦，秋交会纺织品成交状况不理想。在秋交会纺织类 26 个小项目中，成交金额下降的有 14 个，增加的 12 个，总成交量下降 0.12%。

欧盟取消普惠制

2004 年 10 月 20 日，欧盟委员会宣布，欧盟将对现行的普惠制进行改革，并将在下一个普惠制年度中，取消对中国纺织品和服装的普惠制优惠，中国纺织品和服装所需缴纳的关税税率将由原来的平均 9%上升至 12%。

美国裁定对中国纺织品实行配额限制

2004 年 10 月 22 日，美国纺织品协定委员会正式裁定，美国将对从中国进口的袜子实行配额限制。从 10 月 29 日开始，美国政府向我国部分袜产品(332、432、632 部分税号)开始实施进口数量限制，设限数量为 42433990 打(双)，设限期为一年，至 2005 年 10 月 28 日。

月度纺纱产量首次突破百万吨

2004 年 11 月，我国月度纺纱产量首次突破百万吨，达到 102.5 万吨，同比增长 23.7%。

土耳其对中国纺织品实施“特保”措施

2004 年 12 月 23 日，土耳其外贸署对中国 42 类纺织品实施保障措施。包括 24 个当时仍受配额限制的纺织品类别、10 个 2002 年实现一体化的类别和 10 个非配额类别。

纺织品出口关税一年数变

为了调节纺织品出口节奏，避免发生贸易摩擦，我国政府在 2004 年底宣布自 2005 年 1 月 1 日至 2007 年 12 月 31 日，对部分纺织品(包括外衣、裙子、裤子、非针织衬衫、针织衬衫、睡衣、内衣等七大类纺织品 33 个类别，共 148 项产品)采取从量税计征方式加征出口关税。

然而，4 月 28 日，欧盟和美国分别宣布对从中国进口的纺织品展开调查。5 月 18 日，美国纺织品协议执行委员会就做出了对中国 7 种纺织品采取"特保"限制的决定。国务院关税税则委员会随即宣布对纺织品出口关税进一步调整，其中包括较大幅度调高 39 项(74 种)纺织品出口关税税率、对亚麻单纱开征出口关税等内容。

此后，中国政策进一步宣布对 81 种受限纺织品停止征收出口关税，其中除去 5 月 20 日已经决定停征的两种之外，其他 78 种皆是受限产品，包括还没有开始征收的亚麻单纱。

7 月 21 日，关税税则委员会继续做出决定：自 2005 年 8 月 1 日起，对受到欧盟进口数量限制的 17 种纺织品停止征收出口关税。经过此次调整后，仍继续征收出口关税的纺织品只剩下 51 种。

纺织品配额全面取消

根据世界贸易组织《纺织品与服装协定》以及我

国入世议定书的相关条款，从 2005 年 1 月 1 日起，我国纺织品服装出口配额将全部按时取消。从长远来讲，配额的取消使中国的低成本纺织业制造商从中受益匪浅，但是从短期而言，则成为了中国与欧美等国家爆发贸易战的导火索。

阿根廷对中国纺织品实行配额管理

2005 年 1 月 1 日，阿根廷开始对我国纺织品实行严格的配额管理，其进口量分别不得超过上年全部同类商品进口总量的 7.5%和 6%。

美国对中国纺织品实行“特保”措施

美国政府自 2005 年 5 月 23 日起对从中国出运的棉制针织衬衫(338/9 类)、棉制裤子(347/8 类)和棉及化纤制内衣(352/652 类)实施数量限制；自 5 月 27 日起对从中国出运的化纤制针织衬衫(638/9 类)、化纤制裤子(647/8 类)、男式梭织衬衫(340/640 类)和精梳棉纱(301 类)实施数量限制，数量限制到 2005 年 12 月 31 日。

中欧就纺织品贸易争端达成协议

2005 年 6 月 11 日，我国与欧盟正式签署《中欧纺织品贸易问题备忘录》，此协议中欧盟承诺对源自中国的棉布、T 恤衫、套头衫、裤子、女式衬衫、床单、女连衣裙、胸衣、桌布、亚麻纱十类纺织品终止调查。从 2005 年 6 月 11 日到 2007 年底，对上述十类纺织品确定合理基数，并按照每年 8%－12.5%的增长率确定中方对欧盟的出口数量。

国　际　部　分

中国棉花网与 GLOBECOT 合作推出国际棉花指数

2004 年 10 月 8 日，中国棉花行业资讯服务门户网站——中国棉花网，与全球最大的棉花、纺织资讯服务提供商——美国 GLOBECOT 公司，在英国利物浦棉花协会(LCA)年会上共同宣布双方合作推出国际棉花指数(International Cotton Indices，简称 IC Indices)。中储棉花信息中心主任龚文龙与 Jernigan 集团董事长兼 GLOBECOT 公司首席执行官 Ed. Jernigan，在英国利物浦棉花协会年会晚宴上就双方的合作向包括国际棉花咨询委员会(ICAC)和美国农业部(USDA)等国际棉花行业权威机构的代表在内的各界人士进行了介绍。

利物浦棉花协会改名为“国际棉花协会”

2004 年 12 月 9 日，利物浦棉花协会改名为“国际棉花协会”。该协会执行总裁彼得·摩尔说，新成立的“国际棉花协会”将继续保持以往的传统和原协会的自身价值，但协会应当走国际化的发展道路。新的机构将使更多的国际业界参与进来，并使协会的仲裁制度更为现代化。

CCI 新任会长访问北京

2005 年 5 月 17 日，美国国际棉花协会(CCI)新任会长加利·泰勒(Gary Taylor)先生及协会执行总监安泰(Allen Terhaar)先生、中国及东南亚地区总监寇杰先生一行来京访问。访问期间，美国国际棉花协会(CCI)特地约见了在京相关行业媒体，就如何更好地在中国推广纯棉制品，培养中国消费者的纯棉产品认知意识进行了深入的交流。

“2005 中国国际棉花会议”在沪召开

2005 年 6 月 21 日上午，由中国棉花协会、农业部农村经济研究中心、全国棉花交易市场联合主办，联合国粮农组织和中国棉纺织协会协办的“2005 中国国际棉花会议”在上海召开，来自国际和国内的650多名代表参加此次会议。

美国国会通过《中美洲自由贸易协定》

2005年7月28日，美国国会通过了《中美洲自由贸易协定》，简称“DR－CAFTA”。这是近10年来美国参与的最大规模的自由贸易协定，其目的是仿效北美自由贸易协定（NAFTA）在中美洲地区建立一个包括美国、加拿大和墨西哥的自由贸易区。

美国补贴棉农被裁违规

巴西在2003年向世贸组织提出诉讼，认为美国政府在1999年8月到2003年7月期间向美国农民提供了125亿美元的补贴，这些补贴超过了其承诺的范围。据统计，由于美国的棉花补贴，非洲四个产棉国2003年出口减少3.82亿美元，最大产棉国巴西的损失高达6亿美元。包括阿根廷、澳大利亚、贝宁、加拿大、乍得、中国、欧洲、印度、新西兰、巴基斯坦、巴拉圭、委内瑞拉等在内的国家和地区支持了巴西的这一申诉。世贸组织在2005年初做出裁定，认为美国的补贴压制了国际棉花的价格，伤害了巴西以及其它国家棉农的利益，违反了农业协议和补贴相关协议。

地　方　部　分

2004年9月3日，湖北省棉花协会正式挂牌。协会会长由中国棉花协会副会长、湖北银丰集团董事长张卫平同志担任。拥有会员单位138家，涉及棉花流通、纺织、农业及相关科研领域；

2004年9月，湖北省棉花协会向全省棉花收购、加工、经营会员单位发出倡议：向棉纺企业承诺，逐步减少并将彻底排除棉花中异性纤维。其中有8家棉花公司签署了社会承诺书。

2004年9月8－10日，由山东省棉花协会发起，山东省发改委、山东省供销社、山东省纺织工业办公室、山东省棉花协会主办了山东棉花供需洽谈会，全国17个省市自治区1500多名涉棉企业代表参加了会议。中国棉花协会、中国棉纺织工业协会等专家领导到会并做了报告。

2004年9月29日，河北省发展改革委、财政、农业、工商、质监、物价、供销社、农发行等七部门联合转发了国家发改委等七部委印发的《关于做好2004年度棉花收购工作的通知》，对搞好2004年度棉花收购、市场监管及深化棉花体制改革及稳定发展棉花生产问题提出了要求。

2004年10月28日，河北省发展改革、农业、工商、质监、供销社等部门联合制发了《关于印发〈河北省整顿棉花流通秩序工作方案〉的通知》，并成立了河北省棉花流通秩序整顿领导小组，历时3个多月在全省范围开展棉花流通秩序整顿工作。

2004年11月2日，针对棉花生产购销及资金供应中出现的新情况、新问题，河北省发展改革委在多次召集有关部门认真分析研究的基础上，提出《关于2004年度棉花生产购销及资金供应情况的报告》，呈报省政府。

2004年11月12日，湖南省民政厅正式下发《关于同意成立登记湖南省棉花协会的批复》（湘民民发[2004]71号）。湖南省棉花协会注册登记号为：[2004]24号，业务主管单位为湖南省供销合作总社。

2005年1月18日，临近春节，针对部分地区农民手中存棉较多的情况，河北省发展改革委、农业厅、工商局、质监局、物价局、供销社、农发行等七部门联合召开了全省棉花工作电视电话会议，分析了棉花市场形势，引导棉花企业积极收购、棉农及时销售。

2005年2月2日，根据河北省政府领导指示精神，省发展改革委在会同省农业厅、供销社、农调队等部门就稳定发展河北省棉花生产、增加棉农收入问题进行认真研究的基础上，向省政府呈报了《关于搞好我省2005年棉花生产工作意见的报告》。

2005年3月17日，湖北省棉花协会在武汉召开2004/2005年棉花形势分析会，全省共120多人参加。

2005年5月16日，安徽省农业产业化工作指导委员会公布2005年全省农业产业化省级龙头企业名单，安徽省棉麻有限责任公司等7家棉麻公司被列为全省棉花产业化龙头企业。

2005年6月17日，河北省发展改革委以冀发改经贸[2005]518号印发《河北省棉花加工业生产设备更新改造规划》。

2005年6月18日，河北省棉花协会组建成立。

2005年6月30日，江苏省棉花协会成立。江苏省棉花协会是由棉农及棉农合作组织，棉花生产、收购、加工、经营企业，棉纺企业和棉花研究机构等自愿组成的、具备省级社会团体法人资格的、非营利性的行业组织。协会有团体会员159家，其中：农业、农垦企业22个，占14%；棉花流通企业79个，占49%；纺织及进口企业32个，占20%；社团组织20个，占13%；其他单位6个，占4%。

2005年7月5日，河北省发展改革委、工商局、质监局联合印发《关于做好2005年度棉花收购加工资格认定工作的通知》，对2005棉花年度棉花收购加工资格认定工作进行安排部署。

政策法规

第六部分

关于做好2004年度棉花收购工作的通知

【发布单位】 国家发展与改革委员会、财政部、农业部、国家工商行政管理总局、国家质量监督检验检疫总局、中华全国供销合作总社、中国农业发展银行

【发布文号】 发改电字[2004]176号

【发布日期】 2004年9月20日

各省、自治区、直辖市及计划单列市发展改革委(计委)、财政厅(局)、农业厅(局)、工商管理局、质量监督局、物价局、供销社、农业发展银行分行,新疆生产建设兵团计委、农业局、工商管理局、物价局、供销社:

经国务院批准,现就做好2004年度棉花收购工作有关事项通知如下:

一、正确认识棉花市场形势

近几年我国纺织业发展较快,对棉花的需求逐年增加。明年取消全球纺织品配额后会给纺织业发展带来新的机遇。石油价格上涨可能促使企业提高用棉比例,进一步增加对棉花的需求。尽管今年棉花播种面积继续增加,产量也会大幅度增加,但棉花生产与需求仍有一定的缺口。去年四季度棉花价格大幅度上涨,今年5月份以后棉价回落,目前基本回落到比较合理的水平。各地要加强信息引导和宣传,指导棉花经营企业和纺织企业正确分析形势,积极入市做好棉花收购工作。

二、做好新棉收购资金供应工作

农业发展银行要充分发挥政策性银行棉花收购贷款的主导作用,将贷款对象由原供销社所属企业扩大到所有符合贷款条件的棉花经营企业,按照企业承担风险能力择优选贷,积极做好棉花收购资金的供应和管理工作。在棉花经营企业普遍不具备承担贷款风险能力的个别棉区,请地方政府帮助企业落实农业发展银行棉花收购贷款的风险责任,以保证棉花收购工作的顺利进行。各商业银行要积极支持棉花收购加工企业和纺织企业收购新棉。

三、进一步加强市场管理

工商管理部门要加强市场监督,规范棉花经营行为,打击违法违规交易。在新棉上市后到年底,各产棉省(区)发展改革委要会同工商、质检等有关部门,按照《棉花收购加工与市场管理暂行办法》中的有关规定,对所有棉花收购加工企业的资质条件、经营行为和履行质量义务的情况进行一次清查。工商管理部门要严厉打击未取得资格认定收购加工棉花的行为,严肃查处通过挂靠、联营、转包等手段为没有经过资格认定的企业从事棉花收购加工活动提供便利、从中牟利的行为。对不具备条件或丧失资质条件的,有关部门要吊销其资格证书和营业执照。2005年1月底前,各地要将清查结果报国家发展改革委等有关部门。

按照经国务院批准的《棉花质量检验体制改革方案》,今后5年内,要把棉花加工企业的现行加工设备改造为能够适应新棉包包型、自动调湿称重、仪器化检验要求的新设备。为了避免浪费,各地一律停止审批不符合棉花质量检验新体制要求的棉花收购加工企业。同时,要认真做好新体制下棉花收购加工企业的规划和布局工作。

四、强化棉花质量监督

新棉上市后,质量监督部门要加强对棉花收购

加工环节的巡回检查，严厉打击掺杂使假、以次充好、混等混级、压级压重、质量与标识不符等违法行为。各地要广泛宣传，认真贯彻执行五部委印发的《避免在棉花采摘、交售、加工过程中混入异性纤维的暂行规定》，进一步加强排除棉花异性纤维的工作。

五、深化棉花体制改革

要以棉花质量检验体制改革为契机，全面推进棉花流通体制改革。要完善全国棉花交易市场和郑州棉花期货交易，引导、扶持区域性棉花交易市场的发展。继续做好供销社所属棉花企业的社企分开工作。鼓励棉花加工经营企业的兼并、重组，逐步形成一批管理科学、行为规范的大型棉花企业集团。继续引导农民组建棉花生产合作社，提高棉花生产的组织化程度。要以资产为纽带，鼓励棉纺企业、棉花加工企业和棉农合作社的联合，探索多种组织形式的产业化发展路子。

六、稳步发展棉花生产

要保持棉花种植面积的基本稳定，努力改善棉花生产条件，提高单位面积产量。加强优质棉生产基地建设，健全棉花良种繁育体系，逐步提高棉花综合生产能力。加强棉花优良新品种选育、示范和推广工作，加快棉花品种更新换代步伐。继续扩大优质棉花种植规模，大力提高棉花质量。

关于切实抓好 2005 年棉花生产的通知

【发布单位】 中国农业发展银行
【发布文号】 农发[2005]2 号
【发布日期】 2005 年 2 月 2 日

各产棉省(自治区)农业(农林)厅(委员会)、新疆生产建设兵团农业局：

去年新棉上市以来，全国棉花市场价格一直在低位运行，对 2005 年棉花生产发展带来不利影响，主产区棉花生产呈下降态势。为稳定今年棉花面积，进一步提高棉花品质，满足纺织需求，增加棉农收入，继续推进农业结构调整，现就有关问题通知如下：

一、认清形势，增强做好棉花工作的紧迫感

据国家统计局统计 2004 年我国棉花种植面积 8535 万亩，总产 632 万吨，是我国棉花总产第二次迈上 600 万吨台阶的高产年。2004 年我国纺织品出口额 951 亿美元，比上年增长 20.5%，在纺织品出口的带动下，近年来棉花需求持续增长，2002、2003、2004 年全国棉花需求分别为 680、730、770 万吨。2005 年起全球取消纺织品出口配额，出口环境进一步改善，将给我国纺织品出口带来新的机遇。同时，国际石油价格近年来居高不下，纺织企业提高棉花的使用比例，进一步增加了对棉花的需求。按 2004 年 632 万吨产量计算，2005/2006 年度，国内棉花缺口将继续扩大。大力发展棉花生产，保持国产棉花在纺织品需求中的基础性地位，这既是发挥我国棉花生产大国优势的客观要求，也是提高我国纺织品国际竞争力的必然选择。

根据我部农村固定观察点调查反映，2005 年农民的棉花种植意向将减少 11.5%，棉花生产面临严峻形势。从历史经验看，棉花生产的大起大落既不利于保障棉纺工业的有效需求，也不利于棉农收入的稳定增长，影响棉花品质的提高。各级农业部门对此必须有清醒的认识，要及早部署，未雨绸缪，筹划好各项工作，千方百计稳定棉花种植面积，引导农民在提高单产、节本增效、优化品质结构和增加复种指数上多做文章，增加植棉效益。

二、今年棉花生产指导思想和任务

2005年棉花生产指导思想是：稳定面积，依靠科技，主攻单产，改进品质，保障供给，提高效益；加强信息引导和科技服务，狠抓优势产区棉花标准化生产和产业化经营，促进棉花生产持续发展。各级农业部门要树立全面、协调、可持续的科学发展观，协调好粮棉及棉花与其他经济作物的关系，确保粮食生产安全。要根据我部制订的《全国棉花优势区域发展规划》，突出抓好棉花生产大县种植面积的落实，使其成为稳定棉花生产的核心，从而辐射带动优势区的棉花种植。要继续深化棉花区域布局的调整，防止棉花向非适宜区发展。为保证棉花的有效供给，2005年全国棉花种植应基本稳定在8000万亩左右，皮棉产量达到600万吨以上。

三、强化科技支撑，提高植棉效益

各地要在大力推广优质高产棉花新品种的同时，加大对高产、优质、节本、增效技术和模式的推广，重点是精量和半精量播种、增效包膜肥、育苗移栽等技术的推广应用。积极开展棉麦连作、瓜棉套、蒜棉套等新型耕作制度的研究和推广，提高棉田的产出率和效益，增加棉农收入。要针对抗虫棉种植面积不断扩大的趋势，加快抗虫棉配套栽培技术的推广步伐。据预测，今年可能出现“春旱”，各地要加强苗床管理，做到“苗全苗壮”，通过覆膜保墒，提高移栽成活率。同时要加强抗灾应变技术的研究，立足抗灾夺丰收，对棉花生产过程中的各种灾害要加强预测，制定防治预案，提高棉花高产稳产能力。要加快对枯黄萎病综合防治技术的研究、示范和推广，减少病害对棉花生产的损失。

四、加快专用棉生产基地建设，提高棉花质量

针对当前棉纤维品质“一长一短”严重不足的问题，要突出发展优质专用棉，切实提高棉花质量。长江流域棉区重点发展高品质专用棉生产，黄河流域棉区建立以适纺40支纱为主的专用棉生产，西北内陆棉区建立以适纺32支纱为主的专用棉生产。为推动全国棉花质量工作，我部将制订《全国高品质棉花发展规划》。各主产棉区要采取发布棉花主推品种公告等多种形式，积极向棉农推荐优质主推品种；要加大种子执法力度，净化棉种市场，确保生产基地“一地一品”。各级农业部门要加大棉花标准的宣传与培训工作，切实提高标准的到户率和入田率，积极创办各种类型的棉花标准化生产示范区，实施质量全程控制，防止混收、混贮，禁止异性纤维混入，提高原棉质量一致性。

五、搞好棉种繁育和市场监管工作

农业行政主管部门要引导良种棉加工厂充分发挥其设施、技术、良繁区的优势，积极适应市场需求，加强与科研育种部门的联合，选准苗头性品种，通过品种买断、联合开发等多种形式，在种子繁育上争取主动。继续做好常规棉种的“三圃”生产和良种繁育，抓好种子的精选、加工，提高棉种质量。要根据农民的种植意向，及时掌握本地区棉花种子供求情况，搞好棉种的余缺调剂，避免乱引、乱调、乱种。要加强棉种市场的监管力度，严禁销售、推广未审定的品种，加强质量监测，管好棉种广告宣传，防止假冒伪劣棉种混入市场和坑农害农事件的发生。

六、搞好引导与服务，提高棉花产业化经营水平

要进一步拓宽思路，创新机制，搞好产销衔接，稳步推进棉花产业化经营。一是要培育壮大龙头企业，发挥龙头企业的辐射带动作用。目前，一大批棉纺企业开始在棉区投资办厂，就近消化棉花资源，为推进棉花产业化提供了新的机遇。要采取发布信息等多种形式，引导大型棉纺企业参与棉花产业化经营，努力把棉花龙头企业做大做强，增强其辐射基地、带动农户的能力。二是要充分发挥棉农合作经济组织的桥梁作用，加强“龙头”与“基地”的连结。建立棉农合作经济组织，旨在解决企业与分散农户

的交易困难，改变单个农户与企业交易所处的不利地位。各地要积极探索棉农合作经济组织运行机制，加大宣传和扶持力度，采取激励措施，促进龙头企业与棉农合作经济组织对接。三是要抓好订单生产。引导棉花收购经营企业与农户签订生产合同，积极探索订单生产的利益分配和保障机制，组织棉农按合同进行生产，为企业合同收购提供优质服务，努力在企业与棉农之间建立起相对稳定的产销关系。

各级农业行政主管部门要切实加强对良种棉加工厂改制的指导，引导良种棉加工厂创新经营管理机制，建立现代企业管理制度，提高企业效率，充分发挥其上联棉农，下联纺工企业的纽带作用，提高棉花产业的综合竞争能力。

关于对2005年关税配额外进口棉花征收关税的通知

【发布单位】 中华人民共和国海关总署
【发布文号】 2005年第16号
【发布日期】 2005－04－30

经国务院批准，对于一定数量的关税配额外报关进口的棉花，按“关税配额外暂定优惠关税税率”征收进口关税。现就有关问题公告如下：

一、征税方式和适用税率

关税配额外暂定优惠关税税率以滑准税方式征收，税率滑动范围为5％－40％。具体税率按下述原则确定：

（一）当进口棉花完税价格高于或等于10.029元/千克时，暂定优惠关税税率为5％。

（二）当进口棉花完税价格低于10.029元/千克时，暂定优惠关税税率按下式计算：

$$Ri = INT\{[Pt/(Pi \times E) - 1] \times 1000 + 0.5\}/1000 \quad (Ri \leqslant 40\%)$$

其中：

Ri－暂定优惠关税税率，当Ri按上式计算值高于40％时，取值40％；

Pt－常数，为10.531元；

Pi－每千克CIF价(美元)；

E－美元汇率(人民币元/美元)；

INT－取整函数(即：小数点后面的数一律舍去)。

二、适用产品范围

适用范围为税号为52010000项下关税配额外暂定优惠关税税率进口的棉花，企业申报时，商品编号填写“5201000080”，名称填写“未梳的棉花(关税配额外暂定)”。

三、进口手续

采用上述方式进口的棉花由国家发展改革委负责统一安排。货物进口申报时，企业需向海关提交由国家发展改革委授权机构出具的“关税配额外优惠关税税率进口棉花配额证”。配额证的商品名称栏中注明“棉花(配额外优惠关税税率，商品编号5201000080)”，备注栏中注明“监管代码e”。采用上述方式进口的棉花，应在报关单上填报商品编号5201000080，随附单证栏内同时填写监管证件代码“e”。

四、加工贸易适用问题

对于加工贸易项下以上述方式进口棉花，备案时企业需向海关提交前述“关税配额外优惠关税税率进口棉花配额证”。对于需实行台帐保证金实转管理的企业，海关按照本公告适用的关税税率和进口环节增值税税率征收台帐保证金。如因特殊情况内销时，在本公告执行期内，按照本公告适用的关税税率和进口环节增值税税率补征税款和缓税利息，在本公告执行期外，按照现行加工贸易规定办理。

五、适用期限

本公告适用于在上述安排下，于2005年5月1日至2005年12月31日报关进口的棉花。

特此公告。

商务部、海关总署关于部分商品不再实施出口自动许可的公告

【发布单位】 商务部、海关总署
【发布文号】 商务部、海关总署公告2005年第44号
【发布日期】 2005—06—27

商务部于6月19日公布了《纺织品出口临时管理办法(暂行)》(商务部令2005年13号)。根据该办法第二十七条的有关规定，自2005年7月1日起，第一批《纺织品出口自动许可目录》(商务部、海关总署2005年第7号公告)所列商品不再实施出口自动许可。凡2005年7月1日后向海关申报出口列入《纺织品出口自动许可目录》的至美国、欧盟(25个成员国)和香港特别行政区的纺织品，海关不再验核《纺织品出口自动许可证》。

中华人民共和国商务部
中华人民共和国海关总署
二OO五年六月二十七日

商务部令:公布纺织品出口临时管理办法(暂行)

【发布单位】 商务部
【发布文号】 商务部令2005年第13号
【发布日期】 2005—06—19
【生效日期】 2005—07—20

中华人民共和国商务部令

二〇〇五年 第13号

《纺织品出口临时管理办法(暂行)》已经2005年6月7日商务部第10次部务会议审议通过,现予公布,自2005年7月20日起施行。

部长:薄熙来
二〇〇五年六月十九日

纺织品出口临时管理办法(暂行)

第一条 根据《中华人民共和国对外贸易法》和《中华人民共和国行政许可法》,为加快我国纺织品出口增长方式转变,稳定纺织品出口经营秩序,制定本办法。

第二条 商务部负责全国纺织品出口临时管理工作,并根据工作需要会同海关总署和质检总局制定及调整《纺织品出口临时管理商品目录》(以下简称《管理商品目录》)。

商务部授权各省、自治区、直辖市、计划单列市、新疆生产建设兵团及哈尔滨、长春、沈阳、南京、武汉、成都、广州、西安商务主管部门(以下简称各地商务主管部门)负责本地区纺织品临时出口许可管理工作。

质检总局根据商务部的建议,授权上述部门负责有关纺织品临时出口的原产地证书签发工作。

第三条 《管理商品目录》的制定及调整由商务部、海关总署和质检总局以公告形式对外公布,发布内容包括涉及的产品类别及其税则号、涉及的国家或者地区、实施时间范围和许可总量等。

第四条 本办法出口国指最终目的国(地区),加工贸易出口指实际报关出口国(地区)。有关转口贸易管理,不适用本办法。

第五条 纺织品临时出口许可管理适用于以下海关监管方式:

一般贸易、易货贸易、来料加工装配贸易进口料件及加工出口货物、补偿贸易、进料加工(对口合同)、进料加工(非对口合同)、保税工厂和其他贸易。

从境内区外进入保税区、出口加工区等海关特殊监管区域、保税场所的属于《管理商品目录》的纺织品,海关不验核许可证,待上述货物实际离境时,按照有关规定,对出口至需实行纺织品临时出口管理的国家或地区的,海关凭许可证办理验放手续。

第六条 商务部授权许可证事务局统一管理、指导各地商务主管部门的《纺织品临时出口许可证》(以下简称许可证)发证工作。发证机构名单、许可证样式和专用章由商务部、海关总署、质检总局另行公布。

第七条 列入《管理商品目录》的商品，对外贸易经营者(包括中央企业，以下简称“经营者”)应当在出口前向当地商务主管部门办理临时出口许可的审批手续，并申领许可证，凭许可证向海关办理报关验放手续。

第八条 出现下列情形之一的商品将列入《管理商品目录》。

(一)有关国家或地区对我实行限制的纺织产品；

(二)双边协议规定需要临时进行数量管理的纺织产品。

第九条 临时出口许可数量以相关商品出口实绩为依据，按照如下计算公式确定经营者海关出口实绩项下的临时出口许可可申请数量(以下简称可申请数量)。

$S=T\times[a1\times(70\%\times Q1/M1+30\%\times Q2/M2)+a2\times Q3/M3]$

其中：

(一)S为可申请数量；

(二)T为确定的全国临时出口许可总量；

(三)Q1为一体化后经营者对设限国家或地区出口实绩，Q2为一体化后经营者($Q1\neq0$)除设限国家或地区之外的对全球的出口实绩，Q3为统计时间所涵盖的一体化前经营者($Q1\neq0$)对全球的出口实绩；

(四)M1为一体化后全国经营者对设限国家或地区出口实绩，M2为一体化后所有$Q1\neq0$的经营者除设限国家或地区之外的对全球的出口实绩，M3为统计时间所涵盖的一体化前所有$Q1\neq0$的经营者对全球的出口实绩；

(五)a1为一体化后的出口权重，a2为一体化前的出口权重，暂定$a1=0.7$，$a2=0.3$；若统计时间范围不涵盖一体化前的时间，则$a1=1$，$a2=0$。

第十条 商务部根据以下原则，确定经营者相关商品出口实绩：

1. 按照中国海关十位税则号项下的出口统计数据。

2. 统计时间范围为临时出口许可实施之前的12个月。

3. 出口实绩金额原则上按出口产品的增值率相应计算。一般贸易按出口额的100%计算；加工贸易暂按出口额的100%计算。

4. 对于存在多家子公司、分公司或者控股公司的集团型企业，按照实际经营者(按海关企业代码)进行统计，临时出口许可计入到各经营者名下。

5. 对于同一经营者在某类商品出口报关时采用多个中国海关企业代码(企业名称必须相同)的情况，该经营者经向商务部申请并备案后，可合并计算；未申请合并的则按各海关企业代码下的实绩计算。

第十一条 商务部根据分配原则确定各经营者可申请的商品类别和数量，在《管理商品目录》发布后30天内一次或分批次以书面和电子形式下达至各地商务主管部门，并在商务部网站上对外公布。

第十二条 获得可申请数量的经营者应在商务部下达的可申领类别和数量范围内向各地方商务主管部门提出许可申请。

第十三条 自可申请数量下达之日起的15天内，各地商务主管部门应书面汇总上报本地区经营者的申请报告以及电子数据。

在收到各地商务主管部门的申请报告以及电子数据后的十五天内，商务部在可申请数量范围内统一办理各地方商务主管部门的申请批准手续，并以部函形式下达全国各经营者临时出口许可的分配数量。

第十四条 对管理期限超过一年的商品，商务部将从第二年开始每年安排全国临时出口许可总量的5%用于支持未获得申请量的新加入经营者。按照第九条的计算原则，分配并下达给各地商务主管部门。各地商务主管部门依据本地区的具体情况进行分配，并将分配结果在政府网站公布。

第十五条 纺织品临时出口许可证实行“一批一证”、“一关一证”，在公历年度内有效，有效期为6个月，逾期作废。纺织品临时出口许可证持有者，在有效期内未出口的，可以到原发证机构办理延期手续，最长延期不超过3个月，需延期、更改的，重新换发新证。

第十六条 获得临时出口许可的经营者在临时出口许可数量有效期内如无法全部使用的，应不迟于许可年度结束前60天将剩余数量上交商务部。经营者通过各地商务主管部门向商务部递交。

第十七条 纺织品临时出口许可证持有者，如在有效期内未使用量超过申请量20%且未按期上交的，商务部将在下一年度分配中按比例相应扣减其数量。

第十八条 经营者上交的和未申请的数量计入当年度纺织品临时出口许可剩余数量。剩余总量由商务部按照第九条的有关规定继续分配，并在不迟于许可年度结束前45天下达分配结果。

第十九条 获得临时出口许可的经营者在申领许可证时，应当如实填写《许可证申请表》，并加盖单位印章。通过网上申请的，应当如实填写相关电子表格并传送至相应的发证机构。

以书面形式或者通过网上申请的，经营者应当同时将相关出口合同（正本复印件）呈送或寄送至发证机构。

第二十条 在收到内容正确且形式完备的许可有效申请后，各发证机构应当按照商务部授权的各地商务主管部门下达的临时出口许可批准文件和相关电子数据，在3个工作日内签发许可证。

第二十一条 实行临时出口许可管理的商品，经营者在办理临时出口许可证后，应向质检总局授权的临时发证机构申领纺织品原产地证书。发证机构凭许可证签发纺织品原产地证书，并要求两证的数量、金额等相关内容一致。

第二十二条 经营者凭加盖纺织品许可证专用章的许可证办理出口报关手续；在有关进口国凭商务部电子数据和书面许可证及主管发证机构出具的原产地证验放通关。

第二十三条 海关在办理相关纺织品出口手续时，需验核加盖纺织品许可证专用章的许可证。对属法检出口的纺织品，海关还应凭检验检疫机构出具的《出境货物通关单》办理验放手续。

商务部会同海关总署对许可证实施电子联网核查。有关电子核查机制及相关验核管理办法另行制定并公布实施。

第二十四条 纺织品临时出口许可证不得转让、买卖、伪造和变造。凡转让、买卖或伪造、变造出口许可批准文件或出口许可证的，依照《中华人民共和国外贸法》、《中华人民共和国海关法》、《中华人民共和国货物进出口管理条例》及《货物出口许可证管理办法》相关规定处罚。商务部可以同时取消其已获得的纺织品临时出口许可数量。

第二十五条 出口样品的，对于每批商品数量不超过50件（含50件、套、双、公斤或其它商品单位，不包括打、打双、打套、吨数量单位）的，可免领出口许可证；但属于进口国海关要求凭许可证放行的，经营者应在本企业可申请数量范围内向发证机构申领许可证。

第二十六条 赴国（境）外参展或者举办展览会的展品、展卖品的出口，参照《货物出口许可证管理办法》相关规定办理；属于进口国海关要求凭许可证放行的，按照本办法第二十五条的相关规定办理。

第二十七条 临时出口许可管理的商品如在实施前已实行了纺织品出口自动许可的，自临时出口许可实施之日起，经营者已经领取的《纺织品出口自动许可证》不再作为海关通关验放凭证。

第二十八条 对于将原产于中国的商品避开本办法的规定，经第三国或者地区转口至《管理商品目录》规定的国家或者地区的经营者，一经查实，商务部将予以公告，自相关行政处罚决定生效之日起1年内禁止从事所有与临时出口许可管理产品相关的出口经营活动。

第二十九条 除另有规定外，对许可证的签发、执法部门的调查、发证机构的核查，以及对违反本办法有关规定的发证机构和转让、买卖或伪造、变造许可证的经营者的处罚，按照《货物出口许可证管理办法》的有关规定办理。

第三十条 通过外发加工方式（OPA）在内地加工且原产地非中国内地的纺织品不适用本办法。

第三十一条 本办法由商务部负责解释。

第三十二条 本办法自2005年7月20日起施行。

商务部、海关总署关于OPA产品免领出口自动许可证的公告

【发布单位】 商务部 海关总署
【发布文号】 商务部、海关总署公告2005年第38号
【发布日期】 2005－06－19
【生效日期】 2005－06－20

自2005年6月20日起，对从香港运往内地实施外发加工的列入《纺织品出口自动许可目录》的纺织品，出口返回香港时，对已获得《内地加工纺织品OPA证明》的，不需向商务部门申领纺织品出口自动许可证，海关凭香港工业贸易署签发的《内地加工纺织品OPA证明》办理验放手续。

附件：内地加工纺织品OPA证

二OO五年六月十九日

附件 1

收货人(内地加工企业名称及地址)	证书编号 发证日期 证书有效截止日期 **内地加工纺织品 OPA 证明**
出口人香港工厂登记编号	
内地出口口岸(名称及代码)	

项号	纺织品内地税则号列	货品名称、规格型号	输出数量(计量单位)

本人谨证明上述货品符合[内地与香港关于建立更紧密经贸关系的安排]下 OPA 纺织品免税的要求,表格内所填资料真实无讹。

公司印鉴(签名)　　　　　　　　香港工业贸易署印章(签名)

附件 2

收货人(内地加工企业名称及地址)

证书编号

签证日期

证书有效截止日期

内地加工纺织品证明

【内地与澳门关于建立更紧密经贸关系的安排】

出口人澳门工厂准照编号

加工货物进口/再进口申报单编号

内地出口口岸(名称及代码)

澳门特别行政区政府经济局

项号	纺织品内地税则号列	货品名称、规格型号	输出数量、计量单位

本人谨证明上述货品符合[内地与澳门关于建立更紧密经贸关系的安排]下内地加工纺织品免税的要求,表格内所填资料真实无讹。

钢印　　　　签署

商务部等公布《纺织品出口临时管理商品目录》的公告

【发布单位】 商务部、海关总署、质检总局

【发布文号】 商务部、海关总署、质检总局公告2005年第45号

【发布日期】 2005—07—04

根据《纺织品出口临时管理办法(暂行)》第八条的规定和《中欧关于中国部分输欧纺织品和服装的谅解备忘录》,现将《纺织品出口临时管理商品目录》公布如下。

一、产品范围和涉及国家地区

此次实施纺织品出口临时管理的产品包括对欧盟出口的下列10类产品:

2类:梭织棉布,不包括纱罗、毛圈、窄幅、绒头及雪尔尼织物、绢网和其他网织物的棉布;

4类:针织或钩针织衬衫、T恤衫、较薄的针织卷领、开领或圆翻领罩衫和套衫(非羊毛或非动物细毛的)、内衣及类似品;

5类:针织或钩针织运动衫、套头衫、套领衫、无袖夹克、两件套、开襟衫、床上装的短上衣及套领衫(不包括夹克衫、运动上衣)、带风帽厚夹克、防风上衣、到腰部的短上衣及其类似品;

6类:毛、棉、人造纤维男、男童梭织马裤、短裤不包括游泳裤、裤子(包括方便裤);女、女童梭织裤子和方便裤;非16类和29类的棉、化纤制田径套装的带里的下装;

7类:针织或钩针织或梭织毛、棉、人造纤维制女、女童衬衫、内衣或短衬衫;

20类:非针织钩针织床单;

26类:毛、棉、人造纤维女、女童连衣裙;

31类:针织、梭织或钩针织胸围;

39类:非针织钩针织桌布、浴巾和厨房用巾,不包括棉质毛圈织物或类似毛圈织物;

115类:亚麻或苎麻纱。

欧盟25个成员国名单详见附件1。

二、实施时间范围

对附件1所列产品实施纺织品出口临时管理的期限自2005年7月20日起至2007年12月31日。在此期间报关出运至欧盟成员国的货物,海关凭纺织品临时出口许可证办理报关验放手续。属法定检验目录的纺织品,海关还应凭检验检疫机构出具的《出境货物通关单》办理验放手续。

三、纺织品临时出口许可证样式、专用章和发证机构

纺织品出口临时管理适用的《纺织品临时出口许可证》及输欧原产地证书(样本)见附件(略),专用章(样章)见附件4(略),发证机构名单见附件5。

中华人民共和国纺织品临时出口许可证
TEMPORARY TEXTILES EXPORT LICENCE OF THE PEOPLE'S REPUBLIC OF CHINA

№.0000000

1. 出口商： Exporter			3. 出口许可证号： Export licence №.		
2. 发货人： Consignor			4. 出口许可证有效截止日期： Export licence expiry date		
5. 贸易方式： Terms of trade			8. 出口最终目的国(地区)： Country / Region of purchase		
6. 合同号： Contract №.			9. 付款方式： Payment		
7. 报关口岸： Place of clearance			10. 运输方式： Mode of transport		
11. 商品名称： Description of goods			商品编码： Code of goods		
12. 规格、等级 Specification	13. 单位 Unit	14. 数量 Quantity	15. 单价(　　) Unit price	16. 总值(　　) Amount	17. 总值折美元 Amount in USD
18. 总　计 Total					
19. 备注： Supplementary details 输欧或输美许可证号： 类别号：			20. 发证机关盖章： Issuing authority's stamp 21. 发证日期： Licence date		

第一联(正本发货人办理海关手续)

中华人民共和国商务部监制(2005)。

四、2005 年第一次分配总量由商务部另行公告

中华人民共和国商务部
中华人民共和国海关总署
中华人民共和国国家质量监督检验检疫总局
二〇〇五年七月四日

附件 1

欧盟 25 个成员国名单

奥地利	比利时	荷兰	卢森堡	塞浦路斯
捷克	德国	丹麦	爱沙尼亚	希腊
西班牙	芬兰	法国	英国	匈牙利
爱尔兰	意大利	立陶宛	拉脱维亚	马耳他
波兰	葡萄牙	瑞典	斯洛文尼亚	斯洛伐克

附件 5

纺织品临时出口许可证及原产地证发证机构名单

1. 北京市商务局
2. 天津市商务委员会
3. 河北省商务厅
4. 山西省商务厅
5. 内蒙古自治区商务厅
6. 辽宁省对外贸易经济合作厅
7. 吉林省商务厅
8. 长春市商务局
9. 黑龙江省商务厅
10. 上海市对外经济贸易委员会
11. 江苏省对外贸易经济合作厅
12. 南京市对外贸易经济合作局
13. 浙江省对外贸易经济合作厅
14. 安徽省商务厅
15. 福建省对外贸易经济合作厅
16. 江西省对外贸易经济合作厅
17. 山东省对外贸易经济合作厅
18. 河南省商务厅
19. 湖北省商务厅
20. 湖南省商务厅
21. 广东省对外贸易经济合作厅
22. 广西壮族自治区商务厅
23. 四川省商务厅
24. 贵州省商务厅
25. 云南省商务厅
26. 西藏自治区商务厅
27. 陕西省商务厅
28. 甘肃省商务厅
29. 青海省商务厅
30. 宁夏回族自治区商务厅

31. 新疆维吾尔自治区对外贸易经济合作厅
32. 重庆市对外贸易经济委员会
33. 武汉市对外贸易经济合作局
34. 大连市对外贸易经济合作局
35. 沈阳市对外贸易经济合作局
36. 哈尔滨市对外贸易经济合作局
37. 广州市对外贸易经济合作局
38. 西安市对外贸易经济合作局
39. 青岛市对外经济贸易局
40. 宁波市对外贸易经济合作局
41. 海南省商务厅
42. 成都市对外贸易经济合作局
43. 厦门市贸易发展局
44. 深圳市贸易工业局
45. 新疆生产建设兵团商务局

商务部下达输欧盟纺织品配额分配方案的通知

【发布渐位】 商务部
【发布文号】 商贸函〔2005〕71号
【发布日期】 2005－07－15

各省、自治区、直辖市、计划单列市、新疆生产建设兵团及哈尔滨、长春、沈阳、西安、南京、武汉、成都、广州市商务主管部门：

根据商务部下达的输欧盟十类纺织品全国各经营者2005年度第一次分配可申请数量（商贸函〔2005〕66号），结合各地商务主管部门汇总上报的经营者申请，现下达输欧盟十类纺织品2005年度第一次分配方案（详见附件）。有关事项通知如下：

一、请各地商务主管部门将本通知转发本地区获得可出口量的经营者，并按照可出口量及《纺织品临时出口许可证件申领签发工作规范（暂行）》为有关经营者签发相关出口证书。

二、获得可出口量的经营者，应按照可出口量安排本年度剩余时间内受限纺织品的成交、出运。使用不完的可出口量，应及时上缴。

三、请商务部电子商务中心做好受限纺织品出口管理数据的技术处理工作。

附件：输欧盟十类纺织品2005年度第一次分配方案（略）。

商务部公布输欧盟十类纺织品2005年第一次分配全国总量

【发布单位】 商务部
【发布文号】 商务部公告2005年第47号
【发布日期】 2005—07—07

根据《纺织品出口临时管理办法(暂行)》(以下简称办法)的规定,现将《纺织品出口临时管理商品目录》(2005年第45号公告)所列输欧盟十类纺织品2005年第一次分配全国总量公布如下。

鉴于2005年6月11日—7月20日期间上述类别对欧盟实际出口数量将被设限方等量扣减,第一次分配总量相应预留了在此期间对欧出口的数量。商务部将根据2005年7月20日后上述输欧盟类别的实际剩余数量和2005年第一次分配全国总量确定2005年度第二次分配全国总量并另行公布。

输欧盟类别号	单位	2005年第一次分配全国总量
2类	公斤	6,554,000
4类	件	37,746,000
5类	件	3,499,000
6类	件	10,405,000
7类	件	6,109,000
20类	公斤	645,000
26类	件	1,990,000
31类	件	24,022,000
39类	公斤	552,000
115类	公斤	191,000

国务院关税税则委员会关于停征部分纺织品出口关税的通知

【发布单位】 国务院关税税则委员会
【发布文号】 税委会[2005]24号
【发布日期】 2005—07—21

海关总署:

经研究决定,自2005年8月1日起,停止对17项纺织品征收出口关税。具体停止征收出口关税的纺织品税目见附件。

附件

2005年8月1日起停止征收出口关税的纺织品

序号	税则号列	商品名称	序号	税则号列	商品名称
1	61021000	毛制针织或钩编女士大衣、防风衣	10	62044100	毛制连衣裙
2	61022000	棉制针织或钩编女士大衣、防风衣	11	62044200	棉制连衣裙
3	61023000	化纤制针织或钩编女士大衣等	12	62044300	合纤制女式连衣裙
4	61044100	毛制针织或钩编连衣裙	13	62044400	人纤制女式连衣裙
5	61044200	棉制针织或钩编连衣裙	14	62046100	毛制女式长裤、工装裤等
6	61044300	合纤制针织或钩编连衣裙	15	62062000	毛制女衬衫
7	61044400	人纤制针织或钩编连衣裙	16	62063000	棉制女衬衫
8	61101100	羊毛制针织或钩编连衣裙	17	62064000	化纤制女衬衫
9	62034100	毛制男式长裤、工装裤等			

关于输欧手工制品及OPT产品出口问题的公告

【发布单位】 商务部
【发布文号】 商务部公告2005年第49号
【发布日期】 2005－07－21

根据《中国商务部与欧盟委员会关于中国部分输欧纺织品和服装的谅解备忘录》(以下简称谅解备忘录)、《纺织品出口临时管理办法(暂行)》和《纺织品出口临时管理目录》，自2005年7月20日起，对欧盟出口的T恤衫等10类纺织品将实施纺织品出口临时管理。根据中欧双方为落实谅解备忘录达成的行政安排的有关规定，上述10类产品中属于欧盟外发加工产品(以下简称OPT产品)的以及附件1所列产品中属于手工制品(范围见附件2)的，在对欧盟出口时不受相关许可数量的限制。现将有关事宜公告如下：

一、对向欧盟出口的OPT产品，各地商务主管部门凭经营者出具的欧盟管理部门签发的OPT产品证明(见附件3)，为其签发纺织品临时出口许可证。中国海关凭纺织品临时出口许可证对有关产品办理出口手续，欧盟海关凭OPT产品证明对有关产品办理清关验放手续。

二、对向欧盟出口的手工制品，经营者须向各地商务主管部门申领输欧盟手工制品证(见附件4)，欧盟海关凭输欧盟手工制品证对有关产品办理清关验放手续。手工制品中凡属《纺织品出口临时管理目录》所列产品的，经营者在出口前须凭手工制品证向各地商务主管部门申领纺织品临时出口许可证，中国海关凭纺织品临时出口许可证对有关产品办理出口手续；对不属于《纺织品出口临时管理目录》所列产品的手工制品，经营者无需申领纺织品临时出口许可证。

三、经营者在向欧盟出口手工制品或OPT产品时仍需申领输欧盟纺织品产地证。

四、凭OPT产品证明和手工制品证书办理纺织品临时出口许可证时，应按照《商务部关于印发<纺织品临时出口许可证件申领签发工作规范(暂行)的通知》(商配发〔2005〕376号)执行。纺织品临时出口许可证备注栏应填写OPT产品证明号或手工

制品许可证号和类别号(如输欧 5H 类填写为输欧 5 类)。中国海关将纺织品临时出口许可证书面证书内容与临时许可证电子数据同时作为海关监管依据,有关具体要求按照《商务部、海关总署关于试行纺织品临时出口许可证联网核查的通知》(商配发〔2005〕379 号)执行。

附件:1. 棉布、套头衫等产品目录
2. 手工制品产品范围
3. OPT 产品证明样式(略)
4. 输欧盟手工制品证样式(略)

附件 1

棉布、套头衫等产品目录

1.《纺织品出口临时管理目录》中输欧盟 2 类、7 类、20 类和 39 类产品。

2. 原输欧盟 5H 类产品(相关产品海关编码如下):

[6101100021]毛制针织或钩编手工制男式防风衣

[6101200021]棉制针织或钩编手工制男式防风衣

[6101300021]化纤制针织或钩编手工男式防风衣

[6101300023]其他化纤制手工男式防风衣

[6102100021]毛制针织或钩编手工制女式防风衣

[6102200021]棉制针织或钩编手工制女式防风衣

[6102300021]化纤制针织或钩编手工制女式防风衣

[6102300023]其他化纤制针织或钩编手工制女式防风衣

[6110110011]羊毛制手工针织或钩编起绒外穿背心

[6110110021]羊毛制手工制起绒男毛衫

[6110110031]羊毛制手工制起绒女毛衫

[6110110041]羊毛手工制起绒套头衫等

[6110110051]羊毛手工制非起绒外穿背心

[6110110061]其他羊毛手工制非起绒男毛衫

[6110110071]其他羊毛制手工制非起绒女毛衫

[6110110091]其他羊毛制手工制非起绒套头衫等

[6110120011]喀什米尔山羊细毛手工起绒男套头衫

[6110120021]喀什米尔山羊细毛手工起绒女套头衫

[6110120031]喀什米尔山羊细毛手工非起绒男套头衫

[6110120041]喀什米尔山羊细毛手工非起绒女套头衫

[6110191011]其他山羊细毛手工起绒男套头衫

[6110191021]其他山羊细毛手工起绒女套头衫

[6110191031]其他山羊细毛手工非起绒男套头衫

[6110191041]其他山羊细毛手工非起绒女套头衫

[6110192011]兔毛制手工针织或钩编起绒外穿背心

[6110192021]兔毛制手工针织或钩编起绒男毛衫

[6110192031]兔毛制手工针织或钩编起绒女毛衫

[6110192041]其他兔毛制手工制起绒套头衫等

[6110192051]兔毛制手工制非起绒外穿背心

[6110192061]兔毛手工制非起绒男毛衫

[6110192071]兔毛制手工制非起绒女毛衫

[6110192091]其他兔毛制手工制非起绒套头衫等

[6110199011]其他动物细毛手工制起绒外穿背心

[6110199031]其他动物细毛制手工制起绒女毛衫

[6110199041]其他动物细毛制手工制起绒套头衫

[6110199061]其他动物细毛手工制非起绒男毛衫

[6110199071]其他动物细毛制手工制非起绒女毛衫

附件 2

手工制品产品范围

1. 梭织蜡染布
2. 扎染布
3. 套头绒衫、羊毛衫非弹力或涂胶的，另有较大面积手工绣花
4. 纯手工针织结或钩针套头衫、羊毛开衫和背心
5. 手工重工梭织绣花罩衫和衬衫
6. 纯手工针织结或钩针罩衫
7. 手工花边枕套、床单
8. 梭织蜡染床单
9. 梭织手绘制图床单
10. 手工花边台布
11. 手工花边洗巾类，客巾（不包括毛巾类似毛巾织物）
12. 梭织蜡染台布、盘垫
13. 梭织手绘制图台布

2005 年全国棉花电视电话会议文件汇编

全国棉花工作电视电话会议文件之一

正确分析形势　加强宏观调控
切实做好 2005 年度棉花工作

——在全国棉花工作电视电话会议上的讲话

国家发展改革委副主任　张平

（2005 年 9 月 23 日）

同志们：

从 9 月份开始已经进入新的棉花年度，各地新棉已经开始收获。经国务院批准，今天国家发展改革委、财政部、农业部、工商总局、质检总局、供销总社、农业发展银行七个部门联合召开全国棉花工作电视电话会议。这次会议的主要任务是，总结 2004 年度棉花工作，分析新年度棉花形势，部署 2005 年度的棉花工作。下面我先讲四个问题。

一、2004 年度棉花工作的简要回顾

在已经过去的 2004 年度，我国纺织生产和出口继续较快增长，棉花需求旺盛；棉花丰收，产量增加，但产需仍然有一定缺口；国家加强调控，适时适量组织进口，保证了纺织工业发展对棉花的需要。棉花市场运行基本平稳。一年来，国务院各有关部门和地方各级人民政府共同努力，重点抓了以下几个方面的工作：

（一）保障棉花供给。加入世贸组织后的三年多来，我国纺织工业和纺织品出口快速增长。2002、2003 和 2004 年（日历年）三年纱产量分别为 850 万吨、983 万吨和 1120 万吨，增长幅度分别为 11.8%、15.6%和 13.9%；纺织品出口总额三年来分别为 618 亿美元、805 亿美元和 974 亿美元，分别增长 15.9%、30.3%和 21%。今年是全球取消纺织品配额的第一年，为我国纺织工业发展和纺织品出口提供了新的契机。尽管受到美欧对我纺织品设限的影响，但纺织生产和出口继续保持快速增长。据国家统计局工业生产统计快报数据，上个棉花年度（去年 9 月至今年 8 月）全国纱产量 1263 万吨，比上年度增长 21.8%；纺织品及服装累计出口额 1110 亿美元，同比增长 21.9%。在纺织品生产和出口的带动下，棉花需求大幅度增加。2004 棉花年度纺织用棉 830 万吨左右，加上其他用棉，棉花总需求约为 860 万吨，比上年度增长 13.2%。在 2003 年棉价大幅度上涨的刺激下，2004 年全国棉花种植面积 8535 万亩，比上年增加 869 万亩。加之气候好，单产高，总产量达到 632 万吨，比上年增加 146 万吨，是历史上棉花产量最高的一年。尽管棉花产量大幅度增加，当年度生产与需求缺口仍达到 230 万吨左右。为满足纺织企业用棉需要，去年年底按加入世界贸易组织承诺发放了 89.4 万吨棉花进口配额；今年 4 月初国务院批准又以关税配额外优惠关税税率安排 140 万吨，分别于 4 月底和 7 月中旬分两次发放给企业。去年 9 月到今年 8 月棉花实际进口 166 万吨，其中 8 月份当月进口 37.3 万吨。保证了纺织企业的生产需要。

（二）稳定棉花市场。我国棉花市场已经放开，政府对棉花市场的调控主要是储备和进出口。棉花市场调控的基本取向是保持棉花合理价位，稳定市场棉价，保护棉农的基本利益，保证纺织生产需要。一是及时制定收储政策。尽管过去的棉花年度缺口较大，去年新棉集中上市后市场棉价一度下跌，最低跌到籽棉 1.9 元/斤，相当于皮棉收购价 425 元/担。棉麦比价跌到 1:6 左右。为保护棉农利益，去年 11 月初国家及时宣布了按 11500 元/吨收储的政策，今年 3 月将收储价格调整到 12000 元/吨，促使市场棉价逐步回升。二是减少进口对棉价的冲击。在去年底发放 89.4 万吨关税配额外，对今年增加发放的棉花进口配额采取滑准税方式征收进口关税，使棉花的进口成本最低不低于 12100 元/吨，有效地避免了国际市场棉花低价位时对国内棉价的冲击。据有关方面监测统计，本年度棉花平均收购价格为 10900 元/吨，标准级棉花平均销售价格为 12420 元/吨，基本保障了棉农的利益。

（三）整顿棉花市场秩序。随着棉花流通体制改革的不断深化，我国棉花市场化程度逐步提高，籽棉收购、皮棉加工多渠道竞争的局面已经形成。但是，棉花收购加工企业数量增长过快，加工能力严重过剩。在棉花收购加工过程中，没有通过资格认定的企业非法收购加工棉花的现象屡禁不止，严重干扰了棉花流通的正常秩序。针对上述问题，去年 9 月 30 日国家发展改革委、农业部、国家工商总局、国家质检总局、供销合作总社等五部门联合下发了《关于印发整顿棉花流通秩序工作方案的通知》，要求各棉产区在棉花收购期间，全面开展棉花流通秩序清理整顿工作。棉产区各级人民政府高度重视，有关部门积极配合，全面检查加工企业资质，取缔无照经营，清理地方规章，规范棉花市场，棉花流通秩序有所好转。

（四）充实棉花国家储备。针对国家棉花储备薄弱、不能适应应急和调控需要的实际情况，我们一方面通过市场调控，在棉价过低时适当收储国产棉花，在促使市场价格回升、保护农民利益的同时，增加国家储备；另一方面，为避免与国内纺织企业争抢资源，抓住国际市场棉价较低的时机，及时组织进口，充实国家储备，增强政府对棉花市场的调控能力。

（五）推进棉花质检体制改革。按照国务院批准的《棉花质量检验体制改革方案》，2004年度开始了棉花质量检验体制改革试点工作。全国共有22家棉花加工企业和公证检验承检机构参加了试点。试点企业更新了棉花加工设备，承检机构配备了先进的棉花质量检验仪器，按照新的棉花质量检验体制要求加工、检验棉花，试点工作达到了预期目的，提高了棉花加工质量，取得了较好的经济效益，培养了一批技术骨干，产生了广泛的社会影响。棉花质检体制改革试点的成功，为全面推行棉花质量检验体制改革积累了经验。今年7月初，国家发展改革委、财政部、农业部、国家工商总局、国家质检总局、供销合作总社六个部门联合召开会议，总结改革试点工作，会后专题向国务院作了报告，国务院领导同志充分肯定了棉花质检体制改革试点取得的成果。根据试点经验，棉花质量检验体制改革将在全国推开，以提高我国棉花加工技术装备水平，促进产业升级。

二、正确分析2005年度棉花形势

目前新棉已陆续上市。近一个时期，我们会同有关部门和有关行业协会对新年度的棉花市场形势进行了多次分析和研究。8月下旬各部门组成2个联合调查组到江苏、湖北、山东、河南进行实地调研。9月5日在北京召开了九个棉花主产省区和新疆生产建设兵团发展改革委参加的棉花工作座谈会。综合各方面的意见，对2005年度棉花市场的基本判断是，国内的棉花需求继续增长，棉花产需缺口有所扩大；全球棉花资源较为充裕，供给可以保障；棉花市场不会出现供求严重失衡的局面。

（一）国内产需形势。中国纺织工业协会、中国纺织品进出口商会等有关方面预计，尽管受到欧美对我纺织品出口设限和人民币升值的影响，这个年度我纺织品出口仍将保持增长的态势。目前国际市场原油价格较高，纺纱生产中的用棉比例不会发生大的变化。2004棉花年度全国纱产量1263万吨，2005年度按增长10%预计，纱产量将达到1380万吨左右。按目前纺纱用棉比例64%计算，再加上纺纱以外用棉，2005年度棉花总需求将在940万吨左右，比上年度增加80万吨。据国家统计局统计，今年棉花种植面积7530万亩，比去年减少1000万亩，减少11.7%。主产省区棉花总体上长势较好。新疆面积增加，单产预计会超过上年。长江流域的江苏、安徽、湖北近期阴雨较多，局部地区受台风影响，预计单产会有所下降。总体上，按上年74公斤的平均单产计算，预计全国棉花产量570万吨左右，比去年减少60万吨。按此计算，2005年度棉花产需缺口370万吨左右，比上年度的230万吨缺口扩大140万吨。

（二）国际市场情况。9月初国际棉花咨询委员会（ICAC）预测，2005年度全球棉花产量为2440万吨，比上年减少180万吨；消费量2390万吨，比上年增加47万吨；本年度总产量大于需求量50万吨。全球棉花库存1040万吨，比上年同期增加250万吨，是近年来的较高水平。因此国际市场棉花资源还是充裕的。近年来，全球棉花产量和贸易量均呈增长的趋势。2002—2004年度全球棉花产量分别为1930万吨、2071万吨、2619万吨，贸易量分别为661万吨、725万吨、754万吨。预计2005年度全球贸易量达800万吨，其中美棉出口量将达到325万吨。

（三）国内市场可以保持基本稳定。综合分析国内和国际棉花市场供求形势，我们认为棉花供给是有保障的，棉花市场可以保持基本稳定。这主要基于以下几点认识：第一，国际国内市场已融为一体。棉花和纺织品是我国市场化程度较高的产品。我国2001年放开棉花市场，国内市场竞争比较充分。棉花进出口虽然实行配额管理，但总体上是根据国内纺织用棉需要进行安排。之所以如此安排，主要是考虑纺织业是我们国家的优势产业，是吸纳劳动力就业最多的产业之一。据中国纺织工业协会统计，现在纺织业从业人员1900万人，其中农民工占70%以上。纺织业的发展和纺织品的出口，也是我们国家的核心利益之一。保障国内纺织工业用棉的需要，符合我们国家的总体利益。因此对国内棉花供给和需求的分析，必须放到全球棉花供给和需求的大格局中来认识。第二，我国纺织品出口增幅较大，但全球棉花消费需求仍比较稳定。近几年我国纺织品出口连续高速增长，这是全球纺织业布局调整和国际资源重新配置的结果，并不意味着全球纺织品需求大幅度增加。由于劳动力成本提高，发达国家的纺织产业明显地向发展中国家转移，尤其是向我国大规模转移。我国已经成为国际纺织业的中心。2004 年我国纤维加工总量 2400 万吨，接近全世界的 40%，比 2000 年增加了一倍。我国纺织品全部产量中出口占 26%。但我们必须看到，全球纺织品消费需求每年仍然仅按 2%左右的速度增长。我们的棉花需求大幅度增加，国内产需缺口扩大，这就意味着其他国家的棉花需求量减少。我们进口需求的增加，即意味着其他国家棉花进口的减少。第三，全球棉花产量仍是历史上最高的年份之一。今年全球棉花产量比上年略有下降，但这是在去年增产 548 万吨基础上的减产。我们国家今年尽管减产，但仍是历史上的高产年份之一。第四，棉花价格会有所回升，但不会大幅度上涨。我国棉花市场价格已经与国际接轨。国内棉花市场价格与国际市场价格相互影响，基本上同步变动。今年 7 月以来，纽约棉花期货近期合约价格一直在 50 美分/磅左右徘徊，国内标准级棉花市场销售价格稳定在 13400 元/吨左右。国际棉花咨询委员会预测利物浦棉花价格 A 指数全年度平均 62 美分，比上年度平均上涨 8.5 美分左右。目前我国新棉已经陆续上市，内地籽棉收购价格在 2.7 元/斤左右，折合皮棉收购价格为 12800 元/吨，加上加工费用后皮棉成本 13300 元/吨。9 月 22 日，郑州商品交易所棉花期货 12 月份合约价格 14180 元/吨，明年 3 月合约价格 14590 元/吨；全国棉花交易市场商品棉电子撮合交易 12 月份交货价 14236 元/吨，明年 2 月 14366 元/吨。根据上述情况综合分析，预计今年棉价会比去年有所回升，这有利于稳定明年的棉花生产，有利于农民的增收。同时这个价格水平也是较为合理的。希望产棉区各级政府和有关部门帮助企业分析国内和国际的棉花供给和需求，指导企业积极入市收购，同时要提高经营水平，增强抗风险能力。

三、切实做好 2005 年度棉花工作

2005 年度棉花工作的总体要求是，在统筹国际国内两种资源和两个市场、妥善处理棉花产业上下游利益关系的基础上，抓好棉花收购，保护棉农利益；规范市场秩序，保证棉花质量；深化体制改革，健全市场体系；加强宏观调控，促进市场稳定。要重点做好以下几项工作：

（一）切实抓好新棉收购。棉花收购关系到农民增收、加工企业经营和纺织企业生产出口，各级政府和各有关部门要组织广大棉花经营企业积极入市、理性入市，抓好棉花收购工作。要根据市场接受的程度，合理确定棉花收购价格，既要保护棉农利益，又要避免盲目抬价抢购。要继续放开籽棉收购，允许农民集中交售。要打破地区封锁和行业分割，维护正常的收购秩序。中国纺织工业协会和中国棉花协会要加强对企业的信息服务和经营行为的引导，在做好棉花收购工作的同时，切实防范市场风险。新棉集中上市后如出现价格过度下跌的情况，国家将责成中储棉公司以适当价格入市收储，保护棉农利益。

（二）做好棉花收购贷款发放工作。各级农业发展银行要按照择优选贷、以销定贷、以效定贷的原则，在统筹考虑各地产量和贷款企业加工能力的基础上，合理布局收购资金供应点，积极支持新棉收购。要切实防止出现资金供应的“空白点”。继续鼓励商业银行（包括农村信用社）等金融机构开展棉花收购信贷业务，增加棉花收购资金供应渠道。

（三）加强棉花市场和质量管理。各地要严把市场主体准入关，防止加工能力的盲目扩张。坚决取缔小轧花机、土打包机等非法加工设备，严厉打击无照经营行为。棉花质量监督机构要依法加强棉花质量的监督检查，加强收购加工环节质量监督管理，打击棉花掺杂使假等质量违法行为。要继续贯彻 2002 年原国家计委等五部门《避免在棉花采摘、交售、加工过程中混入异性纤维的暂行规定》的各项要求，全面抓好各环节的排除异性纤维工作，切实降低

异性纤维含量。棉花协会要发挥协调作用,配合做好市场管理和质量监督工作。

(四)继续加强宏观调控。要综合运用储备和进出口等手段,保护农民利益,稳定市场棉价,合理安排棉花生产,满足纺织用棉需要。要密切关注市场变化,适时适量组织好棉花进口,弥补产需缺口。要引导企业选择有利价位,掌握进口节奏,努力降低进口成本。同时搞好国际国内棉花的价格衔接,稳定国内棉花种植。新疆自治区人民政府有关部门要加强协调,做好新疆棉外运工作。

(五)继续深化棉花流通体制改革。各地要继续按照《国务院关于进一步深化棉花流通体制改革的意见》(国发[2001]27 号)的要求,抓好棉花流通体制改革工作。要继续抓好社企分开等有关工作,及时总结经验,加快棉花企业改革步伐。要进一步发挥全国棉花交易市场和郑州棉花期货交易的作用,积极培育区域性棉花交易市场,逐步完善棉花市场体系。要继续引导农民组建棉花生产合作社,提高棉花生产的组织化程度。要以资产为纽带,鼓励棉纺企业、棉花加工企业和棉农合作社的联合,探索多种组织形式的产业化发展路子。

(六)促进纺织业转变经济增长方式。要引导纺织企业加快技术改造和产业升级,提高产品技术含量和附加值。要建立健全与国际纺织品市场相适应的纺织品商业标准、检测和质量认证体系,增强出口产品的适应性。要积极培育国产品牌,提升我国纺织品服装档次和竞争力,使我国逐步由纺织大国向纺织强国转变。鼓励有比较优势的企业“走出去”,到境外投资办厂。

(七)抓好棉花生产。我国棉花消费已经占世界的三分之一。受耕地、水资源等条件的制约,并考虑保障粮食安全的需要,我国不可能通过大规模增加种植面积发展棉花生产。从发展趋势看,我国棉花需求增长与国内供给不足的矛盾将长期存在。因此,要在稳步扩大棉花优势区域种植面积的基础上,着力提高棉花单位面积产量,减少对国际市场的依赖。要继续改善棉花生产条件,加强优质棉生产基地建设,提高棉花综合生产能力。加快棉花优良新品种选育、示范、推广工作和棉花品种更新换代步伐,扩大优质棉花种植规模,大力提高棉花质量。

四、全面推进棉花质量检验体制改革

2003 年 12 月国家发展改革委、国家质检总局、财政部、供销合作总社、农业发展银行联合印发了经国务院批准的《棉花质量检验体制改革方案》,2004 棉花年度已经顺利完成了改革的试点。从 2005 棉花年度起,力争用五年左右的时间,采用科学、统一、与国际接轨的棉花检验技术标准体系,在棉花加工环节实行仪器化、普遍性的权威检验,建立起符合我国国情、与国际通行做法接轨、科学权威的棉花质量检验体制。

棉花质量检验体制改革是棉花加工、质量检验的一次重大变革,对于进一步深化棉花流通体制改革、促进我国棉花产业的健康发展具有十分重要的意义。一是新体制有利于加快培育我国棉花市场体系。加工环节普遍性、仪器化公证检验,检验结果科学、客观、公正,权威性和公信度高,可以有效减少纠纷,方便交易,有利于加快棉花流通和市场体系发育。二是新体制有利于发展棉花现代物流。改革后棉花由小包型改为大包型,可以明显降低棉花加工成本,适应集装箱运输和机械化装运的需要。仪器化公证检验节省了重复检验的开包、复包、搬倒等费用,棉包逐包编码也为棉花流通信息化创造了条件。三是新体制有利于加强国家对棉花市场的宏观调控。通过实施信息化逐包编码制度,建立全国棉花信息管理系统,便于获取全面准确的棉花产销和质量状况信息数据,为国家宏观调控棉花市场提供科学依据。四是新体制有利于促进棉花企业规模化、产业化经营。新的棉花质量检验体制,将促使棉花加工企业使用大型打包机、条形码等高新技术,有利于提高企业技术水平,促进棉花加工企业加快联合、兼并、重组的步伐,改变目前棉花加工企业小、散、乱的落后局面,走规模化、产业化经营之路。

今年是棉花质检体制改革全面推开的第一年。各地各有关部门要充分认识棉花质检体制改革对我国棉花产业的深远影响,进一步增强做好工作的自觉性。重点做好以下工作：

(一)抓好棉花加工业生产设备更新改造规划布局工作。各地要严格执行国家下达的更新改造总量控制计划,防止出现新一轮的棉花加工能力重复建设。要合理布局棉花加工能力,优先支持优质棉花生产基地,重点扶持近两年加工实绩突出的企业,注意引导现有加工企业的联合、兼并、重组。要统筹安排棉花加工业规划与承检机构建设规划。一台检验设备,正常情况下一年可以检验一万五千吨皮棉。各地在制定实施棉花加工业生产设备更新改造规划和公证检验承检机构实验室建设规划时,要加强沟通,统筹安排,实现新体制加工、检验能力的合理搭配。

(二)抓好棉花加工业生产设备更新改造。棉花加工业生产设备更新改造,是棉花质量检验体制改革的基础性工作。2005 年度参与改革的企业有 300 家左右,任务很重。各地在组织企业进行设备更新改造时,要注意抓好三个方面的工作:一是抓进度。督促企业按时完成改造任务,如期投入使用。要杜绝占用规划名额不进行更新改造的投机行为。二是抓质量。严格要求企业按照改革方案以及技术规范改造加工工艺设备等。三抓服务。各地要及时协调解决更新改造中的问题,搞好宣传和技术培训,确保更新改造工作顺利进行。

(三)加快承检机构检验能力建设。2005 年度需改建、新建实验室 57 个,配备检测设备 61 台套。各承检机构要加快实验室建设,配置和调试检验设备,建设自动化检验仪器的维修服务网络,提供与区域内新体制加工能力相适应的检验技术条件,满足当地所有参与改革企业的正常加工需要。

(四)落实有关政策措施。国家对参与改革的棉花加工企业给予一定的政策支持。目前已经明确的有:对企业加工的棉花提供免费公证检验;农业发展银行对棉花加工企业设备更新改造给予资金支持,今年符合条件的贴息申请,我委将于 9 月底统一下达投资计划;按新体制加工的棉花,2005 年度可以参加期货交易和全国棉花交易市场电子撮合交易,具体实施办法将于近期发布实施;从 2005 年度起农业发展银行新增棉花收购贷款对象仅限于纳入改造规划的棉花加工企业,2010 年度开始农业发展银行棉花收购贷款只发放给纳入规划、完成生产设备更新改造的棉花加工企业;从 2006 年度开始,国家储备只收储按新体制加工的大包棉花;铁路部门已承诺优先运输参加改革的大包棉花;承检机构将加工企业送样改为承检机构上门取样,以降低企业成本。各地改革协调机构的成员单位要分工负责,将改革的各项政策措施真正落到实处。

各地各有关部门要在棉花质量检验体制改革工作协调指导小组和办公室的统一部署下,分工协作,密切配合,共同做好改革的组织工作。要密切跟踪参与改革的棉花加工企业、用棉企业及公证检验承检机构改革推进情况,出现问题及时协调解决。更新改造和建设项目完成后,要进行全方位的检查验收,确保工程质量和符合新体制要求。工商、质量监督等执法部门要加强棉花市场和质量监管,为参加改革的企业提供良好的市场环境,确保改革顺利进行。

同志们,2005 年度棉花工作任务十分繁重。各地、各有关部门要各司其职,各负其责,密切配合,共同做好工作。产棉区发展改革委要在当地人民政府的领导下,切实加强对棉花工作的协调,及时解决棉花工作中出现的新情况、新问题,确保 2005 棉花年度各项工作任务的顺利完成。

谢谢大家!

全国棉花工作电视电话会议文件之二

扩大供给　主攻质量
努力提高我国棉花综合生产能力和产业竞争力
——在全国棉花工作电视电话会议上的讲话

农业部总经济师　薛亮

（2005年9月23日）

同志们：

刚才李盛霖副主任作了重要讲话，全面总结了上个年度棉花工作，深入分析了当前棉花产销形势，对全面推进棉花质量检验体制改革和做好今年的棉花年度工作做了总体部署。下面，我就农业部门贯彻落实这次会议精神，讲几点意见。

一、增强信心，努力提高棉花综合生产能力

明年是“十一五”计划的第一年，农业和棉花生产面临新的要求、新的机遇。如何促进棉花生产恢复发展，进而保持稳定发展，着力提高棉花质量，满足纺织工业的需求，面临的任务十分艰巨。各级农业部门要进一步增强责任感，充分发挥优势主产棉区的潜力，明年要适当增加棉花种植面积，稳步推进棉花生产的发展。综合分析粮棉关系和全国耕地、水资源等自然因素，在今后几年内，我国棉花面积要恢复、稳定在8500万亩左右，并通过增加投入、提高科技含量，努力使棉花保持在680万吨以上的生产能力。

各地要继续大力推进《全国棉花优势区域发展规划》，积极稳定扩大优势区域的棉花生产；压缩棉花低产区、分散区和重病区的面积。优势区域内的棉花生产是保障我国棉花需求的基础，我部在实施全国优质棉花基地县和棉花良种工程项目时，将重点向棉花优势区域倾斜，努力改善优势区域棉花的生产条件。分区域看，西北内陆棉区可通过开发利用水资源，将棉花种植面积扩大到1800万亩，产量在195万吨以上；长江流域棉区保持2350万亩，产量在185万吨以上；黄河流域棉区稳定在4350万亩，产量在300万吨以上。

近几年来，我国棉花质量得到了明显提高，但是“中间大、两头小”的品质结构不合理状况没有根本改变，异性纤维问题还很突出。我部已经起草了《全国优质专用棉生产发展规划》，在此基础上我们将制定全国棉花品质区划，各地要根据纺织工业多元化的需求，结合棉花品质布局的特点，进一步优化品质结构。重点增加长绒棉和短绒棉的比例，尽快改变棉花纤维的不合理结构，为纺织企业配棉提供更多选择。

二、因地制宜，加快重大关键技术示范推广

目前我国棉花生产中普遍推广应用的营养钵育苗移栽、地膜覆盖和转基因抗虫棉等技术和品种，分别是上世纪七十年代、八十年代和九十年代的成果。这些技术和品种的推广，增加了棉花生产的科技含量，提高了我国棉花单产水平。但是随着棉花生产增长方式的转变，进一步提高棉花单产和品质的任务十分艰巨，急需推广突破性的品种和技术。我们将努力开辟资金渠道，加快工厂化育苗移栽、超早熟短季棉栽培等重大技术的试验、示范；积极推进棉花“双抗”（抗虫、抗病）品种选育、膜下滴灌、轻简栽培等技术的推广应用，促进我国棉花生产整体水平的提升。

明年，黄河流域棉区在巩固麦棉两熟栽培模式的基础上，进一步加强优质高产抗虫棉新品种选育工作，提高抗棉铃虫、红铃虫、蚜虫和枯、黄萎病的能力，增加中短绒抗虫棉和中长绒高品质抗虫棉的品

种类型。超早熟短季棉经过近几年的试验示范，已经取得了突破性进展，由于其生长期短、田间管理省工省时、适于麦后机械直播等优点，具有较好的发展前景。明年要继续做好超早熟短季棉品种的选育工作，研究超早熟棉的生长发育规律，制定优质高产高效配套栽培技术规范，提高短季棉的早熟性，增强抗病抗虫能力。

长江流域棉区要加强高品质棉新品种的选育，增强高品质棉的抗病性，提高加工品质和产量指标；研究高品质棉的生长发育特点和配套栽培技术。做好“两无两化”（无土育苗、无土移栽、工厂化育苗、机械化移栽）栽培技术的试验示范工作。通过示范展示和培训服务，进一步向农民传授标准化管理技术，积极稳妥地扩大高品质棉的推广应用面积。

西北内陆棉区要继续推广“矮密早”栽培模式，扩大高密度宽膜覆盖标准化栽培技术和膜下滴灌技术的推广应用。通过高密度栽培和滴灌技术的组装，实行精量播种、精确灌水和精准施肥，推广以生物防治为主的病虫害综合防治体系。优化棉花品种结构，形成长、中、短绒棉配套的生产格局。

三、强化管理和服务，切实抓好今年的棉花工作

各级农业部门要切实抓好今年棉花生产后两个月的工作，强化引导和服务，为明年棉花生产发展打下坚实基础。

一是抓好棉种加工、收购和市场管理工作。受灾害性天气影响，今年部分地区的棉种产量将比预期减少。由于今年籽棉开秤价格比去年同期有所提高，将会调动农民植棉积极性，明年植棉面积有望呈恢复性增长的态势。各级农业部门要未雨绸缪，加大工作力度，搞好棉种收购工作，确保棉种质量；及时掌握本地区棉花生产动态，适时调剂好种子余缺，保障农民生产需求；加强对棉种质量的监督管理，严禁非法棉种和劣质棉种流入市场。我部将加大对种子市场整顿的力度，继续开展棉花种子质量抽查工作，对不符合质量要求的种子加工企业在新闻媒体予以公布，接受社会监督。

二是努力做好产销衔接工作。各级农业部门要主动协助有关部门做好棉农与收购企业间的协调衔接工作，组织好新棉的收购，防止超水棉、混级棉进入收购市场，防止压级压价、打白条现象的发生。及时为棉农提供信息指导，消除惜售心理，做到适时销售。鼓励有条件的棉花产区开展棉花产销衔接活动，减少中间环节，实现优质优价。棉花收购过程中要严防“三丝”混入，努力提高原棉一致性。要通过多种方式宣传“三丝”混入棉花的危害，加强棉花采摘、晾晒和交售环节的监督、指导，引导棉农使用棉布袋包装棉花，严格收购制度，最大限度将“三丝”拒于纺纱厂门外。三是加大信息指导和技术培训力度。我部将进一步做好棉花等主要农产品市场监测预警工作，及时发布棉花预测预警信息。各级农业部门也要及时向农民提供棉花产销信息，分析价格走势，提供技术指导。要利用今冬明春农闲时节，有针对性地开展棉花无土育苗和无土移栽技术、超早熟短季棉配套技术、棉花枯黄萎综合防治等技术的培训工作。我部棉花专家顾问组将分赴各主产棉区，帮助各地制订技术推广方案，提供技术指导与服务。

四、积极配合棉花质量检验体制改革，全面推进良种棉加工厂改制工作

棉花质量检验体制改革是适应加入世界贸易组织新形势和深入推进棉花流通体制改革的重要举措。改革实施以来，在促进棉花生产经营企业提高棉花质量，打击掺杂使假，保障购销双方合法利益等方面都发挥了重要作用，有力推进了我国棉花市场体系建设，提高了公证检验的工作效率和检验水平，建立了较为完备的棉花质量信息管理系统，为国家加强质量监督和宏观调控提供了决策基础。各级农业部门要密切配合改革工作，加强领导，周密安排，确保棉花质量检验体制改革顺利推进。一是引导各地良种棉加工厂逐步淘汰 80 片以下锯齿轧花机和 160 吨位的皮棉打包机，更换 400 吨位以上的大型皮棉打包机。二是组织技术培训，就新体制对棉花加工、包装、交易等方面的技术要点进行有针对性的培训。三是积极组织良种棉加工厂改制经验交流和现场观摩活动，推进改革顺利进行。

同志们，这次会议非常重要，各级农业部门要认真贯彻学习会议精神，根据我部刚刚召开的全国秋冬种工作会议的总体部署，扎扎实实做好当前工作，为明年恢复扩大面积，提高品质，增强棉花竞争力，促进棉花产业健康发展做出贡献！

谢谢大家！

全国棉花工作电视电话会议文件之三

认真履行职责　加强棉花市场监管　维护棉花流通秩序
——在全国棉花工作电视电话会议上的讲话

国家工商行政管理总局副局长　刘凡

（2005 年 9 月 23 日）

同志们：

为做好 2005 年度棉花工作，根据国务院的指示精神，今天几个部门联合召开全国棉花工作电视电话会议，这是贯彻落实“三个代表”重要思想和科学发展观的重要举措。下面，我代表国家工商总局就如何做好新年度棉花收购工作，加强棉花市场监管，维护棉花流通秩序谈几点意见。

一、正确认识棉花形势，继续深化棉花流通体制改革

2004 棉花年度中，随着国内纺织和出口快速增长，用棉量增加较大，棉花产需出现较大缺口。为做好棉花总量平衡和市场调控工作，国务院有关部门、有关地区坚决采取了有力的措施，取得了较好的成效，使国内棉花市场和价格保持了基本稳定。同时，棉花流通体制改革继续深化，质检体制改革试点工作进展顺利，基本达到了预期成效。

新的棉花年度会面临稳中趋紧的形势，国内棉花产需缺口将继续增大，市场秩序混乱的隐患依然存在，将使我国棉花市场管理和质量监督的难度继续加大。需要我们在 2005 年度继续加大工作力度，深入推进棉花流通体制改革，加强宏观调控、加强棉花市场监管，促进搞活棉花流通。

2005 年度棉花工作的主要思路是：统筹考虑国际国内两种资源和两个市场，妥善处理棉花产业上、下游利益；促进棉花生产稳定发展，推进棉花产业化经营；合理确定棉花收储政策，保护棉农利益；强化市场监管执法，搞活棉花流通，维护市场秩序；继续深化改革，加强宏观调控，继续全面推进棉花质量检验体制改革。各级工商行政管理机关特别是棉花主产区的工商行政管理机关，要清醒地认清自己肩负的重任，依据职能，积极参与和推动棉花流通体制改革，加强棉花市场监管执法，准确把握政策界限，准确执行国家关于进一步深化棉花流通体制改革法规政策的有关规定。

二、放开棉花收购，进一步拓宽棉花经营渠道，鼓励籽棉收购市场的公平竞争

大力放开籽棉收购，鼓励多渠道收购棉花，积极搞活棉花流通。鼓励农民集中交售籽棉，鼓励农村经纪人经纪棉花；允许收购籽棉送加工厂委托加工；取消对经营者收购棉花的限制，鼓励纺织企业到产棉区建立原料基地，实行产供销一体化经营。推动搞活棉花流通，严禁任何地区或单位采取划片、设卡等方式去限制棉花购销活动。支持供销社棉花企业开展的改制工作，积极为其提供便利，增强企业竞争力。鼓励和支持涉棉企业跨地区设点收购棉花，增加棉花收购网点，方便棉花收购。积极引导，增强棉农和棉花企业的商标广告意识，实施棉花商标战略，开展广告宣传，争创棉花品牌。认真加强对棉花购销合同的行政管理，提高合同履约率，保护合同当事人的合法利益；认真规范订单农业，切实保护棉农利益。大力推进棉花产业化经营。鼓励棉花生产、收购、加工、贸易、纺织以及其他企业，以资产为纽带，搞好联合、兼并、重组，增强市场竞争力。

三、严格棉花加工领域资格准入制度，认真做好对现有棉花加工企业的清理整顿工作

按照国务院有关棉花政策文件的要求，工商行政管理机关也是棉花加工资格认定机关之一。严把市场主体准入关，会同有关部门采取果断措施，防止棉花加工能力的盲目扩张。积极发挥职能，协助和配合有关部门做好对棉花加工企业的资格认定和注册登记等工作；在省级人民政府的统一领导下，依据职能，积极参与做好棉花加工企业规划和布局工作。坚决取缔和淘汰设备落后和不符合条件的棉花加工企业。对未经资格认定和核准登记擅自从事棉花加工行为的，坚决予以取缔。严厉打击通过挂靠、联营、转包等手段为没有通过资格认定的企业从事棉花加工活动提供便利、从中牟利的不法行为，严禁“一证多厂”。

四、进一步加强对棉花收购、加工、经营行为的监督管理，继续深入开展红盾护农行动，净化市场秩序

工商行政管理机关要严格实施对棉花收购、加工及经营者的监督管理，鼓励规范经营、诚信经营、守法经营。认真推进信用分类监管，对信用好的棉花收购加工企业法定代表人，向社会公示；对信用差的市场主体法定代表人，对其注册登记公司等相关经营行为实施严格的监控，情节严重的，责令其退出棉花加工领域和棉花流通领域。继续深入开展红盾护农行动，整顿农资市场秩序，规范棉种交易，提高棉种质量，扶持优质棉生产基地建设，提高棉花综合生产能力，推进棉花产业化经营，规范棉花市场的有序运行。积极配合公安部门，坚决打击干预棉花收购、加工、经营活动的“棉霸”等涉黑势力，维护棉农的合法权益，促进棉农增收。

五、加强棉花市场管理，规范交易行为，坚决打击棉花交易中的违法经营行为

依法监管棉花交易市场，规范棉花交易行为。在地方政府的统一领导和部署下，会同有关部门坚决取缔未经批准的棉花交易市场、地下市场，妥善做好善后工作。继续开展打击小轧花机、土打包机违法经营活动的专项斗争。认真履行职责，坚决清理国家明令禁止用于棉花加工的小轧花机、土打包机。继续加强对棉花加工设备生产销售企业和对相关机械销售广告等的监督检查，坚决防止国家明令淘汰的小轧花机、土打包机等设备通过买卖、转让和租赁等方式，死灰复燃，破坏棉花资源。严厉打击掺杂使假、虚假宣传虚假广告、以次充好、加工销售棉花中混等混级等各类违法经营棉花和扰乱市场秩序的行为，切实维护棉花流通秩序。

六、加强与有关部门的协调配合，积极指导棉花行业协会，有效监管棉花市场

各级工商行政管理机关要加强与发改委、质检、供销、物价、农业等相关部门的沟通协作，开展联合行动，形成执法合力。在棉花市场监管中既要当好主角，也要做好配角。积极引导棉花行业协会、棉纺织行业协会等中介组织开展对会员的自律活动，建立风险预警和防范机制，切实防范市场风险。

此外，要积极加强督查指导。在新棉收购和加工高峰时期，产棉省（市）工商行政管理机关要向基层派出工作组，对重点地区棉花市场管理工作进行有针对性的专项检查。国家工商行政管理总局将派员到产棉地区进行明查暗访，指导基层开展工作。

同志们！让我们深入贯彻落实“三个代表”重要思想，以科学发展观统揽全局，在国务院的正确领导下，扎实工作，开拓进取，加强棉花市场监管，维护棉花流通秩序，坚决做好2005年度棉花工作。

谢谢大家！

全国棉花工作电视电话会议文件之四

切实加强棉花质量监督 确保棉花质检体制改革顺利进行

——在全国棉花工作电视电话会议上的讲话

国家质检总局副局长　王秦平

（2005 年 9 月 23 日）

同志们：

在新年度棉花收购工作即将全面展开之际，国家发展和改革委员会等七部门及时召开了全国棉花工作电视电话会议。刚才，张平等领导同志作了重要讲话，分析当前棉花产销形势，部署新年度的棉花工作，非常重要。下面，我代表国家质检总局就做好 2005 年度棉花质量监督和棉花质检体制改革工作，讲几点意见。

一、加强领导，抓好落实

2004 年度棉花工作在有关各方的共同努力下，取得了很大成绩。其中，棉花掺杂使假等违法活动得到有效遏制，棉花质量基本稳定，质检体制改革试点取得成功。2005 年度棉花缺口扩大，资源紧张，众多企业极易盲目抬价抢购，很可能对棉花质量造成冲击，质量监督工作责任重，难度大。为此，我们在新年度之前，提前召开会议，研究并布置了具体措施。这次会议就是对如何做好新年度棉花质量监督工作和质检体制改革工作提出专门要求，各级质监部门和纤检机构要加强领导，进一步提高责任意识，切实按照这次会议的要求抓好落实。

二、落实打假责任制，严防棉花掺杂使假反弹

为防止棉花质量失控和区域性棉花掺杂使假反弹，各地必须高度重视，切实负起监督责任，把棉花打假工作作为 2005 年度棉花质量监督工作的重中之重。这里要突出强调做好几个方面的工作：一是新棉上市初期就要组织力量进行调查摸底，及时掌握动向，及时掌握重点地区和重点对象；二是要加强与地方政府和有关部门联系，争取支持，综合治理；三是要组织力量对重点地区和重点对象进行全过程质量监控，不留死角；四是要调动守法企业积极性，公布举报电话，充分发挥社会力量参与打假，对群众举报要认真受理，件件查实；五是发现掺杂使假案件，要出击迅速，严肃查处，严厉打击，追根溯源，不留后患；六是要严格落实责任制，对由于履行职责不到位的，未能及时遏制掺杂使假反弹，以及打假工作中出现重大失误的，要进行责任追究；七是要做好信息反馈。凡发现掺杂使假案件必须及时向上级报告。

三、切实履行监督职能，提高监督有效性

继续做好收购加工环节巡回检查。要延长检查期，覆盖面要达到 100%，对重点地区、重点企业要加大检查频次。各地在检查中可根据实际情况抓几个突出问题。要一抓到底，力求取得成效。要加强对各地监督检查工作的监督管理，及时掌握各地在监督检查中的工作力度、社会效果及存在问题，督促检查，及时指导。完善棉花收购加工企业质量信息档案数据库，建立企业质量信用考核评价体系，根据企业质量信用考核等级对企业实施分类监督管理，开展扶优限劣活动，鼓励诚信自律，通过引导示范，推动棉花企业提高质量意识。国家发改委、质检总局、工商总局近期将出台新的《棉花加工资格认定和市场管理暂行办法》。各地专业纤检机构，要按照统一的准入标准规定，认真做好质量保证能力的审查工作，严格规范棉花收购加工秩序，促进棉花加工企业的健康发展。

四、全力以赴推进棉花质检体制改革

按照棉花质检体制改革方案，2005 年度，开始全面推行棉花质检体制改革。棉花质检体制改革是一项复杂的系统工程，试点工作中暴露出来的问题，需要在推行阶段一一进行解决。全面推行改革，与试点工作相比，涉及面更广，问题会更多，难度更大，任务也更加艰巨。特别是在当前资源紧张的形势下，棉花加工企业缺乏按改革方案更新改造生产设备、提高加工水平和质量保证能力的积极性，全面推行棉花质检体制改革可能会遇到较大阻力。因此，2005 年度改革推行工作将十分艰巨和复杂，各级纤检机构需要做好充分的思想准备，高度重视，精心组织，重点做好以下几方面工作。一是各地要切实加强领导，成立棉花质检体制改革工作领导小组，由高素质业务技术人员组成工作班子，明确重点，落实责任，加强与相关部门的协调配合，及时解决发现的问题。二是承担 2005 年度棉花质量仪器化检验工作的纤检机构，要抓紧完成检验前的各项准备工作，按期完成实验室改造、检测设备、信息系统安装调试，组织检验人员加强学习培训，提高操作熟练程度。三是在仪器化检验工作中，要精心组织，保证检验数据的准确性和时效性。中国纤维检验局要做好监督服务工作，及时发现、协调解决仪器化检验运行中出现的问题。四是要采取多种形式广泛宣传棉花质检体制改革的制度、要求等，动员相关各方，共同推进改革。

同志们，保证棉花质量，推行棉花质检体制改革，是继续深化棉花流通体制改革的重要任务和重要措施，今年度的任务又非常艰巨，各级质监部门及纤检机构要按照这次电视电话会议的统一部署，精心组织，周密安排，切实加强棉花质量监督，全力以赴推行棉花质检体制改革，确保棉花质量不滑坡，确保棉花质检体制改革顺利推行。

谢谢大家！

全国棉花工作电视电话会议文件之五

推进改革 增强实力 努力做好棉花购销工作

——在全国棉花工作电视电话会议上的讲话

全国供销合作总社副主任　顾国新

（2005 年 9 月 23 日）

同志们：

新的棉花年度已经开始，收购旺季即将到来。今天，国家发改委等部门联合召开这次电视电话会议，部署新年度棉花购销工作。我完全同意刚才张平副主任和农业部、工商总局、质检总局负责同志的意见。供销社系统和社属棉花企业要认真学习贯彻这次会议精神，继续深化改革，增强企业实力，全力做好今年棉花购销工作；要认真总结经验，积极参与棉花质检体制改革，确保改革全面推进阶段工作的顺利进行。

下面，我讲三方面意见。

一、2004 年度供销社棉花工作概况

2004 年度，我国棉花产量和纺纱量均创历史最高水平，棉花市场基本平稳，供销社棉花企业市场份额有所增加。截止 2005 年 8 月底，全国供销社棉花企业（供销社控股、参股棉花企业等）累计收购皮棉 331.6 万吨，占全国棉花总产量的 52.5%，比上年度增加 99.1 万吨，增幅 42.6%。新疆自治区和兵团供销社棉花企业收购皮棉 155 万吨，占全区收购总量 86.6 %。2004 年度棉花购销价格回落，全国平均收购价格 10800 元/吨（540 元/担），较上年度降

低 4760 元/吨(238 元/担),降幅 38.8%;销售价格方面,中国棉花价格指数(CC Index328)年度平均值为 12423 元/吨,较 2003 年度均值降低 3132 元/吨,降幅 20.1%。

2004 年度是棉花放开收购的第四年。经过几年的深化改革,供销社棉花企业大浪淘沙,优胜劣汰,在竞争中发展、壮大,自身实力不断增强。占全国总数 20%左右的供销社收购加工企业,几年来仍然占有 50%左右的初级市场份额,在稳定市场大局、保证棉花质量、保护农民利益等方面,起到了重要的作用。

二、做好 2005 年度棉花工作的意见

(一)增强服务意识,全力做好棉花购销工作

本年度国内棉花仍将产不足需。棉花面积、总产量均比上年减少,而纺织生产、出口仍是增长趋势,新年度棉花缺口将比上年度扩大,收购价格将有所提高。但与此同时,国际市场棉花资源总体平衡,国内缺口可通过进口弥补,加之纺织品出口面临贸易摩擦、人民币升值等诸多不确定因素,制约了国内棉花价格的大幅度上涨。从上年度的收购情况看,棉花旺季收购规律发生一些变化,过去是集中收购、常年销售,而去年则呈现随收购、随销售、以销定购、购销周期延长的特点。供销社棉花企业要科学、理性地分析、判断国际国内棉花市场变化趋势,研究新规律,提出新对策。一方面,要高度重视可能出现的市场变化,防范由此引发的市场风险;另一方面,要增强服务意识,积极入市收购,综合考虑棉农的收益,合理确定价位,既不压级压价,也不盲目哄抬价格,切实维护棉农和纺织企业的利益。针对今年可能出现的资源紧缺、争购抢购问题,要坚决把好收购加工质量关,发挥供销社企业质量管理的传统优势,建立健全规范的质量保证体系。目前,纺织企业普遍提高了技术水平和产品档次,对棉花原料的质量要求越来越高,棉花企业在收购加工中要严格控制水分、杂质,确保成批皮棉的一致性,特别是要控制异性纤维的含量,下大气力杜绝异性纤维问题,要在竞争激烈的市场环境中,树立供销社棉花企业的良好形象。

(二)以产业化为目标,推进棉花企业的规范化、规模化

棉花流通体制改革的最终目标,是走产业化经营的路子。积极参与和大力推进棉花产业化经营,既是供销合作社助农增收的有效途径,也是自身改革与发展的必由之路。随着棉花市场的不断成熟、完善,供销社棉花企业要增强紧迫感,继续加快自身体制和机制的改革。要继续推进所属棉花企业的社企分开改革,按照市场经济原则,加快建立现代企业制度,推进供销社棉花企业的规范化、规模化,通过坚持不懈的努力,组建一批规模大、实力强、有影响力的棉花企业集团,使企业真正成为自主经营、自负盈亏、自我发展、自我约束的经济实体,在市场竞争中赢得主导地位,提高为“三农”服务的能力。

近年来,各地供销合作社在棉花产业化经营方面进行了积极的探索,棉花企业注意前伸与农民联合,后延与纺织联合,把产加销各环节连接起来,构成棉花再生产过程的产业链条。通过建立棉农合作组织等产业化运作方式,使大型轧花厂、棉花流通企业与棉农形成经济利益共同体。在产业化经营的实践中值得注意的问题是,争取优惠政策是必要的,但重要的是抓住时机,改革体制,创新机制,建立起自我发展、良性循环的产业化组织体系;建立棉花合作社等组织模式是必要的,但重要的是真正与农民结成长远的、稳固的利益共同体,从根本上解决市场秩序混乱、棉花质量滑坡和棉农利益不稳定的问题,从而促进棉花产业的健康、协调发展。

三、积极推进棉花质检体制改革工作

2005 年度,棉花质量检验体制改革将进入全面推行阶段。各级供销合作社及参与改革试点的相关单位,要认真总结试点工作经验,及时研究和妥善解决试点工作存在的问题,继续高度重视并全力支持棉花质量检验体制改革工作,确保改革全面推进的顺利进行。

棉花加工企业是改革的主力军,要立足长远,深刻认识到改革的重大意义,抓住机遇,积极主动地创

造条件参与改革。当前，我国棉花加工能力严重过剩，除近几年新上的部分规模较大的加工企业外，普遍存在企业规模小、加工数量少、加工效率低、管理粗放、忽视质量等弊病，不但造成收购加工市场秩序混乱，诚信机制难以建立，而且浪费棉花资源，降低棉花质量。棉花质量检验体制改革后，现有的棉花加工企业均需要改用大型打包机，并使用条码信息管理等新技术。同时，国家将通过加工资格认定、优先收储大包型棉花、限制对非大包型加工企业贷款等措施对大包型加工企业予以政策扶持，这将加快棉花加工企业联合、兼并、重组的步伐，实现加工企业集约化、规模化发展。因此，要以此为契机，加快企业的重组改造步伐，提升供销社系统棉花加工企业的科技含量，打造一批大型棉花产业集团，增强企业的市场竞争力和为农服务水平。

各监管仓库在推进棉花质量检验体制改革中发挥着重要作用。棉花质量检验体制改革工作协调指导小组办公室发布的《公证检验棉花专业仓储监管暂行办法》对公检棉花的申报、入库、保管、出库、统计等做了明确规定，各专业监管仓库要严格按照规定要求，指定专人，认真做好试点企业入库棉花的衔接工作，优先保证公检棉花的入库和出库。同时，各监管仓库要及时配备适合大包型棉花的装卸设备和读码器，实现与全国棉花交易市场的实时信息交换。

棉花质量检验体制改革试点工作中，供销总社所属中棉工业公司以及全国棉花交易市场，承担了设备研制、大包棉花进入监管仓库后的统一监管等项工作，随着下一步改革的全面推进，要配合国家有关部门，继续做好自身的技术性、协调性工作，特别是确保参与仪器化公证检验的大包棉花能够顺利参与交易市场电子撮合交易；供销总社棉麻局、中国棉花协会要继续配合有关部门，在广泛征求涉棉企业意见的基础上，认真做好仪器化棉花公证检验标准的修改完善工作，使新的仪器化公证检验国家标准具有权威性、科学性、可操作性，同时通过多种形式，广泛宣传和介绍棉花质量检验体制改革有关政策、标准及技术规程，推动棉花加工企业、经营企业、用棉企业认识新标准，了解新标准，使用新标准。

同志们，新棉购销任务繁重，各有关方面要集中精力，全力投入到新年度棉花工作中去。各级供销合作社要切实做好对控股、参股棉花企业的协调指导工作，省级供销社及相关企业要继续担负起行业统计的责任，指定专人定期上报棉花购销数据。中国棉花协会成立两年来，在服务、协调、自律、维权方面，发挥着越来越重要的作用。目前，多数棉花主产区已经成立了棉花协会，希望中国棉花协会、各地棉花协会按照国务院的要求，积极参与棉花加工企业的资格认定，引导企业合理定价，发布市场供求和行业预警信息，维护企业合法权益。全国棉花交易市场要努力提高服务水平，在做好国家储备棉的采购、抛售交易组织工作的同时，要与中国农业发展银行密切配合，认真做好农发行贷款棉花的委托监管工作；要加强与国家有关部门及新疆有关方面的沟通和协调，逐步解决新疆棉花的均衡运输问题，实现新疆棉花价格与内地市场价格的有机对接；要继续完善网上自助选货系统，真正建设成为棉花现货网上“超市”，吸引更多的涉棉企业入场交易，为规范我国棉花流通秩序做出贡献。

最后，请各地供销合作社认真贯彻这次会议精神，精心组织，努力工作，确保2005棉花年度各项工作任务的顺利完成。

谢谢大家！

全国棉花工作电视电话会议文件之六

以科学发展观为指导 切实做好2005年度棉花收购资金供应和管理工作

——在全国棉花工作电视电话会议上的讲话

中国农业发展银行副行长 尉士武

（2005年9月23日）

同志们：

为了贯彻落实国务院领导同志的批示精神，确保2005年度棉花收购工作的顺利进行，国家发改委、农业部、国家工商总局、国家质检总局和供销总社的领导都作了重要讲话。各级农发行要认真学习，结合实际贯彻落实。下面，我再讲几点意见。

一、认清形势，统一思想

2005棉花年度，农发行面对的棉花信贷资金供应与管理工作的形势依然非常复杂。

一是今年棉花生产和购销价格发生波动的影响依然存在，价格风险不容忽视。根据有关部门预计，今年棉花产量较去年有所下降，国内棉花供求存在一定缺口。目前部分地区已开秤收购的籽棉价格都高于去年。

二是国际贸易摩擦影响将导致国内棉花市场供求变化的不确定。由于中国与欧美纺织品贸易争端和贸易摩擦后续影响尚不确定，对国内棉纺织品消费和棉纺织品出口的影响尚不明确。这直接影响国内棉花市场，进而带来棉花市场价格的波动，导致系统性市场风险。

三是棉花企业尤其是棉纺企业面临新的经营压力。人民币汇率政策的调整，对我国各相关产业尤其是棉纺织行业产生了广泛的、深刻的甚至震荡性的影响。使我国棉纺行业本来就低的利润率将进一步下降，这对我行的信贷资金安全直接构成了威胁。

四是棉花信贷管理难度进一步加大。棉花企业改革改制进展不一，棉花企业风险承受能力不平衡，农发行贷款结构、贷款质量和客户基础在各地差异很大，情况比较复杂。对新入市的产购销一体化的棉纺企业和棉花产业化龙头企业，特别是一些集团性企业，农发行较难准确把握其风险承受能力，管理难度进一步加大。

因此，各级行一定要认清形势，统一思想，坚持从大局出发，进一步增强政策意识、市场意识和服务意识，切实按照科学发展观要求，紧紧抓住发展这个主题，认真做好2005年度棉花收购工作，实现棉花信贷业务规模、质量和效益的协调发展。

二、准确把握信贷政策，积极支持新棉收购

为做好2005年度棉花收购资金供应和管理工作，总行已于9月初下发了《关于2005棉花年度信贷工作意见》（农发银发[2005]227号），请各行结合这次会议精神，认真贯彻落实。

（一）抓紧做好贷款企业资格认定工作。2005年度棉花收购已经开始，尚未进行资格认定的企业各行要抓紧组织认定。对获得农发行贷款资格的企业，各行要以适当的方式向社会公告，以方便棉农售棉，确保新棉收购工作的顺利进行。

（二）合理布局收购供应点。各行要在统筹考虑各地产量和贷款企业加工能力的基础上，合理布局收购资金供应点。在一定范围内，如果没有一家企业能获得我行贷款资格，同时又没有其他企业入市收购，预期可能出现农民"卖棉难"的问题，当地行要及时向地方政府和上级行汇报，由当地政府确定收购企业并强化封闭管理，既防止出现区域性收购资金供应上的空白点，又要确保贷款安全。

（三）按照贷款上限政策积极支持企业随行就市收购棉花。近几年的工作实践表明，贷款上限政策在配合国家实施宏观调控、保护棉农利益、稳定市场价格、防范贷款风险等方面发挥了重要的作用。2005年度，总行继续实行贷款上限控制政策，并将根据市场价格变动情况分阶段予以调整，同时赋予各行一定幅度的浮动权。各行可在规定的贷款上限及浮动幅度内，按照市场定价的原则因企因户制宜，积极支持企业随行就市收购棉花。

（四）合理确定企业自筹资金和企业风险准备金比例。开户行要根据客户风险承受能力的不同，充分考虑客户筹资渠道和信贷资金面临的风险程度，合理确定每户企业自筹资金和企业风险准备金比例，积极推行企业经营者风险担保金等措施。要强化对企业风险准备金和企业经营者风险担保金的管理，在贷款本息未全额收回前，企业和经营者个人不得提前动用。同时开户行要强化对企业自筹资金的监管，认真分析企业自筹资金来源。对合同定金、预收货款，不得作为自筹资金配套我行贷款。

（五）合理确定企业新增贷款额度，不断加强期限管理。开户行要根据当地棉花资源量、贷款企业经营管理情况，合理确定企业2005年度新增贷款额度。同时与企业协商预测制定2005棉花年度均衡销售计划，据此优化组合企业每笔贷款的期限。对于延伸支持深加工领域的贷款，要充分考虑企业深加工产品的加工周期及其销售方式、渠道和计划，合理确定贷款期限，使贷款期限与企业的生产加工周期、流动资金周转周期基本一致。各行在与这类企业签定贷款期限时，可不受年度的限制，以满足企业实际生产的需要。要督促企业加快加工进度、合理均衡销售，确保贷款本息按期足额收回。

（六）按照国家棉花质量检验体制改革的要求，加大信贷支持力度。按照棉花质量检验体制改革的要求，从今年起，全国棉花企业技术设备改造将全面推开，分五年逐步实施。各行要按照规划要求，尽快落实2005年度的技改贷款客户。在具备贷款条件的前提下，积极支持棉花企业技术设备改造，并优先提供棉花收购贷款，促进棉花质量检验体制改革的顺利进行。

三、几点工作要求

（一）及时传达全国电视电话会议精神。各行要将这次电视电话会议精神迅速传达到各有关市（地）分行及县支行，并于9月30日前将贯彻情况上报总行。

（二）加强组织领导，确保新棉收购工作的顺利进行。各行要高度重视新棉花年度的收购资金供应和管理工作，加强组织领导，精心部署，切实转变工作作风。收购前认真组织做好贷款资格认定、收购资金预测、风险防范预案等工作；收购中要深入基层调查研究，及时了解掌握收购过程中出现的新情况、新问题，结合国内外市场变化情况，及时提出防范和化解信贷风险的有效措施，确保新棉收购工作的顺利进行。

（三）广泛宣传信贷政策，加强部门协调工作。各行要充分利用各种新闻媒介，及时向社会各界广泛宣传我行信贷政策。对新棉收购中出现的新情况和问题，要及时向总行和当地政府及有关部门汇报反映。要加强与发改委、质检、工商、供销社等有关部门的沟通协调，主动汇报反映工作中的情况和问题，密切配合共同做好新棉收购工作。

（四）切实改进信贷服务。各行要不断强化服务意识，进一步树立以客户为中心的服务理念，不断改进各项服务，要以实现客户利益、提高客户满意度为出发点，做好各项信贷服务工作。

谢谢大家！

2005年农产品进口关税配额再分配公告

【发布单位】 国家发展和改革委员会、商务部

【发布文号】 国家发展和改革委员会、商务部公告2005年第49号

【发布日期】 2005—08—15

根据《农产品进口关税配额管理暂行办法》(商务部、国家发展和改革委员会令2003年第4号,以下简称《暂行办法》)、《2005年粮食、棉花进口关税配额数量、申请条件和分配原则》(国家发展和改革委员会公告2004年第58号,以下简称《分配原则》)、《2005年棕榈油、豆油、菜子油、食糖进口关税配额分配细则》(商务部公告2004年第60号,以下简称《分配细则》)中的有关规定,现将2005年农产品进口关税配额再分配的有关事项公告如下:

一、持有2005年小麦、玉米、稻谷及大米、豆油、菜子油、棕榈油、食糖、棉花进口关税配额的最终用户,当年未就全部配额数量签订进口合同,或已签订进口合同但预计年底前无法从始发港出运的,均应将其持有的关税配额量中未完成或不能完成的部分于9月15日前交还所在地的省(自治区、直辖市、计划单列市)发展改革委、商务厅(外经贸厅)。国家发展改革委、商务部将对交还的配额进行再分配。对最终用户9月15日前没有交还且年底前未充分使用的配额,国家发展改革委、商务部在分配2006年农产品进口关税配额时按比例相应扣减。

二、获得本公告第一条所列商品2005年进口关税配额并全部使用完毕(需提供进口报关单复印件)的最终用户,以及符合《分配原则》、《分配细则》中所列申请条件但在年初前分配时未申请2005年进口关税配额的新用户,可以向所在地省(自治区、直辖市、计划单列市)发展改革委、商务厅(外经贸厅)提出农产品进口关税配额再分配申请。

三、申请者需在9月1日至15日以书面形式向所在地省(自治区、直辖市、计划单列市)发展改革委、商务厅(外经贸厅)递交关税配额再分配申请。申请格式依照附件《2005年农产品进口关税配额再分配申请表》的有关规定填写。

四、各省(自治区、直辖市、计划单列市)发展改革委、商务厅(外经贸厅)对申请者的申请进行初步审核后,于9月1日开始将符合条件的申请通过农产品进口关税配额计算机管理系统分别进行申报,并于9月20日前将申请按时间顺序汇总后,以书面形式分别上报国家发展改革委、商务部。

五、国家发展改革委、商务部按照网上申报的顺序对用户交回的配额进行再分配。10月1日前将关税配额再分配的结果通知到最终用户。

当符合条件的申请数量总和小于关税配额再分配量时,每个申请者的申请均可获得满足;当符合条件的申请数量总和大于关税配额再分配量时,根据《分配原则》、《分配细则》中的有关规定,按照先来先领的原则进行再分配。

六、再分配关税配额的有效期等其他事项按照《暂行办法》、《分配原则》、《分配细则》执行。

七、小麦、玉米、稻谷及大米、棉花进口关税配额的再分配,由国家发展改革委会同商务部以及各省(自治区、直辖市、计划单列市)发展改革委组织实施;棕榈油、豆油、菜子油、食糖进口关税配额再分配,由商务部以及各省(自治区、直辖市、计划单列市)商务厅(外经贸厅)组织实施。

附件:《2005年农产品进口关税配额再分配申请表》

2005 年农产品进口关税配额再分配申请表

申请企业盖章：　　　　　　　　　　　　　　　　　　　　企业法人代表签字：

<table>
<tr><td colspan="8">企业名称：</td></tr>
<tr><td colspan="3">申请农产品配额名称：</td><td colspan="2">□2004 年有该农产品一般贸易进口实绩者</td><td colspan="2">□2004 年有该农产品加工贸易进口实绩者</td><td>□2004 年无该农产品进口实绩者</td></tr>
<tr><td rowspan="2">一般贸易</td><td colspan="3">申请数量：</td><td rowspan="2">加工贸易</td><td colspan="3">申请数量：</td></tr>
<tr><td colspan="3">报关口岸：①　　　　②</td><td colspan="3">报关口岸：①　　　　②</td></tr>
<tr><td colspan="8">企业注册地址：</td></tr>
<tr><td colspan="3">注册资本：</td><td colspan="3">工商注册号：</td><td colspan="2">联系电话：</td></tr>
<tr><td colspan="8">企业性质：□国有　□股份制　□民营　□外商投资</td></tr>
<tr><td colspan="8">企业类型：□生产企业　□贸易企业</td></tr>
<tr><td colspan="8">以下由生产企业填写：</td></tr>
<tr><td colspan="2" rowspan="4">2004 年企业产品及生产能力（注：棉花填纺锭数）</td><td colspan="3">生产名称：</td><td colspan="3">所需进口农产品名称：</td></tr>
<tr><td colspan="3">日产量（吨）：</td><td colspan="3">日需要量（吨）：</td></tr>
<tr><td colspan="3">年产量（吨）：</td><td colspan="3">年需要量（吨）：</td></tr>
<tr><td colspan="6">该产品年销售额（万元）：</td></tr>
<tr><td colspan="8">以下由有加工贸易进口实绩的企业填写：</td></tr>
<tr><td rowspan="2">2004 年加工贸易配额</td><td colspan="3">分配量（吨）：</td><td rowspan="2">2005 年加工贸易配额</td><td colspan="3">分配量（吨）：</td></tr>
<tr><td colspan="3">实际进口量（吨）：</td><td colspan="3">已完成进口量（吨）：</td></tr>
<tr><td colspan="8">以下由有一般贸易进口实绩的企业填写（不包括代理进口）：</td></tr>
<tr><td rowspan="2">2004 年一般贸易配额</td><td colspan="3">分配量（吨）：</td><td rowspan="2">2005 年一般贸易配额</td><td colspan="3">分配量（吨）：</td></tr>
<tr><td colspan="3">实际进口量（吨）：</td><td colspan="3">已完成进口量（吨）：</td></tr>
<tr><td colspan="8">以下由具有粮食批发零售资格的企业填写</td></tr>
<tr><td colspan="4">2004 年粮食贸易年销售额（万元）：</td><td colspan="4">2004 年粮食进出口额（万美元）：</td></tr>
<tr><td colspan="4">2005 年粮食贸易已完成销售额（万元）：</td><td colspan="4">2005 年已完成粮食进出口额（万美元）：</td></tr>
<tr><td colspan="8">是否同意对国外和国内应询提供本企业配额申领数量　□是　□否</td></tr>
<tr><td colspan="8">授权机构审核意见：</td></tr>
</table>

填表说明：1.“2004 年企业产品及生产能力”：指以申请进口农产品为主要原料生产的产品及生产能力。2.“日、年产量”及“日、年需原料量”：指企业 2004 年日、年产量及对进口农产品的日、年需要量。3. 棉花申请企业在“日需要量”一栏填纺纱设备的锭数。

2006 年粮食、棉花进口关税配额数量、申请条件和分配原则

中华人民共和国国家发展和改革委员会公告

2005 年第 58 号

根据《农产品进口关税配额管理暂行办法》，制定了《2006 年粮食、棉花进口关税配额数量、申请条件和分配原则》，现予以公告。

附：2006 年粮食、棉花进口关税配额数量、申请条件和分配原则（见下文）

中华人民共和国国家发展和改革委员会

二〇〇五年九月十三日

2006 年粮食、棉花进口关税配额数量、申请条件和分配原则

根据《农产品进口关税配额管理暂行办法》（商务部、国家发展和改革委员会令 2003 年第 4 号），现将 2006 年粮食、棉花进口关税配额数量、申领条件和分配原则公布如下：

一、2006 年粮食、棉花进口关税配额量为：小麦 963.6 万吨，国营贸易比例 90%；玉米 720 万吨，国营贸易比例 60%；大米 532 万吨（其中：长粒米 266 万吨，中短粒米 266 万吨），国营贸易比例 50%；棉花 89.4 万吨，国营贸易比例 33%。

二、企业通过一般贸易、加工贸易、易货贸易、边境小额贸易、援助、捐赠等贸易方式进口上述农产品均需申请农产品进口关税配额，并凭农产品进口关税配额证办理通关手续。由境外进入保税仓库、保税区、出口加工区的产品，免予申领农产品进口关税配额证。

三、农产品进口关税配额申请者的基本条件为：2005 年 10 月 1 日前在国家工商管理部门登记注册（需提供企业法人营业执照副本）；具有良好的财务状况和纳税记录（需提供 2004 年及 2005 年有关资料）；2003 至 2005 年在海关、工商、税务、检验检疫方面无违规记录；2004 年企业年检合格；没有违反《农产品进口关税配额管理暂行办法》的行为。

在具备上述条件的前提下，进口关税配额申请者还必须符合下列条件之一：

（一）小麦

1. 国营贸易企业；

2. 具有国家储备职能的中央企业；

3. 2005 年有进口实绩的企业；

4. 日加工小麦 400 吨以上的生产企业；

5. 2005 年无进口实绩，但具有进出口经营权并由所在地外经贸主管部门出具加工贸易生产能力证明、以小麦为原料从事加工贸易的企业。

（二）玉米

1. 国营贸易企业；

2. 具有国家储备职能的中央企业；

3.2005年有进口实绩的企业；

4. 以玉米为原料，年需要玉米5万吨以上的配合饲料生产企业；

5. 以玉米为原料，年需要玉米10万吨以上的其他生产企业；

6.2005年无进口实绩，但具有进出口经营权并由所在地外经贸主管部门出具加工贸易生产能力证明、以玉米为原料从事加工贸易的企业。

（三）稻谷和大米（长粒米和中短粒米需分别申请）

1. 国营贸易企业；

2. 具有国家储备职能的中央企业；

3.2005年有进口实绩的企业；

4. 具有粮食批发零售资格，年销售额1亿元人民币以上的粮食企业；

5. 粮食年进出口额2500万美元以上的贸易企业；

6.2005年无进口实绩，但具有进出口经营权并由所在地外经贸主管部门出具加工贸易生产能力证明、以稻谷和大米为原料从事加工贸易的企业。

（四）棉花

1. 国营贸易企业；

2.2005年有进口实绩的企业；

3. 纺纱设备5万锭以上的棉纺企业。

四、上述农产品进口关税配额将根据申请者的申请数量、历史进口实绩、生产能力和其他相关商业标准进行分配。

（一）如进口关税配额量能够满足符合条件申请者的申请总量，则按申请者申请数量分配关税配额量。

（二）如进口关税配额量不能满足符合条件申请者的申请总量，则有进口实绩的申请者，可优先获得配额；无进口实绩的申请者，将以其加工能力或经营数量等为主要依据，按比例分配进口关税配额量。其中申请数量低于按比例分配数量的，则按申请数量分配。

五、2006年粮食、棉花进口关税配额申请时间为2005年10月15日至30日。申请者可到国家发展改革委授权机构领取，或从国家发展改革委网站（http://www.ndrc.gov.cn）下载《农产品进口关税配额申请表》（见附件），并如实填写。

六、国家发展改革委授权机构负责受理属地范围内的企业申请，并于2005年11月30日前将符合公布条件的申请送达国家发展改革委，同时抄报商务部。

七、国家发展改革委于2006年1月1日前通过授权机构将农产品进口关税配额分配给最终用户。

附件：农产品进口关税配额申请表

附件

农产品进口关税配额申请表

申请企业盖章：　　　　　　　　　　　　　　　　　　　　企业法人代表签字：

<table>
<tr><td colspan="4">企业名称：</td></tr>
<tr><td>申请农产品配额名称：</td><td>□2005 年有该农产品一般贸易进口实绩者</td><td>□2005 年有该农产品加工贸易进口实绩者</td><td>□2005 年无该农产品进口实绩者</td></tr>
<tr><td rowspan="2">一般贸易</td><td>申请数量：</td><td rowspan="2">加工贸易</td><td>申请数量：</td></tr>
<tr><td>报关口岸：①　　②</td><td>报关口岸：①　　②</td></tr>
<tr><td colspan="4">企业注册地址：</td></tr>
<tr><td>注册资本：</td><td colspan="2">工商注册号：</td><td>联系电话：</td></tr>
<tr><td colspan="4">企业性质：□国有　□股份制　□民营　□外商投资</td></tr>
<tr><td colspan="4">企业类型：□生产企业　□贸易企业</td></tr>
<tr><td colspan="4">以下由生产企业填写：</td></tr>
<tr><td colspan="2" rowspan="4">2005 年企业产品及生产能力（注：棉花填纺锭数）</td><td>生产名称：</td><td>所需进口农产品名称：</td></tr>
<tr><td>日产量（吨）：</td><td>日需要量（吨）：</td></tr>
<tr><td>年产量（吨）：</td><td>年需要量（吨）：</td></tr>
<tr><td colspan="2">该产品年销售额（万元）：</td></tr>
<tr><td colspan="4">以下由有加工贸易进口实绩的企业填写：</td></tr>
<tr><td rowspan="2">2004 年加工贸易配额</td><td>申领到配额量（吨）：</td><td rowspan="2">2005 年加工贸易配额</td><td>已申领到配额量（吨）：</td></tr>
<tr><td>实际进口量（吨）：</td><td>已完成进口量（吨）：</td></tr>
<tr><td colspan="4">以下由有一般贸易进口实绩的企业填写（不包括代理进口）：</td></tr>
<tr><td rowspan="3">2004 年一般贸易配额</td><td>分配量（吨）：</td><td rowspan="3">2005 年一般贸易配额</td><td>分配量（吨）：</td></tr>
<tr><td>实际进口量（吨）：</td><td>已完成进口量（吨）：</td></tr>
<tr><td>调整期退回量（吨）：</td><td>调整期退回量（吨）：</td></tr>
<tr><td colspan="4">以下由具有粮食批发零售资格的企业填写</td></tr>
<tr><td colspan="2">2004 年粮食贸易年销售额（万元）：</td><td colspan="2">2004 年粮食进出口额（万美元）：</td></tr>
<tr><td colspan="2">2005 年粮食贸易完成销售额（万元）：</td><td colspan="2">2005 年完成粮食进出口额（万美元）：</td></tr>
<tr><td colspan="4">是否同意对国外和国内应询提供本企业配额申领数量　□是　□否</td></tr>
<tr><td colspan="4">授权机构审核意见：</td></tr>
</table>

填表说明：1.“2005 年企业产品及生产能力”：指以申请进口农产品为主要原料生产的产品及生产能力。2.“日、年产量”及“日、年需原料量”：指企业 2005 年日、年产量及对进口农产品的日、年需要量。3. 棉花申请企业在“日需要量”一栏填纺纱设备的锭数。

关于印发棉花质量检验体制改革方案的通知

【发布单位】 国家发展和改革委员会
国家质量监督检验检疫总局
财政部
中华全国供销合作总社
中国农业发展银行
【发布文号】 发改经贸[2003]2225号
【发布日期】 2003－12－17

各省、自治区、直辖市及计划单列市计委(发展改革委)、经贸委(经委)、财政厅(局)、质量技监局、供销社、农业发展银行分行,新疆生产建设兵团计委、经贸委、财政局、供销社:

经报请国务院批准,现将《棉花质量检验体制改革方案》印发给你们。并就有关问题通知如下:

一、棉花质量检验体制改革,是我国棉花流通体制改革的重要组成部分,也是建立棉花市场体系、发展棉花现代物流的关键。推进棉花质量检验体制改革,对提高棉花流通效率,降低棉花流通成本,提高棉花质量,增强我国纺织品国际竞争力,都具有十分重要的意义。

二、棉花质量检验体制改革的目标是,力争用五年左右的时间,采用科学、统一、与国际接轨的棉花检验技术标准体系,在棉花加工环节实行仪器化、普遍性的权威检验,建立起符合我国国情、与国际通行做法接轨、科学权威的棉花质量检验体制。

三、棉花质量检验体制改革的主要内容是,改用国际通用棉包包型,在加工环节采用快速检验仪实行仪器化公证检验,并对成包皮棉逐包编码实行信息化管理。

四、棉花质量检验体制改革分为准备、试点和全面实施三个阶段。2003棉花年度结束前做好各项改革试点准备工作,2004棉花年度开始组织新体制运行试点,2005棉花年度起逐步推行新体制。

五、实行棉花质量检验新体制,现有的棉花加工企业均需改用新型大型打包机,并使用条形码等新技术,促进棉花加工企业加快联合、兼并、重组,实现规模化、产业化经营。为避免造成浪费,从2004年起,各地要停止审批不具备压力为400吨以上的大型打包机的棉花加工企业。

六、为加强棉花质量检验体制改革工作的组织领导,国家发展改革委、质检总局、财政部、供销总社、中国农业发展银行等有关部门联合成立了棉花质量检验体制改革工作协调指导小组,负责指导、协调和解决改革过程中的矛盾和问题。各产棉区也要成立相应的领导小组,协调解决棉花质量检验体制改革过程中的矛盾和问题。

附:棉花质量检验体制改革方案

附件

棉花质量检验体制改革方案

一、改革棉花质量检验体制的必要性

我国现行棉花质量检验体制包括棉花加工企业自行检验,专业纤维检验机构(以下简称纤检机构)公证检验两部分。纤检机构还负责复验仲裁和行政执法。企业检验,是在籽棉加工成皮棉后,由棉花加工企业根据自己检验的结果,在棉包上标注棉花的质量等级。购销双方在棉花交易中发生质量争议时,通过协商定级解决,其结果主要取决于供求关系。纤检机构依据《棉花质量监督管理条例》实施公证检验,一是接受纺织企业的申报,对经营性棉花进行公证检验,公证检验结果作为纺织企业与售棉企业结算的依据;二是对国家储备棉花进行强制性公证检验;三是中国纤维检验局对经公证检验的棉花实施监督抽验。

现行的棉花质量检验体制,对促进棉花生产经营企业提高棉花质量.打击掺杂使假,保障购销双方的利益,发挥了重要作用。随着棉花流通体制改革的进一步深化,现行棉花质量检验体制不能适应建立棉花市场、发展市场交易的需要。一是棉花质量标识缺乏公信度和权威性。现行的棉花质量等级是由棉花加工企业自行标注的,在供不应求时,虚标等级、名实不符的情况时有发生;供大于求时,买方又极力压低棉花等级,买卖双方缺乏互信。企业购买棉花后,往往要重新开包确认等级,造成重复检验,引发争议,增加交易成本,降低流通效率。二是感官检验缺乏科学性且容易产生纠纷。我国现行的棉花质量检验,均以感官检验为主,目测手扯,主要依赖检验人员的经验,购销双万难以对检验结果达成一致。三是现行公证检验模式存在局限性,依据观行的棉花国家标准,公证检验尚不能做到包包普遍检验,而且只对进入纺织厂后的棉花进行售后公证检验,不能适应棉花市场交易的需要。

随着棉花市场化流通体制改革步伐的加快,迫切要求改革现行棉花质量检验体制,改善棉花检验手段,建立科学性、普遍性、权威性的公证检验体制,保证棉花质量,促进棉花进入市场交易。

二、棉花质量检验体制改革的指导思想和目标

棉花质量检验体制改革的指导思想是,适应加入世贸组织新形势和改革棉花流通体制的要求,以确保棉花质量、促进市场发育为核心,完善棉花质量保障体系,提高我国棉花和棉纺织品的竞争力,推动棉花产业健康发展。

棉花质量检验体制改革的基本目标是,力争用五年左右的时间,采用科学、统一、与国际接轨的棉花检验技术标准体系,在棉花加工环节实行仪器化、普遍性的权威检验,建立起符合我国国情、与国际通行做法接轨、科学权威的棉花质量检验体制。

三、棉花质量检验体制改革的主要内容

棉花质量检验体制改革的主要内容是:

(一)在加工环节实行公证检验。将目前棉花加工企业自行检验、自行标注质量标识,改为在企业自愿的基础上,由纤检机构在加工环节依法免费提供逐包取样、包包检验的公证检验服务。具体操作程序是:(1)在棉花加工成包时,利用打包机的自动取样装置在棉包两侧各取样一份。每份再分成两半,把两侧各一半合在一起,形成该包棉花的两份样品。(2)由棉花加工企业将纤检机构发放的棉包统一编码的条码卡(一式四份),分别夹入两份样品中,并在棉包两端各贴一份。(3)两份样品及条码卡,一份送纤检机构检验。由纤检机构将该包棉花公证检验结果连同产地、加工企业名称、生产日期、重量、异性纤维含量等初始信息输入全国棉花质量信息管理系统备案。另一份由棉花加工企业保存,并随棉包流通,棉花加工企业应依法建立健全内部棉花质量管理制度,保证棉花质量。

（二）采用快速检验仪进行仪器化科学检验。改变目前主要靠检验人员经验确定等级的传统检验方式，采用国际上通用的大容量快速检验仪（HVI）检验棉花质量，提高公证检验的科学性和权威性。

（三）制定仪器化检验棉花质量标准。为适应仪器化检验和现代纺织工业发展的需要，要研制全国棉花色特征图及其应用软件，并制订适应仪器化检验的棉花质量标准及相关技术规范。新标准主要增加强度、细度、成熟度、一致性等反映棉花内在质量的指标。

（四）采用国际通用棉包包型。我国现行的85公斤棉包包型是历史上适应人工搬运确定的。国际通行棉包包重为227公斤。目前全国每年加工生产的棉包约为6000万个，全部改为大包后可减为2000万个左右，可以减少质量检验的工作量，降低棉花包装成本和检验、流通费用。改变包型后，将现有打包机更换为压力400吨以上的大型打包机。同时，将目前棉包包皮在里、铅丝在外的捆扎包装方式，改为国际通行的在裸包上捆扎钢带，取样、称重后再套外包装。全面更换棉花加工企业加工打包设备，政策性强，需要统一规划，逐步推行。

（五）规范棉包重量。为了避免各地气候（湿度）差异造成棉花实际重量的不同，要研制和配备能够使棉花加工过程中水分保持在标准含量的调湿设备。调湿设备与打包机配套使用。

（六）实行信息化逐包编码。纤检机构统一对全国成包皮棉逐包编码，作为每包棉花身份和质量状况的信息载体。棉花购销各方可以根据每包棉花的编码，通过全国棉花质量信息管理系统，查询该包棉花的质量、产地、生产日期等相关信息。有利于促进棉花市场交易，准确、及时地掌握全国棉花产销和质量数据。

（七）发展棉花专业仓储。公证检验后的棉花，在企业自愿和所有权不变的前提下，送交指定专业仓库储存保管。棉花出售后，由购销双方在指定专业仓库交割。指定仓库保管的作用：一是确保检验后的棉包不会出现假冒、调换等行为；二是便于银行对作为贷款抵押物的棉花实施监管；三是仓库可以根据买方的需求，对所储棉花分选组批；四是有利于发展网上交易，降低物流成本。指定仓库向社会符合储备条件的仓库公开招标确定。

（八）改革公证检验管理体制。（1）调整公证检验机构布局。检验体制改革后，棉花公证检验的地点由纺织企业改为棉花加工企业。要根据棉花生产布局，调整纤检机构的设置，把棉花公证检验工作的重点由纺织企业调整到棉花加工企业。（2）加强岗前培训教育，实行考核持证上岗。按照仪器化检验和新标准的要求，对棉花公证检验人员统一实施上岗前的业务培训和职业道德教育，实行考核持证上岗。对棉花加工企业的抽样人员，由纤检机构统一培训、考核、发证。（3）提供普遍性服务。纤检机构要对所有棉花加工企业提供普遍性服务，满足所有棉花加工企业公证检验的请求。要加强公检队伍建设，提高检验人员的业务素质和道德素质，为棉花加工企业提供优质高效的服务。（4）建立监检分离制度。设立复检机构，负责接受棉花加工企业和用棉企业的复检申请。健全公证检验监督抽验制度和责任追究制度，对因人为因素造成不合格率较高的机构，要追究相关机构和人员的责任。纤检机构要吸收供销社系统技术人员充实检验队伍，中国纤维检验局专门监督，在棉花产区形成技术过硬、客观公正、廉洁高效、布局合理、内部监检分离的检验体系。同时，符合资质条件的社会质检机构可以为企业提供检验服务。积极探索由社会中介机构检验、政府指定机构监管的棉花检验监检分离新体制。

四、需前期做好的几项技术准备工作

推行棉花质量检验体制改革，需要做好以下几项前期准备工作：

一是抓紧研制完善相关加工设备和检测仪器。为适应小包改大包、包包检验和计重方式的改革，必须对棉花加工设备进行技术改造，研制并完善大型打包机、加工皮棉的调湿装置、棉花加工过程中籽棉和皮棉异性纤维识别与排除及成包前皮棉异性纤维定量识别装置、自动取样装置、套包平台、自动称重装置、专用叉车等设备。

二是制订新的棉花质量标准。抓紧研制中国棉花色特征图,制订新的棉花质量标准及相关技术规范。同时,还需制订与之配套的棉花包装标准、棉花加工工艺规程等技术规范。

三是开发棉包编码技术和棉花信息管理系统,开发对所有棉包统一编码的应用技术。开发全国棉花信息管理系统。

五、改革的政策支持

目前我国棉花加工企业数量众多、规模偏小、更换大型打包机等设备和改革加工技术条件的一次性投入较大,对改革面临的困难和阻力必须有足够的估计。为引导企业积极参与改革,采取以下措施:

(一)政府保障纤检机构公证检验经费。在推行新体制的过程中和新体制建立后的几年内,公证检验经费仍由国家财政按原有经费渠道拨付(现行体制是免费为纺织企业和国家储备进行公证检验),条件成熟后,逐步过渡到向棉花企业收费;新体制下的公证检验及监督成本由财政部会同质检总局重新测定。

(二)棉花加工企业须逐步把普通打包机更换为大型打包机。(1)从2004年起,停止审批不具备大型打包机的棉花加工企业,现有的加工企业逐步把小打包机更换成大型打包机。(2)对棉花加工企业更换大型打包机及其辅助设备的贷款给予政策支持。(3)对实行大棉包包型的加工企业,农业发展银行、有关商业银行在贷款供应上要优先支持,并将公证检验结果作为贷款的依据。(4)政策性贷款收购加工的成包皮棉,作为贷款抵押物进入指定的专业仓库,企业逾期不能还贷,有关银行有权处理被抵押的棉花。(5)从2004年度起,国家储备优先收储经公证检验的大包型棉花。

(三)支持研制有关专项设备和推进改革试点。对大型打包机、调湿设备、检验仪器、编码技术及信息管理系统的研制中央财政给于适当补助。中央财政拨专款用于修订棉花质量标准和试点工作。

(四)完善纤检机构检验技术条件。在棉花质量检验体制改革试点取得成功后,为满足顺利推行新体制的需要,须加强对纤检机构检测设备和技术条件的投入,分阶段配备HVI仪器;建设全国棉花质量信息管理系统。

六、改革的实施步骤

棉花质量检验体制改革分为准备、试点和全面实施三个阶段,具体时间安排如下:

(一)2003棉花年度结束前做好各项改革试点准备工作。(1)研制完善棉花加工设备。2004年3月底前,完成大型打包机、自动扦样装置、加工皮棉调湿装置、套包装置等样机试验;2004年5月底前完成鉴定,通过项目验收;2005年6月底前完成开发、研制棉花加工过程中籽棉和皮棉异性纤维识别与排除及成包前皮棉异性纤维定量识别装置。由供销总社负责落实。(2)研制开发国产HVI检验仪器。2003年底前研制出样机,2004年6月底前完成试验,通过鉴定。由质检总局负责落实。(3)制定新的棉花质量检验标准。2004年4月底前完成研制中国棉花色特征图和开发应用软件验证试验;2004年6月底前完成棉花质量标准和技术规范的制定工作。由质检总局负责落实。(4)开发棉包编码技术和棉花信息管理系统。2004年6月底前完成。由质检总局会同供销总社等部门负责落实。(5)完善试点企业技术条件和检测机构检验条件。2004年8月底前确定试点企业,并按照试点要求完善加工技术条件。由供销总社负责落实。调整、确定试点单位和公证检验纤检机构,配备检验仪器,完善实验环境,2004年8月底前具备公证检验条件,由质检总局负责落实。(6)制定、发布加快改革的相关政策。由国家发展改革委会同有关部门落实,于2003年度结束前完成。(7)落实改革准备和组织试点等工作的经费。由财政部负责安排。上述各项工作,由国家发展改革委督促落实,统筹协调。

(二)2004棉花年度开始组织新体制运行试点。目前新疆建设兵团七师、山东武城县、河南扶沟县部分企业已经开始使用或正在安装大型打包设备,建议把上述具备一定条件的企业列入改革试点。各有关部门对改革试点进行全程跟踪,及时总结经验,完善改革方案。年度结束前,国家发展改革委会同有关部门，将试点情况上报国务院。

（三）2005棉花年度起逐步推行新体制。在总结试点经验的基础上，按照国务院推行棉花质量检验新体制的决定，全面组织实施，力争用五年左右的时间有计划地过渡到棉花检验新体制。在推行新体制的过程中，为避免出现质量控制真空，现行公证检验体制应保持一定的连续性，新标准、新包型、新体制逐步取代老标准、老包型、老体制。

七、改革的组织领导

棉花质量检验体制改革技术性强、涉及面广，是一项复杂的系统工程。为加强棉花质量检验体制改革工作的领导，成立棉花质量检验体制改革工作指导小组，由国家发展改革委牵头，质检总局、财政部、供销总社、农业发展银行等部门主管单位负责同志参加，指导、协调和解决改革过程中的矛盾和问题。

关于做好棉花质量检验体制改革试点准备工作的通知

【发文单位】 国家发改委等六部门
【发文日期】 2004年2月19日
【文　　号】 发改办经贸字[2004]247号

河北省、山东省、河南省、湖北省、新疆自治区发展改革委（计委）、财政厅、质量技监局、供销合作社、农业发展银行分行，新疆生产建设兵团发展改革委、财政局、供销合作社，各试点企业，各试点公证检验机构：

为贯彻落实国务院批准的《棉花质量检验体制改革方案》，做好2004年度棉花质量检验体制改革试点工作，根据改革工作协调指导小组会议精神和《棉花质量检验体制改革工作计划》要求，现将参加2004年度改革试点相关准备工作的棉花加工企业、公证检验机构名单和有关工作要求通知如下：

一、参加改革试点准备工作的棉花加工企业为：新疆自治区玛纳斯德玛棉业有限公司，新疆自治区尉犁县棉麻公司，新疆生产建设兵团农七师123团和125团，河南省扶沟中棉棉花产业化有限公司，河南省夏邑华鹏棉业有限公司，山东省武城天元棉业有限公司，河北省河间国欣农村技术服务总会，湖北省潜江市棉花总公司。

二、参加改革试点准备的棉花公证检验机构为：新疆奎屯纤维检验所，新疆巴州纤维检验所，新疆石河子纤维检验所，河南省纤维检验局，河南商丘市纤维检验所，山东德州纤维检验所，河北省纤维检验局，湖北省纤维检验局。

三、参加改革试点的棉花加工企业及检验机构要按照《棉花质量检验体制改革试点加工企业基本条件》（附件一）和《棉花质量检验体制改革试点公证检验机构基本条件》（附件二）的要求抓紧做好各项准备工作。中棉工业公司、中国纤维检验局及有关单位要按期完成棉花大型打包机及相关设备研发，标准制订，快速检验仪器的引进研发，编码技术及棉花质量信息系统研发等准备工作，并指导试点企业和检验机构按照规定期限和要求做好各项准备工作。

四、2004年7—8月，棉花质量检验体制改革工作协调指导小组办公室组织验收组，对参加试点的有关企业和检验机构准备情况进行验收，并于8月下旬确定并公布正式参加改革试点的棉花加工企业和检验机构名单。

附件：一、棉花质量检验体制改革试点加工企业基本条件

二、棉花质量检验体制改革试点公证检验机构基本条件

附件 1

棉花质量检验体制改革试点加工企业基本条件

根据《棉花质量检验体制改革方案》的有关要求，承担改革试点的棉花加工企业应对工艺、设备进行完善，具体要求如下：

一、基本技术要求

（一）籽棉烘干系统：当籽棉回潮率超过 8.5％时，应进行烘干。烘干系统籽棉处理量不小于 10000kg/h。

（二）轧花：在加工回潮率为 6.5－8.5％的标准级籽棉时，锯齿轧花机台时皮棉产量应不低于 800kg，轧花系统总的皮棉产量不低于3200kg/h。

（三）加湿：皮棉回潮率小于 6.5％时，打包前应进行加湿。皮棉经过加湿后，回潮率不大于 8.5％。

（四）打包

1. 打包前应对每个棉包测量回潮率，测量结果记录在条形码中。

2. 加工后的棉纤维必须使用公称压力不小于 400 吨的打包机进行打包，台时（皮棉）处理量不小于 15 包（227kg）。

3. 打包机应有自动取棉样装置（包包取样）。每个棉样重量约 115 克，每包棉包取两个棉样，一份送公检机构检验，一份企业保存。

4. 皮棉成包采用裸包方式，用 8 根钢丝进行捆扎，成包后进行称重，结果记入 IC 卡。

5. 通过套包平台套包。包装材料采用棉布、专用塑料袋或编织袋。

6. 用打码机打印条形码，放置在棉样和棉包上。

7. 棉包通过自动输送系统和专用夹包车运往指定地点。

8. 打包机周围应保留足够的空间安装辅助设备，同时便于进行取样、暂存样品等工作。

9. 棉花包装应符合 GB/T6975－2001 的 I 型包的规定。即包重为 227±10 公斤，棉包尺寸为：1400×530×700（mm）。

二、样品保管

必须具备专门的棉样保管室，样品在专用的样品架上摆放整齐。

三、资源条件

试点单位所在地应为宜棉地区，交通便利，是农业结构调整规划中的棉产区，有足够的棉花资源。棉花品种一致性良好，试点企业能够掌握并提供棉花产地、品种信息。

四、皮棉加工量、资金保障及经营业绩要求

加工场地、设备和人员应满足收购、加工 3000 吨以上皮棉的要求；有足够的棉花收购资金，信誉良好，无拖欠银行贷款；近几个年度棉花购销经营业绩良好。

五、管理水平和人员条件

（一）棉花购销能严格执行棉花国家标准、技术规范和相关政策；

（二）棉花加工能严格执行国家棉花包装标准和棉花加工工艺规程；

（三）试点单位初、中级以上技术职称的生产、技术管理人员应占职工总数的 10％以上；

（四）试点加工企业的主要技术人员及信息管理人员应进行统一培训、考核、发证，方能上岗。

（五）具备若干名由纤检机构统一培训、考核、发证的抽样人员；

（六）具备棉花信息管理软件和若干名熟悉计算机操作和棉花质量仪器化检验标准的专职人员负责棉花加工、检验数据的管理。

六、试点企业设备的选型

试点企业选购设备、仪器时应向棉花质量检验体制改革协调指导小组办公室指定的专家组进行咨询，了解相关的技术要求。所购设备、仪器必须有“工业产品生产许可证”（不受“工业产品生产许可证”管理的产外）。

附件 2

棉花质量检验体制改革试点公证检验机构基本条件

根据《棉花质量检验体制改革方案》的有关要求，承担改革试点公证检验的纤检机构，应对检测条件进行完善，具体要求如下：

一、基本技术要求

（一）样品周转仓库：用于周转待检样品和暂存抽验样品，面积不小于 50 平方米。

（二）样品平衡间：用于待检样品的恒温恒湿平衡，面积不小于 60 平方米，样品需放置在统一标准的样品盒中，样品盒分层码放在统一的样品架上。

（三）HVI 实验室：实验室面积应可容纳 2 台 HVI，具备恒温恒湿条件，面积不小于 60 平方米。试点期间至少配备一台 HVI 检测仪。

（四）恒温恒湿机组及用房：恒温恒湿机组功率视恒温恒湿面积确定，机组所需面积应不小于 40 平方米。机组功率需满足样品平衡间和实验室共有面积达到一级实验室温湿度要求。

（五）样品搬运、传输及处理设备：样品的搬运和传输可以使用传送带或推车。样品平衡间和 HVI 实验之间应有缓冲区，保证已平衡完毕的样品回潮率不发生变化，避免频繁进出实验室，破坏温湿度环境。

（六）计算机房：面积不小于 12 平方米。用于配备承检机构公证检验数据库，向中央数据库及加工企业传输数据。

二、地域要求

承检机构实验室与其承担公证检验的试点加工企业应符合就近就便原则，距离小于 300 公里，并具备相应运输条件，能够在半日内完成采集、运送样品的工作。

三、人员要求

（一）每台 HVI 需配备 3 名经正规培训，操作熟练的棉检人员。

（二）具备熟悉棉花品质特征和检验业务的专业技术人员。

（三）具备 HVI 日常维护人员。

（四）具备若干熟悉计算机数据传输和数据库的专业人才。

四、满足国家实验室认可的基本要求

五、承检机构设备的选型

承检机构应按照中国纤维检验局统一要求选购设备、仪器，保证检验结果、数据传输的准确和及时。

国家发展改革委办公厅　国家质检总局办公厅
财政部办公厅　供销总社办公厅
中国农业发展银行办公室
二〇〇四年二月十九日

关于印发棉花质量检验体制改革试点工作文件的通知

【发文单位】 棉花质量检验体制改革工作协调指导小组办公室
【发文日期】 2003年12月17日

河北省、山东省、河南省、湖北省、新疆自治区发展改革委(计委)、财政厅(局)、质量技监局及纤维检验局、供销社、农业发展银行分行,新疆生产建设兵团计委、财政局、供销社,各试点企业,各试点公证检验机构:

为贯彻落实国务院批准的《棉花质量检验体制改革方案》,做好2004年度棉花质量检验体制改革试点工作,根据棉花质量检验体制改革试点工作会议精神和棉花质量检验体制改革工作计划要求,我们组织有关单位制定了《棉花仪器化检验国家标准(草案)》、《棉花质量仪器化公证检验暂行办法》、《棉花质量检验体制改革加工企业试点工作实施暂行办法》、《棉花质量仪器化公证检验监督抽验管理暂行办法》、《棉花质量仪器化公证检验样品管理暂行办法》、《棉花质量检验体制改革试点企业棉花加工技术规程》。现印发给你们,请认真组织学习、贯彻、落实,不断总结经验,发现问题请及时反映。

附:一、《棉花仪器化检验国家标准(草案)》
二、《棉花质量检验体制改革试点企业棉花加工技术规程》
三、《棉花质量公证检验信息管理系统条形码编码规则》
四、《棉花质量仪器化公证检验暂行办法》
五、《棉花质量检验体制改革加工企业试点工作实施暂行办法》
六、《棉花质量仪器化公证检验样品管理暂行办法》
七、《公证检验棉花仓储监管暂行办法》

棉花质量检验体制改革工作协调指导小组办公室
(国家发展改革委经贸司代章)
二〇〇五年九月二十一日

抄送:财政部,农业部,供销总社,中国农业发展银行,中国纤维检验局,中棉工业公司,全国棉花交易市场,中国棉花协会,中国棉纺织协会

附件1

棉花仪器化检验国家标准(草案)

一、范围

本标准规定了细绒棉仪器化检验的质量要求、检验方法、检验证书、包装及标识等。标准适用于棉花质量检验体制改革试点加工企业生产的棉包重量为(227±10)kg的细绒棉。

二、引用标准

下列标准所包含的条文，通过在本标准中引用而构成本标准的条文。本标准出版时，所示版本均为有效。所有标准都会被修订，使用本标准的各方应探讨使用下列标准最新版本的可能性。

GB/TXXXXXXX 大容量纤维测试仪测定棉纤维物理性能试验方法

GB/T6975 棉花包装

GB 6529 调湿和试验用标准大气

三、定义

本标准采用下列定义。

1. 色特征级(Cotton Color Grade)：棉花样品的反射率(Rd)和黄色深度(＋b)测试值在棉花色特征图上的位置所确定的级别。

2. 反射率(Reflectance)：表示棉花样品表面的明暗程度。

3. 黄色深度(Hunter′s ＋b)：表示棉花黄色色调的深浅程度。

4. 上半部平均长度(Upper half mean length)：纤维长度分布中，中位数以上的纤维的平均长度。

5. 平均长度(Mean fibre length)：纤维长度分布中，按重量计算的平均长度。

6. 长度整齐度指数(Length Uniformity)：长度整齐度指数是平均长度和上半部平均长度的比值，以百分率表示。

7. 断裂比强度(Fibre Strength)：断裂比强度是束纤维拉伸至断裂时所显示的强度，以未受应变试样每单位线密度所受的力来表示，单位为cN/tex。注：本标准采用夹头隔距3.2mm，HVICC水平。

8. 马克隆值(Micronaire)：一定量棉纤维在规定条件下的透气性的量度，以马克隆刻度表示。马克隆刻度是建立在已由国际协议确定其马克隆值的成套"国际校准棉花标准"的基础上的。

9. 杂质面积(Trash area)：测试面积内样品表面杂质颗粒覆盖面积占测试总面积的百分比。

10. 杂质数量(Trash count)：测试面积内样品表面杂质颗粒总数。

11. 棉结(Neps)：棉纤维纠缠而成的结点。

12. 轧工质量(Preparation)：皮棉表面平滑或粗糙及所含索丝、棉结、杂质多少的程度。

四、质量要求

1. 色特征级

(1)色特征级的划分：棉花按色特征分为3种类型13个级，色特征级用两位数字表示，第一位是级别，第二位是类型。

类型分白棉、染污棉、黄染棉。

白棉分6级，代号分别为：11、21、31、41、51、61；

染污棉分4级，代号分别为：12、22、32、42；

黄染棉分3级，代号分别为：13、23、33；

31为标准级。

(2)色特征图：色特征级的分布和范围由色特征图表示，见图1。

(3)色特征级的确定：

①棉包两侧样品反射率(Rd)和黄色深度(＋b)的检测结果差异超过表1允差要求的，应重新测试，检验结果以重新测试结果的平均值表示，两侧结果差异仍然超差的，同时标注"两面包"。

②棉花样品反射率(Rd)和黄色深度(＋b)的测试结果，在棉花色特征图上的位置所对应的色特征级，即为该棉花样品的色特征级。

③反射率(Rd)和黄色深度(＋b)的测试值保留1位小数。

表1 各色征级允差要求

色征级	11～31	其他
Rd(%)	4.0	8.0
＋b	1.5	2.6

(2)轧工质量

①轧工质量要求：轧工质量仅对白棉1～4级、染污棉1～3级提出要求。根据皮棉样品表面平滑或粗糙及所含索丝、棉结、杂质多少的程度，将轧工质量分为好、中、差三个档次。轧工质量分档见表2。

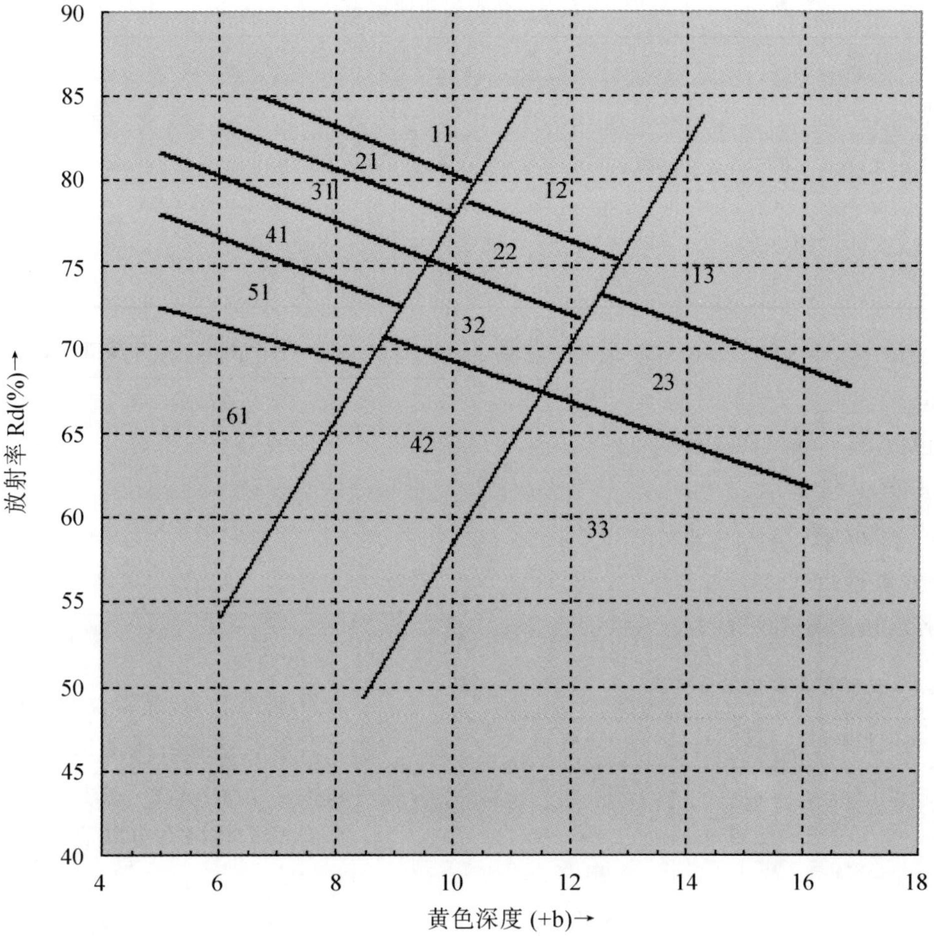

图 1　棉花色特征图

表 2　轧工质量分档表

轧工质量	分档
皮棉样品表面平滑，索丝、棉结、杂质少	好
皮棉样品表面较粗糙，索丝、棉结、杂质稍多	中
皮棉样品表面粗糙，索丝、棉结、杂质多	差

②根据轧工质量要求，选取 31 级棉花制作轧工质量标准样品，作为评定轧工质量的依据。各档次标准样品均为底线。轧工质量标准样品使用期限为一年（自当年九月一日至次年八月三十一日）。

③ 轧工质量实行逐样感官检验。

(3)外观等级

①外观等级考核范围：外观等级仅对于白棉 1～4级、染污棉 1～3 级进行考核。

②外观等级评定方法：外观等级根据色特征级和轧工质量综合评定。

③外观等级代号：外观等级用 3 个字符表示：第一个字符表示级别，第二个字符是一短划线“－”，第三个字符表示棉花类型。如“1－1”为外观等级 1 级白棉，“3－2”为外观等级 3 级染污棉。

④外观等级评定表：外观等级的综合评定如表 3 所示。

(4)长度

①用上半部平均长度表示棉花长度，以 1 毫米为级距，分级如下：

25 毫米，包括 25.9mm 及以下；

26 毫米，包括 26.0～26.9mm；

27 毫米，包括 27.0～27.9mm；

28 毫米，包括 28.0～28.9mm；

29 毫米，包括 29.0～29.9mm；

表 3　外观等级评定表

色特征级 / 外观等级 / 轧工质量	11	21	31	41	12	22	32
好	1－2	2－1	3－1	4－1	1－2	2－2	3－2
中	2－1	3－1	3－1	4－1	1－2	2－2	3－2
差	2－1	3－1	4－1	5－1	2－2	3－2	4－2

30 毫米，包括 30.0～30.9mm；31 毫米，包括 31.0～31.9mm；

32 毫米，包括 32.0mm 及以上。

②长度标准级为 28 毫米。

③长度保留 1 位小数。

(5)长度整齐度指数

①长度整齐度指数分档见表 4。

表 4　长度整齐度指数分档表

长度整齐度指数(%)	分档
<77.0	很低
77.0～79.9	低
80.0～82.9	中等
83.0～85.9	高
≥86.0	很高

②长度整齐度指数保留 1 位小数。

(6)断裂比强度

①断裂比强度分档见表 5。

表 5　断裂比强度(3.2mm 隔距 HVICC 水平)分档表

断裂比强度(cN/tex)	分档
<23.0	很差
23.0～25.9	差
26.0～28.9	中等
29.0～30.9	强
≥31.0	很强

②断裂比强度保留 1 位小数。

(7)马克隆值

①马克隆值分级见表 6。

②马克隆值保留 1 位小数。

表 6　马克隆值分级表

马克隆值	分级
≤3.4	C1
3.5～3.6	B1
3.7～4.2	A
4.3～4.9	B2
≥5.0	C2

(8)短纤维指数

①短纤维是指 16 毫米及以下的棉纤维。

②大容量快速棉纤维测试仪给出的短纤维指数为参考指标。

③短纤维指数以百分数表示，保留 1 位小数。

(9)杂质

①杂质是指棉花样品测试面积内的非纤维物质，用杂质面积和杂质粒数表示。

②杂质面积是测试面积内样品表面杂质颗粒覆盖面积占测试总面积的百分比，保留 2 位小数。

③杂质粒数是测试面积内样品表面杂质颗粒总数。

(10)棉结

①用规定数量的样品进行测试所得的棉结粒数，以粒/g 表示。

②棉结数量分档见表 7。

表 7　棉结数量分档表

棉结(粒/克)	分档
≤100	很少
101～200	少
201～300	中
300～450	多
≥451	很多

5. 抽样

(1)按规定对(227±10)kg 包型棉花逐包两面抽样。

(2)棉结检验,从同品级籽棉加工的成包皮棉中,对每十包样品分别抽取适量棉花,组成一个试验样品,进行棉结测试,其检测结果为该十包棉花的共同结果。

(3)其它指标逐样检验。

6. 试验方法

(1)试验用环境条件按 GB/6529 标准执行。

(2)试验方法按 GB/TXXXXX 执行。

7. 质量证书

(1)每包棉花出具质量证书。

(2)质量证书应包括下列内容:产品名称、加工单位、生产日期、包号、检测项目及结果、检测单位、证书编号、证书签发日期、备注。

(3)质量证书有效期一年,自证书签发之日起计算。

8. 包装及标识

(1)棉花包装按 GB/T6975 标准执行。

(2)标识:在每包棉花的外包装上粘贴或悬挂条码卡,载明棉花产地、加工单位、生产日期、包号、净重、回潮率、异性纤维含量等。

附件 2

棉花质量检验体制改革试点企业棉花加工技术规程

一、范围

本规程规定了棉花质量检验体制改革试点加工企业基本技术规程。

本规程适用于棉花质量检验体制改革试点加工企业的管理和资格认定。

二、规范性引用文件

下列文件中的条款通过本规程的引用而成为本规程的条款。

GB/T18353－2001 棉花加工企业基本技术条件

GB12801－1991 生产过程安全卫生要求总则

GB 18399－2001 棉花加工机械安全要求

三、技术要求

(一)棉花加工工艺

1. 轧花工艺流程:

货场籽棉－－籽棉重杂物清理机——籽棉卸料器——籽棉自动控制喂料器——籽棉烘干机——籽棉清理机——籽棉配棉装置——轧花机——(气流式皮棉清理机)——(皮棉清理机)——集棉机——(加湿)——打包机——取棉样——棉包计量——棉包信息管理系统打印条形码——棉包自动输送系统

2. 棉花加工工艺流程中的物料输送系统应采用气力输送或机械输送方式。

3. 气力输送系统中的含尘空气应集中除尘,回收有效纤维并打包。

(二)籽棉清理系统

1. 籽棉应经过特杂、重杂、僵瓣棉和细小杂质的清理。

2. 籽棉清理系统的籽棉总处理量不小于10000kg/h(如有两套籽棉清理系统,每套清理系统的籽棉处理量不少于 5000kg/h)。

3. 籽棉清理系统的清杂效率不低于 60%,清僵效率不低于 70%。

(三)籽棉烘干系统

1. 籽棉回潮率超过 8.5%,轧花时应进行烘干。

2. 籽棉烘干系统的热源不得污染籽棉。

3. 籽棉烘干系统的籽棉总处理量不小于

10000kg/h(如有两套籽棉烘干系统,每套烘干系统的籽棉处理量不少于5000kg/h)。

4. 籽棉经过烘干处理后,品质(色泽、强度、长度)应保持不变。

(四)轧花

1. 加工回潮率6.5～8.5%的标准级籽棉时,锯齿轧花机台时皮棉产量不低于800kg,轧花系统总的皮棉产量不低于3200kg/h。

2. 轧工质量应符合棉花质量检验体制改革试点要求。

3. 加工后的皮棉等级应不低于原籽棉等级。

4. 各级锯齿棉实际含杂率应符合下表的规定。

5. 加工棉纤维过程中不得混入异性纤维和其它危害性杂质。已经存在的,应进行清除。

(五)皮棉清理

1. 轧花机加工后的皮棉可根据市场要求进行皮棉清理。

皮棉等级	实际含杂率(%)	
	先进指标	一般指标
1、2级	≤1.2	≤1.5
3级	≤1.5	2.0
4级	≤2.0	2.5
5级	≤2.5	3.0
6级以下	≤4.5	6.0

2. 皮棉清理机应具有棉胎厚度自动检测、反馈装置。

3. 皮棉清理机台时处理量不小于1000kg。

4. 皮棉清理机的清杂效率不小于30%,棉纤维损耗率不大于1.6%。

5. 皮棉清理机排出的杂质中含棉率不大于55%。

(六)加湿

1. 皮棉回潮率小于6.5%时,打包前应进行加湿。

2. 皮棉经过加湿后,品质(色泽、强度、长度)应保持不变。

3. 皮棉经过加湿后,回潮率不大于8.5%。

(七)打包系统

1. 加工后的棉纤维使用公称压力不小于4000kN的打包机进行打包,台时(皮棉)打包量不少于15包。包重为227±10kg,棉包尺寸为:1400mm×530mm×700mm。

2. 包装过程中,不得混等混级和掺杂使假。

3. 打包机应有自动取棉样装置,做到包包取样,并按规定妥善保管棉样。

4. 成品棉包应采用条形码标识,应配备计算机、条形码打印机等相关信息设备。

5. 皮棉成包后先捆扎裸包,后套外包装。包装封口不露白。

(八)配套设备、辅助设备

1. 配套设备主要指重杂物清理机、籽棉卸料器、籽棉自动喂料控制器、籽棉清理机、籽棉烘干系统、气流式皮棉清理机、皮棉清理机、皮棉加湿系统、集棉机、集绒机、风机、除尘系统等。

2. 配套设备选型应符合相关规程的要求(见附录A的A2),并按主机的加工能力和工艺要求配置。

3. 辅助设备应按相关规程的要求配置和使用(见附录A的A3)。

(九)电器控制系统

1. 工厂配电应规范,电器控制设备应由棉花加工专业设计单位配置。

2. 成套设备电器控制系统采用PLC控制,后序能控制前序。

3. 成套设备的各单机间能实现"互锁、联锁"。

(十)技术经济指标

1. 加工1吨皮棉的耗电量(kW·h):内地:≤110;新疆:≤150。

2. 打包:1吨皮棉耗电量(kW·h):<18。

3. 包装1吨皮棉耗钢丝≤10 kg

(十一)管理人员、技术人员

1. 试点企业应有中级以上技术职称的生产管理人员。

2. 试点企业应配备技术人员,技术人员中必须有棉花加工专业的工程师或技师,且具有人事部门或劳动部门颁发的相应从业资格证书。

3. 专业技术人员应有计划地进行培训学习，逐步适应现代化管理的要求。

4. 试点企业的主要检验人员必须经过专业技术培训，具有执业资格的技术人员。

5. 专业电工、取样工、信息工必须具有任职资格证书。

（十二）安全、消防、环保

1. 试点企业的安全、消防必须符合有关规定（见附录A的A4）。

2. 棉花加工机械安全应符合GB18399的规定要求。

3. 试点企业必须有公安消防部门颁发的合格证。

4. 环境保护

①试点企业作业场所空气中粉尘浓度不得超过10mg/m3。

②试点企业排向大气的粉尘浓度不得超过120mg/m3。

③作业场所的噪声一般不得超过90dB(A)。

（十三）加工技术管理

1. 试点企业应有符合3.1.1要求的轧花工艺。

2. 应根据主要加工设备和主要配套设备的使用说明书制定相应的设备检修、保养标准和操作规程。

3. 检验仪器和化验设备应有操作规程、维修保养规程。

4. 主要加工、配套设备和检验仪器应有技术资料管理档案（如工艺设计图、厂房结构图、设备基础及电缆沟图、说明书、检验记录、使用维修保养记录、计量检定记录和仪器设备事故报告分析处理记录等）。

四、棉花质量检验体制改革试点企业质量保证体系

（一）试点企业应有比较完善的质量保证体系

（二）试点企业应有明确的质量方针、目标

（三）试点企业应建立、健全各项规章制度

1. 棉花进出厂检验制度。

2. 质量事故报告分析、鉴定处理制度。

3. 质量文件、记录档案制度。

4. 质量奖惩制度。

5. 检验、加工、财务统计报表制度。

6. 产品信息反馈制度。

7. 岗位责任制。

8. 管理人员和工程技术人员的培训制度和技能鉴定制度。

9. 主要设备操作人员持证上岗制度。

10. 留样制度。

（四）质量保证

1. 试点企业应有质量管理机构。

2. 棉花加工主要工序实行跟班检验。

3. 检验设备

①应有棉花相关国家标准和行业标准。

②应备有棉花品级实物标准。

③应有以下设备：衣分试轧机、电测器、水分探测仪、台秤、衣分秤、天平、原棉杂质分析仪、长度仪和气流仪等。

4. 棉花检验应有试轧室、分级室、留样室、仪器检验室等。

5. 棉花分级室的模拟昼光照明应符合GB/T13786的规定，或具备北窗光线。

6. 试点企业应编制和填写籽棉（皮棉）入库检验单。

7. 试点企业应有完整的“一试五定”记录、跟踪检验记录及出厂制度。

8. 试点企业应对扦取的棉样妥善保管，并及时报送棉检机构。

五、棉花质量检验体制改革试点加工企业应具备的其它技术条件

（一）试点加工企业皮棉年加工量必须大于4000吨。

（二）应有良好的周边环境。

（三）试点企业选购的主要加工设备必须有“工业产品生产许可证”（不受“工业产品生产许可证”管

理的产品除外)。

(四)仓储条件、加工场地要求

1. 轧花、打包应形成流水线生产。

2. 棉包(籽棉)堆放场地及仓储条件应符合有关规定(见附录A的A4)。

3. 生产过程安全、卫生要求应符合GB12801规定。

附录A

常用国家标准、行业标准和有关规定

A1 棉花加工企业常用的检验标准

GB/T6102.1—1985 原棉回潮率试验方法 烘箱法

GB/T6102.2—1985 原棉回潮率试验方法 电测器法

GB/T6103—1985 原棉疵点试验方法

GB/T6498—1992 棉纤维"马克隆值"试验方法

GB/T6499—1992 原棉含杂率试验方法

A2 棉花加工主机常用的配套产品标准

GB/T1008—1998 籽棉重杂物分离器

GB/T1016—1999 皮棉清理机

GB/T1018—1999 集棉机

GH/T10237—1994 籽棉干燥机技术条件

JB/T6282.1—1992 籽棉清理机技术条件

A3 棉花加工企业常用的辅助设备标准

GH/T1003—1998 MFCZ—400斩齿机

GH/T1004—1998 MFBD型钢丝打扣机

SB/T10239—1994 铣齿机

A4 原商业部、公安部(85)商棉联字第33号文发布的管理规定

《棉花加工厂消防安全管理规定》

附件3

棉花质量公证检验信息管理系统条形码编码规则

棉包条形码共32位,编码规则如下:

1—2位 系统自动生成位

3—4位 检验机构代码

5—7位 加工厂编号

8—13位 生产日期(8—9位:年;10—11位:月;12—13位:日)

14位 加工类型(1、锯齿细绒棉;2、皮辊细绒棉;3、机采棉;4、长绒棉)

15—18位 重量(四位数,如2271为227.1Kg、0870为87.0Kg)

19—20位 回潮率(二位数,如85为8.5%,超过10%均为00)

21—23位 棉花品种(预留,缺省值:000)

24位 异性纤维(按等级划分,缺省值:0)

25位 籽棉品级

26位 垛号

27位 生产线号

28—32位 年度流水包号

样批号:企业代码+生产日期+生产线号+垛号,即:5位+6位+1位+1位=13位

附件 4

棉花质量仪器化公证检验暂行办法

第一章　总　则

第一条　为加强对棉花质量仪器化公证检验（以下简称“仪器化公证检验”）工作的管理，根据国务院批准的《棉花质量检验体制改革方案》及有关棉花质量检验试点工作文件，制定本办法。

第二条　仪器化公证检验是指专业纤维检验机构使用大容量纤维测试仪（以下简称“HVI”），对棉花加工企业生产的大包型棉花免费提供逐包检验的国家公证检验。仪器化公证检验结果作为国家掌握棉花质量、数量的依据和棉花市场流通的质量凭证。

第三条　中国纤维检验局（以下简称“中纤局”）负责仪器化公证检验的规划布局、组织实施、监督管理、经费核算。

第四条　中纤局根据棉花质量检验体制改革的要求，统一确定和调整实施仪器化公证检验的地方专业纤维检验机构（以下简称“承检机构”）。

第五条　承检机构应符合以下条件：

（一）具有独立法人资格的专业纤维检验机构；

（二）具有满足仪器化公证检验工作要求并经培训、考核合格的专业技术人员；

（三）具有满足仪器化公证检验要求的检验场所、仪器设备、计算机远程通信条件，并符合国家实验室认可的基本要求。

第六条　承检机构工作职责：

（一）负责与受检棉花加工企业的业务衔接；

（二）负责对仪器化公证检验样品和条码卡的验收；

（三）负责仪器化公证检验，按时审核仪器化公证检验结果，按时通过全国棉花质量信息系统向受检棉花加工企业发布仪器化公证检验数据，出具仪器化公证检验电子证书；

（四）负责定时向中央数据库上传仪器化公证检验结果，接受中纤局的监督检查；

（五）承担中纤局指定的仪器化公证检验复检任务。

第二章　样品接收

第七条　棉花加工企业应按《棉花质量仪器化公证检验样品管理暂行办法》的要求，向中纤局确定的承检机构送交仪器化公证检验样品。

第八条　承检机构应按《棉花质量仪器化公证检验样品交接单》（以下简称“《样品交接单》”）对样批号和样品袋数进行核对，样品只数和条码卡待棉样出袋时再进行清点。

第九条　承检机构样品接收后，首先入样品库，并由样品管理部门以样批为单位进行登记、建卡，并通知检验部门领样。

第三章　样品传递和检验流程

第十条　仪器化公证检验包括感官检验和仪器检验两部分。感官检验项目为轧工质量、品级（临时），仪器检验项目为色特征级、长度级、长度整齐度、马克隆值级、断裂比强度、短纤维指数、杂质数量、杂质面积、棉结。

第十一条　承检机构应使用由中纤局统一确定规格的样品盒、样品架及样品车，用于检验样品的流转。

第十二条　检验部门领样后，按样批将样品袋移至样品周转间，逐样出袋，同时进行感官检验。

第十三条　样品出袋时以及每袋样品出袋完毕后，应对样品条码卡和只数进行清点。

第十四条　每取出一只样品，使用读码器读取条码信息后，对照轧工实物标准进行轧工质量检验，对照品级实物标准进行品级检验（临时），检验结果输入到样品周转间内的计算机终端上。

第十五条　将感官检验后的样品装入样品盒，每一样品盒最多装十只样品，同一样品盒中的样品必须属于同一样批并在盒中标注样批号。

第十六条 如发现某一样批中样品与《样品交接单》中的数量不符、缺少条码卡或条码卡与样品分离，应立即予以登记，并将该样品单独存放，及时通知受检棉花加工企业，协调处理。

第十七条 将同一样批的样品盒移送到样品平衡间进行 24 小时平衡，样品平衡执行先入先出原则。

第十八条 样品平衡 24 小时后，应在样品平衡间使用快速回潮率探测仪检测，判断样品是否符合 HVI 检测要求（回潮率在 6.75%－8.25%之间），不符合要求的，继续对样品进行温湿度平衡；符合要求的，使用样品车将样品送至 HVI 实验室，进行 HVI 检验和棉结检验。

第十九条 仪器检验由 1 名 HVI 检验员和 1 名棉结仪检验员同时操作。HVI 检验员按盒逐样使用读码器读取条码信息后进行 HVI 检测，棉结仪检验员同步对该盒的所有样品逐样抽取部分棉样制成一 45cm 长的棉条，以备棉结检测。

第二十条 HVI 检测过程中，棉结检测同步进行，每盒样品 HVI 和棉结检验均已完成后，棉结仪检验员按下棉结仪上 NEXT 按钮，将该盒样品的棉结检测结果传送给 HVI。然后开始下一样品盒的 HVI 和棉结检验。

第二十一条 每个样品在 HVI 和棉结检验完毕后，需将条码卡重新夹入棉样，放回样品盒。

第二十二条 实验室检验完毕后，样品移送至样品周转间码放整齐，等待中纤局抽验。抽验样品选出后，剩余样品装袋进入样品仓库，按规定处理。

第二十三条 样品自进入平衡间直到 HVI 检测完毕必须处于恒温恒湿环境中。

第二十四条 HVI 和棉结检验须严格按照《HVI 大容量纤维测试仪（含棉结仪）操作规程》进行。

第二十五条 HVI 检验员在开机后和检验过程中必须严格按照《HVI 大容量纤维测试仪（含棉结仪）校准规范》进行仪器校准。

第四章 检验数据管理及出证

第二十六条 每一棉样的条码信息、轧工质量检验结果、品级检验结果（临时）、HVI 检验结果和棉结检验结果自动传输至承检机构数据库，形成相应棉包完整的质量数据。

第二十七条 每一样批检验完毕后，由计算机程序判断是否缺号。如发现样品缺号、条码卡丢失等情况，承检机构应查明原因，做好记录，并将所缺流水包号通知受检棉花加工企业。

第二十八条 承检机构应确定专人对每日的检验数据进行审核，确认无误后在受检棉花加工企业的棉花样品到达承检机构 5 日内，向受检棉花加工企业发布仪器化公证检验结果。

第二十九条 棉花加工企业使用专用软件通过拨号方式与承检机构数据库连接，并下载仪器化公证检验结果。棉花加工企业不能通过拨号方式下载仪器化公证检验结果时，可向承检机构索取仪器化公证检验证书，并通过拷贝方式获取仪器化公证检验结果。

第三十条 棉花加工企业下载仪器化公证检验结果后，使用专用软件自行打印仪器化公证检验证书。仪器化公证检验证书分单包和多包两种格式（见附件）。仪器化公证检验证书自检验日期起一年内有效。

第三十一条 承检机构的检验数据每日分两次自动上传至中央数据库，每日中午 12:00（新疆 14:00，以下同）将当日 12:00 以前的已检数据上传至中央数据库；若 12:00 前可完成当日全部检验工作的，在检验工作完成后、数据库应用程序退出前，上传全部数据。第二次数据上传在数据库应用程序退出前，传送 12:00 以后的检验数据，第二次数据上传时间不超过当日 24:00。

第三十二条 当 HVI 与承检机构数据库的数据传输线路发生问题时，采取手动方式将 HVI 内的检验结果拷贝至承检机构数据库中进行处理；当承检机构与中央数据库之间的传输线路发生故障时，采取通过调制解调器拨打电话号码的方式向中央数据库上传数据，以保证检验数据的时效性。

第五章　复　检

第三十三条　棉花加工企业和自指定监管仓库提货的用棉企业，如对仪器化公证检验结果有异议，自收到仪器化公证检验结果之日起5个工作日内可向中纤局提出复检申请，并按照国家有关收费标准交纳复检费用。

第三十四条　复检申请者应提供支持复检理由的检验结果（使用与仪器化公证检验相同的质量标准与检验方法进行检验的结果）。中纤局自收到复检申请者提供的检验结果后5个工作日内，将其检验结果与原仪器化公证检验结果进行比对，超出规定允差范围的受理复检，并通知复检申请者提供样品；未超出规定允差范围的不予复检。

第三十五条　棉花加工企业申请复检，复检样品使用棉花加工企业留样；用棉企业申请复检，复检样品需重新抽取，抽取的复检样品应满足仪器化检验的要求，夹有该包棉花的初始条码卡，并经供方确认。

第三十六条　中纤局受理复检后，指定复检机构对样品进行检验。申请复检者应将留样送达指定的复检机构，复检机构应当在收到样品后5个工作日内提供复检结果。复检结果与原仪器化公证检验结果未超过规定允差范围的，原仪器化公证检验证书有效，超过规定允差范围的，复检结果替代原仪器化公证检验结果（原仪器化公证检验结果自动消除）并作为该包棉花销售的质量凭证。

第六章　监督管理

第三十七条　承检机构应组织仪器化公证检验从业人员参加统一的技术培训和职业道德教育，保证检验人员的业务素质和道德素质符合仪器化公证检验的要求。

第三十八条　承检机构应按照仪器化公证检验统一要求，结合本单位实际情况，制定并完善棉花仪器化公证检验工作质量保障措施和内部监督办法，定岗定责，建立奖惩机制。

第三十九条　中纤局应加强对承检机构仪器化公证检验工作的监督管理，按照《棉花质量仪器化公证检验监督抽验管理暂行办法》对各承检机构仪器化公证检验样品实施监督抽验；并组织检查组或指定省级专业纤维检验机构定期或不定期对承检机构仪器化公证检验工作进行实地检查。

第四十条　中纤局对监督抽验和实地检查中发现的问题，应按照《国家棉花公证检验工作质量考核暂行办法》进行处理。

第七章　附　则

第四十一条　在仪器化公证检验中发现掺杂使假等严重棉花质量违法行为的，应按《棉花质量监督管理条例》立案处理，不再出具仪器化公证检验证书。

第四十二条　本办法由中纤局负责解释。

第四十三条　本办法经棉花质量检验体制改革工作协调指导小组办公室发布后实施。

附件5

棉花质量检验体制改革加工企业试点工作实施暂行办法

第一章　总　则

第一条　为保证棉花质量检验体制改革试点工作顺利进行，加强对试点加工企业试点工作的管理，根据国务院批复的《棉花质量检验体制改革方案》，制定本办法。

第二条 参加棉花质量检验体制改革试点工作的棉花加工企业(以下简称“试点加工企业”)须遵守本办法。

第三条 参加试点的棉花加工企业应具备棉花收购加工资格,符合《棉花质量检验体制改革棉花加工企业基本技术条件》,经棉花质量检验体制改革工作协调指导小组办公室(以下简称“协调指导小组办公室”)验收并公布。

第四条 协调指导小组办公室负责对棉花加工企业试点工作的管理、监督、检查,协调解决问题。

协调指导小组办公室在试点期间授权加工项目实施小组,进行棉花加工企业试点工作的组织实施、业务指导、督促落实和信息反馈。

试点加工企业所在的省、自治区棉花质量检验体制改革工作协调指导小组和办公室负责对本行政区内试点工作进行指导,协调解决工作中出现的矛盾和问题。

第五条 试点加工企业应按照试点工作要求加工本年度收购的棉花,接受协调指导小组办公室和加工项目实施小组的指导,对送检样品和条码卡上的信息负责。

第二章　试点加工企业基本要求

第六条 成立试点工作领导小组,明确第一责任人和职责分工,制定试点工作实施方案及各环节岗位规范,建立健全内部管理和责任追究制度。

第七条 按照试点工作任务和时间要求,完善棉花加工工艺,做好大型打包机及其辅助装置的安装、调试和试运行。

第八条 具备符合国家规定和棉花质量检验体制改革所要求的环境条件、仪器设备、仓储和消防设施。

第九条 按照试点工作要求对各岗位和各环节的人员进行岗位培训,关键岗位如轧花、打包、信息等,接受加工项目实施小组的统一培训,取得相关资格证书,做到持证上岗。

第十条 做好籽棉收购工作,落实收购资金,保证籽棉收购数量,满足试点工作的需要。

第十一条 加工工艺符合《棉花质量检验体制改革棉花加工企业基本技术条件》的要求,严格按照工艺规程进行操作。

第十二条 做好试点工作信息反馈,加工季节开始后,定期按要求向加工项目实施小组报送试点工作运行情况,遇有重要问题,随时反映。试点工作结束后,按照协调指导小组办公室统一要求,做好试点工作总结。

第三章　试点加工操作要求

第十三条 试点加工企业收购棉花,应建立、健全棉花收购质量检查验收制度,收购、存放籽棉应符合以下质量要求:

(一)分品种、分类别、分等级存放所收购的籽棉,并标识清楚。

(二)收购、存放的籽棉不超过国家规定的回潮率标准,如超过应及时晾晒。

(三)按照规定要求,避免、排除异性纤维和其他有害物质。

第十四条 同级籽棉加工前,应进行试轧,根据试轧结果确定加工工艺。籽棉加工回潮率范围为6.5—8.5%。当籽棉回潮率超过8.5%时,应进行烘干。烘干系统籽棉处理量不小于10000kg/h。

第十五条 籽棉加工时应保证加工质量,轧工质量应符合《棉花仪器化检验国家标准(草案)》的要求,皮棉表面平滑,所含棉结、索丝、杂质较少。轧花系统总的皮棉产量不低于3200kg/h,锯齿轧花机台时皮棉产量应不低于800kg。

第十六条 打包须使用具有生产许可证、公称压力不小于400吨的打包机。应调整好打包机压力,保证棉包重量符合试点要求,即包重为227kg±10kg,棉包尺寸为1400mm×530mm×700mm。

第十七条 皮棉成包后,对裸包进行捆扎。试点加工企业捆扎材料由加工项目实施小组统一安排试用。使用钢丝作为捆扎材料的试点加工企业,应在钢丝打扣时将油污擦拭干净,防止污染棉花。

第十八条 打包机应配置自动取样装置,保证切割的棉样尺寸和重量符合试点要求。即每个棉样重量约 125g，棉样尺寸长 260mm，宽 124mm。

第十九条　取样时每班应同时配备两名专业人员。取样人员应经过专门培训考核，具备由中国纤维检验局统一颁发的《棉花质量仪器化公证检验技术人员资格证书（取样员）》。

第二十条　取样员应严格按照《棉花质量仪器化公证检验样品管理暂行办法》（以下简称《样品管理办法》），逐包将切割好的棉样取出并分别组合成公证检验样品和企业留存样品，分别夹入条码卡后装入指定包装袋。保证做到包包取样，样品形态符合要求，条码卡与样品一一对应。

第二十一条　试点加工企业应严格按照《样品管理办法》以样批为单位做好样品存放、运输、交接等工作，认真填写《棉花质量仪器化公证检验样品交接单》（以下简称《样品交接单》）和《棉花质量仪器化公证检验样品卡》（以下简称《样品卡》），保证《样品交接单》、《样品卡》和条码卡内容与生产记录相一致，确保送检样品和条码卡真实准确。

第二十二条　检验样品取样完成后，应从棉包切割部位再取回潮率样品，每份样品重量约 50 克。取出的回潮率样品要立即按照规范要求检测回潮率，避免样品水分挥发或吸湿。

第二十三条　回潮率检测需使用加工项目实施小组确定的电测器，具备与条形码信息管理系统兼容的数据通讯接口，并在规定的使用周期内进行仪器检定校准。

第二十四条　回潮率检测结果通过电测器数据通讯接口自动传送到条形码信息管理系统。试点加工企业应保证回潮率结果真实、准确。

第二十五条　承担回潮率在线检测装置验证工作的试点加工企业，应准确记录在线检测装置检测的回潮率结果，研发机构科研人员和加工企业有关人员共同将该结果与电测器检验结果进行比对。

第二十六条　取样全部完成后，通过套包平台套包。试点加工企业棉包包装材料由加工项目实施小组统一安排试用。

第二十七条　棉包称重使用加工项目实施小组确定的电子称，精度要达到 0.1kg，具备与条形码信息管理系统兼容的数据通讯接口，并定期进行计量检定校准。

第二十八条　棉包毛重称量结果通过电子称数据通讯接口自动传送到条形码信息管理系统。试点加工企业应保证棉包重量结果真实、准确。

第二十九条　试点加工企业加工的成包皮棉应进行逐包编码，条码卡作为每包棉花身份和检测、查询该包棉花质量状况的信息载体。条码卡及其载明的棉包初始信息由加工项目实施小组按照《棉花质量公证检验信息系统条形码编码规则》开发的条形码信息管理系统生成。

棉包初始信息包括：产地、加工单位、生产日期、加工类型、毛重、回潮率、籽棉等级、样批号、生产线号、流水包号。

第三十条　棉包初始信息项目中，产地和加工单位由加工项目实施小组在为试点加工企业安装条形码信息管理系统时设置。生产日期、加工类型、籽棉等级、生产线号、样批号由试点加工企业信息管理员在每个班次开始加工之前设置。毛重、回潮率、流水包号在加工过程中实时生成。

第三十一条　信息管理员应严格按照《棉包条形码信息管理系统操作规程》进行条形码初始信息相关项目设置，保证条码卡信息内容真实、准确，与加工棉花实际情况一致。

第三十二条　棉包称重结束后，条形码信息管理系统即采集完毕该包棉花所有初始信息，经信息管理员确认后，打码机即打印出该包棉花条码卡。

条码卡一式四联。两联大卡片为棉包挂带条码卡，两联小卡片为样品夹带条码卡。

第三十三条　棉包套包称重后，在缝包时，一个棉包条码卡放置于包布内，一个缝制在包头上，并在另一侧包头标注样批号及包号。

第三十四条　公证检验样品送至承检机构五日内，试点加工企业可以通过公证检验数据下载软件下载公证检验结果。

公证检验数据下载软件由加工项目实施小组指定的专业人员安装，由试点加工企业信息管理员管理、使用。

试点加工企业应有一条电话线路专门用于拨号方式下载公证检验结果，保证线路畅通。如果试点加工企业不能通过拨号方式下载公证检验结果，可到承检机构通过拷贝方式获取公证检验结果。

第三十五条 试点加工企业获得公证检验结果后，使用公证检验数据下载软件打印《公证检验证书》。

第三十六条 试点加工企业可以以样批为单位集中存放，也可以根据公证检验结果将相同质量的棉包组批存放。在监管仓库存放棉包按《公证检验棉花专业仓储监管暂行办法》执行。

第四章 监督管理

第三十七条 试点加工企业在试点工作中出现以下问题应及时纠正并对由此造成的后果负责：

（一）关键岗位无证上岗；

（二）没有严格按照规定要求收购，存放籽棉；

（三）籽棉加工前未做到按试轧结果确定加工工艺，籽棉加工回潮率范围超标。籽棉加工前不测量水分，烘干机不能正常使用；

（四）籽棉加工时，工艺或设备操作不合理，造成轧工质量下降；

（五）未将钢丝产生的油污擦拭干净造成棉包污染；

（六）棉包重量超出规定范围，包型异常；

（七）未按规定要求取样、送样、登记，造成送检样品和条码卡不符合要求、出现差错、缺失；

（八）未按规定要求保存企业留样；

（九）未按规定要求检定校准电子称、回潮率电测器；

（十）未按规定要求检测回潮率；

（十一）棉包条形码信息出现差错；

（十二）未按规定要求挂放条码卡。

第三十八条 试点加工企业不得有以下行为：

（一）不按照规定要求收购籽棉，籽棉大垛严重混等混级，异性纤维及超水棉问题严重；

（二）在取样、回潮率检测、称重、条码卡打印使用、送检过程中弄虚作假；

（三）不配合统一布置的工作，不接受监督管理；

（四）对棉花质量检验体制改革认识不到位，片面强调企业自身利益，不认真按照试点要求做好相关工作；

（五）其他可能对检验体制改革试点工作构成严重损害的行为。

第三十九条 试点加工企业有违反第三十八条禁止行为之一的，由协调指导小组办公室视情节轻重对其作如下处理：

（一）注销相关人员上岗资格证；

（二）通报批评；

（三）对其加工棉花不再进行公证检验；

（四）取消试点加工企业资格；

（五）停止享受试点加工企业相关优惠政策。

第四十条 试点加工企业违反《棉花质量监督管理条例》或《棉花收购加工与市场管理暂行办法》，由相关执法部门依法进行处理。

第五章 附 则

第四十一条 试点加工企业所在地区的其他棉花加工企业，不在试点名单内，但具备试点条件，在自愿接受本办法的前提下，经协调指导小组办公室考核认可后，可以按照仪器化公证检验要求实施公证检验，并可替代被取消试点资格的试点加工企业。

第四十二条 本办法由协调指导小组办公室负责解释。

第四十三条 本办法经协调指导小组办公室发布后实施。

附件 6

棉花质量仪器化公证检验样品管理暂行办法

第一章　总　则

第一条　为确保棉花质量仪器化公证检验工作质量，规范仪器化公证检验样品管理工作，根据《棉花质量检验体制改革方案》，制定本办法。

第二条　本办法适用于棉花加工企业生产的大包型棉包的取样、留样及棉花加工企业与仪器化公证检验承检机构的样品交接。

第三条　棉花加工企业应确定专人负责取样、留样以及与承检机构交接样品等方面的管理工作。

第四条　棉花加工企业从事取样及其管理的人员，应当经过统一培训，考核合格后持证上岗。

第五条　中国纤维检验局(以下简称“中纤局”)负责对棉花加工企业取样人员培训考核发证的统一管理，可以委托相关专业组织具体实施培训考核工作。经考核合格后，由中纤局统一颁发《棉花质量仪器化公证检验取样员资格证》。

第二章　取　样

第六条　棉花加工企业生产的大包型棉包应逐包取样。

第七条　在棉花加工成包后，当棉包由接包小车送到输送线上时，抽样人员在裸包两侧用双手将打包机切割装置切好的棉样(长 260mm、宽 124mm，重约 125 克)从连接部分的根部取下，取样时注意保持自动切割棉样的尺寸和形状不变，严禁进行任何修饰。

第八条　取样员将每份样品按层平均分成两半，其中一份样品的内层和另外一份样品的外层合并形成一个样品，剩余的两半合并形成另一个样品。棉花样品应保持原切取的形状、尺寸，即棉样为长方形且平整不乱。

第九条　棉包称重后，条码机自动打出该包棉花的初始信息条码卡(一式四份)。取样员将两份条码卡分别夹入两个样品中间，将其中的一个样品送承检机构作为仪器化公证检验样品，另一个样品由企业作为留样妥善保存。

第十条　对送交承检机构的每个仪器化公证检验样品，应将条码卡夹入棉样两层之间，沿纵向卷紧后逐一套入包装小袋，装入统一规格的仪器化公证检验样品包装袋中。包装袋应印有加工企业名称、“棉花质量仪器化公证检验专用样品袋”字样和包装袋编号。每个包装袋容量为 30 个样品。

第十一条　每个包装袋内的样品必须为同一个样批。样品的流水包号不要间断。同一个包装袋内不应混入其他样批的棉样。每个装有样品的包装袋都需放入填写样批号、样品数量和包装袋编号的样品卡(见附件一)，并按样批集中存放。

样批是指同一品级的籽棉大垛，在同一天、同一条轧花生产线加工的棉花。如果同一品级的籽棉不是同一天或不在同一条轧花生产线加工，应做为不同的样批处理。

第十二条　每个样批加工和取样工作完成后，当班取样员应填写《棉花质量仪器化公证检验样品交接单》(以下简称“《样品交接单》”)(见附件二)。《样品交接单》一式两份，一份棉花加工企业留存，一份由承检机构备案。《样品交接单》内容必须与企业当班生产实际情况相符。

第三章　送　样

第十三条　棉花加工企业应当保证将抽取的仪器化公证检验样品送达中纤局指定的承检机构进行检验。

第十四条　棉花加工企业在加工期间每两天或每两个样批送样一次。在承检机构进行样品交接，企业送样人和承检机构接样人应当按《样品交接单》核对袋数和样品卡。同一样批的样品应一次完成交接。

第十五条 在公证检验时，承检机构如发现某一样批中样品与《样品交接单》中的数量不符、缺少条码卡或条码卡与样品分离，应立即予以登记，并将该样品单独存放，及时通知棉花加工企业协调处理。

第十六条 样品运输过程中应注意保持样品正常外观形态，防止样品雨淋、污染和丢失等。

第四章 留 样

第十七条 棉花加工企业留样用于销售看样、复检、送检样品缺失后的补样。

第十八条 棉花加工企业必须具备专门的棉样保管室，用以妥善保管留存样品。样品应整齐摆放在样品架上，便于查找。样品与相应条码卡不得分离。留样期间，应防止样品受潮、污染、霉变等。

第五章 监督管理

第十九条 棉花加工企业应建立取样、留样、送样等内部管理和责任追究制度，定岗定责，并接受行业管理和行政监督。

第二十条 棉花加工企业在取样、送样、留样工作过程中出现以下行为的，应及时改正，并对由此导致的公检结果失真、质量纠纷以及其它后果承担相应责任：

（一）在取样、送样工作中因失误造成样品缺失差错的；

（二）在取样过程中操作不规范，造成样品不符合要求的；

（三）因失误造成送检样品无条码卡或条码卡与样品分离的；

（四）实际送检样品在公证检验过程中经承检机构核实样批号、数量等与《样品交接单》内容不一致的；

（五）需要企业提供留样因其保管不善而不能提供的。

第二十一条 棉花加工企业不得有以下行为：

（一）加工生产的大包型棉包不逐包取样送检的；

（二）在取样、送样过程中弄虚作假的；

（三）拒不纠正并屡次出现第二十条所述问题的。

第二十二条 对棉花加工企业违反本办法第二十条规定的，视情节轻重，采取以下措施进行处理：

（一）通报批评；

（二）停止受理仪器化公证检验；

（三）建议有关部门吊销其棉花收购、加工资格证；

（四）建议有关部门取消试点资格并停止其享受国家有关扶持政策；

（五）注销企业相关取样人资格证书。

第二十三条 棉花加工企业在取样、送样中违反《棉花质量监督管理条例》有关条款的，由当地棉花质量监督机构依法进行处理。

第六章 附 则

第二十四条 本办法由中纤局负责解释。

第二十五条 本办法经棉花质量检验体制改革工作协调指导小组办公室发布后实施。

附录 A

棉花质量仪器化公证检验样品卡

样批号	
包装袋号	
样品数	
备注	

附录 B

棉花质量仪器化公证检验样品交接单

编号：　　　　　　　　　　　　　　　　　　　　　　　　　　　年　　月　　日

加工企业		样批号	
包装袋号	样品起止号	样品只数	取样员
		只	
		只	
		只	
		只	
		只	
		只	
		只	
		只	
		只	
		只	
		只	
		只	
合　计	袋	只	
备　注			

加工企业送样人：　　　　　　　　　　　　　　　　　　　　　检验机构接样人：

附件 7

公证检验棉花专业仓储监管暂行办法

第一章　总　则

第一条　为保证棉花质量检验体制改革试点工作的顺利进行，规范仓储监管仓库（以下简称"监管仓库"）对公证检验棉花（以下简称"公检棉花"）的监管行为，增加公检棉花质量保障的公信度，促进棉花有序流通，根据国务院批准的《棉花质量检验体制改革方案》，制定本办法。

第二条　棉花质量检验改革工作协调指导小组办公室（以下简称"协调指导小组办公室"）授权全国棉花交易市场（以下简称"交易市场"）为公检棉花进入监管仓库的统一监管和组织实施单位。交易市场在协调指导小组办公室的指导下，接受公检棉花货权人的全权委托，具体负责公检棉花进入监管仓库的统一监管任务。交易市场根据监管需要，按照规定条件，通过招标方式在全国范围内确定若干监管仓库，并由监管仓库具体承担公检棉花的仓储保管任务。

第三条　公检棉花监管仓库、货权人及有关工作人员须遵守本办法。

第四条　交易市场根据协调指导小组办公室的部署，负责与全国棉花质量公证检验信息系统联网及相关数据的处理与统计分析，为国家宏观调控服务。交易市场应为公检棉花监管仓库和货权人提供优质服务，切实依法保护其商业秘密。

第二章　监管仓库

第五条　凡从事仓储业务，有一定的棉花仓储能力、管理水平、安全保障，愿意承担相应义务的仓储企业均可以向交易市场申请成为公检棉花监管仓库。

第六条　监管仓库应具备的条件：

（一）从事过棉花仓储业务，有较高的管理水平，有相应的安全保障措施，愿意承担相应义务，仓储能力不低于 1 万吨；

（二）具有独立法人资格，能够独立承担民事责任；

（三）具有独立承担经济责任的能力，注册资本金不低于 200 万元；

（四）地理位置优越、交通便利，有较好的储运条件和完备的硬件设施；有较强的大型棉包中转、进出库装卸能力；

（五）有完善的管理制度和合格的管理人员，仓库配备有符合消防要求的设施及力量；

（六）有熟悉公检棉花监管流程和操作程序的的业务和技术人员；

（七）配有复包机；

（八）配备电脑和条形码读码器，能与交易市场实现数据实时交换；

（九）同意接受交易市场有关国家公证检验棉花入库、在库和出库方面的业务指导和监督；

（十）协调指导小组办公室规定的其它条件。

第七条　申请成为监管仓库的仓储企业应向交易市场提交下列申报材料：

（一）加盖企业公章和法定代表人签字的申请书；

（二）企业章程；

（三）企业最近一年财务报表（资产负债表和损益表）；

（四）企业营业执照副本复印件；

（五）企业法人身份证复印件；

（六）仓储概况说明；

（七）安全、业务管理规章制度；

（八）当地消防部门出具的消防安全达标验收证明；

（九）仓库入、出库及保管费用标准；

（十）仓库本身经济实力较差，交易市场认为需要其它有实力的企业提供担保的，提交担保证明；

（十一）交易市场要求提供的其他申报材料。

第八条 交易市场根据上述申报材料，按业务管理水平、安全保障措施、仓储企业经济实力、库容库貌、交通便捷程度、费用收取标准等指标进行初步审核，如初审合格，由交易市场报经协调指导小组办公室批准后，仓储企业与交易市场签订书面合作协议书。交易市场通过媒体对外公布，同时交易市场向符合条件的仓储企业发放“国家公证检验棉花监管仓库”标志牌。

第九条 监管仓库应根据业务量大小配备相应的业务人员和设备。

第十条 监管仓库有义务为公检棉花货权人提供优质服务，同时依法对存储在库的公检棉花资源信息保密。

第十一条 交易市场对监管仓库实行年审制。每年新棉上市前，交易市场对监管仓库进行全面审核，达到规定要求的，继续保留监管仓库称号；达不到规定要求的，限期整改，在规定期限内仍达不到要求的，经报经协调指导小组办公室批准后，撤销监管仓库名称并收回标志牌。

第三章 公检棉花入库、在库和出库管理

第十二条 监管仓库应保证公检棉花的优先入库和出库。

第十三条 棉花加工企业或经营企业（货权人）如准备将公检棉花存入监管仓库，应首先通过加密卡向交易市场提交电子版的《公证检验棉花入库申报单》（简称《申报单》）；交易市场依据《申报单》，通过加密卡向监管仓库和货权人发出《公检棉花入库通知书》（电子版，以下简称《入库通知书》），办理公检棉花的入库手续。

如果货权人为中国农业发展银行（以下简称农发行）贷款企业，公检棉花入库前要征得开户农发行同意，并在《申报单》中注明开户行为农发行，交易市场同时向开户农发行发出《入库通知书》。

第十四条 公检棉花入库过程中，监管仓库应按《入库通知书》中载明的公检棉花进行核对验收并经货权人确认。

公检棉花入库验收后，监管仓库根据经货权人确认的验收结果，应于每周一向交易市场通过传真方式填报上一周的《公检棉花入库验收回执》。

第十五条 监管仓库应将根据《入库通知书》入库的公检棉花与仓库自行开展仓储和中转业务的一般棉花严格分开，分别入库、分别堆垛、分库存放、分别记帐。

第十六条 监管仓库在公检棉花入库验收过程中，如发现不符合国家包装规定的棉花，应拒绝入库。

第十七条 棉花加工企业或货权人应根据需要对企业加工的皮棉进行组批。棉花拟进入监管仓库前如已有公证检验结果，则可以按照外观等级、长度、马克隆值级、断裂比强度级一致为原则，由棉花加工企业或货权人按 184 件为 1 批办理入库，由监管仓库按批码垛（不足 184 件据实确定批号），并在相应码单上标注批号及每件棉包的条形码编号；棉花拟进入监管仓库前如尚未收到公证检验结果，则以同一等级籽棉大垛、同一天同一加工生产线为原则，由棉花加工企业或货权人按 184 件为 1 批确定批号（不足 184 件据实确定批号），依批号办理入库手续，由监管仓库按批码垛，并在相应码单上标注批号及每件棉包的条形码编号。所有棉花在装卸、搬倒及运输过程中，应确保批次完整，严防混批混件。对于未收到公检结果而组批的棉花入库后，应货权人要求，监管仓库可以挑拣、整理、重新组批和码垛。

棉花批号由棉花加工企业或货权人从 001 至 999 以流水号方式自行确定。

棉花加工企业或货权人也可以根据购买方要求，按 46 件或 92 件为 1 批办理入库和码垛手续。

第十八条 监管仓库对炸包和散包的棉花要及时复包，因复包形成件数变化的，要在《公检棉花业务台帐》（以下简称《台帐》）和堆垛卡中特别说明。

第十九条 监管仓库对入库公检棉花必须单独分批存放，并实行《垛头卡》管理。《垛头卡》的内容包括：1. 储货性质（公检棉花）；2. 仓库编号；3. 垛位号；4. 批号；5. 件数；6. 生产年度；7. 入库时间；8. 产地；9. 层数和每层件数。

第二十条 公检棉花验收入库后，监管仓库及时按照要求生成《公检棉花电子仓单》(以下简称《电子仓单》，由交易市场设计统一格式)，并通过加密卡向货权人发送，货权人确认后通过加密卡向交易市场报送。每一份《电子仓单》只能代表一包公检棉花，每一包公检棉花只能有一份《电子仓单》。《电子仓单》应准确标明每一包的批号及条形码编号。

第二十一条 交易市场收到《电子仓单》后，通过加密卡向货权人和监管仓库发出电子版的存货证明和确认通知书。货权人在2个工作日内向交易市场确认收到存货证明。未在规定时间回复的，视同认可交易市场出具的有关存货证明。

如果货权人为农发行贷款企业，交易市场收到其《电子仓单》后，通过加密卡向货权人、开户农发行和监管仓库发出电子版的存货证明和确认通知书。货权人、开户农发行在2个工作日内向交易市场确认收到存货证明。未在规定时间回复的，交易市场应查明原因，及时处理。

第二十二条 对生成《电子仓单》的公检棉花，监管仓库应根据验收结果按货权人建立明细台帐。

第二十三条 公检棉花在监管仓库期间货权人发生变更，采取对《电子仓单》进行背书的形式，交易市场应通过加密卡向原货权人发出《公检棉花所有权变更通知书》(电子版)，同时向新的货权人发出《公检棉花所有权确认通知书》(电子版)。

如果货权人是农发行贷款企业，《电子仓单》对应的棉花在归还农发行贷款之前不得办理该《电子仓单》的背书转让。

第二十四条 货权人存放在交易市场的《电子仓单》可以用于：

(一)货权人如果是交易市场卖方交易商并参加商品棉电子撮合交易，可以凭《电子仓单》书面申请抵免在电子撮合交易中已卖出邀约的相应交易保证金(简称《仓单》抵免)；

(二)货权人如果是交易市场交易商，可以凭《电子仓单》向交易市场合作银行申请仓单质押贷款(简称《仓单》质押)；

货权人如果是农发行贷款企业，《电子仓单》对应的棉花在归还农发行相应贷款前不能办理仓单质押贷款；

(三)货权人如果是交易市场交易商，其持有的《电子仓单》可以作为通过电子撮合交易卖出棉花的交货凭证(简称《仓单》交割)；

(四)作为商品棉出库的必备凭证《公检棉花仓单》生成依据之一。

第二十五条 《电子仓单》对应的棉花收购或经营时如果使用的是农发行或其他商业银行的贷款，在有关银行与交易市场签订协议并得到货权人事先书面同意的情况下，该棉花必须首先归还有关银行的贷款方能办理货权变更和出库手续。

第二十六条 监管仓库对公检棉花的堆码方法应执行以下规定：

(一)室内堆垛应打好垫基，堆垛时棉包要平放；上下层应交叉压缝；库内垛与垛之间应留出必要的通道，通道上禁止存放其它物品；安全通道宽度不小于2米；其他通道不小于1.5米；垛与垛间距不小于1米；垛距墙不小于0.5米；距柱不小于0.5米；垛高距房梁不小于1米。

(二)在露天货场存放的公检棉花，每个棉垛的占地面积不应超过100平方米。货垛垫基应不低于0.3米，垛高不超过8米，堆人字顶，并用专用苫布严密封盖。堆垛必须分组，每组不得超过6个棉垛，垛与垛的防火间距不小于4米，组与组间的防火间距不小于10米，垛与围墙的间距不小于6米。

第二十七条 公检棉花在室内保管，室内湿度不得超过70%，温度最高不得超过35℃。高温高湿季节，应采取措施降温降湿；露天垛要每日检查，保证封盖完好，确保储存公检棉花不受潮。

第二十八条 监管仓库不得擅自移动公检棉花垛位。如确需移动，须征得交易市场书面同意，并办理《电子仓单》垛位变更手续。

第二十九条 存放在监管仓库的公检棉花数量属于货权人的商业机密，监管仓库有义务保守秘密。未经交易市场书面批准，监管仓库不得允许其它人员入库查看公检棉花。

第三十条 存放在监管仓库的公检棉花如需要

出库，由货权人向交易市场提出申请，交易市场根据《电子仓单》、最新的《公检棉花所有权确认通知书》生成书面的《公检棉花仓单》（以下简称《仓单》）。公检棉花出库时必须有交易市场出具的书面的《公检棉花提货单》（以下简称《提货单》）原件和《仓单》原件。监管仓库将《仓单》与《电子仓单》对比并核实《提货单》原件、提货人身份后，方可办理出库手续。

《提货单》必须证章齐全并骑缝加盖交易市场提货专用章。

如果有关银行与交易市场已签有书面合作协议，对应棉花出库按有关协议执行。

第三十一条　公检棉花货权人要求公检棉花出库，交易市场在《仓单》上加盖“出库”印章。凡《仓单》上加盖“出库”印章的棉花不得再进入监管仓库。

第三十二条　公检棉花出库后，监管仓库应及时调整仓库保管明细台帐，同时将公检棉花已出库的《仓单》妥善保存备查。

第三十三条　存放在监管仓库的公检棉花，统一由交易市场负责投保，保险费由货权人承担。由于不可抗力因素所造成的损失，属于保险责任范围内的，由保险公司负责赔偿，但监管仓库应在不可抗力事故发生后及时通知交易市场和货权人，并及时采取补救措施防止风险或损失扩大。在发生不可抗力时，如因监管仓库上报、通知不及时，未采取补救措施或采取补救措施延迟造成损失扩大，则监管仓库应就扩大损失部分承担相应的经济和法律责任。

第三十四条　公检棉花在库期间因监管仓库保管不善导致产生保险责任范围以外的损失，由监管仓库承担全部责任。

第四章　数据管理

第三十五条　监管仓库应按交易市场的规定程序和要求认真建立公检棉花的《台帐》。《台帐》内容包括公检棉花货权人、入库、在库和出库等情况。

如果货权人是农发行贷款企业，监管仓库要与货权人开户农发行签定协议，定期报送有关数据。

第三十六条　监管仓库每月 20 日应按规定向交易市场及时编报《公检棉花库存月报表》（以下简称《月报表》）。《月报表》由《台帐》生成，应准确载明公检棉花分班次、分时入库、出库详细情况。

第三十七条　监管仓库应落实专人负责《台帐》和《月报表》的登录、统计和编报工作，并随时接受交易市场的监督和检查。

第五章　费用管理

第三十八条　监管仓库向公检棉花货权人收取的费用主要包括：入库费、保管费、出库费和炸包、散包的复包费。

第三十九条　入库费和炸包、散包的复包费由货权人直接支付给监管仓库；出库费由提货人直接支付给监管仓库。

保管费由交易市场负责统一向货权人代收并统一支付给监管仓库，监管仓库按要求给有关货权人直接开具发票。保管时间在三个月以内的，在公检棉花出库后 5 个工作日内结清保管费，保管时间超过三个月的，每三个月支付一次保管费。每年十二月十五日应将全年的费用结算一次。

第四十条　监管仓库的收费必须严格按照交易市场与监管仓库之间签订的合作协议的标准执行。公检棉花在入库、保管和出库过程中发生的临时性费用，如炸包、散包的复包费等，由货权人与监管仓库协商解决，并报交易市场备案。各监管仓库收费应对所有公检棉花货权人一视同仁。

入库费、保管费、出库费等费用应严格按照交易市场已公布的标准执行（见中国棉花信息网有关指定仓库专栏）。监管仓库不得因节假日等原因另收加班费和加时费，不得因装卸方式等原因变相提高收费标准。

应买方要求，需要对棉花进行重新组批的，仓库可以收取重新组批搬倒费用，其费用标准由买方与仓库自行商量确定。

第六章　监督管理

第四十一条　交易市场对监管仓库实行严格的监督检查制度。监管仓库应设置检查日记，对自查、被查和入、出库情况进行记录。

第四十二条 交易市场对监管仓库的抽查每季度不少于一次，重点库可增加抽查次数。

第四十三条 交易市场对监管仓库抽查的内容包括：仓储设备、库容库貌、安全措施、消防设施、公检棉花入库、出库管理、业务《台帐》管理、出库《仓单》的保管、堆垛挂卡情况、公检棉花货权人满意程度以及交易市场认为必要的其他内容。

第四十四条 交易市场监管人员到监管仓库核查时，除检查上述内容外，重点应检查公检棉花出、入库记录、保管《台帐》、堆垛垛头卡，核实帐帐（交易市场《台帐》和监管仓库《台帐》）、帐卡（监管仓库《台帐》与堆垛垛头卡）、帐实（监管仓库《台帐》所载的库存与实际库存）是否一致，不一致的应查清原因，并由监管仓库写出书面说明。检查后，监管人员应在交易市场配备的检查日记中对检查结果作出说明并履行签字手续。

第七章　违规与处罚

第四十五条 交易市场对授权范围内的统一监管工作承担责任。对因组织协调工作不力，不按规程办事，给公检棉花货权人、监管仓库造成经济损失或利益损害的，由交易市场承担相应的经济和法律责任。

第四十六条 监管仓库对其开出的《电子仓单》、各种单据及报表数据的真实性承担责任。因监管仓库违反与交易市场签订的协议，违反交易市场规定，给交易市场或货权人造成损失、损害的，要依法追究监管仓库的经济和法律责任。

第四十七条 监管仓库的违规行为包括：

（一）未收到交易市场开具的《提货单》和书面《仓单》即出库公检棉花；

（二）虚报公检棉花入库数量、虚填《电子仓单》；

（三）对炸包、散包棉花不能及时复包并报告交易市场和存货人；

（四）私自串包或更换《电子仓单》所载棉花；

（五）伪造、涂改有关票证、文件和资料；

（六）不按规定保存《提货单》和书面《仓单》等有关资料；

（七）不按规定标准和收费项目收费；

（八）弄虚作假；

（九）服务不规范，甚至欺诈公检棉花货权人；

（十）故意拖延公检棉花出库时间，影响提货方提货；

（十一）不按约定时间保管，要求货权人提前出库；

（十二）不配合交易市场进行的监督检查；

（十三）其他违规行为。

第四十八条 监管仓库如有第四十七条所列违规行为之一者，可由交易市场视情节轻重分别给予警告、严重警告、在全国棉花行业内通报、暂停业务开展、取消监管仓库资格等处罚。

第四十九条 如果公检棉花货权人为农发行贷款企业，其存放在监管仓库的《电子仓单》对应的棉花在未归还农发行贷款前货权人已变更或《电子仓单》对应的棉花已出库，交易市场应先向开户农发行先行赔付，偿还农发行贷款，再由交易市场向有关责任人追索。

如果棉花价格下跌，造成存放在监管仓库的农发行贷款部分的棉花实际销售货款不足以归还全部贷款时，除协议另有约定外，交易市场不对实际销售货款与贷款企业应付贷款本息之间的差额负责。

第八章　附　则

第五十条 本办法由交易市场负责解释。

第五十一条 本办法经棉花质量检验体制改革工作协调指导小组办公室发布后实施。

关于认真做好农发行贷款棉花委托交易市场监管工作的通知

【发文单位】 农业发展银行
【发文日期】 2005 年 9 月 12 日
【文　　号】 2005 年第 32 号

各指定交割(监管)仓库:

近日,中国农业发展银行总行向各分行下发了《关于做好 2005 棉花年度信贷工作的意见》(农发银发〔2005〕227 号),明确提出:“当电子撮合交易价格高于现货价格时应鼓励企业通过公开交易市场实现销售,这样既能使企业获得合理利润又可以有效保证我行资金安全”。同时,中国农业发展银行客户二部发出《关于进一步做好棉花贷款客户库存管理工作的意见》(农发银客二〔2005〕22 号),明确提出:“各行可与全国棉花交易市场合作,充分利用这一辐射全国的棉花交易平台加强对贷款客户的库存管理”,并将贷款农发行、贷款企业和全国棉花交易市场签订的三方合作协议(见附件 1)及有关操作流程(见附件 2)推荐给各地农发行。这是中国农业发展银行对全国棉花交易市场商品棉电子撮合交易和商品棉监管工作的充分信任和高度肯定。为切实做好农发行贷款棉花的监管工作,确保农发行信贷资金安全,各指定交割(监管)仓库要严格按照三方协议第六条规定执行:“指定交割仓库根据公证检验结果及时填写《全国棉花交易市场商品棉仓单》(以下简称《仓单》)并签字盖章,然后交乙方签字盖章。指定交割仓库将乙方签字盖章后将《仓单》交甲方,甲方在《仓单》正面右上角空白处盖章确认。指定交割仓库将《仓单》原件送达或寄达丙方,甲方和乙方各留存复印件 1 份”。即,凡通过《入库通知书》提示为农发行贷款棉花入库后,凡生成《仓单》时,各指定交割(监管)仓库填写《仓单》并签字盖章后,要将贷款企业签字盖章后的《仓单》负责收回,并交给贷款农发行,贷款农发行在《仓单》正面盖章确认后,由指定交割(监管)仓库负责将《仓单》原件送达或寄达交易市场。

同时,各指定交割(监管)仓库应对前来办理入库、出库棉花的交易市场交易商积极宣传中国农业发展银行的文件精神,鼓励交易商在做好贷款风险控制的前提下通过这一途径争取开户农发行提供更多信贷资金用于交易商的棉花购销,实现规模经营。对于目前还不是交易市场交易商的棉花经营企业或在农发行开户的纺织企业前来仓库办理日常仓储业务时,同样要积极宣传这一业务操作模式,争取这些企业早日成为交易市场交易商。

此项工作政策性强,涉及面较广,希望各指定交割(监管)仓库主动与当地农发行联系,严格按照以上规定和要求执行,实现农发行、棉花贷款企业、交易市场和各指定交割(监管)仓库的共同发展。

在此项业务开展过程中有什么新情况、新问题请及时与指定仓库监管部联系。

特此通知。

附件:(略)

二OO五年九月十二日

关于国家储备棉通过全国棉花交易市场轮入的公告

各交易商：

受国家有关部门委托，中国储备棉管理总公司(以下简称“中储棉公司”)将于近期通过竞价采购的方式轮入部分储备棉。现将有关事项公告如下：

一、交易时间、地点

自2004年8月23日开始，每个工作日14:00—16:00在全国棉花交易市场(以下简称“交易市场”)竞价采购。

二、棉花质量

本次竞价采购2003年度生产的1至3级锯齿棉，其中，国产棉必须符合“GB1103－1999细绒棉”国家标准，包装完整，码单齐全，刷唛清晰；进口棉必须经中国商检局商检。国产棉成交后由中国纤维检验局组织公证检验，合格部分入储；不合格部分由卖方自行处理，并负担配合公证检验搬倒费用。进口棉按商检结果执行，入储验收时发现不符合规定要求的部分，由卖方自行处理。

三、卖方资质

具备《全国棉花交易市场储备棉竞价采购办法》规定条件的交易商均可参与竞卖。非交易市场的交易商，可以向交易市场提出申请，或委托交易市场交易商代理。

四、交易方式

卖方为交易市场交易商，买方为中储棉公司。中储棉公司发布各承储库的到库最高限价和数量，卖方自主减价，按在一定时间内最低报价成交。国产棉328级、进口棉M 1－3/32级最高限价为每吨13100元，差率按品级2%、长度每毫米1%计算。成交后由买卖双方通过交易市场签订《棉花购销合同》，交易市场见证。

卖方报价为送达至买方指定承储库或距承储库不超过2公里的水运码头(以下统称“交货点”)的交货价。在此之前发生的各项费用由卖方承担。

承储库名单如下：

中储棉公司天津直属库

中储棉公司青岛直属库

中储棉公司徐州直属库

中储棉公司阜阳直属库

中储棉公司九江直属库

中储棉公司武汉直属库

中储棉公司绍兴直属库

中储棉公司泾阳直属库

中储棉公司漯河直属库

中储棉公司兰州直属库

卖方接到买方《储备棉入库通知书》后20日内，按通知书要求将棉花运至买方指定的交货点。

具体交易办法见《全国棉花交易市场储备棉竞价采购办法》。

五、保证金、交收和结算

交易商按每吨500元向交易市场交纳履约保证金。交易市场根据交易商交纳保证金数量核定其最大售卖数量。

成交后，卖方应提供棉花所在库的详细地址，买方根据国产棉成交数量统一向中国纤维检验局申报公证检验。

卖方送货时应将有关票证随货同行，逾期未能送达，每日每吨扣减100元保证金。交易市场在收到买方提供的入库凭证后释放卖方交易保证金。

棉花到达指定承储库后，买方及时组织验收储备棉质量、数量等是否与《棉花购销合同》规定相符。

买方验收合格后，根据公检结果在3个工作日内向卖方付全款。货款计算按《国家储备棉收储办法》有关规定执行。卖方应及时提供增值税发票给买方。

六、其他

1. 交易市场的交易手续费按10元/吨向卖方和买方分别收取。

2. 为了保证国家储备棉收储工作的顺利进行，交易市场将在交易期间免费通过互联网提供储备棉竞价采购实时交易行情。

3. 全国棉花交易市场营业地址：北京西城区金融街33号通泰大厦C座12层

联系人：张 静

电　话：(010)88087129、88087079

传　真：(010)88087295、88087296

特此公告。

中国储备棉管理总公司

全国棉花交易市场

二〇〇四年八月十八日

关于2004年度采购国家储备棉的公告

各交易商：

根据《关于下达2004年度国家储备棉收储计划的通知》（发改经贸[2004]2405号）精神，中国储备棉管理总公司（以下简称“中储棉公司”）将于近期通过竞价采购的方式收储30万吨国家储备棉。现将有关事项公告如下：

一、交易时间、地点

自2004年11月9日开始，每个工作日14:00－16:00在全国棉花交易市场（以下简称“交易市场”）竞价采购。

二、采购价格

最高限价为国产棉328级每吨11500元，品级差率按4%、长度差率按1%计算。

三、质量要求

本次竞价采购的棉花为2004年度生产的1至3级锯齿棉。长度28mm以上（含28mm），马克隆值为A或B级，回潮率不超过9.5%，批样中发现异性纤维的样品占检验样品数量的比例低于8%。包装必须符合“GB1103－1999细绒棉”国家标准，包装完整，码单齐全，刷唛清晰。成交后由中国纤维检验局组织公证检验，公证检验后符合质量要求部分按规定入储，入储验收时如发现仍有不符合规定要求的部分，由卖方自行处理。不符合质量要求部分不得入储，并由卖方负担配合公证检验搬倒费用。

四、卖方资质

具备《2004年度储备棉竞价采购办法》规定条件的交易商均可参与竞卖。非交易市场的交易商，可以委托交易市场交易商代理，也可以向交易市场提出申请成为交易商。

五、交易方式

卖方为交易市场交易商，买方为中储棉公司。中储棉公司发布各承储库的到库最高限价和数量，卖方自主减价，按在一定时间内最低报价成交。成交后由买卖双方通过交易市场签订《棉花购销合同》，交易市场见证。

卖方报价为送达至买方指定承储库或距承储库不超过2公里的水运码头（以下统称“交货点”）的交

货价。在此之前发生的各项费用由卖方承担。

卖方接到买方《储备棉入库通知书》后20日内，按通知书要求将棉花运至买方指定的交货点。

具体交易办法见《2004年度国家储备棉竞价采购办法》。

六、保证金、交收和结算

交易商按每吨500元向交易市场交纳履约保证金。交易市场根据交易商交纳保证金数量核定其最大售卖数量。

成交后，买卖双方应在3个工作日内签定合同，卖方逾期未签合同的，按卖方违约处理。

合同签定后，卖方应在3个工作内提供棉花所在库的详细地址，买方根据成交数量统一向中国纤维检验局申报公证检验。逾期未能提供的，按卖方违约处理。

卖方送货时应将有关票证随货同行，逾期送达，每日每吨扣减50元保证金。下达《储备棉入库通知书》后30个工作日内仍未送达的，终止合同。交易市场在收到买方提供的入库凭证后释放卖方交易保证金。

棉花到达指定承储库后，买方及时组织验收储备棉质量、数量等是否与《棉花购销合同》规定相符。

买方验收合格后，根据公检结果在3个工作日内向卖方付全款。卖方应同时提供增值税发票给买方，货款计算按《2004年度国家储备棉竞价采购办法》有关规定执行。

七、其他

1. 交易市场按10元/吨向卖方和买方分别收取交易手续费。

2. 为了保证国家储备棉收储工作的顺利进行，交易市场将在交易期间免费通过互联网提供储备棉竞价采购实时交易行情。

3. 全国棉花交易市场营业地址：北京西城区金融街33号通泰大厦C座12层

中国储备棉管理总公司
全国棉花交易市场
二OO四年十一月

关于2003年度国家储备棉轮入有关问题的公告

各交易商：

2003年度国家储备棉竞价采购工作已于2004年10月18日结束。按照文件要求，所有成交的国产棉均需进行公证检验。经商国家有关部门同意，要求各交易商于2004年12月8日前上报已成交的国产棉申报公证检验资料，之后，将不再受理2003年度成交的国产棉公证检验申报工作。就地公证检验合格的，要求各交易商按合同要求及时发运到指定仓库，否则，按卖方违约处理。

特此公告。

中国储备棉管理总公司
二〇〇四年十一月二十六日

关于调整2004年度国家储备棉收储价格的公告

接国家有关部门通知，自2005年3月28日起，调整2004年度国家储备棉收储价格，国产标准级棉花以每吨12000元作为收储的最高到库价格，按竞价当日的最低报价成交。其他政策仍按国家发展改革委、财政部、农发总行《关于下达2004年度国家储备棉收储计划的通知》（发改经贸[2004]2405号）及相关规定执行。

2005年3月28日以前成交的棉花，仍按国产标准级棉花以每吨11500元作为收储的最高到库价格执行。

特此公告。

中国储备棉管理总公司
二OO五年三月二十八日

2004年度储备棉竞价采购办法

第一章　总　则

第一条　为确保储备棉按照公开、公正、公平的原则收储，根据《中华人民共和国合同法》及国家有关部门规定，制订本办法。

第二条　中国储备棉管理总公司（以下简称"中储棉公司"）通过竞价采购的方式收储部分储备棉。竞价采购是指由中储棉公司发布购棉邀约，由卖方通过全国棉花交易市场（以下简称"交易市场"）储备棉交易系统自主减价，按在一定时间内最低报价成交，并生成《全国棉花交易市场棉花购销合同》，由卖方在中储棉公司指定的承储库交货的交易方式。火车运输在铁路专用线车板交货、汽运在承储库货场交货、水运在距承储库不超过2公里的水运码头（以下统称"交货点"）交货。

中储棉公司指定承储库于交易前公开发布。

第三条　参与储备棉交易的交易商必须经过交易市场的资格认定。

交易商是指经交易市场审查批准，取得交易商资格，可在交易市场进行棉花交易的法人。

第四条　非交易市场的交易商，可以向交易市场提出申请加入，或委托交易市场交易商代理。交易市场交易商必须符合以下条件：

一、经国家工商行政管理部门登记注册的企业法人；

二、具备一般纳税人资格。

第五条 储备棉竞价采购交易时间暂定为国家法定工作日14:00—16:00。如有变化，以交易市场发布的公告为准。

第二章　储备棉竞价采购的程序

第六条　储备棉竞价采购的程序：

（一）交易市场根据中储棉公司预存保证金数额核定其购买数量权限，交易市场通过储备棉交易系统发布中储棉公司在各承储库的最高买价和数量。

（二）卖方参与交易前，须向交易市场交纳一定数额的保证金，经交易市场确认后获得卖出数量权限，然后通过储备棉交易系统对中储棉公司指定承储库的最高买价予以自主减价。

（三）上述交易指令输入储备棉交易系统后即为有效指令，自动计时存档。

（四）储备棉竞价采购实行“倒计时”方式，并按倒计时结束时最低卖价成交。

（五）交易市场根据买卖双方成交结果生成《全国棉花交易市场棉花购销合同》，具有法律效力。

第七条 卖方和中储棉公司对各自通过交易市场储备棉交易系统发出的“邀约”指令承担全部经济和法律责任。

第八条 卖方之间不得串通交易，不得串通操纵成交价格，误导价格走势。违反此规定者，交易市场有权视情节轻重分别给予口头警告、书面警告、暂停交易、终止交易商资格等处罚。

第三章 保证金和手续费

第九条 交易市场于交易前向买卖双方收取保证金。中储棉公司的保证金根据其收储数量核定，卖方保证金不少于人民币50万元。

保证金是指买卖双方按照交易市场规定标准交纳的资金，专门用于储备棉竞价采购履约保证。

第十条 交易过程中，如保证金不足，将不能发出“邀约”指令。

第十一条 “倒计时”结束后交易市场分别向成交双方一次性预扣500元/吨（棉花质量检验体制改革试点企业250元/吨）的保证金作为履约保证。

第十二条 交易市场可根据价格行情的变化，对买卖双方一次性预扣的交易保证金标准进行调整，并至少提前三天发布。

第十三条 交易市场凭中储棉公司指定承储库出具的《储备棉入库单》释放卖方保证金。

第十四条 交易市场凭中储棉公司出具的《资金收支审批单》释放其保证金。

第十五条 交易市场按每吨10元（含税）分别向成交双方收取交易手续费。

第十六条 除非法律或有管辖权的法院、法庭、仲裁庭或行政主管机关明确要求，交易市场负有为交易商交易资料保密的责任。

第四章 品种、质量、计量和计价单位

第十七条 本次竞价采购的棉花为2004年度生产的1至3级国产锯齿棉，包装必须符合“GB1103－1999细绒棉”国家标准，包装完整，码单齐全，刷唛清晰。原则上不收储交割棉。成交后由中国纤维检验局组织公证检验，合格部分入储，入储验收时发现不符合规定要求的部分，由卖方自行处理。

第十八条 合同交易的计量单位为“吨”，合同交易的计价单位为“元/吨”（含税），交易商每次报价的最小变动单位为50元/吨，最少数量500吨，原产地为同一地（市）。

第十九条 为了配合、支持棉花质量检验体制改革，按收储最高限价直接收储试点企业按照改革要求加工、检验的大包型棉花。

第五章 公证检验

第二十条 在交易市场成交后的棉花由中储棉公司向中国纤维局申报公证检验，中储棉公司予以协助。

第二十一条 公证检验既可在卖方仓库进行，也可在中储棉公司承储库进行。在卖方仓库公证检验的，一次成交棉花超过1000吨的，每个仓库的存放量原则上不得少于500吨。

第二十二条 除棉花质量检验体制改革试点企业生产的大包型棉花不再重复进行公证检验外，本次收储的棉花无论是否已经公证检验，一律由中国纤维检验局实施公证检验。

第二十三条 中国纤维检验局在规定时间内

组织公证检验,并将公证检验结果及时通知中储棉公司和卖方。无异议的出具《国家储备棉公证检验证书》。

第二十四条 对公证检验结果有异议的,可在规定时间提请复验。

第六章 交货流程及货款结算

第二十五条 成交棉花由卖方负责运输,运达指定交货点之前的一切费用由卖方承担。

第二十六条 卖方运至中储棉公司指定交货点的棉花每批为250件或500件(允差幅度为±5%),平均包重为85公斤、110公斤(允差幅度为±5%),不得混批混件。棉包包装要符合国家规定标准,且必须使用新包布。包型需符合国家有关规定要求。

第二十七条 卖方棉花入库前或入库过程中炸包、散包件数小于总件数5%,可以入库,但卖方应负责按原件数给予复包,相应费用由卖方承担。

第二十八条 卖方拟将棉花运至中储棉公司指定交货点前,至少提前2个工作日与对应承储库衔接,以便做好接货准备。如卖方未及时通知而造成接货延迟的,相应损失由卖方承担。

第二十九条 卖方将棉花运至指定交货点时,须做到货证同行。棉花批号要符合《关于严格执行棉包包装标志有关规定的通知》(全国供销合作总社供销棉检字〔2000〕40号)的有关规定。

第三十条 出现下列情况之一,卖方棉花不能用于交货:

1. 经技术处理主体品级低于3级;
2. 长度低于28mm;
3. 检验后回潮率大于9.5%;
4. 发现异性纤维的样品数量达到扦样总量8%及以上;
5. 炸包、散包件数占总件数达到或超过5%;
6. 露白棉包包数占总包数10%及以上;
7. 货证不符的;
8. 严重污染、霉变、雨淋的;
9. 混有地脚棉、回收棉的。

已运到指定交货点的,由卖方自行处理。

第三十一条 中储棉公司根据承储库出具的《储备棉入库单》在3个工作日内全额付款。

第三十二条 货款计算公式。货款计算公式为:(成交价±质量数量差价)×实际验收数量+实际验收数量×40元(配合公检搬倒费),差价率按品级4%、长度每毫米1%计算。

第三十三条 结算价格按中国纤维检验局出具的《国家储备棉公证检验证书》计算。

第三十四条 在中储棉公司指定承储库组织公证检验的,货到指定仓库后由中储棉公司组织初验,符合报验条件的先预付80%的货款,待公证检验结束后,按公证检验证书据实结算,多退少补。

第三十五条 入库棉花露白包数不得超过总包数的10%,需回包的,费用按10元/包从货款中扣减。

第三十六条 成交后,卖方应在10个工作日内提供棉花所在库的详细地址、联系人及联系电话,成交国产棉由中储棉公司向中国纤维检验局申报公证检验。超过10个工作日,卖方未提供相关资料的,为卖方违约,从第11个工作日起每个工作日扣减50元/吨违约金;超过20个工作日仍未提供相关资料的,扣减500元/吨的违约金后,合同终止。

第三十七条 储备棉交易和交货过程中所有票据的合法性和有效性由提供方负责。

第三十八条 中储棉公司在收到承储库《储备棉入库单》后3个工作日内,向卖方支付货款,同时卖方向中储棉公司开具增值税专用发票。因不能及时开具增值税专用发票造成付款延期的,由卖方负责。

第七章　纠纷处理

第三十九条　棉花入库时由中储棉公司组织验收。如验收后对公证检验结果有异议，按照《棉花质量监督管理条例》的规定向中国纤维检验局提出复检申请，中国纤维检验局按照规定程序进行复检，按照复检结果重新结算；对复检结论仍有异议的，可以申请仲裁或依法向人民法院提起诉讼。

第四十条　验收后发现不符合储备棉入库条件的棉花，由卖方在10个工作日将棉花自行移库，并承担到库后发生的各项费用。超过10个工作日仍未移库，中储棉公司加倍收取保管费；超过30个工作日，中储棉公司有权将该批棉花通过交易市场公开竞卖，所得货款用于支付中储棉公司入库费用、超期保管费、保险费等，余款退还卖方。

公证检验后，符合收储要求但在20个工作日内不交储的，为卖方违约。

第四十一条　超过3个工作日未付款的，每超过1个工作日，中储棉公司按应支付金额的同期贷款利息的双倍给予卖方补偿；超过规定期限7个工作日中储棉公司仍未能付款，则按三倍利息补偿，直至货款付清为止。

第四十二条　卖方在规定的时间内没有将《储备棉入库通知书》所要求的棉花运达中储棉公司指定交货点，每超过1天，扣减卖方50元/吨作为违约金，直至扣完为止。超过规定期限10个工作日，仍未将成交棉花运至指定交货点，按卖方违约处理，合同不再执行。

第四十三条　出现合同违约后，交易市场按500元/吨将违约方的违约金支付给对方。

第八章　附　则

第四十四条　交易市场有权根据国家有关部门指示对本办法有关规定作出调整。所有调整以交易市场公告形式对外发布。

第四十五条　交易市场每日交易结束后将成交结果报送中储棉公司。

第四十六条　本办法由交易市场负责解释和修订。

第四十七条　本办法自发布之日起执行。

中国储备棉管理总公司
全国棉花交易市场
二〇〇四年十一月四日

棉花质量监督管理条例

中华人民共和国国务院令第314号《棉花质量监督管理条例》已经2001年7月26日国务院第43次常务会议通过，现予公布，自公布之日起施行。

第一章　总　则

第一条　为了加强对棉花质量的监督管理，维护棉花市场秩序，保护棉花交易各方的合法权益，制定本条例。

第二条　棉花经营者（含棉花收购者、加工者、销售者、承储者，下同）从事棉花经营活动，棉花质量监督机构对棉花质量实施监督管理，必须遵守本条例。

第三条　棉花经营者从事棉花收购、加工、销售或者承储等经营活动，应当按照国家有关规定取得资格认定。

棉花经营者应当建立、健全棉花质量内部管理制度，严格实施岗位质量规范、质量责任及相应的考核办法。

第四条　国务院质量监督检验检疫部门主管全国棉花质量监督工作，由其所属的中国纤维检验机构负责组织实施。

省、自治区、直辖市人民政府质量监督部门负责本行政区域内棉花质量监督工作。设有专业纤维检验机构的地方，由专业纤维检验机构在其管辖范围内对棉花质量实施监督；没有设立专业纤维检验机构的地方，由质量监督部门在其管辖范围内对棉花质量实施监督（专业纤维检验机构和地方质量监督部门并列使用时，统称棉花质量监督机构）。

第五条　地方各级人民政府及其工作人员不得包庇、纵容本地区的棉花质量违法行为，或者阻挠、干预棉花质量监督机构依法对棉花收购、加工、销售、承储中违反本条例规定的行为进行查处。

第六条　任何单位和个人对棉花质量违法行为，均有权检举。

第二章

第七条　棉花质量义务第七条棉花经营者收购棉花，应当建立、健全棉花收购质量检查验收制度，具备品级实物标准和棉花质量检验所必备的设备、工具。

棉花经营者收购棉花时，应当按照国家标准和技术规范，排除异性纤维和其他有害物质后确定所收购棉花的类别、等级、数量；所收购的棉花超出国家规定水分标准的，应当进行晾晒、烘干等技术处理，保证棉花质量。

棉花经营者应当分类别、分等级置放所收购的棉花。

第八条　棉花经营者加工棉花，必须符合下列要求：(一)按照国家标准，对所加工棉花中的异性纤维和其他有害物质进行分拣，并予以排除；(二)按照国家标准，对棉花分等级加工，并对加工后的棉花进行包装并标注标识，标识应当与棉花质量相符；(三)按照国家标准，将加工后的棉花成包组批放置。

棉花经营者不得使用国家明令禁止的皮辊机、轧花机、打包机以及其他棉花加工设备加工棉花。

第九条　棉花经营者销售棉花，必须符合下列要求：(一)每批棉花附有质量凭证；(二)棉花包装、标识符合国家标准；(三)棉花类别、等级、重量与质量凭证、标识相符；(四)经公证检验的棉花，附有公证检验证书，其中国家储备棉还应当粘贴公证检验标志。

第十条　棉花经营者承储国家储备棉，应当建立、健全棉花入库、出库质量检查验收制度，保证入库、出库的国家储备棉的类别、等级、数量与公证检验证书、公证检验标志相符。

棉花经营者承储国家储备棉，应当按照国家规定维护、保养承储设施，保证国家储备棉质量免受人为因素造成的质量变异。

棉花经营者不得将未经棉花质量公证检验的棉花作为国家储备棉入库、出库。

政府机关及其工作人员，不得强令棉花经营者将未经棉花质量公证检验的棉花作为国家储备棉入库、出库。

第十一条　棉花经营者收购、加工、销售、承储棉花，不得伪造、变造、冒用棉花质量凭证、标识、公证检验证书、公证检验标志。

第十二条严禁棉花经营者在收购、加工、销售、承储等棉花经营活动中掺杂掺假、以次充好、以假充真。

第三章　棉花质量监督

第十三条　国家实行棉花质量公证检验制度。前款所称棉花质量公证检验，是指专业纤维检验机构按照国家标准和技术规范，对棉花的质量、数量进行检验并出具公证检验证书的活动。

第十四条　棉花经营者向用棉企业销售棉花，交易任何一方在棉花交易结算前，可以委托专业纤维检验机构对所交易的棉花进行公证检验；经公证检验后，由专业纤维检验机构出具棉花质量公证检验证书，作为棉花质量、数量的依据。

第十五条　国家储备棉的入库、出库，必须经棉花质量公证检验；经公证检验后，由专业纤维检验机构出具棉花质量公证检验证书，作为国家财政支付存储国家储备棉所需费用的依据。

经公证检验的国家储备棉，由专业纤维检验机构粘贴中国纤维检验机构统一规定的公证检验标志。

第十六条 专业纤维检验机构进行棉花质量公证检验，必须执行国家标准及其检验方法、技术规范和时间要求，保证客观、公正、及时。专业纤维检验机构出具的棉花质量公证检验证书应当真实、客观地反映棉花的质量、数量。

棉花质量公证检验证书的内容应当包括：产品名称、送检（委托）单位、批号、包数、检验依据、检验结果、检验单位、检验人员等内容。

棉花质量公证检验证书的格式由国务院质量监督检验检疫部门规定。

第十七条 专业纤维检验机构实施棉花质量公证检验不得收取费用，所需检验费用按照国家有关规定列支。

第十八条 国务院质量监督检验检疫部门在全国范围内对经棉花质量公证检验的棉花组织实施监督抽验，省、自治区、直辖市人民政府质量监督部门在本行政区域内对经棉花质量公证检验的棉花组织实施监督抽验。

监督抽验的内容是：棉花质量公证检验证书和公证检验标志是否与实物相符；专业纤维检验机构实施的棉花质量公证检验是否客观、公正、及时。

监督抽验所需样品从公证检验的留样中随机抽取，并应当自抽取样品之日起 10 日内作出检验结论。

第十九条 棉花质量监督机构对棉花质量公证检验以外的棉花，可以在棉花收购、加工、销售、承储的现场实施监督检查。

监督检查的内容是：棉花质量、数量和包装是否符合国家标准；棉花标识以及质量凭证是否与实物相符。

第二十条 棉花质量监督机构在实施棉花质量监督检查过程中，根据违法嫌疑证据或者举报，对涉嫌违反本条例规定的行为进行查处时，可以行使下列职权：（一）对涉嫌从事违反本条例的经营活动的场所实施现场检查；（二）向棉花经营单位的有关人员调查、了解与涉嫌从事违反本条例的经营活动有关的情况；（三）查阅、复制与棉花经营有关的合同、单据、账簿以及其他资料；（四）对涉嫌掺杂掺假、以次充好、以假充真或者其他有严重质量问题的棉花以及专门用于生产掺杂掺假、以次充好、以假充真的棉花的设备、工具予以查封或者扣押。

第二十一条 棉花质量监督机构根据监督检查的需要，可以对棉花质量进行检验；检验所需样品按照国家有关标准，从收购、加工、销售、储备的棉花中随机抽取，并应当自抽取检验样品之日起 3 日内作出检验结论。

依照前款规定进行的检验不得收取费用，所需检验费用按照国家有关规定列支。

第二十二条 棉花经营者、用棉企业对依照本条例进行的棉花质量公证检验和棉花质量监督检查中实施检验的结果有异议的，可以自收到检验结果之日起 5 日内向省、自治区、直辖市的棉花质量监督机构或者中国纤维检验机构申请复检；省、自治区、直辖市的棉花质量监督机构或者中国纤维检验机构应当自收到申请之日起 7 日内作出复检结论，并告知申请人。棉花经营者、用棉企业对复检结论仍有异议的，可以依法向人民法院提起诉讼。

第二十三条 经国务院质量监督检验检疫部门认可的其他纤维检验机构，可以受委托从事棉花质量检验业务。具体办法由国务院质量监督检验检疫部门会同国务院有关部门规定。

第四章 罚 则

第二十四条 棉花经营者收购棉花，违反本条例第七条第二款、第三款的规定，不按照国家标准和技术规范排除异性纤维和其他有害物质后确定所收购棉花的类别、等级、数量，或者对所收购的超出国家规定水分标准的棉花不进行技术处理，或者对所收购的棉花不分类别、分等级置放的，由棉花质量监督机构责令改正，可以处3万元以下的罚款；情节严重的，由原资格认定机关取消其棉花收购资格。

第二十五条　棉花经营者加工棉花，违反本条例第八条第一款的规定，不按照国家标准分拣、排除异性纤维和其他有害物质，不按照国家标准对棉花分等级加工、进行包装并标注标识，或者不按照国家标准成包组批放置的，由棉花质量监督机构责令改正，并可以根据情节轻重，处10万元以下的罚款；情节严重的，由原资格认定机关取消其棉花加工资格。

棉花经营者加工棉花，违反本条例第八条第二款的规定，使用国家明令禁止的棉花加工设备的，由棉花质量监督机构没收并监督销毁禁止的棉花加工设备，并处非法设备实际价值2倍以上10倍以下的罚款；情节严重的，由原资格认定机关取消其棉花加工资格。

第二十六条　棉花经营者销售棉花，违反本条例第九条的规定，销售的棉花没有质量凭证，或者其包装、标识不符合国家标准，或者质量凭证、标识与实物不符，或者经公证检验的棉花没有公证检验证书、国家储备棉没有粘贴公证检验标志的，由棉花质量监督机构责令改正，并可以根据情节轻重，处10万元以下的罚款。

第二十七条　棉花经营者承储国家储备棉，违反本条例第十条第一款、第二款、第三款的规定，未建立棉花入库、出库质量检查验收制度，或者入库、出库的国家储备棉实物与公证检验证书、标志不符，或者不按照国家规定维护、保养承储设施致使国家储备棉质量变异，或者将未经公证检验的棉花作为国家储备棉入库、出库的，由棉花质量监督机构责令改正，可以处10万元以下的罚款；造成重大损失的，对负责的主管人员和其他直接责任人员给予降级以上的纪律处分；构成犯罪的，依法追究刑事责任。

第二十八条　棉花经营者隐匿、转移、损毁被棉花质量监督机构查封、扣押的物品的，由棉花质量监督机构处被隐匿、转移、损毁物品货值金额2倍以上5倍以下的罚款；构成犯罪的，依法追究刑事责任。

第二十九条　棉花经营者违反本条例第十一条的规定，伪造、变造、冒用棉花质量凭证、标识、公证检验证书、公证检验标志的，由棉花质量监督机构处5万元以上10万元以下的罚款；情节严重的，移送工商行政管理机关吊销营业执照；构成犯罪的，依法追究刑事责任。

第三十条　棉花经营者违反本条例第十二条的规定，在棉花经营活动中掺杂掺假、以次充好、以假充真，构成犯罪的，依法追究刑事责任；尚不构成犯罪的，由棉花质量监督机构没收掺杂掺假、以次充好、以假充真的棉花和违法所得，并处违法货值金额2倍以上5倍以下的罚款；并移送工商行政管理机关依法吊销营业执照。

第三十一条　专业纤维检验机构违反本条例第十六条的规定，不执行国家标准及其检验方法、技术规范或者时间要求，或者出具的棉花质量公证检验证书不真实、不客观的，由国务院质量监督检验检疫部门或者地方质量监督部门责令改正；对负责的主管人员和其他直接责任人员依法给予降级或者撤职的行政处分。

第三十二条　专业纤维检验机构违反本条例第十七条的规定收取公证检验费用的，由国务院质量监督检验检疫部门或者地方质量监督部门责令退回所收取的公证检验费用；对负责的主管人员和其他直接责任人员依法给予记大过或者降级的行政处分。

第三十三条　专业纤维检验机构未实施公证检验而编造、出具公证检验证书或者粘贴公证检验标志，弄虚作假的，由国务院质量监督检验检疫部门或者地方质量监督部门对负责的主管人员和其他直接责任人员依法给予降级或者撤职的行政处分；构成犯罪的，依法追究刑事责任。

第三十四条　政府机关及其工作人员违反本条例第十条第四款的规定，强令将未经公证检验的棉花作为国家储备棉入库、出库的，对负责的主管人员和其他直接责任人员依法给予降级或者撤职的行政处分。

第三十五条　政府机关及其工作人员包庇、纵容本地区的棉花质量违法行为，或者阻挠、干预棉花质量监督机构依法对违反本条例的行为进行查处的，依法给予降级或者撤职的行政处分；构成犯罪的，依法追究刑事责任。

第三十六条 本条例第二十八条、第三十条规定的棉花货值金额按照违法收购、加工、销售的棉花的牌价或者结算票据计算；没有牌价或者结算票据的，按照同类棉花市场价格计算。

第三十七条 依照本条例的规定实施罚款的行政处罚，应当依照有关法律、行政法规的规定，实行罚款决定与罚款收缴分离，收缴的罚款必须全部上缴国库。

第五章 附 则

第三十八条 毛、绒、茧丝、麻类纤维的质量监督管理，比照本条例执行。

第三十九条 本条例自公布之日起施行。

棉花品级实物标准管理办法

第一章 总 则

一、棉花品级实物标准是检验棉花品级的依据，对贯彻国家经济政策和技术政策，起着重要作用。为了做好棉花品级实物标准工作，根据国务院国发(1985)92号文件的有关规定，结合当前实际情况；特制订本办法。

第二章 制订、修订和更新标准的原则

二、根据国家棉花标准(指文字标准)有关条款、品级条件及参考指标，制订或修订相应的品级实物标准。

三、鉴于实物标准容易变异，为保持原有各级的品级程度，实物标准应每年更新。

四、品级实物标准的更新，应根据上年国家基本标准的品级程度，体现更新因素的原则进行。对上年实物标准存在的缺点，征得有关部门的意见，也可作适当改进。

第三章 实物标准的制订、修订和复制

五、棉花品级实物标准分国家基本标准，国家标准和省级仿制国家标准(简称仿制标准)三种。

国家基本标准(包括相结合的籽棉、皮辊棉和锯齿棉三种)由中国纤维检验局负责制订、修订和更新。中国纤维检验局制订、修订或更新的各类各级实物标准；在听取有关部门意见经研究修正后，报请国家标准局批准执行。

第四章 实物标准的仿制

六、各省、自治区、直辖市有关单位需要的棉花品级实物标准，均使用省级仿制国家标准。仿制标准工作由各省、自治区、直辖市专业纤维检验机构负责或会同有关部门进行；尚未建立专业纤维检验机构的由标准局组织有关部门进行。

七、省级仿制国家标准在本省、自治区、直辖市范围内同样作为检验棉花品级的依据，如仿制标准与国家标准的品级程度有出入时，以国家标准为准。

八、仿制标准时应选用代表性的棉样，根据国家基本标准的品级程度结合本地区棉花的外观特征进

行仿制。

九、各省级仿制国家标准的基本标准由中国纤维检验局统一平衡后批准下发，作为仿制标准的依据。

仿制标准的盒子应与国家标准一致。

十、仿制标准时，为了品级程度一致，只宜集中；不宜分散。

十一、仿制的实物标准，在听取省级有关部门意见并经研究修正后报请省级标准局批准发布，同时报中国纤维检验局一套核查备案。

十二、为使国家标准和仿制标准品级程度一致起见，应采取以下措施：

1. 各省、自治区、直辖市仿制用各级棉样（皮辊棉）寄送中国纤维检验局统一检验和仪器测定。

2. 重点产棉省在仿制标准时间，可派员携带仿制用基本标准及成品二套，去中国纤维检验局校对。

3. 中国纤维检验局应采取各种形式检查仿制标准。

第五章　实物标准的保管和使用

十三、国家基本标准和省级仿制标准的基本标准均由专业纤维检验机构负责保管（无专业纤维检验机构的由标准局负责）；为加强管理，需指定专人负责。

十四、鉴于实物标准容易变异，国家基本标准及省级仿制标准的基本标准，均应保管在低温、干燥的专用箱柜内；一般实物标准也应保管在通风、干燥、防止日晒的地方。

十五、品级实物标准，应爱护使用，防止损坏原有品级程度。

第六章　附　则

十六、国家基本标准、国家标准、省级仿制国家标准使用期限为一年（自当年九月一日至次年八月三十一日），本年度实物标准经审批发布后，上年度实物标准即行废止。

十七、棉花品级实物标准在有效期内，发现品级程度有变异时，报请原制订部门，校对调整；如变异严重不能调整时，即予作废。

十八、棉花调出省外时，销地检验单位，以产地省（自治区）仿制标准作为检验品级的依据，如有不同意见，以国家标准为准。

十九、长绒棉品级实物标准和棉短绒实物标准管理办法可参照本办法。

二十、本办法由中国纤维检验局负责解释。

二十一、本办法自一九八六年九月一日起施行。

国家储备棉质量管理办法

第一章　总　则

第一条　国家储备棉是国家委托供销合作社管理的重要物资。为确保储备棉质量，根据《产品质量法》、《棉花国家标准》等有关法律、法规，制定本办法。

第二条　承担国家棉花储备任务的省、自治区、直辖市供销合作社主管公司和中华棉花总公司（以下简称承储单位），要重视储备棉的质量管理工作，建立健全质量检测机构，配齐技术人员和仪器设备，按照棉花国家标准，严格把好储备棉质量关。

第三条　对就地储存（指省、区、市内生产收购的棉花安排在本省、区、市内储备）和异地储存（指省、区、市内生产收购的棉花安排到外省、区、市内储备）的国家储备棉的质量和重量，均实行入库验收的办法。

第四条 新入库的国家储备棉必须是当年度生产的1～4级锯齿棉，马克隆值测试指标应在3.5～4.9范围之内，含水率不得高于10%。

第二章 质量管理

第五条 承储单位的质量检测机构负责储备棉的质量检验工作。检验储备棉所用的标准，应是入库当年的产地品级事务标准。

第六条 《棉花质量检验证书》(以下简称《质量证书》)是国家储备棉质量的凭证。产地要根据检验结果实事求是填写《质量证书》，出具的《质量证书》必须项目齐全，字迹清楚，涂改无效。《质量证书》由中华全国供销合作总社棉麻局(以下简称总社棉麻局)统一印制。

第七条 承储单位要按国家标准的有关规定，严格把好入库质量关，对入库的储备棉逐批进行验收，其质量必须符合国家标准。发现有下列情况之一的，应挑出单独 存放，并通知调出方派员处理：

(1)等级掺混和货证不符的批次；

(2)污染、水渍严重的棉包；

(3)没有《质量证书》的批次；

(4)包装不完整、无唛头或刷唛不清楚的棉包；

(5)破包、散包。

第八条 经承储单位验收确定要入库的国家储备棉要在每一批次的《质量证书》、原始重量码单和棉包上加盖“国储”印章。加盖“国储”印章的《质量证书》正本和原始重量码单是国家储备棉交接双方结算的依据。承储单位要妥善保管。“国储”印章由总社棉麻局统一刻制、编号和发放。

第九条 承储单位要定期检查储备棉质量变异情况，发现问题，及时上报主管部门。

第十条 储备棉出库时，应按入库时的批次，分批调出，做到批次不乱、包装完整、货证相符、货证同行。

出库时依据入库验收时所确认的《质量证书》所载等级、水杂和重量结算，除霉烂变质和其他人为因素造成的损失外，不再重新检验过磅。

第三章 重量管理

第十一条 储备棉重量以准重计算。由储备库对入库的每一批储备棉采取全部过磅或抽查过磅等办法核实重量。重新过磅时要同时检验水杂。抽查过磅应采取随机方式，抽取不少于每批棉包件数的20%，并以抽查过磅件数的准重计算该批棉花的准重。

第十二条 重新过磅后的准重与调出单位的原发准重比较，允许有一定的公差幅度。以每一批次(即每一张《质量证书》)为一个计算单位，上下差异，以扣补水杂后的准重计算，与原发准重比较，不超过5‰的，按原发准重结算；超过5‰的，其盈亏准重按重新检验后的准重计算找补差价。运输途中因污染、火灾、被盗等发生的损失不得按奎重处理。

第十三条 各调出、调入单位的水杂检验仪器和衡器必须经过计量单位检定，并经常进行校正。过磅记码时要认真负责，防止差错。不得因有公差规定而弄虚作假。

第四章 包装运输

第十四条 储备棉的包装必须做到完整、牢固，件数、重量准确，棉包两头刷唛清楚。每批件数不少于100包，最多不超过500包。

第十五条 使用装运过煤炭、沥青、油类、农药等物资的车(船)，必须清扫干净，并加垫。装运过硫磺等影响棉花质量的车(船)不得装运棉花。

第十六条 一个车(船)内装有几个批次等级的，要做到批次、等级分舱、分层装运。一批棉花原则上不得分开装运，特殊情况下确需分开装运的，要分证、抄码计重，并在《质量证书》和重量码单上注明，不得按平均重量计算。

第十七条 装车(船)后，按实有件数、重量、等级，逐车(船)填写统一发货单，连同《质量证书》、重量码单随货同行。棉花发出后，调出方要用电报或传真等及时通知承出单位。

第五章 责任划分

第十八条 储备棉全部到库后，承储单位要及时组织验收。质量、重量验收手续应在60天内办理完毕。因货证不符、严重水渍和污染、霉烂变质等影响验收工作须延长验收时间的，由调入单位与调出单位协商。逾期没有提出不同意见的，视为验收完毕。

验收中发现问题时，调入单位要妥善存放，不得动用，并及时通知调出单位。调出单位在接到调入单位通知后，应在5天内回电答复。需要派人前去处理时，应回电后15天内派人到调入单位研究处理。逾期不回电、不派人的，调入单位按实际验收结果处理。经双方同意再次复磅。复验所发生的费用，根据复磅、复验结果由责任方承担。

第十九条 验收结果与原验结果不一致的，按验收结果进行计算，同时产地要按验收结果重新换发《质量证书》。在验收过程中如有争议，属就地储备的，由省级供销合作社质量检测机构裁定；属异地储备的，由总社棉麻局裁定。

第二十条 储备棉出现掺假使假、等级掺混、特殊杂质问题的，由产地负责；因保管不善出现霉烂变质、短件等问题的，由储备库负责。

第二十一条 达不到第四条规定和等级严重掺混、棉包污染、水渍严重和无唛头的，退出国家储备。达不到本办法第六条规定和货证不符、包装不完整、刷唛不清楚以及散包的，责令产地改正，不改正的，退出国家储备。

第二十二条 批次之间的等级差异不等以批次之间的重量差异相互抵冲，也不得以一车的平均单价计算找补金额。

第二十三条 出现棉花短件时，凭运输部门记录由调出方给予补齐或退补经济差额；发生运输途中被盗时，由发货单位按规定程序向运输单位索赔。处理污染、散包、破包等发生的亏重，按所属批次棉花的平均重量计算。

第二十四条 对在储备棉质量管理工作中，正确执行棉花国家标准和棉花检验各项规章制度，忠于职守，坚持原则，严把储备棉质量关的承储单位和个人，将给予表彰奖励；对弄虚作假、入库把关不严和因管理不善出现霉烂变质，给国家造成经济损失的，将按照管理权限，追究承储单位和有关责任者的经济和行政责任，并根据情节轻重，分别给予通报批评、警告、记过、降级、撤职等处分。

第六章 附 则

第二十五条 各省、自治区、直辖市储备棉的质量管理办法参照本办法执行。

第二十六条 本办法由总社棉麻局负责解释。

第二十七条 本办法自发布之日起施行。

国家储备棉公证检验实施办法(试行)

第一条 为确保国家储备棉的质量和数量，维护国家利益和企业合法权益，保证国家对棉花市场实施有效调控，根据《国务院关于深化棉花流通体制改革的决定》和棉花国家标准，制定本办法。

第二条 本办法是用于国家储备棉入库、出库质量和数量的检验。入库是指国家储备棉的收储和轮入。出库是指国家储备棉的销售和轮出。国家储备棉移库不重新检验，原证随货同行。

第二条 新入库的国家储备棉必须是当年生产的1—3级锯齿白棉，马克隆值测试指标应在3.5—4.9范围之内(从2000棉花年度开始执行)，回潮率不得高于10.5%。

第四条 国家储备棉必须进行入库、出库公证检验。未经公证检验的国家储备棉不得入库、出库。

第五条 中国纤维检验局负责国家储备棉公证检验工作，并按照统一领导、统一受理报检、统一制作检验证书、统一经费核算的原则负责组织实施。地方专业纤维检验机构具体承担公证检验任务。

第六条 国家储备棉公证检验地点：就地储备（指省、自治区、直辖市内生产收购的棉花安排在本省、自治区、直辖市内储备）。新疆在承储仓库进行；其他省、自治区、直辖市在供货方仓库进行。异地储备（指省、自治区、直辖市内生产收购的棉花安排到外省、自治区直辖市内储备）在承储仓库进行。进口棉转储的，在进口口岸或承储仓库进行。

第七条 国家储备棉公证检验不收费，所需合理费用开支由中央财政根据国家储备棉公证检验实施情况专项列支。

第八条 承担国家储备棉公证检验的专业纤维检验机构必须具备符合规定要求的检验技术人员、仪器设备和场所，配备检验需要的交通、通讯等工具。

第九条 国家储备棉管理部门下达国家储备棉收储、轮换、销售计划时，抄送中国纤维检验局；国家储备棉承储单位确定入、出库时间和地点后，及时向中国纤维检验局申报公证检验。

第十条 专业纤维检验机构进行国家储备棉公证检验时，承储单位或供货方应提供工作需要的计量器具、搬倒人员及场所，并负责对按标准规定所开棉包的回包整理工作。入库时配合公证检验发生的合理费用由供货方负担；出库时由此发生的合理费用计入国家储备棉成本。

第十一条 国家储备棉公证检验（含复检）使用的棉花品级实物标准，执行《棉花品级实物标准管理办法》的规定。国储进口棉入库、出库公证检验使用中国纤维检验局制作的仿制棉花品级实物标准。

第十二条 国家储备棉公证检验按照《中国纤维检验局国家储备棉公证检验工作程序和检验规程（暂行）》的规定进行。

第十三条 国家储备棉公证检验项目包括品级、长度、马克隆值、异性纤维、水分杂质和重量7项。其中品级检验根据棉花成熟程度、色泽特征、轧工质量综合评定。

第十四条 国家储备棉公证检验样品在称重前逐批随机扦取，扦样数量和方法按棉花国家标准的规定进行。

第十五条 国家储备棉入库时要逐批全部称重，按公定重量确定国家储备棉重量

第十六条 公证检验时发现存在下列问题的棉花不得作为国家储备棉入库：

（一）不符合本办法第三条规定的；

（二）含有与主体品级相邻级的棉花超过20%的或混有与主体品级相差一个级别以上棉花的；

（三）掺杂使假的；

（四）混有异性纤维的；

（五）污染、水渍严重的棉包；

（六）包装及标志不符合标准的棉包；

（七）超过储备计划数量2%的部分；

（八）不符合国家储备棉其他规定的。

第十七条 经公证检验符合要求被确定入储的棉花，在等级标示处逐包加贴“国储公防伪标识，并由承检专业纤维检验机构逐批出具《国家储备棉公证检验证书》（以下简称《证书》）。〈证书〉和“国储公检”防伪标识由中国纤维检验局统一印制、编号和发放，并严格管理。

第十八条 《证书》一式八份，中国纤维检验局、承检单位、供货方、中华全国供销合作总社、农业发展银行和财政部驻当地财政监察专员办事处各一份，承储单位二份（含随货同行证书一份）。

第十九条 《证书》是国家储备棉质量、数量的凭证；是农业发展银行、供货方、承储单位及用棉单位结算和中央财政核定补贴等事项的主要依据。

第二十条 《证书》是承储单位及储备库建立国家储备棉保管帐、卡的主要依据。

第二十一条 国家储备棉公证检验样品应由承检单位妥善保管，货款结算后，入库检验样品退供货方，出库检验样品交购货方。

第二十二条 国家储备棉供货方、承储或使用

单位对公证检验结果有异议的，可以申请复检，重量不复检。申请复检应当在收到公证检验证书之日起7日（节假日顺延，下同）内向原公证检验单位的上一级专业纤维检验机构提出申请；逾期提出复检申请的，不予受理。复检结果为终局检验结果。对复检结果仍有异议的，可依法提起公诉。专业纤维检验机构自受理复检申请之日起15日内应出具复检结果。

第二十三条　国家储备棉复检时不重新扦取样品，仅对公证检验留样复检。

第二十四条　申请复检时，复检结果与原验结果一致的，由复检申请方交纳检验费，具体收费标准按国家有关规定执行；复检结果与原验结果不一致的，免交检验费。

第二十五条　《证书》有效期为一年。有效期内出库的国家储备棉，不重新进行公证检验，接入库时的检验结果出库；超过有效期出库的国家储备棉，须重新扦样检验品级，并核实批次、件数，相应换发《证书》。

第二十六条　国家储备棉存储超过《证书》有效期因自然变异导致品级下降，造成出库检验与入库检验结果差异而产生的经济差额由中央财政承担。

第二十七条　中国纤维检验局定期汇总国家储备棉入库、出库公证检验情况，并由国家质量技术监督局通报国家发展计划委员会、财政部、农业发展银行、全国供销合作总社。

第二十八条　承担国家储备棉公证检验的专业纤维检验机构必须保证工作质量。中国纤维检验局将进行经常性的监督检查。对检查发现公证检验结果错误的予以纠正，换发证书，重新结算，并扣减承检单位检验费用；问题严重的，取消其公证检验资格，并吊销有关人员的检验员证书。其工作人员滥用职权、玩忽职守、徇私舞弊、构成犯罪的，依法追究刑事责任；未构成犯罪的，给予行政处分。

第二十九条　国家储备棉出口和进口棉转储时，公证检验可与出入境检验检疫机构同时进行抽样。出入境检验检疫依照国家检验检疫局的有关规定进行。进口棉超过一年的，不能转储。

第三十条　本办法由国家质量技术监督局负责解释。

第三十一条　本办法自1999年9月1日起实行。

国务院关于2005年深化经济体制改革的意见

国发［2005］9号

各省、自治区、直辖市人民政府，国务院各部委、各直属机构：

近两年来，党中央、国务院审时度势，果断决策，科学实施宏观调控，经济和社会发展取得了突出成就。但是，宏观调控的实践也表明，生产力发展的体制障碍仍未消除，推进改革十分重要和紧迫。解决经济运行中的突出矛盾和问题，巩固和发展宏观调控成果，调整经济结构，实现经济增长方式转变，全面落实科学发展观，构建社会主义和谐社会，都需要加快推进改革。2005年是改革攻坚的关键一年，要抓住当前有利时机，把改革放到突出位置上，用更大的力量推进经济体制改革。

2005年推进经济体制改革的总体要求是：认真贯彻党的十六大、十六届三中四中全会和中央经济工作会议精神，紧扣影响经济社会发展的突出矛盾和问题推进体制创新，把深化改革同贯彻落实科学发展观、加强和改善宏观调控、促进经济平稳较快发展、构建社会主义和谐社会紧密结合起来，在一些重点领域和关键环节取得实质性突破。

2005年进一步深化经济体制改革要突出重点、全面推进，立足当前、兼顾长远，创新制度、转换机制，把握大局、处理好改革发展稳定的关系，抓好以下重点工作。

一、深化农村经济体制改革

继续深化农村税费改革。研究解决农村税费改革中出现的新矛盾和新问题，把工作重点放在搞好乡镇机构、农村义务教育体制和县乡财政管理体制等各项改革上。积极探索建立防止农民负担反弹的长效机制，巩固改革成果。

完善农村土地制度。切实保障农村集体经济组织的土地所有权和农民的土地承包经营权，继续推动土地承包纠纷仲裁试点工作。继续探索农户间转包、转让、互换等土地流转方式。加强对承包土地流转的监督管理，加大对强迫流转案件的督查力度。进一步研究探索农村集体建设用地使用权进入市场。加快农村集体土地所有权的确认，进一步推进集体土地所有权、宅基地登记发证工作。

深化粮食、棉花流通体制改革。全面贯彻《国务院关于进一步深化粮食流通体制改革的意见》(国发〔2004〕17号)和《粮食流通管理条例》。加快推进国有粮食购销企业改革。完善粮食市场准入制度，支持多种所有制粮食购销企业发展。加强和改善粮食宏观调控，确保国家粮食安全。进一步完善粮食风险基金政策，建立健全粮食主产区与主销区之间的利益协调机制。进一步深化棉花流通体制改革，按照国务院确定的《棉花质量检验体制改革方案》，搞好改革试点，完善改革方案。

深化农村金融改革。抓紧研究制订农村金融总体改革方案，加快构建功能完善、分工合理、产权明晰、监管有力的农村金融体系。探索发展新的农村合作金融组织。继续深化农村信用社改革，力争在完善治理结构、强化约束机制、增强支农服务能力等方面取得成效。继续扩大农户小额信用贷款和农户联保贷款。推进政策性农业保险试点，扩大试点范围。

深化林业、农垦、供销社体制改革。深入贯彻落实《中共中央国务院关于加快林业发展的决定》(中发〔2003〕9号)，深化林业分类管理体制和森林资源管理体制改革。全面推进垦区集团化改革，加快垦区集团现代企业制度建设。继续扩大农民专业合作经济组织试点范围。继续推进供销社体制改革。

二、深化国有企业和国有资产管理体制改革

加快国有经济布局和结构战略性调整步伐。研究提出国有经济布局和结构战略性调整的总体思路，研究制订国有资本调整和国有企业重组的指导意见，完善国有资本有进有退、合理流动的机制。

完善国有资产监督管理体系。加快组建市(地)级国有资产监督管理机构。完善国有资产管理体制和监管方式，进一步完善出资人制度，建立国有资本经营预算制度，规范国有企业改制和国有产权转让，促进国有资本合理流动，防止国有资产流失，维护职工合法权益。积极推进企业法律顾问制度建设，建立健全国有企业法律风险防范机制。完善国有资本收益和国有资产授权经营管理制度。完善国有企业负责人经营业绩考核体系，建立健全国有企业经营者激励约束机制。中央企业要全面实行年度经营业绩和任期经营业绩考核责任制。修订、完善国有企业产权界定、资产评估管理、境外企业国有产权监管、上市公司国有股权转让管理办法等法规、规章和规范性文件。

大力推进国有企业股份制改革。加快推进国有大型企业股份制改革，支持具备条件的企业逐步实现主营业务整体上市。以建立健全国有大型公司董事会为重点，抓紧健全法人治理结构、独立董事和派出监事会制度。继续改革和完善国有企业经营管理人才选拔和任用方式，公开招聘国有和国有控股企业高级经营管理者。建立健全重大决策失误和重大资产损失责任追究制度，规范责任追究程序和办法。推进国有企业分离办社会和主辅分离、辅业改制。继续做好国有企业政策性关闭破产工作，建立依法破产机制。

深化垄断行业和公用事业改革。深化电信体制改革，加快建立电信普遍服务基金。适时出台邮政体制改革方案。抓紧研究提出铁路体制改革方案。完善烟草行业管理体制。研究制订盐业体制改革方案。实施电网企业主辅分离，理顺区域电网资产关系，建设区域电力市场，开展大用户直购电试点。继续深化民航体制改革。积极推进实施农村公路养护管理体制改革方案。推进供水、供气等市政公用事业市场化进程。推进水资源管理体制改革，加快水利工程管理体制改革步伐。

三、进一步改善非公有制经济发展的体制环境

贯彻落实《国务院关于鼓励支持和引导个体私营等非公有制经济发展的若干意见》(国发〔2005〕3号)。抓紧提出落实相关重要举措的部门分工方案，研究制订和完善放宽非公有制经济市场准入等相关具体措施和配套办法，形成促进非公有制经济发展的政策体系。

加快清理和修订相关法律法规。清理和修订限制非公有制经济发展的法律法规、部门规章和政策文件，加快完善保护非公有制经济合法权益、保护合法私有财产等各类产权的有关法律法规，为非公有制经济发展创造平等竞争的环境。

完善对非公有制经济的社会服务体系。积极为非公有制中小企业创业提供公共服务。改进信贷考核和奖惩管理方式，提高对非公有制企业的贷款比重。加快面向非公有制经济的金融产品和服务创新。鼓励政策性银行依托地方商业银行等中小金融机构和担保机构，开展以非公有制中小企业为主要服务对象的转贷款、担保贷款业务。拓宽非公有制经济的直接融资渠道，建立健全创业投资机制。规范发展中小企业信用担保体系。

四、深化金融体制改革

加快推进金融企业改革。按照建立现代金融企业制度的要求，进一步深化中国银行、建设银行股份制改革，着力完善公司法人治理结构，健全内控制度，转换经营机制，并建立相关监测与考评机制。加快制订和实施其他国有商业银行股份制改革方案。研究促进金融资产管理公司改革发展、提高不良资产回收率的政策措施。抓紧实施邮政储蓄体制改革。研究政策性银行的职能和定位。择机出台政策性银行条例。继续深化非银行金融机构改革。整合并规范发展地方中小金融机构，鼓励社会资金参与城市信用社和城市商业银行等金融机构的重组改造。深化保险业改革，继续推进国有保险公司股份制改造。健全管理制度，规范保险市场秩序。

健全金融调控体系。稳步推进利率市场化和人民币汇率形成机制改革，保持人民币汇率在合理、均衡水平上基本稳定。继续加强对资本流入的引导和管理，建立有序可控的资本流出机制。研究建立调节国际收支的市场机制和管理体制。建立健全货币市场、资本市场、保险市场有机结合和协调发展的机制，防范跨市场、跨系统风险。建立健全金融机构市场退出机制。加大对商业银行资产负债匹配的监管力度，推进信贷资产证券化试点。加快建立金融风险预警体系和化解系统性风险的长效机制。进一步完善反洗钱工作机制。

完善金融监管体制和协调机制。改善监管方式和手段，加强市场准入、治理结构、内部控制、资本充足率、重点业务和高级管理人员监管。全面推行贷款质量五级分类制度，落实贷款损失准备金拨备制度。进一步增强监管信息透明度，形成对监管机构和工作人员的监督制约和问责机制。加强金融监管的合作与协调，逐步形成专业金融监管机构和宏观调控部门共同组成的金融稳定协调机制。

五、深化财政税收投资价格体制改革

深化财政体制改革。进一步扩大预算管理制度改革的范围和规模，抓紧研究科学的政府收支分类体系。完善中央财政对地方的转移支付制度，调整和优化转移支付结构，规范转移支付办法。改革和完善省级以下财政体制，加大省级财政对县乡的转移支付力度。加快研究缓解县乡财政困难的有效措施，规范地方政府债务行为。全面推进中央和地方

国库集中收付制度改革，深化政府采购制度改革，建立健全财政国库管理法律法规体系。改革和完善非税收收入收缴管理制度，逐步实行全口径预算管理。逐步建立健全财政预算绩效评价体系。

深化税收体制改革。进一步完善出口退税机制。做好内外资企业所得税制合并方案的研究和准备工作。搞好增值税转型试点，研究制订全面实施方案。调整消费税，研究改革资源税，研究完善环境保护有关税收政策。

推进投资体制改革。全面落实《国务院关于投资体制改革的决定》(国发[2004]20号)，尽快制定和完善各项配套政策措施。完善和规范企业投资项目的核准制和备案制，真正落实企业投资自主权；规范政府投资范围和行为，提高政府投资决策的科学化、民主化水平，实行政府投资项目公示制度，尽快建立政府投资责任追究制度；完善适应新形势要求的投资宏观调控体系，建立健全投资监管体系。

着力推进资源价格改革。实施煤电价格联动，完善峰谷、丰枯电价办法。扩大水资源费征收范围，加大水价管理办法实施力度，加强污水处理费征收管理，促进水资源节约。进一步完善石油、天然气价格形成机制。

六、加快现代市场体系建设

大力发展资本市场。继续抓紧落实《国务院关于推进资本市场改革开放和稳定发展的若干意见》(国发[2004]3号)，尽快出台配套政策措施，加强资本市场基础建设，建立健全促进资本市场发展的各项制度。进一步完善证券发行上市核准机制。研究建立股东代表诉讼制度、证券投资者保护基金和其他对投资者提供直接保护的机制。稳步推进期货市场规范发展和产品创新。继续推进资本市场对内对外开放。修订出台《企业债券管理条例》。规范发展产权交易市场。

进一步推进土地等资源市场建设。规范发展土地使用权市场。加快建立健全土地权利体系，推动土地确权立法，完善土地调查和登记制度，规范土地交易行为，建立土地权属争议调处机制。全面落实征地的统一年产值标准或区片综合地价补偿办法，拓宽安置途径，完善征地程序，规范征地行为，探索建立征地补偿安置争议的协调和裁决机制，稳步推进土地征收征用制度改革。经营性用地要全面推行招标、拍卖、挂牌出让制度，非经营性用地要建立公开供地机制。进一步加强土地市场调控，健全土地收购储备制度。认真贯彻落实《国务院关于深化改革严格土地管理的决定》(国发[2004]28号)及配套实施办法。进一步推进矿业权市场建设，完善矿产资源有偿使用和探矿权、采矿权有偿取得机制。研究建立国家水权制度，建立总量控制与定额管理相结合的用水管理制度，完善取水许可证制度。探索建立水权市场。在有条件的地区，实行用水权有偿转让，逐步利用市场机制优化配置水资源。

加快建设城乡统一的劳动力市场。进一步改革劳动就业管理制度，清理对农民进城务工的不合理限制政策和乱收费，取消各种对农村劳动力就业的歧视性规定。进一步改革户籍管理制度，促进农村富余劳动力合理有序转移。选择部分具备条件的城市开展城乡一体化劳动力市场的试点工作。

深化流通体制改革。打破内外贸分割局面，推进内外贸一体化发展。深化国有流通企业改革，推进流通方式创新，大力发展现代流通业。探索构建内外贸一体化的流通管理体制。

加快推进社会信用体系建设。从构建金融信用体系入手，加快建设统一、高效、规范的企业、个人和其他组织的信用体系。加快信用体系标准化建设。出台并组织实施《社会信用体系建设总体方案》，探索建立政府监管信息共享机制。加快信用征集和信息披露立法进程，建立信用监督和失信惩戒制度。

推进行业协会、商会管理体制改革。尽快研究出台行业协会、商会改革指导意见。选择部分行业和城市进行改革试点。

继续整顿和规范市场经济秩序。进一步打破行业垄断和地区封锁，促进形成统一、开放、竞争、有序的市场体系。加强市场规则和法规建设，加快推进制定和出台《反垄断法》工作。完善行政执法、行业自律、舆论监督、群众参与相结合的市场监管体系。

按照决策、执行、监督职能分开的要求，进一步理顺市场监管体制。

七、推进科技教育文化卫生体制改革

深化科技体制改革。以建立现代科研院所制度为重点，全面推进社会公益类科研机构分类改革。加快转企改制科研院所的现代企业制度建设，完善法人治理结构。完善鼓励创新的体制、机制和政策体系，确立企业在技术创新中的主体地位。发布国家中长期科学和技术发展规划纲要。

深化教育体制改革。继续贯彻《国务院关于进一步加强农村教育工作的决定》（国发[2003]19号），完善农村义务教育以县为主的管理体制和以政府投入为主的经费保障机制。进一步深化高等教育管理体制改革，调整结构，提高水平。贯彻《民办教育促进法》，继续促进民办教育健康发展。严格规范各类学校招生和收费制度，加强学校财务管理和监督。

深化文化体制改革。大力发展文化产业，积极培育文化市场主体，规范文化市场秩序，健全文化市场体系。加快公共文化服务体系建设。

深化卫生体制改革。开展城市医疗服务体制改革试点工作，大力发展社区卫生服务。推进新型农村合作医疗试点工作，探索建立农村合作医疗筹资、管理、运行和监督体制。全面建成疾病预防控制体系，基本完成突发公共卫生事件医疗救治体系建设。深入整顿和规范医疗收费服务和药品购销秩序。

八、推进收入分配和社会保障制度改革

推进收入分配制度改革。组织研究收入分配制度改革的基本思路。抓紧出台完善个人所得税制度方案，加大收入分配调节力度。加强对垄断行业分配行为的监管。改革和规范公务员工资制度，推进事业单位收入分配制度改革。完善和严格执行最低工资制度。

进一步完善社会保障制度。继续抓好吉林、黑龙江城镇社会保障制度改革试点工作，研究制订推广方案。完善企业职工基本养老保险制度，坚持社会统筹与个人账户相结合，扩大做实个人账户试点。推进国有企业下岗职工基本生活保障向失业保险并轨，基本解决国有企业下岗职工历史遗留问题。依法扩大养老、失业、医疗、工伤等社会保险覆盖面，提高个体、私营和外资企业的参保率，完善灵活就业人员的参保办法。加大社会保险费的征缴力度，逐步提高统筹层次。研究制订机关事业单位养老保障制度改革方案。进一步完善城市“低保”制度，有条件的地区可探索建立农村居民最低生活保障制度。

九、深化涉外经济体制改革

继续深化外贸管理体制改革。改革口岸管理体制，加快“大通关”建设。加快管理方式创新，制定和完善外贸经营权放开后的配套办法。进一步减少和规范外贸行政审批，加强政府政策引导、统计监测、对外谈判和公共信息服务职能，完善和发挥行业组织的自律和协调职能。完善外贸法律法规。继续推进外贸促进体系和信用体系建设。

完善外商投资管理体制。进一步完善《外商投资产业指导目录》和《中西部地区外商投资优势产业目录》。制定和完善鼓励外商投资中西部和参与东北地区等老工业基地振兴的政策措施。制定和完善鼓励外商投资参与国企改组改造的政策措施。进一步完善外商投资企业监督管理办法。

完善“走出去”管理体制。出台《境外投资管理条例》。制定加快实施“走出去”战略的指导意见。建立健全境外国有资产监管制度，加强对境外企业的监管。

抓紧建立加入世界贸易组织后过渡期的应对机制。加快研究制订后过渡期关键领域和行业的应对方案，建立健全应对贸易摩擦预警机制和跨部门综合应对机制。有效运用反倾销、反补贴、保障措施等手段，健全符合世界贸易组织规则的产业救济和安全保障体系。

十、加快推进行政管理体制改革

继续深化政府机构改革。完善机构设置，理顺职能分工，着力解决矛盾比较突出的职责交叉问题，

严格控制机构编制。积极推进政府职责、机构和编制的科学化、规范化、法定化。继续巩固政府机构改革成果，及时解决出现的新问题。合理界定乡镇机构职能，精简机构和减少财政供养人员。继续完善事业单位改革总体方案和配套政策措施，推动事业单位改革试点工作，加强对地方事业单位改革的指导。依法规范行政机关对事业单位的授权行为。

加快政府职能转变。进一步推进政企分开、政资分开、政事分开，推动各级政府强化社会管理和公共服务职能，在财力物力等公共资源上给予更多的支持。继续深化行政审批制度改革，清理、减少和规范行政审批事项，探索建立审批和许可事项的监督管理机制。

全面推行依法行政。认真贯彻执行《行政许可法》和《全面推进依法行政实施纲要》，加快建立法治政府。强化行政问责制度，逐步建立行政过错责任追究制度。健全社会公示、听证制度。大力推进政务公开，增强政府工作透明度，提高政府公信力。

各部门要按照国务院的部署，切实加强领导，明确重点，分解任务，落实责任，并根据不同情况确定落实时限。已经出台的改革方案，要精心组织实施，力求取得实效；着手启动的，要在年内完成或基本完成相关改革方案与思路的拟订，并切实做好基础性工作；跨年度的改革，要明确新的阶段目标，并力争实现。

要充分尊重人民群众的首创精神，鼓励人民群众积极探索、大胆创新；要坚持先行试点，积累有益经验，防范改革风险；要妥善处理好改革发展稳定的关系，把握好改革措施出台的时机、力度和节奏。

要建立健全统筹协调推进改革的工作机制，进一步加强改革的总体指导和综合配套。各部门要加强协作和沟通，积极配合，形成改革合力。发展改革委要认真履行职责，紧密跟踪各项改革进展情况，督促检查各项改革措施的落实，做好相关协调工作，及时把改革中出现的新情况、新问题汇总上报国务院。

地方各级人民政府要根据本意见，从实际出发，把握重点，明确责任，精心组织，扎实推进各项改革。

国家储备棉公证检验工作程序和检验规程(暂行)

一、报验

1. 国家储备棉管理部门下达的国家储备棉收储、轮换、销售、出口、进口转储计划应抄送中国纤维检验局。

2. 国家储备棉入库时，就地储备由承储单位待供货方按国家计划规定的质量、数量要求备好货后，根据确定的入库时间、地点提前 15 天向中国纤维检验局报验；异地储备由承储单位根据到货时间、地点提前 10 天向中国纤维检验局报验。国家储备棉出库时，由承储单位根据确定的出库时间、地点提前 10 天向中国纤维检验局报验。

3. 承储单位填写《国家储备棉入库公证检验申报单》(文书一)或《国家储备棉出库公证检验申报单》(文书二)报验，报验方式为电话传真。公证检验与储备管理实现计算机联网后，可通过网络进行报验。

4. 入库报验棉花包装及标志必须符合棉花国家标准、批次整齐，并附有供方提供的检验证书，否则不予受理。

5. 中国纤维检验局受理报验后，随即向报验方回复《国家储备棉公证检验报验受理通知单》(文书三)，同时向承检单位下达《国家储备棉公证检验任务通知单》(文书四)，并附上申报单。

6. 报验方须通知供货方或承储仓库做好配合公证检验的有关工作：一是提供保证现场检验运作场地；二是准备好两台以上计量检定合格的衡重磅

秤；三是安排好搬倒工作人员；四是称重前需将棉包按批堆放。五是负责扦样棉包的回包整理工作。

二、扦样

7. 国家储备棉公证检验样品在棉包称重前逐批扦取。入库时，就地储备的，在供货方仓库棉包称重前扦样；异地储备的，在承储仓库入库时称重前扦样。出库时，需扦取品级检验样品的，在承储仓库出库时扦样。

8. 对混入其它批次的棉包应予剔除，不能扦样。

9. 包装公证检验样品时要填写《国家储备棉扦样单》（文书五）放入棉样内。

10. 回潮率检验样品扦样深度要达到棉包内10—15厘米深处，扦取后要立即放在密闭的铁筒内，置于背阴处；

11. 扦样棉包只能开5—6道铅丝。包布撕成三角形。扦样后，应及时用铅丝对所开棉包进行简单修补，避免棉花散落，保持现场安全和整洁。

三、公量检验

（一）回潮率检验

12. 每批棉花回潮率检验样品取样结束后，统一在现场无阳光直射的环境内检验回潮率。

13. 回潮率检验所使用的电测器应经计量检定合格，其型号应与当地温湿度环境要求相符。现场检验只允许使用一台电测器，不用时不能打开，存放在背阴处。检验时要迅速、规范，尽量避免样品吸湿或散湿。

14. 使用未标定回潮率刻度的电测器测定回潮率时，先按实测含水率加温差补偿逐样记录检验结果，批样检验结束后，计算平均含水率，再按GB/T6102.2《原棉回潮率试验方法电测器法》标准中提供的《电测含水率与电测回潮率的换算表》查表得出回潮率结果。

15. 当现场温度超过仪器温差补偿范围时，回潮率检验在试验室进行。

16. 逐批出具《国家储备棉回潮率检验报告单》（文书六）。

（二）含杂率检验

17. 含杂率检验的取样方法及试验方法按棉花国家标准的规定执行。

18. 含杂率检验在承检单位的实验室进行。

19. 含杂率检验结束后出具《国家储备棉含杂率检验的报告单》（文书七）

（三）称重

20. 国家储备棉入库时，须进行重量检验。出库时，重量不重新进行检验，但应逐批核实批次、件数。

21. 国家储备棉入库重量检验以批为单位，还批称重、记录毛重。就地储备在供货方仓库进行；异地储备在承储仓库入库时进行。

22. 国家储备棉重量检验衡器型号、规格不作统一规定，但须经计量检定合格。称重时应尽量接近衡器的最大量程。

23. 称重过程中，衡器使用一段时间后需重新进行校验。

24. 称重时，发现污染、水渍、异味、火烧、霉变、包装不符合标准、无唛头或刷唛不清、不全的棉包，以及混入的不同批次的棉包，应予剔除，不称重计重。

25. 称重时，对缺少铅丝的棉包应按每根铅丝的实际重量及所缺根数相应扣减重量。

26. 包装物重量按供货方提供的重量码单上所载明的相应重量计算。

27. 称重结束后，发现称重包数与报验包数不符；按实际包数出证。

28. 对因承检单位责任出现棉包漏检、重检的情况，可用该批，棉包平均值进行累加或顺减处理，并征得供货方的认可。

29. 现场出具《国家储备棉衡重报告单》（文书八）。

30. 如供货方要求，每批棉花称重记录后、计算前，可在（文书八）备注栏签字。

四、防伪标识

31. 国家储备棉入库时，无论就地储备还是异地储备，均在扦样后、称重时即逐包粘贴防伪标识（按称重顺序）。一包两识（编号相同），贴于唛头等级标示处。

32. 公证检验合格的棉花，出证时应注明该批棉花所贴防伪标识的起止编号。

五、品质检验

33. 品级、长度、异性纤维检验按照棉花国家标准的规定执行。马克隆值检验从2000棉花年度开始实施，并按照棉花国家标准的检验规定进行。上述检验必须在承检单位的实验室内进行。

34. 品级检验要综合运用色泽特征、成熟程度、轧工质量三条件；要突出成熟程度指标，避免重外观轻内质的现象发生。如遇疑难棉样可参考物理性能指标确定。

35. 品级、长度、马克隆值检验要逐样记录检验结果，不能因个别样品结果差异而忽略不写。

36. 实验室检验结束后，出具《国家储备棉等级检验报告单》》(文书九)《国家储备棉马克隆值检验报告单》(文书十)，《国家储备棉异性纤维检验报告单》(文书十一)，作出是否符合国家储备棉质量要求的检验结论。

六、出证及技术文书管理

37. 经公证检验不符合国家储备棉质量、数量要求的棉花，不得作为国家储备棉入库，由承检单位向报验方送达《国家储备棉入库公证检验不合格棉花通知书》(文书十二)。

38. 经公证检验符合国家储备棉质量、数量要求的棉花，逐批出具《国家储备棉公证检验证书》(文书十三)(以下简称《证书》)。

39. 在供货方仓库公证检验合格确定入储的棉花，供货方在调储过程中，要防止水浸雨淋、污染、被盗或丢失等事故发生，保证质量和数量，确保货证相符。承储仓库在储备棉到库后，应根据《证书》载明的批次、件数逐批核实，发现件数短少的，或存在水渍、污染等棉包的。应报承储单位由其通知承检单位调整《证书》，并据此结算。

40.《证书》一律由承检单位使用计算机出证。《证书》代号为12位数，前3位为出证单位代号，第4、5、6、7位为棉花年度代号(只有在每年9月1日出证时才能改变年度代号)，后5位为证书编号。

41.《证书》编号按出证顺序依次递增，不能重号、空号或自行编号。

42. 实际出证日期和计算机系统时间，应与法定时间一致，不能自行改变。

43.《证书》经核实后，由承检单位负责人签发，并加盖“中国纤维检验局公证检验专用章”(印章不能盖住《证书》中的数字)。

44. 国家储备棉入库时，扦样后十日内(节日顺延)出证；邮发有关各方；国家储备棉出库时，需要重新扦样检验品级的，扦样后七日内(节日顺延)换发《证书》，邮发有关各方。

45. 公证检验技术文书必须认真填写字迹要工整、准确。所有文书一律不得涂改，如有涂改需重抄或在涂改处加盖印章。技术文书签字前必须认真核对。

46. 每批棉花检验结束后，所有文书按批装订成册存档，并妥善保管，不得丢失缺少。

47. 承检单位应根据中国纤维检验局要求定期汇总上报《国家储备棉入库公证检验汇总表》(文书十四)、《国家储备棉出库公证检验汇总表》(文书十五)及《国家储备棉入库公证检验不合格棉花汇总表》(文书十六)。

七、复验

48. 国家储备棉供货方、承储或使用单位对公证检验结果有异议提出复验的，应填写《国家储备棉复验申请单》(文书十七)，受理复验的专业纤检机构应按时出具《国家储备棉复验证书》(文书十八)

八、监督检查

49. 为确保国家储备棉公证检验工作质量，中国纤维检验局将进行经常性的监督检查，发现问题及时处理，并要求立即整改；对问题严重的，取消该机构的公证检验资格，吊销有关人员的检验证书。

九、附则

50. 本规定由中国纤维检验局负责解释。

51. 本规定自1999年9月1日起实行。

交易规则

第七部分

期货交易管理暂行条例

第一章　总　则

第一条　为了规范期货交易行为，加强对期货交易的监督管理，维护期货市场秩序，防范风险，保护期货交易各方的合法权益和社会公共利益，制定本条例。

第二条　从事期货交易及其相关活动的，必须遵守本条例。

第三条　从事期货交易活动，应当遵循公开、公平、公正和诚实信用的原则。禁止欺诈、内幕交易和操纵期货交易价格等违法行为。

第四条　期货交易必须在期货交易所内进行。禁止不通过期货交易所的场外期货交易。

第五条　中国证券监督管理委员会（以下简称中国证监会）对期货市场实行集中统一的监督管理。

第二章　期货交易所

第六条　设立期货交易所，由中国证监会审批。未经中国证监会批准，任何单位或者个人不得设立或者变相设立期货交易所。

第七条　期货交易所不以营利为目的，按照其章程的规定实行自律管理。期货交易所以其全部财产承担民事责任。

第八条　期货交易所会员应当是在中华人民共和国境内登记注册的企业法人。取得期货交易所会员资格，应当经期货交易所批准，并交纳会员资格费。

期货交易所会员由期货经纪公司会员和非期货经纪公司会员组成。

第九条　期货交易所设理事会。理事长、副理事长由中国证监会提名，理事会选举产生。

期货交易所设总经理、副总经理，由中国证监会任免。总经理为期货交易所的法定代表人。

第十条　有证券法第一百零一条规定的情形或者中国证监会规定的其他情形的，不得担任期货交易所的高级管理人员、财务会计人员。

第十一条　期货交易所的工作人员应当忠实履行职务，不得以任何方式为自己从事期货交易，不得泄露内幕信息或者利用内幕信息获得非法利益。

第十二条　期货交易所的工作人员履行职务，遇有与本人或者其亲属有利害关系的情形时，应当回避。

第十三条　期货交易所的工作人员在任职期间或者离开期货交易所未满一年的，不得在该期货交易所的会员单位任职。

国家公务员不得在期货交易所任职。

第十四条　期货交易所履行下列职能：

（一）提供期货交易的场所、设施和服务；

（二）设计期货合约、安排期货合约上市；

（三）组织、监督期货交易、结算和交割；

（四）保证期货合约的履行；

（五）制定和执行本条例第三十五条规定的风险管理制度；

（六）中国证监会规定的其他职能。

第十五条　期货交易所不得从事信托投资、股票交易、非自用不动产投资等与其职能无关的业务。

禁止期货交易所直接或者间接参与期货交易。

第十六条　当期货市场出现异常情况时，期货交易所可以按照其章程规定的权限和程序，决定采取下列紧急措施，并应当立即报告中国证监会：

（一）提高保证金；

（二）调整涨跌停板幅度；

（三）限制会员或者客户的最大持仓量；

（四）暂时停止交易；

（五）采取其他紧急措施。

前款所称异常情况，是指在交易中发生操纵市场并严重扭曲价格形成的行为或者不可抗力的突发事件以及中国证监会规定的其他情形。

异常情况消失后，期货交易所应当及时取消紧急措施。

第十七条 期货交易所有下列情形之一的，应当经中国证监会批准：

（一）制定或者修改章程、业务规则；

（二）上市、中止、取消或者恢复期货交易品种；

（三）上市、修改或者终止期货合约；

（四）中国证监会规定的其他情形。

第十八条 期货交易所的所得收益应当按照国家有关规定管理和使用，不得分配给会员，不得挪作他用。

期货交易所的税后所得按照国家有关规定提取公益金后，应当全部转作公积金，用于弥补以后年度发生的亏损。

第十九条 期货交易所的合并、分立，由中国证监会审批。

第二十条 期货交易所因下列情形之一解散：

（一）章程规定的营业期限届满，会员大会决定不再延续；

（二）会员大会决定解散；

（三）中国证监会决定关闭。

期货交易所因前款第（一）项、第（二）项情形解散的，由中国证监会审批。

第三章 期货经纪公司

第二十一条 设立期货经纪公司，应当符合公司法的规定，并应当具备下列条件：

（一）注册资本最低限额为人民币3000万元；

（二）主要管理人员和业务人员必须具有期货从业资格；

（三）有固定的经营场所和合格的交易设施；

（四）有健全的管理制度；

（五）中国证监会规定的其他条件。

第二十二条 设立期货经纪公司，必须经中国证监会批准，取得中国证监会颁发的期货经纪业务许可证，并在国家工商行政管理局登记注册。

未经中国证监会批准，任何单位或者个人不得从事期货经纪业务，不得在其名称中使用“期货经纪”、“期货代理”或者其他类似字样。

第二十三条 期货经纪公司根据业务需要可以设立营业部，作为分支机构。设立营业部应当符合中国证监会规定的条件，经中国证监会批准，取得中国证监会颁发的经营许可证，并在国家工商行政管理局登记注册。

营业部在期货经纪公司授权范围内依法开展业务，其民事责任由期货经纪公司承担。

第二十四条 期货经纪公司接受客户委托，以自己的名义为客户进行期货交易，交易结果由客户承担。

第二十五条 期货经纪公司除接受客户委托，从事期货交易所上市期货合约的买卖、结算、交割及相关服务业务外，不得从事其他业务。

期货经纪公司不得从事或者变相从事期货自营业务。

第二十六条 期货经纪公司有下列情形之一的，应当经中国证监会批准，并在国家工商行政管理局办理变更登记：

（一）变更法定代表人；

（二）变更注册资本；

（三）变更股东或者股权结构；

（四）变更住所或者营业场所；

（五）变更或者终止营业部；

（六）中国证监会规定的其他情形。

第二十七条 期货经纪公司因下列情形之一解散的，应当结清受委托的业务，并依法返还客户的保证金：

（一）营业期限届满，股东会决定不再延续；

（二）股东会决定解散；

（三）因合并或者分立需要解散；

（四）破产；

（五）中国证监会决定关闭。

期货经纪公司因前款第（一）项、第（二）项、第（三）项情形解散的，由中国证监会审批。

期货经纪公司解散，应当在国家工商行政管理局办理注销登记。

第四章　期货交易基本规则

第二十八条　在期货交易所内进行期货交易的，必须是期货交易所会员。期货经纪公司会员只能接受客户委托从事期货经纪业务，非期货经纪公司会员只能从事期货自营业务。

期货交易所会员应当委派出市代表进入交易场所内进行期货交易。出市代表只能接受本会员单位的交易指令，不得接受其他单位、个人的交易指令或者为其提供咨询意见，不得为自己进行期货交易。

第二十九条　期货经纪公司接受客户委托为其进行期货交易，应当事先向客户出示风险说明书，经客户签字确认后，与客户签订书面合同。

期货经纪公司不得向客户作获利保证或者与客户约定分享利益或者共担风险，不得接受公司、企业或者其他经济组织以个人的名义委托进行期货交易，不得将受托业务进行转委托或者接受转委托业务。

第三十条　下列单位和个人不得从事期货交易，期货经纪公司不得接受其委托为其进行期货交易：

（一）金融机构、事业单位和国家机关；

（二）中国证监会的工作人员；

（三）期货市场禁止进入者；

（四）未能提供开户证明文件的单位；

（五）中国证监会规定不得从事期货交易的其他单位和个人。

第三十一条　客户可以通过书面、电话或者中国证监会规定的其他方式，向期货经纪公司下达交易指令。

客户的交易指令应当明确、全面。

第三十二条　期货经纪公司根据客户的交易指令，为其进行期货交易。期货经纪公司不得未经客户委托或者不按照客户委托范围，擅自进行期货交易。

第三十三条　期货经纪公司向客户提供的期货市场行情应当真实、准确，不得隐瞒重要事项或者使用其他不正当手段诱骗客户发出交易指令。

第三十四条　期货交易所应当及时公布上市品种期货合约的成交量、成交价、持仓量、最高价与最低价、开盘价与收盘价和其他应当公布的信息，并保证信息的真实、准确。期货交易所不得公布价格预测信息。

第三十五条　期货交易所应当按照国家有关规定建立、健全下列风险管理制度：

（一）保证金制度；

（二）每日结算制度；

（三）涨跌停板制度；

（四）持仓限额和大户持仓报告制度；

（五）风险准备金制度；

（六）中国证监会规定的其他风险管理制度。

第三十六条　期货交易应当严格执行保证金制度。期货交易所向会员、期货经纪公司向客户收取的保证金，不得低于中国证监会规定的标准，并应当与自有资金分开，专户存放。

期货交易所向会员收取的保证金，属于会员所有；期货交易所除用于会员的交易结算外，严禁挪作他用。

期货经纪公司向客户收取的保证金，属于客户所有；期货经纪公司除按照中国证监会的规定为客户向期货交易所交存保证金、进行交易结算外，严禁挪作他用。

期货经纪公司应当为每一个客户单独开立专门帐户、设置交易编码，不得混码交易。

第三十七条　期货交易所、期货经纪公司应当按照中国证监会、财政部的规定提取、管理和使用风险准备金，不得挪用。

第三十八条　期货交易所向会员、期货经纪公司向客户收取交易手续费，应当按照国务院有关部门的统一规定执行。

第三十九条　期货交易实行集中竞价，按照价格优先、时间优先的撮合成交原则进行。

第四十条 期货交易的结算，由期货交易所统一组织进行。

期货交易所实行每日结算制度。期货交易所应当在当日收市后及时将结算结果通知会员。

期货经纪公司根据期货交易所的结算结果对客户进行结算，并应当将结算结果及时通知客户。

第四十一条 期货交易所会员的保证金不足时，该会员必须追加保证金。会员未在期货交易所统一规定的时间内追加保证金的，期货交易所应当将该会员的期货合约强行平仓，强行平仓的有关费用和发生的损失由该会员承担。

期货经纪公司在客户保证金不足而客户又未能在期货经纪公司统一规定的时间内及时追加时，应当将该客户的期货合约强行平仓，强行平仓的有关费用和发生的损失由该客户承担。

第四十二条 期货交易的交割，由期货交易所统一组织进行。期货交易所不得限制实物交割总量。

交割仓库由期货交易所指定。期货交易所应当与交割仓库签订协议，明确双方的权利和义务。

第四十三条 交割仓库不得有下列行为：

（一）出具虚假仓单；

（二）违反期货交易所业务规则，限制交割商品的入库、出库；

（三）泄露与期货交易有关的商业秘密；

（四）参与期货交易；

（五）中国证监会规定的其他行为。

第四十四条 会员在期货交易中违约的，先以该会员的保证金承担违约责任；保证金不足的，期货交易所应当以风险准备金和自有资金代为承担违约责任，并由此取得对该会员的相应追偿权。

客户在期货交易中违约的，期货经纪公司比照前款规定执行。

第四十五条 期货交易所、期货经纪公司应当保证期货交易、结算、交割资料的完整和安全。

第四十六条 任何单位或者个人不得编造、传播有关期货交易的谣言，不得恶意串通、联手买卖或者以其他方式操纵期货交易价格。

第四十七条 任何单位或者个人不得使用信贷资金、财政资金进行期货交易。

金融机构不得为期货交易融资或者提供担保。

第四十八条 国有企业、国有资产占控股地位或者主导地位的企业进行期货交易，限于从事套期保值业务，并应当遵守下列规定：

（一）进行期货交易的品种限于其生产经营的产品或者生产所需的原材料；

（二）期货交易总量应当与其同期现货交易总量相适应；

（三）中国证监会的其他规定。

前款企业从事套期保值业务的，应当向期货交易所或者期货经纪公司出具其法定代表人签署的文件，并经期货交易所或者期货经纪公司依照前款规定审核同意。

第四十九条 未经批准，任何单位或者个人不得直接或者间接从事境外期货交易。确需利用境外期货市场进行套期保值的，由中国证监会会同国务院有关部门审核，报国务院批准后，颁发境外期货业务许可证。

禁止期货经纪公司从事境外期货交易。

第五章　监督管理

第五十条 期货交易所和期货经纪公司应当定期向中国证监会报送财务会计报表、有关资料和审计报告。

第五十一条 中国证监会可以随时检查期货交易所、期货经纪公司的业务、财务状况，有权要求期货交易所、期货经纪公司提供有关资料，有权要求期货交易所提供会员、期货经纪公司提供客户的有关情况和资料；必要时，可以检查会员和客户与期货交易有关的业务、财务状况。

中国证监会在检查中，发现有违法嫌疑的，可以调取、封存有关文件、资料，并应当在规定的期限内及时作出处理决定。

中国证监会的工作人员在检查时，应当出示合法证件。

第五十二条 中国证监会对有期货违法嫌疑的单位和个人有权进行询问、调查；对期货交易所、期货经纪公司、会员和客户在商业银行或者其他金融机构开立的单位存款帐户可以进行查询；对有证据证明有转移或者隐匿违法资金迹象的，可以申请司法机关予以冻结。有关单位和个人应当给予支持、配合。

第五十三条 当期货市场出现异常情况时，中国证监会可以采取必要的风险处置措施。

第五十四条 中国证监会对期货交易所和期货经纪公司的高级管理人员和其他期货从业人员实行资格认定制度。

第五十五条 期货交易所应当依照本条例和中国证监会的规定，建立、健全各项规章制度，加强对期货交易所交易活动的风险控制和对会员以及期货交易所工作人员的监督管理。

期货经纪公司应当建立、健全内部业务管理规则，加强对客户资信情况的审查，并应当按照期货交易所的规定，向期货交易所报告大户名单、交易情况。

第五十六条 期货交易所总经理离任时，期货交易所应当聘请具有从事相关业务审计资格的中介机构对其进行离任审计。中国证监会认为必要时，可以指定中介机构进行离任审计。

第六章 罚 则

第五十七条 期货交易所有下列行为之一的，责令改正，给予警告，没收违法所得：

（一）违反规定接纳会员的；

（二）违反规定收取交易手续费的；

（三）违反规定使用、分配收益的；

（四）不按照规定公布信息的；

（五）不按照规定向中国证监会履行报告义务的；

（六）不按照规定向中国证监会报送有关文件、资料的；

（七）不按照规定提取、管理和使用风险准备金的；

（八）限制会员实物交割总量的；

（九）任用不具备资格的期货从业人员的；

（十）有违反中国证监会规定的其他行为的。

期货交易所有前款所列行为之一的，对直接负责的主管人员和其他直接责任人员给予纪律处分，可以并处1万元以上10万元以下的罚款。

期货交易所有本条第一款第（二）项所列行为的，应当责令退还多收取的交易手续费。

第五十八条 期货交易所有下列行为之一的，责令改正，给予警告，没收违法所得，并处违法所得1倍以上5倍以下的罚款；没有违法所得或者违法所得不满10万元的，处10万元以上50万元以下的罚款；情节严重的，责令停业整顿：

（一）未经批准，擅自制定或者修改章程、业务规则的；

（二）未经批准，擅自上市、中止、取消或者恢复期货交易品种的；

（三）未经批准，擅自上市、修改或者终止期货合约的；

（四）允许会员在保证金不足的情况下进行期货交易的；

（五）直接或者间接参与期货交易，或者从事与其职能无关的业务的；

（六）违反规定收取保证金，或者挪用保证金的；

（七）伪造、涂改或者不按照规定保存期货交易、结算、交割资料的；

（八）未建立或者未执行涨跌停板、持仓限额和大户持仓报告制度的；

（九）拒绝或者妨碍中国证监会监督检查的；

（十）有违反中国证监会规定的其他行为的。

期货交易所有前款所列行为之一的，对直接负责的主管人员和其他直接责任人员给予纪律处分，并处1万元以上10万元以下的罚款。

第五十九条 期货经纪公司有下列行为之一的，责令改正，给予警告，没收违法所得，并处违法所得1倍以上3倍以下的罚款；没有违法所得或者违法所得不满10万元的，处10万元以上30万元以下的罚款；情节严重的，责令停业整顿或者吊销期货经纪业务许可证：

（一）接受不符合规定条件的单位或者个人委托的；

（二）接受公司、企业或者其他经济组织以个人名义委托进行期货交易的；

（三）将受托业务进行转委托，或者接受转委托业务的；

（四）允许客户在保证金不足的情况下进行期货交易的；

（五）从事期货自营业务或者违反本条例规定的其他业务的；

（六）不按照规定向中国证监会报送有关文件、资料的；

（七）不按照规定提取、管理和使用风险准备金的；

（八）伪造、涂改或者不按照规定保存期货交易、结算、交割资料的；

（九）任用不具备资格的期货从业人员的；

（十）未经批准设立营业部的；

（十一）未经批准办理变更事项的；

（十二）伪造、变造、出租、出借、买卖期货经纪业务许可证和经营许可证的；

（十三）违反规定进行混码交易的；

（十四）拒绝或者妨碍中国证监会监督检查的；

（十五）有违反中国证监会规定的其他行为的。

期货经纪公司有前款所列行为之一的，对直接负责的主管人员和其他直接责任人员给予纪律处分，并处1万元以上5万元以下的罚款。

第六十条 期货经纪公司有下列欺诈客户行为之一的，责令改正，给予警告，没收违法所得，并处违法所得1倍以上5倍以下的罚款；没有违法所得或者违法所得不满10万元的，处10万元以上50万元以下的罚款；情节严重的，责令停业整顿或者吊销期货经纪业务许可证：

（一）不按照规定向客户出示风险说明书，向客户作获利保证或者与客户约定分享利益、共担风险的；

（二）未经客户委托或者不按照客户委托范围擅自进行期货交易的；

（三）提供虚假的期货市场行情、信息，或者使用其他不正当手段，诱骗客户发出交易指令的；

（四）向客户提供虚假成交回报的；

（五）未将客户交易指令下达到期货交易所内的；

（六）挪用客户保证金的；

（七）有中国证监会规定的其他欺诈客户的行为的。

期货经纪公司有前款所列行为之一的，对直接负责的主管人员和其他直接责任人员给予纪律处分，并处1万元以上10万元以下的罚款；构成犯罪的，依法追究刑事责任。

任何单位或者个人编造并且传播影响期货交易的虚假信息，扰乱期货交易市场的，比照本条第一款、第二款的规定处罚；构成犯罪的，依法追究刑事责任。

第六十一条 期货交易内幕信息的知情人员或者非法获取期货交易内幕信息的人员，在对期货交易价格有重大影响的信息尚未公开前，利用内幕信息从事期货交易，或者向他人泄露内幕信息，使他人利用内幕信息进行期货交易的，没收违法所得，并处违法所得1倍以上5倍以下的罚款；没有违法所得或者违法所得不满10万元的，处10万元以上50万元以下的罚款；构成犯罪的，依法追究刑事责任。

第六十二条 任何单位或者个人有下列行为之一，操纵期货交易价格的，责令改正，没收违法所得，并处违法所得1倍以上5倍以下的罚款；没有违法所得或者违法所得不满20万元的，处20万元以上100万元以下的罚款；构成犯罪的，依法追究刑事责任：

（一）单独或者合谋，集中资金优势、持仓优势或者利用信息优势联合或者连续买卖期货合约，操纵期货交易价格的；

（二）蓄意串通，按事先约定的时间、价格和方式相互进行期货交易，影响期货交易价格或者期货交易量的；

（三）以自己为交易对象，自买自卖，影响期货交易价格或者期货交易量的；

（四）为影响期货市场行情囤积实物的；

（五）有中国证监会规定的其他操纵期货交易价格的行为的。

单位有前款所列行为之一的，对直接负责的主管人员和其他直接责任人员给予纪律处分，并处1万元以上10万元以下的罚款。

第六十三条　交割仓库有本条例第四十三条所列行为之一的，责令改正，给予警告，没收违法所得，并处违法所得1倍以上5倍以下的罚款；没有违法所得或者违法所得不满10万元的，处10万元以上50万元以下的罚款；情节严重的，责令期货交易所暂停或者取消其交割仓库资格；对直接负责的主管人员和其他直接责任人员给予纪律处分。

第六十四条　国有企业、国有资产占控股地位或者主导地位的企业违反本条例规定进行期货交易的，任何单位或者个人使用信贷资金、财政资金进行期货交易的，给予警告，没收违法所得，并处违法所得1倍以上5倍以下的罚款；没有违法所得或者违法所得不满10万元的，处10万元以上50万元以下的罚款；对直接负责的主管人员和其他直接责任人员给予降级直至开除的纪律处分；构成犯罪的，依法追究刑事责任。

第六十五条　任何单位或者个人违反本条例规定，擅自从事境外期货交易的，予以取缔，没收违法所得，并处违法所得1倍以上5倍以下的罚款；没有违法所得或者违法所得不满20万元的，处20万元以上100万元以下的罚款；对直接负责的主管人员和其他直接责任人员处1万元以上10万元以下的罚款，并给予降级直至开除的纪律处分；构成犯罪的，依法追究刑事责任。

任何单位或者个人非法设立或者变相设立期货交易所、期货经纪公司，或者擅自从事期货经纪业务的，予以取缔，并依照前款的规定处罚；构成犯罪的，依法追究刑事责任。

第六十六条　期货交易所的工作人员在任职期间或者离开期货交易所未满一年，在该期货交易所的会员单位任职的，或者泄露知悉的国家秘密和会员、客户商业秘密的，给予纪律处分；构成犯罪的，依法追究刑事责任。

第六十七条　任何单位或者个人违反本条例规定，情节严重的，由中国证监会宣布该个人、该单位或者该单位的直接责任人员为期货市场禁止进入者。

第六十八条　中国证监会的工作人员泄露知悉的国家秘密以及会员、客户商业秘密，或者徇私舞弊、玩忽职守、滥用职权、收受贿赂，构成犯罪的，依法追究刑事责任；尚不构成犯罪的，依法给予行政处分。

第六十九条　对期货交易所及其会员、期货经纪公司及其客户、期货从业人员、交割仓库的行政处罚，由中国证监会决定；对其他单位或者个人的行政处罚，由有关部门依照法定职权决定。

第七章　附　则

第七十条　本条例下列用语的含义：

（一）“期货交易”，是指在期货交易所内集中买卖某种期货合约的交易活动。

（二）“期货合约”，是指由期货交易所统一制定的、规定在将来某一特定的时间和地点交割一定数量和质量商品的标准化合约。

（三）“保证金”，是指期货交易者按照规定标准交纳的资金，用于结算和保证履约。

（四）“结算”，是指根据期货交易所公布的结算价格对交易双方的交易盈亏状况进行的资金清算。

（五）“交割”，是指期货合约到期时，根据期货交易所的规则和程序，交易双方通过该期货合约所载商品所有权的转移，了结到期未平仓合约的过程。

（六）“平仓”，是指期货交易者买入或者卖出与其所持期货合约的品种、数量及交割月份相同但交易方向相反的期货合约，了结期货交易的行为。

（七）“持仓量”，是指期货交易者所持有的未平仓合约的数量。

（八）“持仓限额”，是指期货交易所对期货交易者的持仓量规定的最高数额。

（九）“仓单”，是指交割仓库开出并经期货交易所认定的标准化提货凭证。

（十）“撮合成交”，是指期货交易所的计算机交易系统对交易双方的交易指令进行配对的过程。

（十一）“涨跌停板”，是指期货合约在一个交易日中的交易价格不得高于或者低于规定的涨跌幅度，超出该涨跌幅度的报价将被视为无效，不能成交。

（十二）"内幕信息"，是指可能对期货市场价格产生重大影响的尚未公开的信息，包括：中国证监会及其他相关部门制定的对期货交易价格可能发生重大影响的政策，期货交易所作出的可能对期货交易价格发生重大影响的决定，期货交易所会员、客户的资金和交易动向以及中国证监会认定的对期货交易价格有显著影响的其他重要信息。

（十三）"内幕信息的知情人员"，是指由于其管理地位、监督地位或者职业地位，或者作为雇员、专业顾问履行职务，能够接触或者获得内幕信息的人员，包括：期货交易所的理事长、副理事长、总经理、副总经理等高级管理人员以及其他由于任职可获取内幕信息的从业人员，中国证监会的工作人员和其他有关部门的工作人员以及中国证监会规定的其他人员。

第七十一条 本条例自1999年9月1日起施行。

国有企业境外期货套期保值业务管理办法

关于发布《国有企业境外期货套期保值业务管理办法》的通知

证监发[2001]81号

各有关企业：

为了加强对国有企业（包括国有资产占控股地位或主导地位的企业）从事境外期货套期保值业务的监督管理，根据《期货交易管理暂行条例》的规定，中国证券监督管理委员会、国家经济贸易委员会、对外贸易经济合作部、国家工商行政管理总局和国家外汇管理局制定了《国有企业境外期货套期保值业务管理办法》，现予发布，自发布之日起施行。

二〇〇一年五月二十四日

国有企业境外期货套期保值业务管理办法

第一章 总 则

第一条 为了加强对境外期货业务的管理，根据《期货交易管理暂行条例》的规定，制定本办法。

第二条 本办法适用于在中华人民共和国境内注册的国有企业（包括国有资产占控股地位或主导地位的企业）。

第三条 本办法所称境外期货业务是指境内企业从事境外期货交易所上市标准化合约交易的经营活动。

第四条 中国证监会依照本办法对境外期货业务实行监督管理。

第二章 境外期货业务资格的取得

第五条 中国证监会对从事境外期货业务的企业实行许可证制度。企业从事境外期货业务必须经国务院批准，并取得中国证监会颁发的境外期货业务许可证。

未取得境外期货业务许可证的企业，不得从事境外期货业务。

第六条　申请从事境外期货业务的企业应具备下列条件：

（一）符合国家有关期货交易的法律、法规及政策；

（二）有进出口权；

（三）进出口的商品或其他在境外现货市场上买卖的商品确有在境外期货市场上套期保值的需要；

（四）有健全的境外期货业务管理制度；

（五）有符合要求的交易、通讯及信息服务设施；

（六）至少有3名从事境外期货业务1年以上并取得中国证监会或境外期货监管机构颁发的期货从业人员资格证书的从业人员，其中应包括专职的期货风险管理人员；至少有1名高级管理人员了解境外期货业务并符合中国证监会的其他规定；

（七）中国证监会规定的其他条件。

第七条　企业申请从事境外期货业务应当向审核部门提交下列材料：

（一）境外期货业务申请报告；

（二）境外期货业务申请表；

（三）境外期货业务管理制度；

（四）企业法人营业执照；

（五）进出口企业资格证书；

（六）从业人员从事境外期货业务的经历及从业人员资格证书；

（七）审核部门规定的其他材料。

第八条　中国证监会会同国务院有关部门对申请从事境外期货业务的企业进行审核，报经国务院批准后，向申请企业签发批复通知。

通过审核的企业凭批复通知到工商行政管理部门办理相应经营范围变更登记，更换营业执照。

企业凭变更后的营业执照到中国证监会领取境外期货业务许可证。

企业凭境外期货业务许可证和变更后的营业执照，向国家外汇局申请开立境外期货项下保证金帐户和境内期货外汇专户。

第三章　境外期货业务基本规则

第九条获得境外期货业务许可证的企业（以下简称持证企业）在境外期货市场只能从事套期保值交易，不得进行投机交易。

前款所称套期保值是为冲抵现货价格风险而买卖期货合约的行为。

第十条　持证企业从事套期保值交易，应当遵循下列规定：

（一）进行期货交易的品种限于企业生产经营的产品或所需的原材料；

（二）期货持仓量不得超出企业正常的交收能力，不得超出进出口配额、许可证规定的数量；

（三）期货持仓时间应与现货保值所需的计价期相匹配；

（四）中国证监会的其他规定。

第十一条　套期保值头寸持有时间一般不超过12个月，但经中国证监会核准的除外。

签订现货合同后，相应的套期保值头寸持有时间不得超出现货合同规定的时间或该合同实际执行的时间。

第十二条　境外期货头寸实行额度管理。套期保值额度是持证企业在特定时间内所持期货头寸的最大数量限制。

第十三条　持证企业对国家限制进出口的商品确定套期保值额度时，还应当向中国证监会提供国家有关部门的批准文件。

第十四条　持证企业根据生产、经营计划制定本企业的套期保值计划，并报中国证监会备案。

第十五条　套期保值计划应列明拟保值的现货品种及其数量、期货品种及其数量等。

第十六条　持证企业的套期保值计划每年核定一次。连续12个月份的套期保值头寸总量不得超过相应时期的套期保值额度。

当持证企业的期货头寸超出规定的套期保值额度时，应在2个工作日内报告中国证监会并说明理由。

第十七条　持证企业应按保值商品的需要分布

期货头寸。

第十八条 持证企业选择的境外期货经纪机构应当是境外期货交易所或境外期货清算机构资信良好的清算会员。

第十九条 持证企业在境外期货经纪机构应当以本企业的名义开设交易帐户，并以本企业的名义通过境外期货经纪机构从事期货业务。

第二十条 持证企业所选择的境外期货交易所应当管理规范、交易活跃，交易的期货品种在同类期货交易所中具有代表性。

第二十一条 持证企业选择的期货交易品种应当经国家经贸委或外经贸部等部门核准，并报中国证监会备案。

第二十二条 持证企业选择境外经纪机构及境外期货交易所应当经中国证监会核准。

第二十三条 持证企业应当建立严格有效的内部管理和风险控制制度，要明确规定境外期货交易的决策人员、交易指令执行人员、资金管理人员或风险管理人员的职责范围，不得交叉或越权行使这些职责。

第二十四条 持证企业对交易指令执行人员的授权应当经境外期货经纪机构确认后报中国证监会备案。

第四章 外汇管理

第二十五条 中国证监会负责监管持证企业套期保值交易的真实性及年度风险敞口。年度风险敞口是指允许持证企业境外期货保证金帐户上年底保留的余额、年度内累计追加的保证金额和期货赔付款的最高限额。

第二十六条 每年年初，持证企业提出有数据支持的风险敞口，经中国证监会核准后，到国家外汇局办理登记手续。国家外汇局予以开出企业期货业务年度风险额度登记确认函，抄送开户银行，以备汇出资金时由银行进行核对。

第二十七条 国家外汇局负责监控持证企业境外期货业务保证金帐户和境内期货外汇专户。

境外帐户的户数由国家外汇局根据企业业务需要商中国证监会掌握；境内专户只限开立一个。

第二十八条 持证企业开展境外期货业务所汇出和汇入的资金，应当通过期货专户办理。

期货专户的收入仅限用于汇出期货保证金或期货赔付款的自有外汇资金、境外期货交易项下的盈利收入。支出仅限于汇出期货保证金或期货赔付款、支付期货经纪机构手续费、期货项下银行手续费。

第二十九条 开户银行负责持证企业汇出和汇入资金凭证真实性的审核。企业因期货交易需要汇出资金或购汇时，开户银行凭境外期货经纪机构发出的缴付期货开户保证金通知书、追加保证金或缴付期货赔付款通知书，经核对国家外汇局开出的期货业务年度风险额度登记确认函，设台帐进行逐笔登记后，方可在国家外汇局确认函核准登记的额度内办理资金汇出手续。

第三十条 持证企业用于期货保证金或期货赔付款的资金，应当首先使用自有外汇资金，不足部分方可购汇。自有资金来源于经国家外汇局批准的其他现汇帐户，企业可向国家外汇局申请增加现汇帐户使用范围，即在期货项下可将该现汇帐户资金划入期货专户。经批准的帐户之间资金的划转到帐最迟在次日汇出境外；购汇资金应于当日经期货专户汇出境外。

第三十一条 持证企业期货交易项下的盈利应当及时调回境内期货专户，并于当日全部办理结汇，银行设立台帐进行逐笔登记。调回的盈利作为企业下年度申请风险敞口的重要依据。

第三十二条 对于套期保值中的现货进出口，持证企业按照一般贸易进行进出口收付汇核销。

第三十三条 期货专户开户银行每月前 10 个工作日内将持证企业上月资金汇出、汇入、划转、购汇情况报国家外汇局。企业每月前 10 个工作日内将上月期货项下自有外汇资金和购汇汇出情况、期货经纪机构的现金、头寸报表即对帐单报国家外汇局。每年 7 月和 1 月的前 10 个工作日内将上半年境外机构授予的期货项下授信额度及其使用情况、期货盈亏情况及与其相对应的现货盈亏情况报国家外汇局，国家外汇局与中国证监会每半年再进行一次双线核对。

第五章　监督管理

第三十四条　持证企业应在每月前10个工作日内向中国证监会报告上月境外期货业务情况，月报内容包括下列事项：

（一）期货交易信用额度及授信机构；

（二）已占用的期货交易保证金金额；

（三）持仓期货合约品种、月份、数量、持仓方向、浮动盈亏金额；

（四）期货交易平仓合约品种、月份、数量、买卖方向、价位、平仓盈亏金额；

（五）交割现货的品种、数量、交割地；

（六）期货交易相对应的现货交易情况；

（七）期货外汇帐户购汇金额、汇往地点及机构名称；

（八）期货外汇帐户汇入金额、汇入来源；

（九）中国证监会规定的其他事项。

第三十五条　持证企业发生下列行为，应当在10个工作日内报中国证监会备案：

（一）进出口权发生变化；

（二）境外期货业务的负责人、风险管理人员和交易指令执行人员等从业人员发生变化；

（三）分立、合并或联合经营；

（四）变更经营范围；

（五）中国证监会规定的其他事项。

第三十六条　持证企业有下列行为时，应当自营业执照变更之日起10个工作日内，办理许可证变更：

（一）变更法定代表人；

（二）变更名称、住所；

（三）变更注册资本；

（四）中国证监会规定的其他事项。

第三十七条　中国证监会可以对持证企业的下列事项进行日常检查：

（一）设立或变更事项的审批、核准和备案手续是否完备；

（二）申报材料的各项内容与实际情况是否相符；

（三）是否超范围从事境外期货业务；

（四）是否进行投机交易；

（五）是否违反国家外汇管理规定；

（六）是否按规定报送有关材料；

（七）管理制度的制定和执行情况；

（八）中国证监会认为需要检查的其他事项。

第三十八条　持证企业应聘请期货交易所在地资信良好的会计师事务所每2个月检查境外期货交易的内部控制、风险管理和头寸分布等情况，并将检查情况报中国证监会。

第三十九条　持证企业应在下列情况发生或知晓后的3个工作日内报告中国证监会：

（一）境外期货头寸被强制平仓；

（二）与境外期货经纪机构发生法律纠纷；

（三）所选择的境外期货经纪机构或交易所发生重大财务亏损及法律纠纷；

（四）其他影响持证企业期货利益的重大事件。

第四十条　持证企业交易结算单、交易月结单等业务记录应保存3年。

第四十一条　境外期货业务许可证由中国证监会统一设计和印制。

禁止伪造、涂改、出借、转让、买卖境外期货业务许可证。

第四十二条　境外期货业务许可证遗失或有严重破损，应当自发现之日起10个工作日内向中国证监会报告并重新申领。

第四十三条　境外期货业务许可证与营业执照的相关内容应当一致。

第四十四条　中国证监会对持证企业实行年度检查制度，确认其从事境外期货业务的资格。

明年检报告书格式、年检标识样式和年检戳记样式由中国证监会统一制定。

第四十五条　年检的主要内容包括：

（一）持证企业的经营和财务状况；

（二）境外期货业务许可证变更情况；

（三）境外期货业务经营和财务情况；

（四）管理制度的制定和执行情况；

（五）套期保值的操作情况；

（六）外汇管理规定执行情况；

（七）期货管理和从业人员的从业资格；

（八）中国证监会规定的其他事项。

第四十六条 持证企业年检合格，由中国证监会在其境外期货业务许可证上加贴年检标识并加盖年检戳记。

第四十七条 本办法所涉及的管理部门应当对持证企业的境外期货交易和资金情况保密。

第六章 罚 则

第四十八条 对持证企业和开户银行在境外期货业务中违反外汇管理法规的行为，由国家外汇局依据《中华人民共和国外汇管理条例》进行处罚，构成犯罪的，依法追究有关机构和责任人刑事责任。

第四十九条 对严重违法或涉嫌严重违法正在被司法机关或监管机构立案查处的持证企业，或未通过年检的持证企业，中国证监会可视情节责令其暂停境外期货业务或注销其境外期货业务许可证。

第五十条 持证企业违反本办法规定，有下列行为之一的，由中国证监会责令改正，给予警告等处罚，情节严重的，暂停境外期货业务资格或者吊销境外期货业务许可证：

（一）申报材料有虚假记载、重大遗漏或误导性陈述的；

（二）未按规定履行报告或备案义务的；

（三）未按本办法第八条规定获准而从事境外期货交易的；

（四）未按规定向中国证监会报送有关材料、文件的；

（五）伪造、涂改或者不按规定保存期货交易、结算、交割资料的；

（六）伪造、涂改、出借、转让、买卖境外期货业务许可证的；

（七）拒绝或者妨碍中国证监会履行监督管理职责的；

（八）有违反中国证监会规定的其他行为的。

第五十一条 对违反规定从事境外期货业务的直接责任人员依法给予行政处罚；构成犯罪的，依法追究刑事责任。

第七章 附 则

第五十二条 本办法由发文单位对各自所涉及的内容负责解释。

第五十三条 本办法自发布之日起施行。

郑州商品交易所跨期套利管理办法

（2005年8月2日第五届郑州商品交易所理事会通讯会议通过修正，自2005年9月1日起施行）

第一章 总 则

第一条 为提高市场流动性，促进期货市场规范发展，根据《郑州商品交易所交易规则》等有关规定，制定本办法。

第二条 非经纪会员和投资者在郑州商品交易所（以下简称交易所）从事跨期套利业务，必须遵守本办法。

第二章 跨期套利交易

第三条 跨期套利是指同一非经纪会员或投资者以赚取差价为目的，在同一期货品种的不同合约月份建立数量相等、方向相反的交易部位，并以对冲或交割方式结束交易的一种操作方式。

第四条 非经纪会员、投资者可以通过对历史持仓确认的方式建立跨期套利组合持仓，也可以通过跨期套利组合指令直接建立跨期套利组合持仓。

跨期套利组合指令是指买入（卖出）同一品种较近月份的期货合约，同时卖出（买入）相同数量较远月份期货合约，不标明买卖合约的具体价位，只标明买卖合约价差的指令。跨期套利组合指令按照价差优先、时间优先和远近月份同时成交的原则撮合成交。

除不允许作为预备指令和在集合竞价期间内下达外，限价指令的其它规定适用于跨期套利组合指令。

第五条 跨期套利持仓实行限仓和审批相结合。

一般月份跨期套利无持仓数量限制，交割月前一个月和交割月跨期套利持仓与投机持仓之和不超过《郑州商品交易所风险控制管理办法》对应合约月份限仓数量三倍（其中投机持仓不超过《郑州商品交易所风险控制管理办法》对应合约月份限仓数量）。

跨期套利持仓需超过前款限制规定的，应于交割月前一个月第一个交易日之前（不含该日）报经交易所批准。

第六条 非经纪会员和投资者既有投机持仓，又有跨期套利持仓和套期保值持仓，平仓的顺序是先平投机持仓，再平跨期套利持仓，后平套期保值持仓。

第七条 某合约月份的跨期套利持仓平仓后，另一合约月份的对应跨期套利持仓自动调整为投机持仓。某合约月份的跨期套利持仓配对交割后，另一合约月份的对应持仓执行本办法第五条规定。

第八条 跨期套利持仓按照单边收取交易保证金。

第九条 非经纪会员和投资者通过跨期套利接收仓单后，将另一合约月份的对应持仓部分或全部平仓，跨期套利接收的仓单视作投机接收仓单，允许持有的仓单量按《郑州商品交易所交割细则》相关规定作相应调减。

第三章 跨期套利的监督与管理

第十条 强行平仓时，按先强平投机持仓，再强平跨期套利持仓，后强平套期保值持仓进行。当结算准备金余额小于零且未能在规定时间内补足的，交易所强平时，跨期套利持仓双边将同时强平。

第十一条 当市场连续出现单边市，强制减仓时，已接收到仓单（不包括注销或转让的仓单）的跨期套利对应持仓，不执行强制减仓。

第四章 附 则

第十二条 本办法解释权归郑州商品交易所。

第十三条 本办法自 2005 年 9 月 1 日起实施。

郑州商品交易所结算细则

（2003年2月27日第五届郑州商品交易所理事会第一次会议通过 2004年4月20日第五届郑州商品交易所理事会第二次会议修正 2005年8月2日第五届郑州商品交易所理事会通讯会议修正 自2005年9月1日起施行）

第一章　总　则

第一条　为规范郑州商品交易所（以下简称交易所）期货交易的结算行为，保护期货交易当事人的合法权益和社会公众利益，防范和化解期货市场的风险，根据《郑州商品交易所交易规则》，制定本细则。

第二条　结算是指根据交易结果和交易所有关规定对会员保证金、盈亏、手续费、交割货款及其他有关款项进行计算、划拨的业务活动。

第三条　交易所的结算实行保证金制度、每日无负债结算制度和风险准备金制度等。

第四条　交易所对会员进行结算。经纪会员对投资者进行结算。

第五条　本细则适用于交易所内的一切结算活动，交易所、会员、投资者和交易所指定结算银行（以下简称结算银行）必须遵守本细则。

第二章　结算机构

第六条　交易所结算机构是指交易所内设置的结算部。结算部负责交易所期货交易、交割的统一结算、保证金管理、风险准备金管理及结算风险的防范。

第七条　结算部的主要职责：

（一）控制结算风险；

（二）编制会员的结算帐表；

（三）办理资金往来汇划业务；

（四）统计、登记和报告交易结算情况；

（五）处理会员交易中的帐款纠纷；

（六）办理交割结算及相关业务；

（七）按规定管理保证金、风险准备金；

（八）监督结算银行与本所的期货结算业务。

第八条　所有在交易所交易系统中成交的合约必须通过结算部进行统一结算。

第九条　交易所依据有关规章制度有权检查会员的结算资料、财务报表及相关的凭证和帐册。

第十条　会员应设立结算部门。经纪会员结算部门负责会员与交易所、会员与投资者之间的结算工作；非经纪会员结算部门负责会员与交易所之间的结算工作。

会员结算部门应妥善保管结算资料、财务报表及相关凭证、帐册，以备查询和核实。

第十一条　结算机构及其工作人员应当保守交易所和会员的商业秘密。

第三章　结算银行

第十二条　结算银行是指交易所指定的、协助交易所办理期货交易结算业务的银行。

第十三条　结算银行须符合以下条件：

（一）属全国性的商业银行，资金雄厚，信誉良好；

（二）在全国各主要城市设有分支机构和营业网点；

（三）拥有先进、快速的异地资金划拨手段；

（四）拥有保证金管理制度；

（五）拥有懂得期货知识、风险防范意识强的专业技术人员；

(六)交易所认为必须具备的其他条件。

符合以上条件，并经交易所同意成为结算银行后，结算银行与交易所应签订相应协议，明确双方的权利和义务。

第十四条 结算银行的权利：

(一)开设交易所专用结算帐户和会员专用资金帐户；

(二)吸收交易所和会员的存款；

(三)了解会员在交易所的资信情况。

第十五条 结算银行的义务：

(一)向交易所提供会员专用资金帐户的资金情况，根据要求实施必要的监管措施 ；

(二)根据交易所提供的票据优先划转会员的资金；

(三)协助交易所核查会员资金的来源和去向；

(四) 向交易所及时通报会员标准仓单的质押情况；

(五)向交易所及时通报会员在资金结算方面的不良行为和风险；

(六)交易所出现重大风险时，必须协助交易所化解风险；

(七)保守交易所和会员的商业秘密；

(八)接受交易所对其期货业务的监督。

第四章 日常结算

第十六条 交易所在结算银行开设专用结算帐户，用于存放会员的保证金及相关款项。

第十七条 会员须在结算银行开设专用资金帐户，用于存放保证金及相关款项。

第十八条 交易所与会员之间期货业务资金的往来结算通过交易所专用结算帐户和会员专用资金帐户办理。

第十九条 交易所对会员存入交易所专用结算帐户的保证金实行分帐管理，为每一会员设立明细帐户，按日序时登记核算每一会员出入金、盈亏、保证金、手续费等。

第二十条 经纪会员对投资者存入会员专用资金帐户的保证金实行分帐管理，为每一投资者设立明细帐户，按日序时登记核算每一投资者出入金、盈亏、保证金、手续费等。

第二十一条 会员开设专用资金帐户时，须与交易所及结算银行签订结算协议，并提交《印鉴授权书》等相关资料，会员使用资金管理电子化系统须与交易所签订《郑州商品交易所资金管理电子化会员服务协议》。

交易所有权在不通知会员的情况下通过结算银行从会员的专用资金帐户中收取各项应收款项，并且有权随时查询该帐户的资金情况。

第二十二条 《印鉴授权书》中被授权的公章、财务章、法定代表人章或被授权人章及《郑州商品交易所资金管理电子化会员服务协议》确定的电子签章均为会员的有效印鉴，会员应对使用以上印鉴所产生的一切后果承担责任。

第二十三条 会员如需更换专用资金帐户，须经交易所批准。

第二十四条 会员更名或转让必须重新与交易所签定结算协议，并提交《印鉴授权书》，重新开设专用资金帐户。

第二十五条 交易所实行保证金制度。保证金分为结算准备金和交易保证金。

第二十六条 结算准备金是指会员为了交易结算在交易所专用结算帐户中预先准备的资金，是未被合约占用的保证金。结算准备金的最低余额由交易所规定。

第二十七条 期货经纪公司会员结算准备金最低余额为 200 万元，以期货经纪公司会员自有资金足额缴纳；非期货经纪公司会员结算准备金最低余额为 50 万元。每日交易开始前，会员结算准备金余额低于此额度不得开新仓。当结算准备金余额为负数而不能及时追加时，交易所将按有关规定对其强行平仓。

第二十八条 交易所根据会员每日结算准备金余额和中国人民银行公布的同期银行活期存款利率计算利息，并在每年的三月二十一日、六月二十一日、九月二十一日、十二月二十一日（遇法定节假日顺延）将利息划入会员保证金帐户。

第二十九条 交易保证金是指会员在交易所专用结算帐户中确保合约履行的资金，是已被合约占用的保证金。当买卖双方成交后，交易所按持仓合约价值和规定的比例收取交易保证金。同一会员、同一客户、同一月份双向持仓按单边收取交易保证金。

第三十条 各品种的交易保证金比例在期货合约中规定，不同阶段的交易保证金比例按交易所有关规定执行。

第三十一条 交易所根据会员当日成交合约数量按合约规定的标准计收交易手续费。

第三十二条 经交易所同意，会员可用权利凭证质押保证金。

第三十三条 经纪会员受托为投资者交易，向投资者收取的保证金属于投资者所有，禁止保证金挪作他用。

第三十四条 经纪会员向投资者收取的交易保证金不得低于交易所向会员收取的交易保证金。

第三十五条 交易所实行每日无负债结算制度。

每日无负债结算制度（又称逐日盯市）是指每日交易结束后，交易所按当日结算价结算所有合约的盈亏、交易保证金，收取手续费等费用，对应收应付的款项同时划转，相应增加或减少会员的结算准备金。

第三十六条 当日结算价是指某一期货合约当日成交价格按照成交量的加权平均价。当日无成交价格的，以上一交易日的结算价作为当日结算价。

第三十七条 结算部根据会员的平仓、持仓情况及各期货合约的当日结算价计算各个会员的当日盈亏，当日盈亏 ＝ 平仓盈亏 ＋ 持仓盈亏 ＋ 交割差额。

（一）结算部根据会员平仓合约计算会员平仓盈亏。平仓顺序按成交合约时间先后进行。平仓盈亏的具体计算公式如下：

平仓盈亏 ＝ 平历史仓盈亏 ＋ 平当日仓盈亏

平历史仓盈亏 ＝ Σ[（卖出平仓价－上一交易日结算价）×卖出平仓量]＋ Σ[（上一交易日结算价－买入平仓价）×买入平仓量]

平当日仓盈亏 ＝ Σ[（当日卖出平仓价－当日买入开仓价）×卖出平仓量]＋ Σ[（当日卖出开仓价－当日买入平仓价）×买入平仓量]

（二）结算部根据会员持仓合约和当日结算价计算持仓盈亏。持仓盈亏的计算公式如下：

持仓盈亏 ＝ 历史持仓盈亏 ＋ 当日开仓持仓盈亏

历史持仓盈亏 ＝ Σ[（上一日结算价－当日结算价）×卖出历史持仓量]＋ Σ[（当日结算价－上一日结算价）×买入历史持仓量]

当日开仓持仓盈亏 ＝ Σ[（卖出开仓价－当日结算价）×卖出开仓量]＋ Σ[（当日结算价－买入开仓价）×买入开仓量]

（三）结算部根据会员交割配对合约、当日结算价和交割结算价计算交割差额。交割差额的计算公式如下：

交割差额 ＝ Σ[（当日结算价－交割结算价）×卖出配对量]＋ Σ[（交割结算价－当日结算价）×买入配对量]

第三十八条 当日盈亏在每日结算时进行划转，当日盈利划入会员结算准备金，当日亏损从会员结算准备金中扣划。

当日结算时的交易保证金超过昨日结算时的交易保证金部分从会员结算准备金中扣划。当日结算时的交易保证金低于昨日结算时的交易保证金部分划入会员结算准备金。

手续费等各项费用从会员的结算准备金中扣划。

第三十九条 结算准备金余额的具体计算公式如下：

当日结算准备金余额 ＝ 上一交易日结算准备金 ＋ 上一交易日交易保证金－当日交易保证金 ＋ 当日质押资金－上一交易日质押资金 ＋ 当日盈亏 ＋ 入金－出金－手续费等

质押资金的具体计算方法见本细则第六章和《郑州商品交易所权利凭证质押保证金业务管理办法》的有关规定。

第四十条 结算完毕后，会员的结算准备金余额为负数时，该结算结果即视为交易所向会员发出的追加保证金通知。

交易所发出追加保证金通知后，可以通过结算银行从会员的专用资金帐户中扣划。会员专用资金帐户存款不足，必须在下一交易日开市前补足。

交易所可根据市场风险和保证金变动情况，在交易过程中进行结算并发出追加保证金通知，会员须在通知规定的时间内补足保证金。未按时补足的，交易所可按有关规定对其强行平仓。

第四十一条 会员划拨资金的方式：

（一）会员出金：会员可在每交易日下午 15 时之前提出书面划款申请，并根据不同情况填写资金划拨单或期货交易专用转帐凭证，并加盖预留印鉴作为会计核算的依据；使用资金管理电子化系统的会员以电子签章发出出金指令，经交易所审核后办理出金手续，同时调减结算准备金。会员、交易所分别以银行的收、付款人回单作为会计核算的依据。辅助使用交易所资金调拨管理系统的会员，应有会员的资金调拨指令且转出的保证金只能等于或小于该指令显示金额，不符合规定的，不能办理出金手续。

（二）会员入金：会员可用专用资金帐户转帐凭证、资金管理电子化系统向交易所专用结算帐户划入资金。会员划入的资金，经结算银行确认到帐后，交易所将及时增加会员的保证金。

第四十二条 会员出金必须符合交易所规定。

当质押资金大于可用质押资金时，不能出金。当质押资金等于可用质押资金时，会员的出金标准为：

可出金额＝实有货币资金－交割月份合约交易保证金－Max[结算准备金最低余额，结算准备金最低余额＋（非交割月份合约交易保证金－质押资金），质押资金×1/4]。（其中 Max 是指取括号内的最大值，以下同）。出金标准也可以表述如下：

（一）当质押资金大于非交割月份合约交易保证金时，可出金额＝实有货币资金－交割月份合约交易保证金－Max（结算准备金最低余额，质押资金×1/4）；

（二）当质押资金不大于非交割月份合约交易保证金时，可出金额＝实有货币资金－交割月份合约交易保证金－Max[结算准备金最低余额＋（非交割月份合约交易保证金－质押资金），质押资金×1/4]

交易所可根据市场风险状况对会员出金标准做适当调整。

第四十三条 会员或投资者有下列情况之一的，交易所可以限制会员出金：

（一）涉嫌重大违规，经交易所立案调查的；

（二）因投诉、举报、交易纠纷等被司法部门、交易所或其他有关部门正式立案调查，且正处在调查期间；

（三）交易所认为必要的其他情况。

第四十四条 当日交易结束后交易所对每一会员的盈亏、交易手续费、保证金等款项进行结算。结算结果是会员核对当日有关交易并对投资者结算的依据，会员可通过会员服务系统于每交易日下午 16 时以后获得结算报表。遇特殊情况造成交易所不能按时提供时，交易所将另行通知提供结算报表的时间。

第四十五条 会员每天应及时获取交易所提供的结算报表，做好核对工作，妥善保存，该数据应至少保存五年，但对有关期货交易有争议的，应当保存至该争议消除为止。

第四十六条 会员如对结算数据有异议，应在第二天开市前 30 分钟内以书面形式通知交易所。遇特殊情况，会员可在第二天开市后 2 小时内以书面形式通知交易所。在规定时间内会员没有对结算数据提出异议的，则视作会员已认可结算数据的正确性。

第四十七条 交易所在每月的第一个交易日向会员提供上月的《会员保证金核对单》（加盖财务结算专用章），作为会员核查交易帐簿记录的依据。

第四十八条 经纪会员因故不能从事期货经纪业务或发生合并、分立、破产时，由经纪会员和投资者提出申请，经交易所批准，可进行投资者移仓。

投资者移仓申请材料须包括：经纪会员同意移入和移出仓位的申请书、投资者同意移仓的申请书及投资者持仓的详细清单。

第四十九条 移仓申请经批准后，交易所将与经纪会员约定一周内的某一交易日为投资者移仓结算日。

第五十条 移仓内容仅包括投资者的持仓不包括当日的盈亏、交易手续费、保证金等其他款项。

第五十一条 交易所将在约定日期的当日结算完成后，为经纪会员实施投资者移仓，并提供投资者移仓前和移仓后的持仓清单由经纪会员确认。经纪会员应核对移仓前后投资者的移仓情况，一经确认，不得更改。

第五章 实物交割结算

第五十二条 会员进行实物交割，应按规定向交易所交纳交割手续费。具体标准在交割细则中载明。

交割手续费在交割日结算时由交易所直接从会员的结算准备金余额中收取。

第五十三条 交割货款结算实行一收一付，同时划转。

第五十四条 交割结算价的规定见各品种交割细则。交割商品货款计价以交割结算价为基础，加减相应的升贴水和包装款。包装款按交易所公布的标准结算。

第五十五条 交割配对日结算时，交易所对会员该交割月份配对持仓按交割结算价进行结算处理，产生的交割差额放在会员当日盈亏中。

第六章 质 押

第五十六条 质押是指会员提出申请并经交易所批准，将持有的权利凭证移交交易所占有，作为其履行交易保证金债务的担保行为。权利凭证质押补充的保证金仅限用于交易，亏损、费用等款项均须以货币资金结清。

第五十七条 交易所与会员发生质押关系时，会员或经交易所认可的第三人为出质人，交易所为质权人。交易所认可的第三人质押需委托经纪会员办理，经纪会员持交易所认可的第三人的权利凭证办理质押业务时，须提供交易所认可的第三人的《专项授权书》。

质押保证金业务由交易所结算部负责办理。具体见《郑州商品交易所权利凭证质押保证金业务管理办法》的有关规定。

第五十八条 本细则所指的权利凭证仅限于以下种类：

可在交易所流通的标准仓单；

（二）可兑换的外国货币（限国家公布外汇牌价的外币）；

（三）交易所确定的其他权利凭证 。

第五十九条 交易所按照权利凭证市值及《郑州商品交易所权利凭证质押保证金业务管理办法》中规定比例确定质押资金（权利凭证质押金额），记入会员保证金。按照会员在交易所专用结算帐户中的实有货币资金的 4 倍确定会员的配比质押金额。根据会员权利凭证质押金额和配比质押金额中较低金额确定会员的可用质押资金。

第六十条 权利凭证每次质押期限为六个月。期满后可申请延长一次，延期以三个月为限。延期届满仍需质押的，须重新办理手续。

权利凭证的质押期限和延期不得超过其有效期。

第六十一条 出现下列情况之一的，交易所可以终止质押协议：

（一）质押人提取和运用资金出现较大风险并有可能危及交易所合法权益的；

（二）由于其他原因需要停止质押的。

第六十二条 有质押业务的会员应交纳质押手续费，并承担其它相关费用。

第七章 风险与责任

第六十三条 会员对其在交易所成交的合约负

有承担风险的责任。

第六十四条　风险防范实行两级负责制。交易所防范会员风险，会员防范投资者的风险。

第六十五条　会员不能履行合约义务时，交易所有权对其采取下列保障措施 ：

（一）动用会员的结算准备金；

（二）暂停开仓交易；

（三）按规定强行平仓，直至用平仓后释放的保证金能够履约为止；

（四）将质押的权利凭证变现，用变现所得履约赔偿。

第六十六条　采取前条措施后会员仍欠资金的，交易所将按以下步骤履约赔偿：

（一）转让会员资格，用转让所得抵偿；

（二）经理事会批准，动用风险准备金进行履约赔偿；

（三）动用交易所的自有资产进行履约赔偿；

（四）通过法律程序继续对该会员追偿。

第六十七条　交易所实行风险准备金制度。风险准备金是指由交易所设立，用于维护期货市场正常运转提供财务担保和弥补因交易所不可预见风险带来的亏损的资金。

第六十八条　风险准备金的来源：

（一）交易所按手续费收入 20% 的比例提取；

（二）符合国家财政政策规定的其他收入。

当风险准备金余额达到一定规模时，经中国证监会批准可不再提取。

第六十九条　风险准备金必须单独核算，专户存储。

第七十条　风险准备金的动用必须经交易所理事会批准，报中国证监会备案。

第八章　附　则

第七十一条　违反本细则规定的，交易所按《郑州商品交易所违规处理办法》有关规定处理。

第七十二条　本细则解释权属于郑州商品交易所。

第七十三条　本细则自 2005 年 9 月 1 日起重新公布施行。

郑州商品交易所交割细则

（2004 年 4 月 20 日郑州商品交易所第五届理事会第二次会议通过，2004 年 7 月 2 日第五届理事会根据中国纤维检验局规定修正，2005 年 8 月 2 日第五届郑州商品交易所理事会通讯会议修正，自 2005 年 9 月 1 日起施行）

第一章　总　则

第一条　为保证郑州商品交易所（以下简称交易所）棉花期货交割业务的正常进行，规范棉花交割行为，根据《郑州商品交易所交易规则》，制定本细则。

第二条　实物交割是指期货合约到期时，按照交易所的规则和程序，交易双方通过该期货合约所载商品所有权的转移，了结到期未平仓合约的过程。

第三条　棉花期货实行集中交割，采用三日交割法。

第四条　投资者的实物交割应当委托会员办理，并以会员名义在交易所进行。

第五条　不能交付或接收增值税专用发票的投资者不允许交割；投资者持仓量不是交割单位整数倍部分的持仓不允许交割。

第六条　交易所棉花交割业务按本细则进行，交易所、会员、投资者及指定棉花交割仓库（以下简称指定交割仓库)应当遵守本细则。

第二章　交割流程

第七条　自进入交割月第一个交易日起，会员应当将不允许交割的投资者在交割月份的持仓予以平仓。最后交易日结束后仍未平仓的，交易所对持仓量不是交割单位整数倍的投资者及不能交纳或接受增值税专用发票的投资者处以合约价值(按交割结算价计算，以下同)13%的违约金，违约金支付给对方，终止交割；买卖双方均属上述情况的，交易所按本条规定比例金额对双方进行处罚，终止交割。

最后交易日(即配对日)闭市后，同一交易编码的投资者所持有的该交割月买卖持仓相对应部分由计算机自动平仓，平仓价按当日结算价计算。其他未平仓合约，一律视为交割合约，由计算机按数量取整、最少配对数原则予以配对。

交割关系一经确定，买卖双方不得擅自调整或变更。

第八条　最后交易日后的第一个交易日(即通知日)，买卖双方通过会员服务系统确认《交割通知单》。会员未收到《交割通知单》或对《交割通知单》有异议的，应在通知日17时之前以书面形式通知交易所，在规定时间内没有提出异议的，则视为对《交割通知单》的认可。

第九条　最后交易日后的第二个交易日(即交割日)上午9时之前，买方会员应当将尚欠货款划入交易所帐户，卖方会员应当将《标准仓单持有凭证》交到交易所结算部。买卖双方应当在规定时间到交易所结算部办理具体交割及结算手续，同时，买方会员把投资者名称和税务登记证号等事项提供给卖方会员。

交割日，交易所收取买方会员全额货款，并于当日将全额货款的80%划转给卖方会员，同时将卖方会员仓单交付买方会员。余款在买方会员确认收到卖方会员转交的增值税专用发票时结清。发票的传递、余款的结算，会员均应当盖章和签字确认。

第十条　交割结算价是期货合约交割月第一个交易日起至最后交易日所有结算价格的加权平均价。

第十一条　增值税专用发票的流转过程为：交割卖方投资者给对应的买方投资者开具增值税专用发票，投资者应当以自己的名义开具或接受增值税专用发票。增值税专用发票由双方会员转交、领取并协助核实。自交割日(不含该日)起七个交易日内，卖方会员应当向买方会员提供增值税专用发票。迟交一至十日(公历日)的，卖方会员应当每天支付货款金额0.5‰的滞纳金；超过十日(公历日)未交增值税专用发票的，卖方会员应当支付货款金额13%的违约补偿金。滞纳金或违约补偿金从货款余额中扣除，补给买方会员，剩余部分退还卖方会员。因买方会员提供资料有误，致使发票作废者，买方会员责任自负；买方会员提供资料延迟者，卖方会员提供发票时间可以顺延；自交割日(不含该日)起七个交易日内，买方会员仍未提供有关资料的，交易所划转剩余20%货款至卖方会员，后果由买方会员自负。

第三章　棉花交割

第十二条　交割单位为公定重量20吨。

第十三条　棉花期货合约交割品标准由交易所按照《中华人民共和国棉花 细绒棉国家标准》(GB1103－1999)制定(见附件一)。

一、一号棉花期货合约：

(一)基准交割品：符合GB1103－1999规定的328B级国产锯齿细绒白棉。

(二)替代品及升贴水：符合GB1103－1999规定的国产锯齿细绒白棉一级升水450元/吨；二级升水300元/吨；四级贴水600元/吨，五级及以下国产锯齿细绒白棉不允许交割。

长度28毫米以上(含28毫米)的国产锯齿细绒白棉可以替代交割，同品级30毫米及以上长度升水100元/吨，28毫米以下国产锯齿细绒白棉不允许交割。

同等级棉花的马克隆值为A级和B级的国产锯齿细绒白棉替代交割时不升贴水，马克隆值为C级的国产锯齿细绒白棉不允许交割。

（三）一号棉花期货合约见本细则附件二。

二、二号棉花期货合约：

（一）基准交割品：符合 GB1103－1999 规定的 228B 级国产锯齿细绒白棉。

（二）替代品及升贴水：符合 GB1103－1999 规定的国产锯齿细绒白棉一级升水 150 元/吨；三级贴水 300 元/吨；四级贴水 900 元/吨，五级及以下国产锯齿细绒白棉不允许交割。

长度 28 毫米以上（含 28 毫米）的国产锯齿细绒白棉可以替代交割，同品级 30 毫米及以上长度升水 100 元/吨，28 毫米以下国产锯齿细绒白棉不允许交割。

同等级棉花的马克隆值为 A 级和 B 级的国产锯齿细绒白棉替代交割时不升贴水，马克隆值为 C 级的国产锯齿细绒白棉不允许交割。

（三）二号棉花期货合约见本细则附件三。

三、每批棉花公定重量为 20±0.500 吨，且抽样总包数中含异性纤维包数在 10%（含 10%，四舍五入）以内，可用于期货交割。

四、一号棉花合约的标准仓单，用于二号棉花合约替代交割时同等级升水 600 元/吨，交割时随货款一并结算。

五、N 年产锯齿细绒白棉从 N＋1 年八月合约交割起（包括八月合约交割）每月增加贴水 100 元/吨，贴水随货款一并结算。

第十四条　指定交割仓库升贴水由交易所公告。

第十五条　某一非经纪会员或投资者接收标准仓单量所代表的吨数加上其原持有标准仓单量所代表的吨数不得超过交易所规定的交割月最大持仓量所代表的吨数的 2 倍。套期保值和跨期套利交易接收标准仓单量可不受本条限制。

因无法控制的市场原因，导致某一非经纪会员或投资者接收标准仓单量大于本条前款规定的，超过交易所规定数量的标准仓单应当当月注销或按本细则第十六条规定执行。

第十六条　对非经纪会员或投资者持有标准仓单量超过交易所规定数量的部分，经交易所查证核实，责令限期卖出；逾期未卖出的仓单，由交易所通过标准仓单交易系统将其强制卖出。因交易所处理超出规定数量的标准仓单所产生的一切费用和损失由非经纪会员或投资者承担。

第四章　交割费用

第十七条　棉花运达指定交割仓库指定货位前的一切费用由卖方投资者承担，从指定货位至装上火车（汽车、轮船）板的费用由买方投资者承担。

指定交割仓库的装卸等项收费不得超过如下标准：

棉花入库：

火车运输：小包 28 元/吨；大包 38 元/吨（铁路代转、卸车、库内运输、码垛等）

汽车运输：15 元/吨（卸车、搬运、码垛等）

棉花出库：

火车运输：小包 30 元/吨；大包 40 元/吨（下垛、库内运输、铁路代转、装车等）

汽车运输：15 元/吨（下垛、搬运、装车等）

第十八条　配合公检费 25 元/吨（挑号费、搬倒费等）。

入库复检费 15 元/吨。

出库复检费 15 元/吨，出库复检的搬倒、抽样费 25 元/吨。

第十九条　棉花标准仓单仓储费（含保险费）规定如下：

内地仓库：0.60 元/吨·天。

新疆仓库：0.50 元/吨·天。

仓储费自标准仓单注册之日起至交易所开出《提货通知单》前一日止，由交易所代指定交割仓库收取，交易所按月在每月初第一交易日计算划转；交易所代收之外的费用由指定交割仓库收取。已办理提货手续及按规定不能再进行期货交割棉花的保存事宜，由指定交割仓库与投资者另行协商，仓储费由指定交割仓库直接向投资者收取，但不得高于交易所规定标准。

第二十条　买卖双方各自负担交割手续费 4 元/吨。

第二十一条 棉花包装物不另计价。

第二十二条 棉花重量溢短的计价标准交易所每年公布一次,价款在仓单注册、注销时划转。

第二十三条 替代交割品的升贴水在仓单注册、注销时划转。

第二十四条 本细则第十七至二十三条的各项费用根据国家政策规定和市场变化需要调整时,交易所另行通知。

第二十五条 棉花替代交割品及不同生产年度之间的升贴水标准随合约上市一起公布。

第二十六条 修订棉花替代交割品、不同生产年度之间升贴水标准应当经理事会批准,并报中国证监会备案。

第五章 期货转现货

第二十七条 期货转现货(以下简称期转现)是指持有同一交割月份合约的买卖双方之间达成现货买卖协议后,变期货部位为现货部位的交易。

第二十八条 达成期转现协议的双方共同向交易所提出申请,获得交易所批准后,分别将各自持仓按双方达成的平仓价格由交易所代为平仓(现货的买方在期货市场应当持有多头部位,现货的卖方在期货市场应当持有空头部位)。同时双方按达成的现货买卖协议进行与期货合约标的物种类相同、数量相当的现货交换。

第二十九条 期转现流程:

(一)期货合约自上市之日起到该合约最后交易日期间,均可进行期转现。

(二)持有同一交割月份合约的买卖双方达成协议并按规定填写《期货转现货协议表》后,在每个交易日的下午14时之前到交易所办理期转现审批手续。

(三)交易所批准后,期转现的买卖双方持有的期货头寸,由交易所在批准日的下午15时之后,按买卖双方达成的平仓价格平仓。买卖双方达成的平仓价格应当在审批日合约价格限制的范围内。

(四)用标准仓单进行期转现,可由交易所进行货款划转。

1. 买方填报《期货转现货协议表》前应当有20%以上的货款,货款不足的不予批准或办理。

2.《期货转现货协议表》批准后的下一交易日,买卖双方于下午14时之前到交易所办理有关手续。仓单的传递和货款的划转参照本细则第九条执行。

3. 增值税专用发票由卖方投资者向买方投资者按照双方商定的交货价格开具,具体办法按照本细则第十一条的有关规定执行。

4. 买卖双方持有的头寸平仓后,办理标准仓单过户手续时,卖方未能如数交付标准仓单或买方未能如数解付货款的,由交易所按照买卖双方达成的交货价格代扣违约方违约部分20%的违约金支付给守约方。

(五)用标准仓单以外符合期货合约规定的现货进行期转现时,应当提供相关现货买卖协议和拥有货物的合法凭证。

(六)用标准仓单以外的货物进行期转现,货物交收和货款划转由买卖双方自行协商确定,由此产生的纠纷自行解决,交易所对此不承担责任。

(七)交易所适时公布期转现的有关信息。

第三十条标准仓单期转现的手续费买卖双方各自负担4元/吨。

第三十一条交易所发现会员或投资者在期转现中弄虚作假的,不予批准,并可按《郑州商品交易所违规处理办法》有关规定予以处罚。

第六章 交割违约处理

第三十二条 具有下列行为之一的,构成交割违约:

(一)规定期限内卖方未能如数交付标准仓单的;

(二)规定期限内买方未能如数解付货款的;

(三)交易所认定的其他违约行为。

第三十三条 交易所计算买、卖双方交割违约合约数量时,违约部分应当预留合约价值30%的违约金和赔偿金等。

计算买、卖方交割违约合约数量的公式为:

卖方交割违约合约数量(手)=应当交标准仓单数量(手)-已交标准仓单数量(手)

买方交割违约合约数量(手)=(应当交货款 -已交货款)÷(1-30%)÷(交割结算价)÷交易单位

第三十四条 发生交割违约的,交易所于违约发生当日9时30分以前通知违约方和相对应的守约方。

守约方应当在当日10时30分以前将终止交割或继续交割的选择意向书面递交交易所。逾期未递交选择意向的,交易所按终止交割处理。

第三十五条 构成交割违约的,由违约方向守约方支付违约部分合约价值(按交割结算价计算)10%的违约金,再按以下办法处理:

(一)卖方违约的,买方可任选如下一项措施:

1. 终止交割:交易所退还买方货款;

2. 继续交割:交易所在认定卖方违约的下一交易日发布标准仓单征购公告,并自公告之日起七个交易日内组织征购。征购成功,交易所支付给买方标准仓单;征购失败,卖方支付给买方违约部分(征购失败部分)合约价值10%的赔偿金,交易所退还买方交割货款后终止交割。卖方承担因征购产生的一切经济损失和费用。

(二)买方违约的,卖方可任选如下一项措施:

1. 终止交割:交易所退还卖方标准仓单;

2. 继续交割:交易所在认定买方违约的下一交易日发布标准仓单竞卖公告,并自公告之日起七个交易日内组织竞卖。竞卖成功,交易所支付给卖方交割货款;竞卖失败,买方支付给卖方违约部分(竞卖失败部分)合约价值10%的赔偿金,交易所退还卖方标准仓单后终止交割。买方承担因竞卖产生的一切经济损失和费用。

第三十六条 征购价格不高于交割结算价的120%,竞卖价格不低于交割结算价的80%。

第三十七条 买卖双方都违约的,交易所按终止交割处理,并对双方分别处以违约部分合约价值5%的罚款。

第三十八条 会员发生部分交割违约时,违约会员所接标准仓单或所得货款可用于违约处理。

第三十九条 按本细则规定出现终止交割情形时,交易所的担保责任了结。

第四十条 会员在实物交割环节上故意违约的,按《郑州商品交易所违规处理办法》有关规定执行。

第七章 附 则

第四十一条 违反本细则规定的,交易所按《郑州商品交易所违规处理办法》有关规定处理。

第四十二条 本细则解释权属于郑州商品交易所。

第四十三条 本细则自2005年9月1日起施行。

附件1(略)

附件2

一号棉花期货合约

交易单位	5吨/手(公定重量)
报价单位	元(人民币)/吨
最小变动价位	5元/吨
每日价格最大波动限制	不超过上一交易日结算价±4%
合约交割月份	1、3、4、5、6、7、8、9、10、11、12月
交易时间	星期一至星期五 上午:9:00—11:30 (法定节假日除外) 下午:1:30—3:00

续表

最后交易日	合约交割月份的第 10 个交易日
交割日	合约交割月份的第 12 个交易日
交割品级	基准交割品:328B 级国产锯齿细绒白棉(符合 GB1103－1999)替代品及其升贴水,详见交易所交割细则
交割地点	交易所指定棉花交割仓库
最低交易保证金	合约价值的 7%
交易手续费	8 元/手(含风险准备金)
交割方式	实物交割
交易代码	CF
上市交易所	郑州商品交易所

附件 3

二号棉花期货合约

交易单位	5 吨/手(公定重量)
报价单位	元(人民币)/吨
最小变动价位	5 元/吨
每日价格最大波动限制	不超过上一交易日结算价±4%
合约交割月份	1、3、4、5、6、7、8、9、10、11、12 月
交易时间	星期一至星期五 上午:9:00—11:30 (法定节假日除外)下午:1:30—3:00
最后交易日	合约交割月份的第 10 个交易日
交割日	合约交割月份的第 12 个交易日
交割品级	基准交割品:228B 级国产锯齿细绒白棉(符合 GB1103－1999)替代品及其升贴水,详见交易所交割细则
交割地点	交易所指定棉花交割仓库
最低交易保证金	合约价值的 7%
交易手续费	8 元/手(含风险准备金)
交割方式	实物交割
交易代码	CS
上市交易所	郑州商品交易所

郑州商品交易所权利凭证质押保证金业务管理办法

（2003 年 2 月 27 日第五届郑州商品交易所理事会第一次会议通过 2004 年 4 月 20 日第五届郑州商品交易所理事会第二次会议修正 2005 年 8 月 2 日第五届郑州商品交易所理事会通讯会议修正 自 2005 年 9 月 1 日起施行）

第一条　为规范郑州商品交易所（以下简称交易所）权利凭证质押保证金业务行为，保护期货交易当事人的合法权益和社会公众利益，防范结算风险，根据《郑州商品交易所交易规则》及现行结算体制，制定本办法。

第二条　权利凭证质押补充的保证金仅用于交易，会员发生的亏损、交割货款、手续费、出金、仓储费、年会费以及其他费用等款项均须以货币资金及时结清。

第三条　权利凭证质押保证金业务由交易所结算部负责办理。

第四条　办理权利凭证质押保证金业务时，交易所为质权人，出质人为会员或经交易所认可的第三人。交易所认可的第三人质押须委托经纪会员办理，经纪会员持其交易所认可的第三人的权利凭证办理质押业务时，应提供交易所认可的第三人的专项授权书。

第五条质押保证金的权利凭证种类：

（一）可在交易所流通的标准仓单；

（二）可兑换的外国货币（限国家公布外汇牌价的外币）；

（三）交易所认可的其他权利凭证。

第六条　每次质押权利凭证的价值不得低于 10 万元（人民币）。

第七条　会员申请办理权利凭证质押保证金业务的，须向结算部提供单位法定代表人签发的质押保证金申请书。经纪会员代投资者办理权利凭证质押业务时，应同时提交经投资者签章的专项授权书。

第八条　权利凭证质押应履行以下审批手续：

（一）以标准仓单质押时，由结算部负责人审批；

（二）以可兑换外币质押时，由结算部负责人签署意见后，报交易所主管副总经理审批；

（三）以其他权利凭证质押时，须经交易所合规经理审验并签署意见后，报交易所总经理办公会议研究批准。

第九条　权利凭证的验证交存手续：

（一）办理标准仓单质押的会员须在质押申请获交易所批准后，于当日 14 时 30 分之前到结算部办理仓单的鉴定、核查和质押手续。

（二）经批准以可兑换外币及其他权利凭证质押的，会员应将权利凭证交结算部，办理相关手续。

第十条　权利凭证市值的确定标准：

（一）标准仓单质押时，以办理日前一日该品种最近交割月份合约的结算价为基准价计算其市值；

（二）可兑换外币质押时，以办理日前一日中国人民银行公布的相应外币买入价计算其市值；

（三）其他权利凭证质押的市值由交易所核定。

第十一条　质押资金核定标准：

（一）标准仓单质押资金不得超过其市值的 80％；

（二）外币质押资金不得超过其市值的 90％；

（三）其他权利凭证质押资金不得超过其市值的 80％。

第十二条　交易所核定权利凭证质押资金后，会员与交易所签订质押保证金协议书。

第十三条　权利凭证质押保证金的核算：

协议生效当日，结算部按照协议中的质押资金出具质押增加保证金通知书，据此进行帐务核算，同时增加会员保证金。

第十四条 权利凭证每次质押期限为六个月。期满后会员提供书面申请，可延期三个月。延期届满仍需质押的，须重新办理手续。权利凭证质押期限及延期必须在其有效期内。

第十五条 交易所有权根据市场状况调整质押资金及可用质押资金。

质押期限内，结算部负责核查因市值变化质押资金是否应当调整。当质押物的市值涨跌幅度达到10%及以上（含10%）时，可以对该笔质押资金作相应调整；结算部按照核算后需要调整的质押资金出具调增（减）质押资金通知书，同时调整会员保证金。

质押期限内，当会员配比货币资金不足时，计算机按照质押配比规定即时对该会员的可用质押资金作相应调减，当会员增加货币资金时，计算机按照质押配比规定即时调增其可用质押资金。可用质押资金在会员当日资金结算报表中列示。

第十六条 有下列情况之一的，交易所有权解除权利凭证质押：

（一）质押期内市场出现较大风险，并有可能危及交易所合法权益的；

（二）质押期内会员提出书面申请，要求提前解除质押的；

（三）质押期满，会员没有提出延期书面申请的；

（四）延期届满时，会员没有重新办理质押手续的；

（五）由于其他原因需要停止质押的。

出现本条前款情况时，在解除质押当日由结算部按照会员的质押资金出具解除质押通知书，同时调减会员保证金、计算质押手续费。

第十七条 解除质押协议且权利凭证所折抵的保证金全额及时清偿后，交易所应向出质人返还权利凭证。

解除标准仓单质押时，结算部当日办理仓单解除质押手续。

解除可兑换外币质押时，结算部在解除质押协议当日支付等额的质押原币种。

解除其他权利凭证质押时，结算部归还其原权利凭证。

第十八条 解除质押协议若权利凭证所折抵的保证金不能全额及时清偿时，交易所有权按本办法和质押协议的有关规定依法将质押的权利凭证兑现或变现，用于清偿其折抵的保证金和相关债务。清偿后有余额的，将余额部分退还会员；兑现或变现金额不足以清偿其折抵的保证金和相关债务的，交易所有权向会员追索。

兑现或变现时，权利凭证可以分割的，按其不能清偿的保证金数额、质押费用、兑现或变现费用以及相关费用等的合计数额进行分割兑现或变现；权利凭证不能分割的，全部兑现或变现。

交易所依法将质押的权利凭证兑现或变现时，按下列规定进行：

（一）以标准仓单质押的，由交易所通过公开的仓单拍卖程序进行；

（二）以外币质押的，按兑现当日中国人民银行公布的相应外币买入价折抵人民币；

（三）以其他权利凭证质押的，按其性质由交易所确定变现办法。

第十九条 会员应承担质押期内的手续费和其它相关费用。其他相关费用包括权利质押凭证的仓储费、保管费等。

质押手续费根据质押资金同时参照中国人民银行公布的同期半年贷款利率计算，交易所在质押解除时收取。

权利凭证的仓储费、保管费等按有关规定交纳。

第二十条 交易所应建立质押协议书及相关资料的保管制度，完善相关手续。

权利凭证质押保证金业务的资料及相关资料档案保管期限与会计档案相同。

第二十一条 本办法中相关协议及表单见交易所网页会员常用表格栏目。

第二十二条 本办法解释权属于郑州商品交易所。

第二十三条 本办法自2005年9月1日起重新公布施行。

郑州商品交易所风险控制管理办法

(2004年4月20日第五届郑州商品交易所理事会第二次会议通过,2005年8月2日第五届郑州商品交易所理事会通讯会议修正,自2005年9月1日起施行)

第一章 总 则

第一条 为加强棉花期货交易风险管理,维护交易当事人的合法权益,保证郑州商品交易所(以下简称交易所)棉花期货交易的正常进行,根据《郑州商品交易所交易规则》,制定本办法。

第二条 交易所棉花期货风险管理实行保证金制度、涨跌停板制度、限仓制度、大户报告制度、强行平仓制度和风险警示制度。

第三条 交易所、会员和投资者必须遵守本办法。

第二章 保证金制度

第四条 棉花期货实行保证金制度。棉花期货合约最低交易保证金为合约价值的7%。

经中国证监会批准,交易所可以调整交易保证金标准。

第五条 棉花期货合约的交易保证金按该合约上市交易的"一般月份"(交割月前一个月份以前的月份)、"交割月前一个月份"、"交割月份"三个阶段依次管理。

第六条 一般月份棉花期货合约按持仓量的不同采取不同的交易保证金比例。具体见下表:

一般月份交易保证金比例				
双边持仓量(N万手)	N≤16	16<N≤20	20<N≤30	N>30
交易保证金比例	7%	9%	12%	18%

第七条 交割月前一个月份棉花期货合约按上旬、中旬和下旬分别采取不同的交易保证金比例。具体见下表:

品种	交割月前一个月份交易保证金比例(%)		
	上旬	中旬	下旬
棉花	8%	15%	20%

交割月前一个月经纪会员、非经纪会员、投资者的单边持仓(包括套期保值和跨期套利持仓)分别达到该月份市场单边持仓15%、10%、5%的,则在正常保证金比例上提高5个百分点。

第八条 交割月前一个交易日结算时,凡持有交割月份合约的会员,应当按合约价值的30%交纳交易保证金。

凡未能按时交纳交易保证金者,交易所有权对其持有的该交割月份合约强行平仓,直至保证金可以维持现有持仓水平。

第九条 交易过程中,当某一合约持仓量达到某一级持仓总量时,新开仓合约按该级交易保证金标准收取。交易结束后,交易所对全部持仓收取与持仓总量相对应的交易保证金。

第十条 当某期货合约出现涨跌停板时,该期货合约的交易保证金按本办法第三章的有关规定执行。

第十一条 当某月份合约按结算价计算的价格变化,连续四个交易日累计达到合约规定涨(跌)幅的3倍、连续五个交易日累计达到合约规定涨(跌)幅的3.5倍,交易所有权根据市场情况对部分或全部会员的单边或双边、同比例或不同比例提高交易保证金。提高交易保证金的幅度不高于合约规定交易保证金的3倍。

交易所采取上述措施时应事先报告中国证监会。

第十二条 当某期货合约出现异常情况时，交易所可按规定程序调整交易保证金的比例。

当某品种某月份合约市场风险明显增大时，交易所可以根据市场情况对部分或全部会员、投资者的单边或双边、同比例或不同比例提高交易保证金。

第十三条 对同时满足本办法有关调整交易保证金规定的，其交易保证金按照规定交易保证金数值中的较大值收取。

第三章 涨跌停板制度

第十四条 棉花期货实行价格涨跌停板制度。由交易所制定各期货合约每日价格最大波动幅度。

新合约挂盘成交当日、交割月份的合约价幅和交易保证金及强制减仓不受本章规定限制。

第十五条 当某期货合约以涨跌停板价格成交时，成交撮合实行平仓优先和时间优先的原则。

第十六条 当某一期货合约在某一交易日收盘前5分钟内出现只有停板价位的买入(卖出)申报、没有停板价位的卖出(买入)申报，或者一有卖出(买入)申报就成交、但未打开停板价位的情况，称为涨(跌)停板单方无报价(以下简称单边市)。

第十七条 若某一交易日出现单边市，则当日结算时该期货合约交易保证金比例提高50%。第二个交易日的价幅在原价幅基础上自动扩大50%(只向停板方向扩大)。

若第二个交易日未出现同方向单边市，则第三个交易日自动回复到合约规定价幅和保证金标准；若第二个交易日出现同方向单边市，则当日结算时和下一交易日维持提高后的保证金比例不变，下一交易日价幅维持提高后的价幅。若第三个交易日未出现同方向单边市，则第四个交易日执行合约规定价幅和保证金比例。

第十八条 若连续三个交易日出现同方向单边市，交易所可以休市一天，有权对部分或全部会员暂停出金。

交易所也可根据市场情况选择采用下列措施化解风险：

(一)强制减仓。交易所将以涨跌停板价申报的未成交平仓报单，且单位持仓亏损大于或等于交易日结算价的7%的所有持仓，以当日涨跌停板价与该合约盈利持仓按规定方式和方法自动撮合成交。强制减仓前，投资者(包括非经纪会员和经纪会员的投资者)锁仓部分自动对冲。

(二)若市场出现结算或交割风险，正在产生或将要产生重大影响时，交易所可决定并公告选择采取单边或双边、同比例或不同比例、部分会员或全部会员提高交易保证金，暂停部分会员或全部会员开新仓，调整涨跌停板比例，限制出金，限期平仓，强行平仓，推迟交割日期，延长交割时间等措施，化解市场风险，但调整后的涨跌停板比例不超过20%。交易所宣布调整保证金水平之后，保证金不足者应在规定时间内追加到位。

第十九条 强制减仓的具体操作方法如下：

(一)强制减仓的数量为强制减仓当日收市后已在计算机系统中申报但没有成交且投资者(或非经纪会员，下同)该合约的单位持仓亏损大于或等于交易日结算价7%的所有申报平仓数量的总和。因自动对冲投资者双向持仓造成投资者持仓少于平仓单所报数量时，系统自动将平仓数量进行调整。

投资者单位持仓盈亏的计算方法：

$$\text{投资者该合约单位持仓盈亏}=\frac{\text{投资者该合约持仓盈亏的总和(元)}}{\text{投资者该合约的持仓量(手)}}$$

(二)持仓盈利投资者平仓范围的确定：

根据上述方法计算的投资者单位持仓盈利的投机持仓(包括未接收到仓单的跨期套利持仓)以及投资者单位持仓盈利大于或等于合约规定价幅2倍的保值持仓都列入平仓范围。持有仓单、货物到库的对应持仓和已接受到仓单的跨期套利对应持仓，不执行强制减仓。

(三)平仓数量的分配原则及方法：

1. 平仓数量的分配原则：

(1)在平仓范围内按盈利的大小和投机与保值的不同分成四级，逐级进行分配。

首先分配给属平仓范围内单位持仓盈利大于或等于合约规定价幅 2 倍的投机持仓(以下简称盈利 2 倍的投机持仓)。

其次分配给单位持仓盈利大于或等于合约规定价幅 1 倍的投机持仓(以下简称盈利 1 倍的投机持仓)。

再次分配给单位持仓盈利大于或等于合约价幅 1 倍以下的投机持仓(以下简称盈利 1 倍以下的投机持仓)。

最后分配给单位持仓盈利大于或等于合约规定价幅 2 倍的保值持仓(以下简称盈利 2 倍的保值持仓)。

(2)以上各级分配比例均按申报平仓数量(剩余申报平仓数量)与各级可平仓的盈利持仓数量之比进行分配。

2. 平仓数量的分配方法及步骤：

若盈利 2 倍的投机持仓数量大于或等于申报平仓数量，则根据申报平仓数量与盈利 2 倍的投机持仓数量的比例，将申报平仓数量向盈利 2 倍的投机投资者等比例分配实际平仓数量。

若盈利 2 倍的投机持仓数量小于申报平仓数量，则根据盈利 2 倍的投机持仓数量与申报平仓数量的比例，将盈利 2 倍投机持仓数量向申报平仓投资者分配实际平仓数量。再把剩余的申报平仓数量按上述的分配方法向盈利 1 倍的投机持仓分配；若还有剩余，则再向盈利 1 倍以下的投机持仓分配；若还有剩余，则再向盈利 2 倍的保值持仓分配；若还有剩余则不再分配(见本办法附件一)。

3. 申报平仓数量向盈利投机投资者进行等比例分配时，按以下原则操作：

首先按申报平仓数量和盈利投机投资者持仓数量计算平仓比例。其次，分别以每一投资者总持仓乘以规定比例，计算每一投资者平仓数量。当投资者平仓数量为小数时，向上取整；取整后不足最小下单量时，向上取够最小下单量的整数倍。然后对投资者持仓以持仓时间从长到短为序进行选取。最后将选取的所有投资者持仓按持仓时间从长到短为序与申报平仓持仓对冲平仓。

本条规定平仓造成的经济损失由会员及其投资者承担。

第二十条　交易所强制减仓后，下一交易日价幅和保证金按合约规定执行。

交易所采用本办法第十八条第二款第(二)项所列化解风险措施之后，当日该期货合约未出现同方向单边市，则下一个交易日该期货合约的涨跌停板和交易保证金比例均恢复正常水平；若当日该期货合约出现同方向单边市，则交易所宣布为异常情况，并按有关规定采取风险控制措施。

第四章　限仓制度

第二十一条　棉花期货实行限仓制度。限仓是指交易所规定会员或投资者可以持有的、按单边计算的某一合约投机持仓的最大数量。

第二十二条　棉花期货限仓实行以下基本原则：

(一)某一月份合约在其交易过程中的不同阶段，分别适用不同的限仓数额，进入交割月份的合约限仓数额从严控制；

(二)采用限制会员持仓和限制投资者持仓相结合的办法，控制市场持仓规模；

(三)套期保值交易头寸实行审批制，其持仓不受限制。

第二十三条　某一月份合约的限仓数量按该合约上市交易的“一般月份”(交割月前一个月份以前的月份)、“交割月前一个月份”、“交割月份”三个阶段依次递减。

第二十四条　一般月份交易所对棉花期货合约分别按经纪会员、非经纪会员和投资者实行限仓。具体限仓比例和数量如下：

棉花	一般月份最大单边持仓占市场单边总持仓比例或绝对量(手)		
	经纪会员	非经纪会员	投资者
单边持仓8万手以上	≤15%	≤10%	≤5%
单边持仓8万手以下	12000	8000	4000

第二十五条 交割月前一个月份交易所对棉花期货合约单边持仓按经纪会员、非经纪会员和投资者以及上旬、中旬和下旬实行绝对量限仓。具体限仓数量如下：

品种	交割月前一个月份最大单边持仓(手)								
	经纪会员			非经纪会员			投资者		
	上旬	中旬	下旬	上旬	中旬	下旬	上旬	中旬	下旬
棉花	8000	6000	4000	4000	3000	2000	2000	1500	1000

第二十六条 交割月份交易所对经纪会员、非经纪会员和投资者交割月份的持仓实行绝对量限仓。具体数量如下：

品种	交割月份最大单边持仓(手)		
	经纪会员	非经纪会员	投资者
棉花	2000	800	400

第二十七条 经纪会员名下全部投资者所有持仓的合计数(多头部位、空头部位分别计算，下同)，不得超出该会员的限仓数额。

第二十八条 同一投资者在不同经纪会员处的多个交易编码持仓的合计数，不得超出一个投资者的限仓数额。

第二十九条 交易所根据经纪会员的申请，按照其注册资本和经营情况调整其限仓数额。限仓数额分别由“基数”、“信用增数”、“业务增数”三个部分合成。

(一)基数：是经纪会员限仓总额中相对固定的部分，也是其限仓数额的最低水平。由交易所规定，具体见第二十四、二十五、二十六条规定；

(二)信用增数：是经纪会员限仓总额中可依注册资本情况作变动的部分。以注册资本3000万元为底数，在此基础上，每增加500万元注册资本，限仓数额相应增加基数的10%；信用增数的最大值与基数相等；

(三)业务增数：是经纪会员限仓总额中可依棉花期货业务经营情况作变动的部分。以年交易金额40亿元、10个投资者为底数，在此基础上，设定若干档次，分别规定各档次限仓增额系数。适用各档次限仓增额系数时其年交易金额和投资者数须同时达到相应的年交易金额和投资者总数水平。每一档次可以增加的限仓数额为基数乘以该档次的一定系数。业务增数的最大值与基数相等(见本办法附件二)。

第三十条 经纪会员的限仓数额，由交易所根据会员的申请每半年核定一次。

上半年经纪会员须在当年一月十五日前向交易所提供上一年度末注册资本金额的证明文件和投资者帐户的统计材料。交易所统计去年一月一日至十二月三十一日经纪会员的交易量，核定限仓数额后于一月二十日前通知经纪会员，并予以公布。该限仓数额适用于其当年一月二十一日至七月二十日期间(含起、止日)的棉花期货合约的交易。

下半年经纪会员须在当年七月十五日前向交易所提供本年度六月三十日注册资本金额的证明文件和投资者帐户的统计材料。交易所统计去年七月一日至当年六月三十日经纪会员的交易量，核定限仓数额后于七月二十日前通知经纪会员，并予以公布。该限仓数额适用于其当年七月二十一日至次年一月二十日期间(含起、止日)的棉花期货合约的交易。

第三十一条　到期未提供证明文件、统计材料或所提供证明文件、统计材料属无效的，则注册资本金额、投资者户数均以基数水平论。

第三十二条　交易所调整限仓数额须经理事会批准，报中国证监会备案后实施。

第三十三条　会员或投资者的持仓数量不得超过交易所规定的持仓限额。对超过持仓限额的会员或投资者，交易所按有关规定执行强行平仓。

一个投资者在不同经纪会员处开有多个交易编码，其持仓量合计超出限仓数额的，由交易所指定有关经纪会员对该投资者超额持仓执行强行平仓。

第三十四条　经纪会员名下全部投资者的持仓之和超过该会员的持仓限额的，经纪会员原则上应按合计数与限仓数之差除以合计数所得比例，由该经纪会员监督其投资者在规定时间内完成减仓。应减仓而未减仓的，由交易所按有关规定执行强行平仓。

第五章　大户报告制度

第三十五条　棉花期货实行大户报告制度。当会员或投资者棉花持仓合约的持仓达到交易所对其规定的投机持仓限量80%以上(含本数)时，会员或投资者应向交易所报告其资金情况、头寸情况，投资者须通过经纪会员报告。交易所可根据市场风险状况改变持仓报告水平。

第三十六条　达到交易所报告界限的会员和投资者应主动于下一交易日下午15时前向交易所报告。达到报告界限的会员和投资者在首次履行报告责任和义务后，如需再次报告或补充报告，由交易所通知有关会员。

第三十七条　达到交易所报告界限的经纪会员应向交易所提供下列材料：

(一)填写完整的《郑州商品交易所经纪会员大户报告表》(见本办法附件三)，内容包括会员名称、会员号、合约代码、现有持仓、建仓时间、持仓保证金、可动用资金、持仓投资者数量、预报交割数量、申请交割数量；

(二)资金来源说明；

(三)其持仓量前5名投资者的名称、交易编码、持仓量、开户资料及当日结算单据；

(四)交易所要求提供的其他材料。

第三十八条　达到交易所报告界限的非经纪会员应向交易所提供下列材料：

(一)填写完整的《郑州商品交易所非经纪会员大户报告表》(见本办法附件四)，内容包括会员名称、会员号、合约代码、现有持仓、建仓时间、持仓性质、持仓保证金、可动用资金、持仓意向、预报交割数量、申请交割数量；

(二)资金来源说明；

(三)交易所要求提供的其他材料。

第三十九条　达到交易所报告界限的投资者应提供下列材料：

(一)填写完整的《郑州商品交易所投资者大户报告表》(见本办法附件五)，内容包括会员名称、会员号、投资者名称、交易编码、合约代码、现有持仓、建仓时间、持仓性质、持仓保证金、可动用资金、持仓意向、预报交割数量、申请交割数量等；

(二)资金来源说明；

(三)开户材料及当日结算单据；

(四)交易所要求提供的其他材料。

第四十条　经纪会员应对达到交易所报告界限的投资者所提供的有关材料进行初审后转交交易所。经纪会员应保证投资者所提供材料的真实性。

第四十一条　交易所将不定期地对会员或投资

者提供的材料进行核查。

第四十二条 投资者在不同经纪会员处的多个交易编码合计达到报告界限，应通过持仓最大的经纪会员报送该投资者应报告情况的有关材料。

第六章 强行平仓制度

第四十三条 棉花期货实行强行平仓制度。

第四十四条 当会员、投资者出现下列情形之一时，交易所有权对其持仓进行强行平仓：

（一）结算准备金余额小于零并未能在规定时间内补足的；

（二）持仓量超出其限仓规定的；

（三）因违规受到交易所强行平仓处罚的；

（四）根据交易所的紧急措施应予强行平仓的；

（五）其他应予强行平仓的。

第四十五条 交易所执行强行平仓的原则：

强行平仓前先由会员自行平仓，时限除交易所特别规定外，一律为开市后30分钟内。若时限内会员未执行完毕，则由交易所强制执行。

（一）强行平仓前由会员单位自行平仓的：

1. 属第四十四条第（一）、（二）项的，由会员单位自行确定，只要平仓结果符合交易所规定即可；

2. 属第四十四条第（三）、（四）、（五）项的，由交易所确定内容。

（二）由交易所执行强行平仓的：

1. 交易所按照会员提供的平仓名单进行强行平仓；

2. 会员没有提供平仓名单的，属前条第（一）项的强行平仓：按照先投机、后套利、再套期保值的原则进行，并按上一交易日闭市后合约总持仓量由大到小顺序，先选择持仓量大的合约作为强行平仓的合约，再按该会员投资者该合约的净持仓亏损由大到小确定。若多个会员需要强行平仓的，按追加保证金由大到小的顺序，先平需要追加保证金大的会员；

3. 会员没有提供平仓名单的，属前条第（二）项的强行平仓：按照先强平投资者超仓后强平会员超仓的原则进行。若有投资者超仓，则对超仓投资者按照超仓量由大到小的顺序进行强行平仓；若有多个会员超仓，则按照会员超仓量由大到小的顺序作为强行平仓的对象；对具体会员的强行平仓，由交易所按会员超仓数量与会员投机持仓数量的比例确定有关投资者的平仓数量，并对投资者按持仓由大到小的顺序进行强行平仓；

4. 会员没有提供平仓名单的，属前条第（三）、（四）、（五）项的强行平仓，强行平仓头寸由交易所根据涉及的会员和投资者具体情况确定。

若会员同时满足前条第（一）、（二）项情况，交易所先按第（二）项情况确定强行平仓头寸，再按第（一）项情况确定强行平仓头寸。

由于市场原因交易所无法执行上述原则的，交易所有权择机强平。

第四十六条 强行平仓的执行：

（一）通知。属第四十四条第（一）、（二）项情况的，以会员服务系统中交易所提供的结算单据为准；属第四十四条第（三）、（四）、（五）项的强行平仓，交易所以“强行平仓通知书”的形式向有关会员下达强行平仓通知。

（二）执行及确认。

1. 超过会员自行平仓时限而未执行完毕的，剩余部分由交易所按前条所确定的原则在强行平仓专用终端以市场交易价对会员直接执行强行平仓；

2. 强行平仓执行完毕后，由交易所记录执行结果并存档；强行平仓结果随当日成交记录发送，有关会员可以通过会员服务系统获得。

3. 强行平仓的价格通过市场交易形成。

第四十七条 如因价格涨跌停板或其他市场原因而无法在当日完成全部强行平仓的，交易所根据结算结果，对该会员作出相应的处理。

第四十八条 由于价格涨跌停板限制或其他市场原因，无法对相关会员持仓最大的合约月份执行强行平仓，则依次选择该会员持仓量较小的合约月份执行；有关持仓的强行平仓只能延时完成的，因此发生的亏损，仍由会员或投资者承担；未能完成平仓的，该持仓持有者须继续对此承担持仓责任或交割义务。

第四十九条　由交易所强行平仓产生的盈利予以没收后，按有关规定执行；因强行平仓发生的亏损由直接责任人承担。

第五十条　因投资者违规所进行的强行平仓而发生的亏损，由该投资者开户所在经纪会员先行承担后，自行向该投资者追索。

第七章　风险警示制度

第五十一条　交易所实行风险警示制度。市场潜在风险增大，交易所认为必要时，可以分别或同时采取要求报告情况、谈话提醒、发布风险提示函等措施，以警示和化解风险。

第五十二条　出现下列情形之一的，交易所可以约见指定的会员高管人员或投资者谈话提醒风险，或要求会员或投资者报告情况：

（一）期货价格出现异常；

（二）会员或投资者交易异常；

（三）会员或投资者持仓异常；

（四）会员资金异常；

（五）会员或投资者涉嫌违规、违约；

（六）交易所接到涉及会员或投资者的投诉；

（七）会员涉及监管部门及司法机关调查；

（八）交易所认定的其他情况。

第五十三条　交易所实施谈话提醒使用电话提醒方式的，应保留电话录音；当面谈话的，应保存谈话记录。

交易所要求会员或投资者报告情况的，有关报告方式和报告内容参照大户报告制度。

第五十四条　发现会员或投资者有违规嫌疑、交易头寸有较大风险的，交易所可以对会员或投资者发出书面的风险提示函。

第五十五条　发生下列情形之一的，交易所可以向全体或部分会员和投资者发出风险提示函：

（一）期货价格出现异常；

（二）期货价格和现货价格出现较大差距；

（三）国内期货价格和国际市场价格出现较大差距；

（四）交易所认定的其他异常情况。

第八章　附　则

第五十六条　违反本办法规定的，交易所按《郑州商品交易所违规处理办法》有关规定处理。

第五十七条　交易所宣布进入异常情况的，按照《郑州商品交易所交易规则》由理事会确定处理措施。

第五十八条　本办法解释权属于郑州商品交易所。

第五十九条　本办法自 2005 年 9 月 1 日起施行。

附件 1

平仓数量的分配方法及步骤

步骤	分配条件	分配数	分配比例	分配对象	结果
1	盈利 2 倍的投机持仓数量≥申报平仓数量	申报平仓数量	申报平仓数量÷盈利 2 倍的投机持仓数量	盈利 2 倍的投机投资者	分配完毕
2	盈利 2 倍的投机持仓数量＜申报平仓数量	盈利 2 倍的投机持仓数量	盈利 2 倍的投机持仓数量÷申报平仓数量	申报平仓投资者	有剩余再按步骤 3，4 分配
3	盈利 1 倍的投机持仓数量≥剩余申报平仓数量 1	剩余申报平仓数量 1	剩余申报平仓数量 1÷盈利 1 倍的投机持仓数量	盈利 1 倍的投机投资者	分配完毕
4	盈利 1 倍的投机持仓数量＜剩余申报平仓数量 1	盈利 1 倍的投机持仓数量	盈利 1 倍的投机持仓数量÷剩余申报平仓数量 1	剩余申报平仓投资者	有剩余再按步骤 5，6 分配
5	盈利 1 倍以下的投机持仓数量≥剩余申报平仓数量 2	剩余申报平仓数量 2	剩余申报平仓数量 2÷盈利 1 倍以下的投机持仓数量	盈利 1 倍以下的投机投资者	分配完毕
6	盈利 1 倍以下的投机持仓数量＜剩余申报平仓数量 2	盈利 1 倍以下的投机持仓数量	盈利 1 倍以下的投机持仓数量÷剩余申报平仓数量 2	剩余申报平仓投资者	有剩余再按步骤 7，8 分配
7	盈利 2 倍的保值持仓数量≥剩余申报平仓数量 3	剩余申报平仓数量 3	剩余申报平仓数量 3÷盈利 2 倍的保值持仓数量	盈利 2 倍的保值投资者	分配完毕
9	盈利 2 倍的保值持仓数量＜剩余申报平仓数量 3	盈利 2 倍的保值持仓数量	盈利 2 倍的保值持仓数量÷申报平仓数量 3	剩余申报平仓投资者	有剩余不再分配

注：1. 剩余申报平仓数量 1＝申报平仓数量－盈利 2 倍的投机持仓数量（包括未接收到仓单的跨期套利持仓，不包括已接收到仓单的跨期套利对应持仓）；

2. 剩余申报平仓数量 2＝剩余申报平仓数量 1－盈利 1 倍的投机持仓数量（包括未接收到仓单的跨期套利持仓，不包括已接收到仓单的跨期套利对应持仓）；

3. 剩余申报平仓数量 3＝剩余申报平仓数量 2－盈利 1 倍以下的投机持仓数量（包括未接收到仓单的跨期套利持仓，不包括已接收到仓单的跨期套利对应持仓）；

4. 投机持仓数量和保值持仓数量是指在平仓范围内盈利投资者的持仓数量；

5. 分配数量以该合约的最小下单量为单位，按比例计算出的应平仓数量不足最小下单手数整数倍时，向上取够最小下单量整数倍；

6. 上表“申报平仓数量”指以涨跌停板价申报的未成交平仓报单，且单位持仓亏损大于或等于交易日结算价的 7％的所有持仓。

附件 2

经纪会员限仓数额中“业务增数”的档次及其增数的条件与系数

档次	限仓增额条件(须同时具备)		限仓增额系数
	年交易金额(C1,亿元)	投资者总数(C2,个)	
1	C1≤40	C2≤10	0
2	40<C1≤80	10<C2≤30	0.25
3	80<C1≤160	30<C2≤60	0.50
4	160<C1≤200	60<C2≤100	0.75
5	C1>200	C2>100	1.00

附件 3

郑州商品交易所经纪会员大户报告表

会员名称：　　　　　　　　　　会员编号：　　　　　　　　　　年　　月　　日

投资者名称	投资者编码	合约代码	买持仓量	卖持仓量	建仓时间	持仓占用保证金	可动用资金	持仓投资者数量	预报交割数量	申请交割数量	持仓意向
合计											
资金来源说明											
会员单位意见	会员单位盖章：　　负责人签字：　　年　月　日										
交易所意见	交易所盖章：　　负责人签字：　　年　月　日										

附件 4

郑州商品交易所非经纪会员大户报告表

会员名称： 会员编号： 年 月 日

合约代码	买持仓量	卖持仓量	持仓性质	建仓时间	持仓占用保证金	可动用资金	预报交割数量	申请交割数量	持仓意向
合计									
资金来源说明									
会员单位意见	会员单位盖章：			负责人签字：				年 月 日	
交易所意见	交易所盖章：			负责人签字：				年 月 日	

附件 5

郑州商品交易所投资者大户报告表

会员名称： 会员编号： 年 月 日

投资者名称	投资者编码	合约代码	买持仓量	卖持仓量	建仓时间	持仓性质	持仓占用保证金	可动用资金	预报交割数量	申请交割数量	持仓意向
合计											
资金来源说明											
会员单位意见	会员单位盖章：				负责人签字：					年 月 日	
交易所意见	交易所盖章：				负责人签字：					年 月 日	

郑州商品交易所标准仓单管理办法

（2004年4月20日郑州商品交易所第五届理事会第二次会议通过，2004年7月2日第五届理事会根据中国纤维检验局规定修正，2005年8月2日第五届郑州商品交易所理事会通讯会议修正，自2005年9月1日起施行）

第一章　总　则

第一条　为保障郑州商品交易所（以下简称交易所）棉花期货交割业务的正常进行，规范棉花标准仓单（以下简称标准仓单）的管理，根据《郑州商品交易所交易规则》，制定本办法。

第二条　标准仓单的注册、流通和注销等业务，按本办法执行。

第三条　交易所、会员、投资者及指定棉花交割仓库（以下简称指定交割仓库）办理与标准仓单有关的各项业务应当遵守本办法。

第二章　标准仓单

第四条　标准仓单是指指定交割仓库在完成入库商品验收、确认专业纤维检验机构（以下简称承检机构）出具的检验结果符合棉花期货合约规定的质量标准并签发《货物存储证明》等实物所有权单据后，经交易所注册可以在交易所流通的有效凭证。

第五条　交易所通过计算机办理标准仓单的注册登记、交割、交易、抵押、质押和注销等业务。标准仓单的表现形式为《标准仓单持有凭证》。

第六条　《标准仓单持有凭证》是在交易所办理标准仓单交割、交易、转让、抵押、质押、注销的凭证，受法律保护。

第七条　《标准仓单持有凭证》的内容包括：会员号、会员名称、投资者名称、交易编码、品种、等级、生产年度、类别、标准仓单数量、冻结数量、抵押数量、质押数量等。

第八条　标准仓单数量因交割、交易、转让、抵押、质押、注销等业务发生变化时，交易所收回原《标准仓单持有凭证》，开具新的《标准仓单持有凭证》。

第九条　会员持有的《标准仓单持有凭证》应当由专人保管，不得涂改、伪造。

第十条　标准仓单可进行交割、交易、转让、抵押、质押和注销等。

第十一条　凡持有标准仓单的卖方会员均可凭《标准仓单持有凭证》到交易所结算部办理标准仓单抵押手续，以头寸形式释放相应的交易保证金。

标准仓单质押按《郑州商品交易所结算细则》等有关规定执行。

第三章　标准仓单注册

第十二条　标准仓单的注册包括交割预报、入库验收、质量检验、指定交割仓库申请注册及交易所办理注册手续等环节。

第十三条　投资者向指定交割仓库发货前，应由会员填写《棉花交割预报单》，并以书面形式（包括传真）向指定交割仓库预报。

《棉花交割预报单》中须载明：会员名称、会员号、联系电话、联系人、投资者名称、交易编码、产地、生产年份、加工时间、加工单位、入库数量、棉包类型、拟入库时间、运输方式等，并加盖会员单位公章。

指定交割仓库自接到会员《棉花交割预报单》之日起三个工作日内，应以书面形式（包括传真）回复会员能否接收货物或能够接收货物的数量。会员应自接到指定交割仓库同意入库的回复之日起三个工作日之内，按30元/吨向指定交割仓库缴纳交割预报定金。指定交割仓库在收到交割预报定金的当日(工作日)，开具《入库通知单》。

《入库通知单》自开具之日起有效，有效期为四十天。有效期内与《入库通知单》中相对应数量的货物全部到库的，交割预报定金自货物入库完毕之日起二个工作日内予以返还；部分到库的，按实际到货量返还；未到库部分，交割预报定金不予返还。

第十四条 指定交割仓库为会员开具《入库通知单》的当日，应通过交易所仓库管理计算机系统通报交易所。交易所公告暂停指定交割仓库入库业务的，自公告之日(含该日)下午闭市起，该指定交割仓库发生的交割预报视为无效预报，交易所不再受理相关货物的标准仓单注册申请。

第十五条 未办理《入库通知单》的棉花不能注册标准仓单。

第十六条 期货交割棉实行公证检验制度。按照棉花国家标准(GB1103－1999)和《期货交割棉公证检验实施办法(试行)》执行。

《棉花质量检验体制改革方案》实施后，所检验的棉花纳入期货交割棉交割范围，具体办法另行制定。

第十七条 棉花入库时，指定交割仓库按《入库通知单》、原验证书和码单接收棉花。

投资者应就库监收并对过磅、抽样及现场检验等过程予以确认。投资者未到库监收及确认的，则视为投资者对指定交割仓库的验收记录和承检机构的现场检验结果无异议。

第十八条 入库的棉花必须符合以下要求：

(一)质量、重量：符合《郑州商品交易所棉花交割细则》的有关规定。

(二)包装及包装物：应符合GB/T6975－2001《棉花包装》(见附件)标准要求，包装完整。包头标志印刷清楚并符合国家标准规定，棉包无严重污染、水渍，无火烧，无霉变等。

第十九条 在入库过程中和仓单注册前发现有下列情况之一的，指定交割仓库应当拒收并及时通知投资者。

(一)掺杂使假的棉花；

(二)混批的棉花；

(三)棉包已严重污染、水渍，火烧、霉变等，或有异味的以及包装不完整的棉花；

(四)棉包标志不符合国家标准规定的棉花；

(五)崩包率大于5%的棉花；

(六)回潮率大于10.5%的棉花；

(七)无主体品级的棉花；

(八)其它不符合交割规定的棉花。

第二十条 投资者应于棉花入库时按交易所有关规定向指定交割仓库交纳各项费用。

第二十一条 指定交割仓库应自得到承检机构出具的《期货交割棉公证检验证书》(以下简称《公证检验证书》)之日起二个工作日内，向交易所申请注册标准仓单。并同时向交易所报送《标准仓单注册申请表》、《货物存储证明》和由承检机构出具的交易所留存的《公证检验证书》原件一份。

第二十二条 《标准仓单注册申请表》应注明《入库通知单》编号、会员号、交易编码、每批棉花的《公证检验证书》编号、《公证检验证书》出具日期、品级、长度、马克隆值、扦样棉包内含异性纤维包数、总包数、公定重量、生产年度、加工时间、产地等，并加盖指定交割仓库公章和法定代表人签章(或其受托负责人签章)、指定交割仓库经办人签章，同时注明开具日期。

第二十三条 交易所自指定交割仓库提出注册申请之日起七个工作日内予以登记注册。

根据《公证检验证书》出具的日期，注册的标准仓单分为两类：

C1类，N年生产的、《公证检验证书》出具日期在N年十二月三十一日(含该日)之前的标准仓单；

C2类，N年生产的、《公证检验证书》出具日期在N年十二月三十一日(不含该日)之后的标准仓单。

第二十四条 标准仓单所载货物的质量和数量由指定交割仓库负责。

第二十五条 交易所有权对检验合格的货物进行抽查。抽查中发现不合格的，责成指定交割仓库采取限期提供合格商品等补救措施，并可按规定对指定交割仓库进行处罚。

第二十六条　投资者所在会员单位凭指定交割仓库开出的证明到交易所领取《标准仓单注册表》和《标准仓单持有凭证》。

第二十七条　自交割月的第五个交易日下午15时起，交易所不再受理指定交割仓库提出的用于当月交割的标准仓单注册申请。该日下午15时以后的注册申请所形成的标准仓单可以参与当月标准仓单的征购及后续月份交割。

第二十八条　标准仓单自交易所注册之日起生效。

第四章　标准仓单的流通

第二十九条　标准仓单的流通是指标准仓单的交割、转让和交易。办理抵押或质押业务的标准仓单不能流通。

第三十条　标准仓单有效期如下：

C1类标准仓单的有效期至N＋1年八月份的最后一个工作日。

C2类标准仓单的有效期至N＋1年十二月份的最后一个工作日。

第三十一条　标准仓单交割按《郑州商品交易所棉花交割细则》的有关规定办理。

第三十二条　标准仓单的转让是指会员自行协商买卖标准仓单的行为。

转让标准仓单应符合以下规定：

（一）投资者的标准仓单转让须委托会员办理；

（二）达成转让意向的买卖双方会员应填写《标准仓单转让申请表》，并加盖会员单位公章；

（三）交易所对《标准仓单转让申请表》审核批准后，为买卖双方会员办理标准仓单过户和货款结算划转等手续；

（四）标准仓单转让时，买卖双方各自负担4元/吨的手续费；

（五）标准仓单转让的货款划转及增值税专用发票的开具、传递参照《郑州商品交易所棉花交割细则》执行。

第三十三条　标准仓单交易是指交易所根据会员申请，组织会员以竞价方式买卖标准仓单的行为。

交易标准仓单应符合以下规定：

（一）标准仓单交易由交易所根据买卖双方的申请，不定期在指定地点进行；

（二）拟进行标准仓单交易的买方或卖方，应填写《标准仓单交易申请表》；

（三）申请卖出标准仓单的会员号、交易编码、品种、等级、生产年度、类别、标准仓单数量等应与实际持有标准仓单一致，卖出数量应小于或等于实际持有标准仓单数量；已经办理抵押或质押业务的标准仓单必须撤销抵押或质押后才能用于标准仓单交易；

（四）申请买入标准仓单的，结算准备金帐户内应至少预留拟买入标准仓单价值20％的货币资金；

（五）交易所根据会员申请情况，确定交易日期，并提前三个交易日通过有关媒体发布公告；

（六）标准仓单交易的报价单位为：元（人民币）/吨，最小变动价位为2元/吨，成交后，买卖双方各自负担4元/吨的手续费；

（七）标准仓单交易须由会员办理。会员单位的出市代表有权参与标准仓单的交易，非出市代表应出具会员单位的授权证明。

因违约原因导致的标准仓单征购或竞卖适用于标准仓单交易的相关规定。

第三十四条　标准仓单交易流程如下：

（一）竞价开始前宣读标准仓单交易的有关事项；

（二）竞价交易按先买后卖和提交申请的时间先后顺序进行；

（三）竞价交易开始后，由主持人逐笔组织交易；每笔交易由申报起点价开始，递增或递减报价；

（四）对于买入申请，卖方如接受主持人报出的价位，应确认应价并报出数量；应价的数量之和超过该笔竞价总数量的，由交易主持人继续向下调整价位；应价的数量之和不超过该笔竞价总数量的，即按该价位成交；未成交部分返回到前一个价位，按数量大小顺序成交，同数量的按应价的时间先后顺序成交；

（五）对于卖出申请，买方如接受主持人报出的价位，应确认应价并报出数量。应价的数量之和超过该笔竞价总数量的，由交易主持人继续向上调整价位；应价的数量之和不超过该笔竞价总数量的，即按该价位成交；未成交部分返回到前一个价位，按数量大小顺序成交，同数量的按应价的时间先后顺序成交；

（六）当主持人报出新价位后，三次无人应价的，退回到前一个价位，按数量大小成交；同数量的按应价的时间先后顺序成交；

（七）如主持人按申报起点价格报价后，三次无人应价的，即撤销此笔交易；

（八）一旦成交，签订《标准仓单交易成交协议》，该协议由买卖双方代表签字确认后生效。

第三十五条 自《标准仓单交易成交协议》生效之日起第三个交易日（含生效日）为标准仓单交易的交割日（以下简称交割日）。在交易所规定的时间内，买卖双方到交易所结算部办理标准仓单过户和货款结算划转等手续。

第三十六条 会员或投资者买入标准仓单的数量应符合《郑州商品交易所棉花交割细则》中的有关规定。

第三十七条 交割日，如买方未在交易所规定的时间之前备足货款，卖方未在交易所规定的时间交付标准仓单，视为违约。发生违约的，由违约方向守约方支付违约标准仓单价值（成交价格×交易单位×违约数量）20％的违约金。如双方同时违约，交易所对双方各处以违约标准仓单价值5％的罚款，划入交易所风险准备金帐户。

第三十八条 会员进行标准仓单的转让和交易，不得实施以下行为：

（1）虚假转让和交易；

（2）内幕转让和交易；

（3）故意哄抬或压低价格；

（4）利用标准仓单转让和交易影响棉花期货价格；

（5）故意违约。

有上述行为之一的，一经查实，按《郑州商品交易所违规处理办法》有关规定处理。

第五章 标准仓单注销

第三十九条 标准仓单注销是指标准仓单合法持有人到交易所办理标准仓单提货手续的过程。

第四十条 标准仓单注销应当通过会员向交易所提交标准仓单注销申请及相应的《标准仓单持有凭证》。

第四十一条 注销标准仓单申请的内容包括会员名称、会员号、投资者名称、交易编码、品种、等级、生产年度、类别、数量和提货仓库意向等。

投资者可根据《标准仓单持有凭证》中的标准仓单数量在同一品种、同一生产年份、同一类别的标准仓单里选择一个或几个指定交割仓库提取不同等级的交割棉花。

第四十二条 交易所交割部根据会员申请、标准仓单持有凭证及指定交割仓库的标准仓单情况注销仓单，结算部办理仓单升贴水结算并开具《标准仓单注销表》，同时收回原《标准仓单持有凭证》；如有剩余，开具新的《标准仓单持有凭证》。会员持《标准仓单注销表》到交易所交割部开具《提货通知单》。

第四十三条 投资者应自交易所开出《提货通知单》之日起十个工作日内持《提货通知单》（原件）、提货人身份证、提货人所在单位证明到指定交割仓库办理提货手续，包括确定运输方式、申明到站、去向、收货人，并预交各项费用。

逾期未办提货手续的，按现货提货单处理，指定交割仓库不再保证全部棉花质量符合期货标准。

第四十四条 自投资者凭《提货通知单》与指定交割仓库联系出库事宜、指定运达地点并预交各种费用之日起，指定交割仓库不能在规定时间内（除新疆外的指定交割仓库：汽车、船舶十日，火车二十日；新疆指定交割仓库：汽车十日，火车四十日）发出货物的，不得再收取其后的仓储费。由于投资者变更运达地点及发货方式、提货手续不全、费用未按时交纳、特殊要求等原因，致使货物发运推迟，不受前述限制。

第四十五条　出库时，指定交割仓库应将与所提棉花相对应的《公证检验证书》随货同行联原件一份交投资者。投资者可在货物发运前逐批核对棉花的产地、包装、批次和件数等项目，验收结果应经投资者、指定交割仓库双方认可。

第四十六条　因自然变异导致标准仓单品级下降或无主体品级的，仍可正常办理出库手续，投资者不得拒绝接货。

因自然变异造成品级下降未超过一个品级的，由标准仓单持有人承担。指定交割仓库承担变异超过一个品级以上部分的品级差价损失，差价的计算根据交易所规定的品级之间升贴水标准执行，降至四级以下部分的品级之间的差价按 800 元/吨执行。

因自然变异造成无主体品级的，将各品级所占比例从高品级起依次降级累计，直至累计比例大于等于 80%为止，以累计终止部位的品级为结算品级，同时参照本条前款规定按此品级确定指定交割仓库和标准仓单持有人的权利和义务。

第四十七条　棉花出库过程中，发现有崩包的棉花，指定交割仓库应免费回包。

第四十八条　C1 类标准仓单必须在 N+1 年八月份的最后一个工作日之前办理标准仓单注销手续；C2 类标准仓单必须在 N+1 年十二月份的最后一个工作日之前办理标准仓单注销手续。逾期未办理的，交易所可将其标准仓单注销，由此造成的一切损失，由标准仓单持有人承担。

第四十九条　交易所不再受理已经出库的交割棉花的质量和数量争议，不承担由此产生的一切责任。

第六章　争议与处理

第五十条　投资者、指定交割仓库与承检机构就棉花的质量、数量发生的争议，按照《期货交割棉公证检验实施办法(试行)》处理。

第五十一条　投资者与指定交割仓库之间产生交割纠纷，首先由双方自行协商解决，达不成一致意见的，应在发生交割纠纷之日起 30 日内以书面形式向交易所申请调解并主张权利。逾期未主张权利的，交易所不对指定交割仓库的行为承担责任。

第七章　附　则

第五十二条　违反本办法规定的，交易所按《郑州商品交易所违规处理办法》有关规定处理。

第五十三条　本办法解释权属于郑州商品交易所。

第五十四条　本办法自 2005 年 9 月 1 日起施行。

附件

中华人民共和国国家标准
棉花包装
Cotton baling

GB/T 6975—2001
代替 GB/T 6975—1986
neq ISO 8115:1986

1　范围

本标准规定了棉包的外形尺寸、包重、包装要求、标志和检验方法。

本标准适用于棉花包装，亦适用于棉短绒包装。

2　引用标准

下列标准所包含的条文，通过在本标准中引用而构成为本标准的条文。本标准出版时，所示版本均为有效。所有标准都会被修订，使用本标准的各方应探讨使用下列标准最新版本的可能性。

GB/T228—1987　金属拉伸试验方法

GB 1103—1999　棉花　细绒棉

GB/T 4667—1995　机织物幅宽的测定

GB/T 4668—1995　机织物密度的测定

SB/T 10240—1994　液压棉花打包机试验方法

3　技术要求

3.1　籽棉加工后将松散棉纤维压缩后进行包装。

3.2　棉包的外形和尺寸代号见图1(略)。

3.3　棉包外形尺寸、质量及质量偏差应符合表1规定。

表1

棉包型号	L mm	W mm	H mm	质量 kg	质量偏差 kg
Ⅰ	1400	530	700	227	±10
Ⅱ	1060	530	780	200	±10
Ⅲ	800	400	600	85	±5

3.4　包布

3.4.1　棉包应用付牌纱白色纯棉布进行包装。

3.4.2　棉布规格：

幅　宽：91.5cm

经、纬纱支数：(—10)s×(—10)s

经、纬密度：经纱不低于120根/10cm

纬纱不低于120根/10cm

3.5　捆扎材料

3.5.1　Ⅰ、Ⅱ型包应用直径为3.2mm、4.0mm的高碳防腐镀锌钢丝或用截面为1mm×(19～20)mm、(0.7～1)mm×(19～20)mm的碳钢钢带和高强度钢带捆扎。

允许采用直径为4.0mm低碳镀锌钢丝捆扎。

Ⅲ型包应用直径为2.8mm的低碳镀锌钢丝捆扎。允许采用直径为2.5mm的低碳镀锌钢丝或高碳镀锌钢丝捆扎。

捆扎材料的机械性能见表2。

3.5.2　包索捆扎根数应符合表3规定。

3.6　棉包捆扎好后，应用纯棉绳将接缝缝严，针距不大于25mm。其他包装方法(如套法、袋法)均不得有露棉、破损及污染现象。

3.7　棉包包索排列要均匀且相互平行，包索结扣应牢固、可靠。钢丝结扣方法通常采用双圈套结法。钢带的结扣方法通常采用子母搭结法。

3.8　标志

表2

捆扎材料	规格 mm	机械性能			
		抗拉强度 Mpa		伸长率 %	
		高碳	低碳	高碳	低碳
镀锌钢丝	Φ2.5	1400～1650	400～510	≥4	≥15
	Φ2.8				
	Φ3.2				
	Φ4.0				
碳钢钢带	1mm×(19～20)mm(截面)	>390～590		>16	
高强度钢带	(0.7～1)mm×(19～20)mm(截面)	>590～780		>16	

表 3

棉包型号	捆扎根数							
	低碳钢丝(直径)			高碳钢丝(直径)			碳钢钢带(截面)	高强度钢带(截面)
	2.5mm	2.8mm	4.0mm	2.5mm	3.2mm	4.0mm	1mm×(19～20)mm	(0.7～1)mm×(19～20)mm
Ⅰ、Ⅱ			11～12		10～11	10～11	10～11	8～9
Ⅲ	10～12	10～11		10～11				

3.8.1　棉包标志内容包括：棉花产地（省、自治区、直辖市和县）、棉花加工单位、棉花质量标识、批号、包号、棉包质量（毛重）、生产日期。

3.8.2　棉花质量标识应符合 GB1103－1999 中 9.3.1 规定。

3.8.3　棉花质量标识应与棉包内在质量相符。

4　检验方法

4.1　棉包外形尺寸和质量按 SB/T 10240－1994 中第 6.3、6.4 检验。

4.2　捆扎材料机械性能测定

4.2.1　抗拉强度测定：按 GB/T 228－1987 中 8.8 测定。

4.2.2　伸长率测定：按 GB/T 228－1987 中 8.1 测定。

4.3　包布测定

4.3.1　包布幅宽按 GB/T4667 测定。

4.3.2　包布经、纬密度按 GB/T4668 测定。

郑州商品交易所套期保值管理办法

（2003 年 2 月 27 日第五届郑州商品交易所理事会第一次会议通过 2005 年 8 月 2 日第五届郑州商品交易所理事会通讯会议修正 自 2005 年 9 月 1 日起施行）

第一章　总　则

第一条　为充分发挥期货市场的套期保值功能，促进期货市场的规范发展，根据《郑州商品交易所交易规则》等有关规定，制定本办法。

第二条　会员、投资者在郑州商品交易所（以下简称交易所）从事套期保值业务，必须遵守本办法。

第二章　套期保值的申请与审批

第三条　套期保值分为买入套期保值和卖出套期保值。

第四条　需进行套期保值的投资者应向其开户的经纪会员申报，由经纪会员进行审核后，按本办法向交易所办理申报手续；非经纪会员直接向交易所办理申报手续。

第五条　申请套期保值的投资者和非经纪会员必须具备与套期保值交易品种相关的生产经营资格。

第六条　申请套期保值的会员或投资者，必须填写《郑州商品交易所套期保值申请（审批）表》（表格从交易所网站 www.czce.com.cn 下载），并向交易所提交下列证明材料：

（一）企业营业执照副本复印件；

（二）企业近 2 年在交易所的交易实绩；

（三）企业近 2 年的现货经营业绩；

（四）企业套期保值交易方案（主要内容包括风险来源分析、确定保值目标）。

第七条　卖出套期保值另须提交的证明材料，由会员对提供的材料进行文字说明并加盖公章：

（一）原材料生产企业保值商品的消耗定额、生产能力、当年的生产计划、原材料购销计划（合同）及上一年度总产量的证明材料；

（二）原材料加工企业、流通经营企业和其他企业保值商品的现货仓单或拥有实货的其他凭证（购销合同或发票等）。

第八条 买入套期保值另须提交的证明材料，由会员对提供的材料进行文字说明并加盖公章：

（一）原材料加工企业保值商品的消耗定额、加工能力、生产经营计划或生产商品的购销合同及上一年度总产量的证明材料；

（二）原材料生产企业、流通经营企业和其他企业保值商品的购销计划（合同）证明材料。

全年各合约月份套期保值额度累计不超过其当年生产能力、当年生产计划或上一年度该商品经营数量。

第九条 套期保值的申请必须在套期保值合约交割月前一个月的第 1 个交易日之前提出（不含该交易日），逾期交易所不再受理该交割月份合约的套期保值申请。

第十条 交易所对套期保值申请，根据按主体资格是否符合，套期保值品种、交易部位、买卖数量、套期保值时间与其生产经营规模、历史经营状况、资金、套期保值历史交易和交割等情况是否相当进行审核，确定其套期保值额度。套期保值额度不超过其所提供的套期保值证明材料中所申报的数量。

第十一条 交易所收到套期保值申请后 5 个交易日内进行审核，并按下列情况分别处理：

（一）对符合套期保值条件的，书面通知其准予办理；

（二）对不符合套期保值条件的，书面通知其不予办理；

（三）对相关证明材料不足的，告知申请人补充证明材料。

第十二条 交易所审批套期保值由套期保值审核委员会进行。

套期保值审核委员会由交易所领导、交割部、交易部、结算部、稽查部、市场部等负责人组成。

第三章 套期保值交易

第十三条 获准套期保值交易的交易者，必须在交易所批准的建仓期限内按批准的交易部位和额度建仓或在 3 个交易日内对历史持仓进行确认。

交易所批准的套期保值建仓期限最迟至套期保值合约交割月前一个月份第 10 个交易日。在规定期限内未建仓或未确认的，视为自动放弃套期保值交易额度。

套期保值建仓或持仓确认后，由计算机自动对该持仓合约做特殊标记（TB）处理。

第十四条 套期保值额度自交割月前一月第 11 个交易日起（含该日）不得重复使用。

第十五条 对于会员或投资者既有投机持仓又有跨期套利持仓和套期保值持仓，平仓时，先平投机持仓，再平跨期套利持仓，再平套期保值持仓。

第四章 套期保值的监督与管理

第十六条 以套期保值名义建仓而接收的仓单于当月最后一个交易日自动注销。

第十七条 交易所对会员及投资者提供的有关材料进行审查时，会员及相关投资者应予协助和配合。

第十八条 套期保值交易的持仓量在正常情况下不受交易所规定的持仓限量的限制，但在市场发生风险时，为化解市场风险，按有关规定实施减仓时，按先投机后套期保值的顺序进行减仓。

第十九条 会员及投资者在进行套期保值交易时，有欺诈或违反交易所规定行为的，其已建仓的套期保值持仓按投机持仓处理或予以强行平仓，并按《郑州商品交易所违规处理办法》的有关规定处理。

第五章 附 则

第二十条 本办法解释权属于郑州商品交易所。

第二十一条 本办法自 2005 年 9 月 1 日起实施。

全国棉花交易市场商品棉电子撮合交易办法

第一章　总　则

第一条　为促进商品棉规范、有序流通，充分发挥互联网和电子商务信息技术优势，推动商品棉在全国棉花交易市场(以下简称“交易市场”)公开、公正、公平交易，根据《中华人民共和国合同法》及国家有关开展电子商务等方面的法律、法规、行政规章等，制订本办法。

第二条　商品棉电子撮合交易(以下简称“电子撮合交易”)是指由有交货能力的卖方在交易市场发布售棉邀约，由买方发布购棉邀约，交易市场按价格优先、时间优先原则确定卖方、买方之间的成交价格和生成电子交易合同，并在交易市场指定交割仓库(以下简称“指定交割仓库”)进行实物交割的交易方式。

电子撮合交易使用电子交易合同，交易市场不时发布的各类交易办法、交易业务规则(包括以“通知”形式发布的有关规定)均作为电子交易合同(以下简称“合同”)的组成部分，对与交易有关的各方均有约束力。

第三条　从事电子撮合交易的交易商必须经过交易市场的资格认定。

交易商是指经交易市场审查批准，取得交易商资格，可在交易市场进行棉花交易的法人。

所有交易商的交易资金均由交易市场直接管理。

交易、交割过程中所有票据的合法性和有效性由提供方负责。

第四条　本办法适用于规范交易市场电子撮合交易的各项行为。交易市场、交易市场交易商和指定交割仓库必须遵守本办法。

第五条　电子撮合交易时间为星期一至星期五(国家法定节假日除外)和国家规定的其他全国性工作日上午9:00—11:00。

交易市场认为必要时，可决定在上述时间内不开市、延时开市、延时闭市、提前闭市或暂停交易。

第二章　品种、质量、计量和计价单位

第六条　电子撮合交易的交易品种为229B、428B锯齿细绒棉，并按产地分为国产棉和进口棉。国产棉是指在中华人民共和国境内生产的棉花，进口棉是指在中华人民共和国境外生产的棉花。交易市场可根据需要推出其它交易品种。

第七条　参与交割的细绒棉(含国产棉、进口棉)须根据《全国棉花交易市场交易商品棉公证检验实施办法》(以下简称《交易棉公检办法》)进行公证检验，经检验符合交割条件的可在指定交割仓库交割。买卖双方协商，经交易市场认可，也可在其他地点交割。

第八条　电子撮合交易合同的计量单位为“吨”，合同的计价单位为“元/吨”(含税)，交易商每次报价的最小变动单位为1元/吨，数量单位为10吨的整数倍。

第三章　电子撮合交易的程序

第九条　参与电子撮合交易的卖方在卖出商品棉之前须向交易市场提供有交货能力的证明。有交货能力的证明包括：

(一)指定交割仓库出具的《全国棉花交易市场商品棉仓单》(以下简称《仓单》)或交易市场认可的其他形式的存货凭证；

（二）卖方交易商与棉花生产者、轧花厂等签订的预购预售合同，或卖方交易商签订的棉花进口合同；

（三）交易市场出具的《商品棉所有权确认通知书》或电子交易合同；

（四）交易市场认可的其他仓储企业出具的商品棉存货凭证。

第十条 电子撮合交易的程序：

（一）交易商凭专用加密卡在确认对上一交易日成交结果无异议后进入交易市场电子撮合交易系统界面；

（二）交易市场根据卖方提供的有交货能力的证明以及企业注册资本金核定卖方卖出数量权限，交易商在取得卖出权限并在保证金帐户中预存一部分保证金后，即可以“卖邀约”指令形式输入交易系统。

交易市场根据买方企业注册资本金核定买方购买数量权限，交易商在取得购买权限并在保证金帐户中预存一部分保证金后，即可以“买邀约”指令形式输入交易系统。

（三）如卖方拟将已卖出的棉花回购，则以“买转让”指令形式输入交易系统。

如买方拟将买入的棉花卖出，则以“卖转让”指令形式输入交易系统。

（四）上述交易指令输入交易系统后即为有效指令，自动计时存档。

（五）交易系统将卖方和买方分别输入的“邀约”或“转让”指令按价格优先、时间优先原则进行撮合，生成成交价格，撮合成功的双方交易终端自动显示成交信息。

（六）交易市场根据买卖双方成交结果生成电子交易合同，具有法律效力。

（七）“邀约”或“转让”数量如未能一次全部成交，未成交部分仍存于交易系统内，并被视为有效指令；未成交的指令在当日闭市后自动失效。

（八）电子撮合成交前，交易商可以随时修改或撤销“邀约”或“转让”指令。

第十一条 为控制市场风险，维护交易双方利益，如某交易品种出现“卖邀约”和“卖转让”报价指令达到当日自律价下限或“买邀约”和“买转让”报价指令达到当日自律价上限时，交易系统按照转让优先、时间优先的原则撮合成交。

第十二条 交易商对其通过交易系统发出的各类“邀约”和“转让”指令承担全部责任。

第十三条 交易商之间不得串通交易，不得串通操纵成交价格，误导价格走势。对违反此规定的交易商，交易市场有权视情节轻重分别给予口头警告、书面警告、暂停交易、终止交易商资格等处罚。

第十四条 电子撮合交易实行按月交割。按月交割是指撮合成交后在指定月份进行商品棉交割，卖方（买方）可卖出（买入）有效期最长为六个月交割的商品棉。

第十五条 交易市场指定江苏省南京市棉麻储运公司浦口仓库作为电子撮合交易的计价基准仓库。交易市场可视市场需要调整计价基准仓库，但应提前六个月公布。

第四章 保证金、货款收付和手续费

第十六条 参加电子撮合交易的交易商，交易前均需在交易市场指定帐户存放不少于人民币30万元的保证金。

保证金是指买方或卖方按照交易市场规定标准交纳的资金，专门用于电子撮合交易的结算和履约保证。保证金分为结算准备金和交易保证金。

结算准备金是指买方或卖方为了交易结算和履约保证在交易市场指定帐户预先存入的专用资金，是未被合同占用的保证金。

交易保证金是指交易市场为了确保买方或卖方按其持有的合同履约而按一定标准暂扣的资金，是已被合同占用的保证金。

第十七条 交易过程中，交易商应根据成交量大小及交易保证金变化适时补足结算准备金，以确保交易保证金即时支付。

如交易商结算准备金不足，且在交易市场规定的时间内未能补足时，交易市场按下列顺序进行处理：

（一）暂停交易商发布“邀约”指令的资格，对其持有的部分或全部合同代为转让，相应盈亏由交易商自行承担；

（二）会员费、交易商资格费和席位占用费抵补结算准备金不足部分；

（三）质押的权利凭证变现，变现所得用于履约赔偿；

（四）依法追索。

第十八条　交易市场实行每日无负债结算制度。

每日无负债结算制度是指每日交易结束后，交易市场根据交易商的成交电子交易合同，按当日市场平均价结算交易保证金及手续费等，对应收应付款项实行净额一次划转，相应增加或减少交易商的结算准备金，并且结算准备金余额不得低于交易市场规定标准。

第十九条　为保证交易市场成交价格真实反映棉花实际价格水平，有效防范交易风险，电子撮合交易实行自律价管理，同时对单个交易商允许的最大订货数量实行限量管理。正常情况下，当日交易自律价不超过上一交易日成交平均价格的±300 元/吨，如需要调整，交易市场至少提前一个工作日发布。单个交易商允许最大订货数量与该交易商的注册资本金挂钩，按《全国棉花交易市场商品棉电子撮合交易保证金管理和代为转让实施细则》（以下简称《保证金管理和代为转让实施细则》）有关规定执行。如单个交易商因业务需要订货数量超过限量规定，可向交易市场提出申请，经审核确认后，可以相应增加订货数量权限。

第二十条　交易市场对存在风险的交易商执行代为转让。

本条所称的“存在风险”是指：当交易商出现其可动用结算准备金低于交易市场规定的最低限额而又未能在规定的时间内补足的情形。

本条所称的“代为转让”是指：交易市场对存在风险的交易商所持有的部分或全部合同进行转让，直到可动用结算准备金达到最低限额标准。

本条所称的代为转让行为具体按《保证金管理和代为转让实施细则》有关规定执行。

第二十一条　为保证交易商的履约能力，交易市场根据交易商的实际订货数量核定其每日闭市后的可动用结算准备金最低限额标准。具体按《保证金管理和代为转让实施细则》有关规定执行。

第二十二条　交易市场收取买方交易保证金和买方支付货款的办法和标准如下：

（一）“邀约指令”成交时交易市场一次性预扣买方 700 元/吨的交易保证金；

（二）进入交割月的第一个工作日，预扣交易保证金标准提高为 2000 元/吨；

（三）除按本条第（一）款或第（二）款执行外，如买方买入邀约成交价格高于当时该月品种所有成交加权平均价，交易市场暂扣对应差额款项作为买方交易保证金；

（四）至迟最后交易日后的下一个工作日 17:00 前，买方应根据成交价格和数量付足全额货款（申请“买方质押”业务的，按照有关规定执行）。实际结算金额以交易市场出具的《货款结算通知单》为准，不足或多付部分通过保证金帐户扣补。

第二十三条　卖方售出商品棉，交易市场按以下规定收取卖方交易保证金：

（一）“卖邀约”指令成交后一次性预扣卖方 700 元/吨的交易保证金；

（二）进入交割月的第一个工作日，预扣交易保证金标准提高为 2000 元/吨。

（三）除按本条第（一）款或第（二）款执行外，如卖方卖出邀约成交价格低于当时该月品种所有成交加权平均价，交易市场暂扣对应差额款项作为卖方交易保证金。

第二十四条　交易市场可根据价格行情的变化，对买卖双方一次性预扣的交易保证金标准进行调整，并至少提前三天发布。

第二十五条　卖方已将拟售出的商品棉存放到指定交割仓库，并已生成《仓单》、完成公证检验，可将《仓单》和公证检验证书交交易市场监管，申请《仓单》抵免保证金，交易市场相应释放卖方交易保证金。

卖方已将拟售出的商品棉存放到指定交割仓库，经公证检验，制成《仓单》后，可申请办理“仓单质押”业务。具体按《全国棉花交易市场仓单质押管理办法》执行。

第二十六条 交易市场在最后交易日收到卖方《仓单》和公证检验证书后即释放卖方交易保证金，继续作为结算准备金使用，否则，按卖方违约处理。

第二十七条 交易市场在规定的时间内收到全额货款即释放买方交易保证金，继续作为结算准备金使用，否则，按买方违约处理。

第二十八条 买卖双方如在交割日前在指定交割仓库提前交割，按《全国棉花交易市场商品棉交割办法》(以下简称《商品棉交割办法》)有关规定执行。

第二十九条 最后交易日前，交易商可随时将其持有的合同转让，转让盈亏(不含税)由交易市场直接通过保证金帐户调整。

第三十条 交易市场对按月交割的商品棉按5元/吨的标准，分别向成交双方收取交易手续费。

在指定交割仓库办理实物交割的，交易市场按30元/吨的标准，分别向买卖双方收取商品棉交割手续费。

对于已入库但未公检的商品棉，如卖方申请自行出库，交易市场按10元/吨的标准向卖方收取服务费；对于入库已公检商品棉，如卖方申请自行出库，交易市场按30元/吨的标准向卖方收取服务费；对于入库已公检商品棉，如买卖双方协商一致不通过交易市场结算，交易市场按15元/吨的标准分别向卖方和买方收取服务费。

交易市场对交易和交割量大的交易商给予优惠，有关优惠标准另行发布。

第三十一条 交易市场每日向交易商提供电子版的《资金对帐单》、《当日成交明细表》、《订货情况表》和《订货明细表》等，作为交易商与交易市场核对交易数据和结算帐目的依据。交易商如在下一个交易日开市前未向交易市场提出书面异议，则视为已收到并认可交易市场出具的有关单据结果。

当《资金对帐单》显示交易商当日可动用结算准备金小于结算准备金最低限额标准时，即视为交易市场向该交易商发出补足保证金通知，交易商应在《保证金管理和代为转让实施细则》规定的时间内及时补足保证金，否则，交易市场有权对其持有的部分或全部合同执行代为转让，由此产生的盈亏由交易商自行承担。

交易市场每月10日前，向交易商提供上月《交易商保证金对帐单(按月)》(加盖结算专用章)、相关费用清单和发票，作为交易商记帐的依据。交易商于当月30日前未提出书面异议的，则视为交易商已收到并认可交易市场出具的单据结果。在前述情形下，如交易市场有证据证明前述单据结果与实际交易情况存在出入，交易市场有权通知交易商予以据实调整。

除非法律或有管辖权的法院、法庭、仲裁庭或有关行政主管机关明确要求，交易市场负有为交易商交易资料保密的责任。

第五章 商品棉交割

第三十二条 交易市场选择若干仓库作为指定交割仓库，负责商品棉的保管和交割，具体按《全国棉花交易市场指定交割仓库管理办法》执行。

第三十三条 最后交易日后仍没有转让的，或没有通过自助配对交割系统选定具体批次的“买邀约”合同，由交易市场按照对交易双方有利的原则进行配对确定具体交割仓库和交割批次。如买方到指定交割仓库提货的运输距离大于其到计价基准仓库距离的，超出部分的运输费用由卖方补贴，未超出部分则由买方自行承担；如买方到指定交割仓库提货的运输距离小于其到计价基准仓库距离的，运输费用由买方自行负担。各交易商到计价基准仓库和指定交割仓库的运输距离按铁路距离计算，运费补贴按交易市场发布的标准执行。

第三十四条 电子撮合交易交割时的实际货款计算公式为：(成交价±运距差价±质量数量差价)×吨数。

实际交货时允许按照《商品棉交割办法》规定用相邻品级和长度的商品棉替代。

每年9、10、11、12月份和次年1、2月份卖方可以用上一棉花年度的商品棉进行交割，具体按照《商品棉交割办法》规定执行。

第三十五条　每月21日(遇节假日提前)为当月合同的最后交易日,每月25日(遇节假日顺延)为当月合同的交割日。买卖双方申请提前交割,按《商品棉交割办法》中提前交割有关规定执行。

第三十六条　进入交割程序的卖方,须于最后交易日17:00前,将符合交割条件并不低于"卖邀约"数量的商品棉《仓单》和公证检验证书送达交易市场,否则,卖方应承担违约责任。

卖方如不能按期提供用于当月交割的商品棉《仓单》和公证检验证书,应于最后交易日闭市前自行转让部分或全部合同。

交易市场至迟于交割日17:00前向卖方出具《货款结算通知单》。卖方至迟在交割日后2个工作日内对《货款结算通知单》记载的货款金额进行核对确认并传真回交易市场,逾期未确认的,视为收到并认可。在前述情形下,如交易市场有证据证明前述单据结果与实际交易情况存在出入,交易市场有权通知交易商予以据实调整。

交割日后交易市场收到卖方增值税专用发票后即向其付清应付货款。

第三十七条　进入交割程序的买方,须至迟于最后交易日闭市后的下一个工作日17:00前按成交金额汇出足额货款,并将汇款底联传真至交易市场,否则,买方应承担违约责任。

需要办理"买方仓单质押"的交易商应于当月15日17:00前向交易市场提出书面申请,经批准后至迟于最后交易日闭市后的下一个工作日17:00前按《全国棉花交易市场仓单质押管理办法》有关规定汇出成交金额与贷款金额的差额,并将汇款底联传真至交易市场,否则,买方应承担违约责任。

交易市场至迟于交割日17:00前向买方出具《货款结算通知单》。买方至迟在交割日后2个工作日内对《货款结算通知单》记载的货款金额进行核对确认并传真回交易市场,逾期未确认的,视为收到并认可。在前述情形下,如交易市场有证据证明前述单据结果与实际交易情况存在出入,交易市场有权通知交易商予以据实调整。

交割日后交易市场收到买方开票资料后即向其开具增值税专用发票。

第三十八条　商品棉交割原则上在指定交割仓库进行。如买卖双方协商一致,也可以在非指定交割仓库交割。非指定交割仓库交割是指在指定交割仓库以外的地点完成的交割,相关事宜由双方协商解决,交易市场不承担由此发生的一切责任。如果买卖双方不通过交易市场付款和开具增值税专用发票,还需分别找补其成交平均价与该交割品种当月平均价之间的差额。

第三十九条　实物交割时允许的数量溢短按《商品棉交割办法》执行。

第四十条　买方应及时到指定交割仓库或双方约定仓库提货。交割日后超过7天买方不提货,相关费用由买方负担。

各指定交割仓库商品棉入库费、保管费、配合公检搬倒费、保险费、出库费等收费标准由交易市场提前发布。其中,入库费、配合公检搬倒费由货主直接支付给指定交割仓库;保管费、保险费由交易市场代收代付,并分别支付给指定交割仓库和保险公司。

所有商品棉的出库费和逾期保管费由提货人负担,并直接支付给指定交割仓库。

第六章　交割商品棉质量管理

第四十一条　交易市场委托中国纤维检验局对存放于指定交割仓库的拟通过交易市场上市交易的商品棉依据《交易棉公检办法》,按照"GB1103—1999棉花细绒棉"国家标准实施公证检验,并出具相应的公证检验证书。交易市场根据公证检验结果和《商品棉交割办法》中的有关规定,确定商品棉是否符合交割条件,买卖双方按公证检验证书出具的检验结果结算货款。

第四十二条　实际交割过程中,如卖方提供的商品棉质量、数量不符合替代交割原则,可附加补偿条件用于提前交割,由买方自主选择。如买方自主选定,可以进行交割。

质量、数量不符合替代交割原则的商品棉不得进入正常配对交割。

第四十三条 对存放于指定交割仓库并经过公证检验的商品棉，卖方或买方经过检验后对公证检验结果有异议的，可以按照《交易棉公检办法》的规定向交易市场提出复检申请，交易市场委托中国纤维检验局按照规定程序进行复检，并依据复检结果进行结算。对复检结论仍有异议的，可以依法向人民法院提起诉讼。

第八章 信息发布

第四十四条 交易市场有权根据实际情况对电子撮合交易的规则和规定进行必要调整，并通过书面文件、加密卡或中国棉花信息网等方式以“通知”形式对外发布。

第四十五条 交易市场授权中国棉花信息网（网址为 http://www.cnce.com 或 http://www.cottonchina.org）作为对外公开发布交易市场“通知”及相关信息的唯一电子媒体，交易市场不对除此之外电子媒体转发的信息负责。

第四十六条 交易市场向交易商提供的任何信息均不构成对交易商下达交易指令的提示或暗示。

第四十七条 交易市场的重要“文件”通过加密卡或中国棉花信息网发给交易商。无论采取哪一种方式发布，“文件”发布后即视为交易市场已将“文件”内容有效送达交易商，交易商已收到并了解“文件”内容。

交易市场认为必要时，在发布重要“文件”电子文档的同时，还可以书面形式将重要“文件”寄达交易商，寄达时间不作为交易商收到并了解有关内容的时间依据。

第九章 附 则

第四十八条 如交易商与交易市场就本办法各条款的理解、解释、执行等发生争议，应通过协商解决；如协商不一致，交易商可向交易市场所在地有管辖权的人民法院提起诉讼。

第四十九条 本办法由交易市场解释和修改。

第五十条 本办法自 2005 年 9 月 1 日起执行。

全国棉花交易市场商品棉交割办法

第一章 总 则

第一条 为保障全国棉花交易市场（以下简称“交易市场”）商品棉电子撮合交易合同的履行，保护买卖双方的合法权益，根据国家有关法律、法规及《全国棉花交易市场商品棉电子撮合交易办法》的有关规定，制订本办法。

第二条 交易市场依据本办法组织、管理商品棉实物交割，交易商及交易市场指定交割仓库（以下简称“指定交割仓库”）均须严格执行。

第三条 交易市场商品棉实物交割是指买卖双方在规定或约定的时间、地点，将《全国棉花交易市场商品棉仓单》（以下简称《仓单》）及对应的公证检验证书、《全国棉花交易市场交割商品棉提货单》（以下简称《提货单》）或《全国棉花交易市场商品棉所有权确认通知书》（以下简称《所有权确认通知书》）与货款进行交换，以履行商品棉电子撮合交易合同的行为。

第四条 为切实保证商品棉电子撮合交易合同的履行，交易市场设置若干指定交割仓库，负责交割商品棉的入库验收、日常保管、开具《仓单》、依据《提货单》和《仓单》协助买方出库等。

交易市场在指定交割仓库中确定江苏省南京棉

麻储运公司所属浦口仓库作为计价基准仓库，参加电子撮合交易的所有卖方报价为存放在计价基准仓库的卖出价格，所有买方报价为到计价基准仓库的提货价格。交易市场可根据需要调整计价基准仓库，但应提前6个月公布。

第五条　本办法适用于规范电子撮合交易的实物交割行为。

第二章　入库流程

第六条　卖方将商品棉存入指定交割仓库前，须按交易市场要求填写《全国棉花交易市场商品棉申报单》(以下简称《申报单》)，并通过电子邮件、传真或邮寄等方式送达交易市场。

卖方应确保《申报单》的内容与棉包的质量标识、批号、产地、生产年度、加工单位等标志相符。运输在途的棉花，应在《申报单》备注栏内标注预计到库时间。

第七条　卖方申报参与电子撮合交易的商品棉，每一批次净重应不小于19吨。如为国产棉，不得混批混件。单批商品棉净重少于19吨或混批混件的，不得用于交割，交易市场提请卖方另行安排出库。

进口棉申报、组批和出证原则等按交易市场发布的《全国棉花交易市场进口棉交割实施细则》(以下简称《进口棉交割细则》)执行。

第八条　交易市场收到《申报单》并确认无误后，向指定交割仓库发出《交易商品棉入库通知书》(以下简称《入库通知书》)，并办理保险。《入库通知书》抄送卖方，同时向中国纤维检验局申报公证检验。

第九条　指定交割仓库接到《入库通知书》后，应主动与交易商联系，落实具体入库日期，同时做好商品棉入库的各项准备工作。棉花入库时，交易商需向指定交割仓库提供棉花加工经营企业原验证书和码单的原件(或复印件)。

第十条　中国纤维检验局在接到交易市场提供的商品棉数据后，根据入库进程适时指定纤维检验机构组织公证检验，并将公证检验结果以书面和电子文档形式反馈给交易市场，指定交割仓库和卖方各保留1份公证检验证书原件。

凡通过交易市场申报公证检验的商品棉，纤维检验机构公证检验后应在每1件棉包的唛头和包身处加盖公证检验单位的公证检验印章。指定交割仓库要做好监督工作，发现未盖章或少盖章的，要及时提醒纤维检验机构补盖。

第十一条　商品棉完成入库公证检验后，指定交割仓库根据公证检验结果及时填写《仓单》，签字盖章后交申报方签字盖章。申报方将《仓单》原件和公证检验证书原件送达交易市场，复印件留存1份，交指定交割仓库1份。

因“仓单质押”业务需要，经交易市场核准，指定交割仓库可在公证检验前根据棉花入库情况填写《仓单》后交货权人签字盖章。货权人将《仓单》原件寄送交易市场，复印件留存1份，交指定交割仓库1份。未公证检验棉花的《仓单》上“质量标识”和“公定重量”栏目按原验结果和码单重量填写。

第十二条　所有经交易市场安排入库的商品棉，货主必须向交易市场提出书面申请并获批准后，凭交易市场出具的提货手续方可出库。

第十三条　指定交割仓库应对入库商品棉实施验收。入库商品棉如为国产棉，其包型、包装应规范，棉包标志项目内容符合棉花国家标准有关要求；如为进口棉，应符合《进口棉交割细则》要求。对于初验结果与申报结果有明显差异；货权人申报的批号、产地、生产年度、加工单位中任何一项与实际入库棉花不一致；包型不规范、棉包标志项目不完整、不清晰、包装及包装物不能保证棉花不受污染；外包装有污染、雨淋或霉变现象；发现掺杂使假，包括混有棉短绒、不孕籽回收棉、油花、脚花；小轧花机、土打包机加工的棉花；炸包、散包件数超过2%的商品棉等，仓库应在安排公证检验前及时与交易市场联系，以便撤销公证检验，无法撤销公证检验的，不能参与交割。

第十四条　棉花入库以及在仓库保管期间出现炸包、散包，指定交割仓库应及时书面通知《仓单》正面标明的出卖人，同时抄送交易市场备案。《仓单》

正面标明的出卖人在得到仓库通知后应及时采取措施，在确保数量、质量与原件一致且没有被污染的情况下进行复包。指定交割仓库负责对复包过程进行监管和协助，并做好详细记录，必要时通知原纤维检验机构到场监督。如炸包、散包严重难以按原数量、质量复包的，不得用于交割，由《仓单》正面标明的出卖人向交易市场申请办理出库手续。

第十五条 纤维检验机构实施公证检验按《全国棉花交易市场交易商品棉公证检验实施办法》(以下简称《交易棉公检办法》)的规定执行。

指定交割仓库负责对公证检验时扦样棉包进行随开包、随复包和整理，费用包含在配合公检搬倒费中。如扦样棉包发生炸包、散包，指定交割仓库应在确保数量、质量与原件一致且没有被污染的情况下进行复包。指定交割仓库如没有及时对公证检验扦样棉包进行复包和整理，或未对扦样棉包发生炸包、散包进行复包造成损失的，应承担相应责任。

第三章 交割及出库流程

第十六条 每月21日(遇节假日提前)为当月合同的最后交易日，25日(遇节假日顺延)为当月合同的交割日。

第十七条 最后交易日闭市后没有转让的“买邀约”和“卖邀约”合同即进入交割程序。

第十八条 进入交割程序的卖方，至迟于最后交易日17:00前，将符合交割条件并不少于“卖邀约”数量的《仓单》和对应的公证检验证书送达交易市场；卖方拟用“仓单质押”商品棉交割，应于最后交易日(遇节假日提前)17:00前向交易市场提出书面申请释放质押《仓单》，经核准确认，视同《仓单》和对应的公证检验证书送达交易市场。否则，卖方应承担违约责任。

卖方如不能按时提供用于当月交割的《仓单》和对应的公证检验证书，应于最后交易日闭市前自行转让部分或全部合同。

第十九条 如卖方提供的《仓单》数量多于当月实际交割数量，应至迟于最后交易日17:00前向交易市场提供《卖方交割意愿表》，明确拟用于交割批次的仓单号，并确认符合交割条件。否则，交易市场将在卖方全部《仓单》中随机选择批次用于交割，卖方不得提出异议。

第二十条 进入交割程序的“买邀约”合同和“卖邀约”合同，交易市场按照兼顾买卖双方利益的原则，对买方提货仓库地点和具体交割批次进行配对。

第二十一条 进入交割程序的买方，须至迟于最后交易日闭市后的下一个工作日17:00前按成交金额将货款汇出，并将汇款底联传真至交易市场，如在规定的时间内交易市场未收到货款或汇款底联传真，买方应承担违约责任。

需要办理“买方仓单质押”的交易商应于当月15日(遇节假日提前)17:00前向交易市场提出书面申请，经批准后至迟于最后交易日闭市后的下一个工作日17:00前按《全国棉花交易市场仓单质押管理办法》(以下简称《仓单质押办法》)的有关规定汇出成交金额与贷款金额的差额，并将汇款底联传真至交易市场，否则，买方应承担违约责任。

第二十二条 交易市场至迟于交割日17:00前向进入交割程序的买卖双方出具《货款结算通知单》。买卖双方在2个工作日内对《货款结算通知单》中的货款金额进行核对确认并传真回交易市场，逾期未确认的，视为认可。

买方确认后，如要求提货，交易市场即向买方提供《提货单》、《仓单》和对应的公证检验证书，《仓单》加盖“出库”印章。加盖“出库”印章的《仓单》不能继续参与交易市场各项业务。

买方暂不提货的，交易市场提供《所有权确认通知书》，作为买方拥有相应棉花的权利凭证。买方可依《所有权确认通知书》在交易市场办理卖出数量申报、保证金抵免、买方质押、卖出交割等业务。

第二十三条 买方需要提货的，交易市场将《提货单》副本及时传真给指定交割仓库，作为指定交割仓库核对《提货单》真实性的依据。指定交割仓库必须将提货方提供的《提货单》原件与交易市场传真的《提货单》副本传真件进行核对，将《仓单》原件与留存复印件进行核对，并对提货方经办人员的身份进行核实，确认无误后方可办理出库手续。

当《仓单》对应棉花出库时，指定交割仓库收回《仓单》并存档备查(存档期不少于 10 年)。

第二十四条　需要提货的买方应在交割日后 7 日内到指定交割仓库或双方约定仓库办理提货手续，逾期不提货的，承担此后发生的相关费用。

第二十五条　买方凭《提货单》原件、《仓单》原件到指定交割仓库提货，如棉垛外观发现炸包、散包的，应及时通知交易市场协调处理。

第二十六条　经买卖双方协商，可在交易市场非指定交割仓库交割。在非指定交割仓库交割的棉花，相应责任由双方自行承担。

第二十七条　“仓单质押”商品棉交割时，卖方应按规定与交易市场办理和结清“仓单质押”业务手续。

第四章　提前交割

第二十八条　为方便买方自主选择符合其需要的商品棉并及早提货，方便卖方及早收回货款，交易市场鼓励买卖双方办理提前交割。提前交割是指持有当月“买邀约”的买方和持有“卖邀约”的卖方在最后交易日前进行交割的行为。

第二十九条　参与提前交割的棉花质量原则上应符合正常配对交割的要求。经交易市场批准，卖方可将品级、长度、回潮率、异性纤维、公证检验时间不符合正常配对交割要求的棉花用于提前交割，并可附加一定的补偿条件供买方选择时参考。

属于“仓单质押”的棉花，在提交时应予注明。

第三十条　自每月第一个交易日起至最后交易日止，交易市场于交易日 11:10－11:30 将卖方提供并经交易市场审核的拟用于当月交割的棉花通过自助配对交割系统公开发布(含产地、等级、提货仓库等资料)，供所有交易商浏览，已有“买邀约”合同的买方均可自主选择所需棉花。

第三十一条　在全部符合下列条件时，交易市场把卖方提供的拟用于当月交割的棉花资源通过自助配对交割系统公布：

(一)交易市场已收到卖方提供的《仓单》和对应的公证检验证书；

(二)卖方书面确认用于当月交割的具体批次(数量由卖方确定，但不得高于“卖邀约”数量)。

第三十二条　每月第一个交易日起，所有已有当月“买邀约”合同的买方均可通过自助配对交割系统自主选货。同一交易日对同一批棉花，买方选择时间早者优先。

买方选定具体批次后，至迟于当日 17:00 前向交易市场提交提前交割书面申请，申请应清楚表明拟用于提前交割的数量和成交价格，否则，交易系统将随机处理。

卖方资源被选中后，至迟于当日 17:00 前向交易市场提交提前交割书面申请，申请应清楚表明拟用于提前交割的数量和成交价格，否则，交易系统将随机处理。

第三十三条　交易系统处理提前交割时，核减订货数量为与买方选择棉花实际数量最为接近的 10 吨的整数倍，同时释放买卖双方交易保证金。最后交易日前两个交易日内买方选择棉花后，买卖双方的订货量不再核减，交易保证金待最后交易日后释放。

第三十四条　自助配对交割系统闭市后，凡选定棉花的买方应至迟于下一个工作日 17:00 前将货款汇出，并将汇款底联传真至交易市场，否则，买方应承担违约责任。

买方货款到帐后交易市场即为其办理提货手续。

第三十五条　买方货款到帐后，交易市场在接到卖方付款申请的 2 个工作日内向卖方预付应收货款的 80%，余款在交割日后清算。如卖方用质押棉花进行提前交割，货款作为仓单质押还款，到交割日后清算。

第三十六条　鉴于提前交割的棉花为买方自愿选择，无论提货仓库远近，除非买卖双方另有约定，卖方不对买方补偿运费。

第三十七条　参与提前交割的棉花在分品级计价时，价格扣补执行当月的等级差率标准，并在交割日进行清算，实际交割数量与成交数量之间的短溢部分按成交加权平均价与交割月每一个交易日成交平均价按成交量的加权平均值(以下简称“当月平均价”)之差额进行扣补。交易市场至迟于交割日17:00前向买卖双方出具《货款结算通知单》,作为买卖双方交割货款的结算依据。

交易市场收到卖方按《货款结算通知单》中的货款金额开具的增值税专用发票后,即将货款的余款付给卖方;买方实际货款与成交金额之间的差额通过保证金扣补。

第三十八条 虽然申请提前交割,但至最后交易日闭市后仍持有“买邀约”和“卖邀约”的交易商,由交易市场按本办法第三章有关原则进行配对。

第三十九条 买方自主选择棉花后,交易市场根据其书面要求和委托,于货款到帐后2个工作日内办理完成提货相关手续,以使买方能够按时提货。如因交易市场原因使买方逾期提货,交易市场给予买方每日货款总额0.01%的补偿。

如因交易市场原因未能按本办法第三十六条规定时间付给卖方货款,交易市场按同期商业银行公布的贷款基本利率给卖方补偿。

第四十条 其他月份如申请提前交割,原则上参照上述规定执行。

第四十一条 本章未作规定的,按正常交割的相关规定执行。

第五章 价格及质量数量认定

第四十二条 交割商品棉的全额货款计算公式为:(成交价±质量数量差价±运距差价)×吨数。

第四十三条 以批为单位,实际交货时允许用相临品级和长度的商品棉替代。

相临品级和长度是指:

1. 公证检验后的130、129、128、230、229、228、330和329级棉花可用于替代229B交货,其马克隆值范围为A、B、C。实际交割时,3级及3级以上比例须大于或等于80%,且不得出现5级或5级以下棉花;

长度超过30mm的,按30mm计算。

2. 公证检验后的328、327、429、428、427和527级棉花可用于替代428B交货,其马克隆值范围为A、B、C。实际交割时,527及527以上比例需大于或等于80%,且不得出现7级或7级以下棉花;

长度超过29mm的,按29mm计算。

交易市场如推出新的交易品种,可替代交割的品级和长度参照上述原则确定并提前公布。

第四十四条 每年9、10、11、12月份和次年的1、2月份可以用上一年度的商品棉交割。

第四十五条 用于替代229B交割的商品棉,回潮率须不高于10%;用于替代428B交货的商品棉,回潮率须不高于10.5%。

第四十六条 用于交割的商品棉经公证检验后不分有无主体品级,均按品级比例分别计价。

第四十七条 每月10日(遇节假日顺延),交易市场公开发布根据此前10个工作日中国棉花价格指数各等级长度的平均价计算出的各等级长度差率。当月进入交割的商品棉在按本办法第四十三条规定使用替代品级和长度交货时,按相应等级长度差率执行。

第四十八条 不分等级长度,交割商品棉的马克隆值为A时,每吨棉花货值增加50元;交割商品棉的马克隆值为C时,每吨棉花货值减少100元。

第四十九条 卖方提供商品棉的实际数量与卖出邀约数量相比,相差幅度应在卖出邀约数量的5%以内且小于40吨,短溢部分按其成交加权平均价与当月平均价之差额进行扣补。短溢部分超过5%或大于40吨,卖方应承担违约责任。

买方交割商品棉按其成交加权平均价进行结算,对实际交割数量和成交数量之间的短溢部分按其成交加权平均价与当月平均价之差额进行扣补。

第五十条 为减少因交割量过少而影响交割效率,买卖双方进入当月交割的订货量不得少于20吨。如订货量少于20吨,买方或卖方应在该品种最后交易日闭市前自行转让。否则,交易市场不予配对,并按违约处理。

第五十一条 以纤维检验机构出具的检验结果为准,交割商品棉发现异性纤维的样品占扦样总量的比例在6%(含6%)以内时，棉花不作降价处理；发现异性纤维的样品数量占扦样总量的比例在6%至10%(含10%)之间时，该批棉花按100元/吨从货款中扣减。

第五十二条　除提前交割外，出现下列情况之一，商品棉不能用于正常交割：

1. 实际品级中跨相对多数品级数量占总量的比例达到10%及以上；

2. 用于229B交割的棉花3级及3级以上的比例小于80%，或实际品级中出现5级或5级以下棉花；

3. 用于428B交割的棉花527及527级以上的比例小于80%，或实际品级中出现7级或7级以下棉花；

4. 检验后回潮率大于10%的商品棉不能用于229B交割，检验后回潮率大于10.5%的商品棉不能用于428B交割；

5. 公证检验抽取棉样检测时，发现任一单个棉样回潮率大于10.5%；

6. 发现异性纤维的样品数量达到扦样总量10%以上(不含)；

7. 提货时棉垛外观发现炸包、散包而没有及时复包；

8. 公证检验证书出证时间超过9个月；

第五十三条　所有指定交割仓库均可用于商品棉交割和保管。计价基准仓库是买卖双方报价的计价基点。指定交割仓库与计价基准仓库之间的运距差价标准由交易市场统一公布。最后交易日结束后由交易市场配对交割的棉花，买方到不同指定交割仓库提货的运距差价按以下原则确定：

1. 买方最近距离的火车货运车站与提货的指定交割仓库铁路货运车站之间的距离小于或等于买方最近距离的火车货运车站与计价基准仓库铁路货运车站(南京北站)之间的距离时，运距差价为零，买方提货所发生的运输费用自行负担；

2. 买方最近距离的火车货运车站与提货的指定交割仓库铁路货运车站之间的距离大于买方最近距离的火车货运车站与计价基准仓库铁路货运车站(南京北站)之间的距离时，距离超过部分的运距差价由卖方补给买方，超出距离按铁路部门公布的里程为准，费率执行交易市场统一公布的标准，未超出距离部分对应的运输费仍由买方承担；

3. 买方最近距离的火车货运车站的确定以交易商与交易市场签订的《商品棉电子撮合交易入市协议书》中载明的地址为准。

运费补贴按照铁路部门公布的运费统一标准计算。

第五十四条　考虑到棉花质量的自然变异因素，交易市场规定：以交割日为准，卖方用于交割商品棉的公证检验时间(以公证检验证书出证日期为准)超过3个月以后，从第4个月开始，每超过1个月(不足1个月按1个月计算)，货款总额需按月扣减0.12%给买方。

第五十五条　商品棉交割结算后，如发生货款差额，交易市场通过交易商保证金帐户进行增减调整，并书面通知交割双方。

第六章　费　用

第五十六条　卖方交割商品棉存放指定交割仓库所发生的入库费、配合公证检验搬倒费执行交易市场公布的标准，并由卖方按有关规定标准直接支付给指定交割仓库；交割日顺延7日(含7日)之前的保管费和保险费执行交易市场公布的标准，由卖方承担，由交易市场代收代付，并分别支付给指定交割仓库和保险公司；出库费由买方直接支付给指定交割仓库；交割日后超过7日(不含7日)买方不提货所发生的保管费、保险费由买方承担，由交易市场代收代付，并分别支付给指定交割仓库和保险公司。

第五十七条　交割商品棉在指定交割仓库期间由交易市场统一代办保险(保险期限为交易市场收到卖方《申报单》起至该批商品棉出库时止)，保险费用由货主承担，保险金额按交易市场收到《申报单》时公布的对应品级的中国棉花价格指数计算。

第五十八条　指定交割仓库收取的入库费、配合公检搬倒费、保管费、出库费等相关收费标准由交易市场统一审核批准和发布。非指定交割仓库收取的入库费、保管费、出库费等相关收费标准由货主与非指定交割仓库协商确定。

在公证检验证书有效期内，指定交割仓库对炸包、散包商品棉进行复包所发生的费用由《仓单》正面标明的出卖人负担，指定交割仓库不得借机乱收费用。超过公证检验证书有效期后发生的炸包、散包，由当时的货主负责处理。

第五十九条 在交易市场指定交割仓库办理实物交割（包括提前交割）的，交易市场按 30 元/吨（含税）向交割双方收取商品棉交割手续费；同时持有卖邀约和卖邀约的交易商要求互抵的，交易市场按 30 元/吨（含税）分别收取买卖双方手续费；如交割双方协商一致，不通过交易市场指定交割仓库办理实物交割的，也不通过交易市场办理资金结算或通过交易市场参加竞卖交易的，交易市场按 15 元/吨（含税）向交割双方收取服务费；

已入库但未公证检验的商品棉，如交易商申请自行出库，交易市场按 10 元/吨（含税）收取服务费。

入库已公证检验商品棉，如交易商申请自行出库，交易市场按 30 元/吨（含税）收取服务费。

服务费由交易市场在交易商保证金帐户中直接划转，并给交易商开具服务业发票。当保证金帐户余额不足时，交易市场通知交易商直接汇款。

第七章 票 据

第六十条 商品棉交割后，卖方根据《货款结算通知单》中的货款金额向交易市场开具增值税专用发票，交易市场在收到增值税专用发票后即付清卖方货款。

卖方用质押棉参与交割时，交易市场在收到卖方增值税专用发票后，扣除应还质押款及相关费用，余款即汇至交易商指定帐户。

第六十一条 商品棉交割后，交易市场收到买方全额货款和开票资料后即向买方开具增值税专用发票。

买方用交割商品棉做“买方质押”业务时，须还清到期质押款后，交易市场再给其开具增值税专用发票。

第八章 商品棉质量管理

第六十二条 实际交割过程中，如卖方提供的棉花质量、数量不符合替代交割原则，须在最后交易日 17:00 前与任一买方协商一致并有书面协议，方可进行交割。如通过交易市场结算，其质量数量差额按双方协商一致的意见执行。

第六十三条对存放于交易市场指定交割仓库并经过公证检验的商品棉，买方或卖方如对公证检验结果有异议，可按照《交易棉公检办法》在规定时间内向交易市场提出复检申请，交易市场受理后及时委托中国纤维检验局按规定程序组织复检。

复检后棉花质量符合原可替代交割条件的，交易市场按以下原则确定是否重新结算货款：如复检结果与原检验结果分别测算货款差额，当差额与原验结果结算金额相比，比例在 2%以内时，交易市场按原检验结果结算。否则，按新的检验结果据实结算。

复检后不符合可替代交割条件的，《仓单》正面标明的出卖人可在接到交易市场通知的 2 个工作日内（以交易市场收到《仓单》和对应的公证检验证书为准）用不低于原交割等级和数量的商品棉代替或与买方达成书面协议。否则，除重新按复检结果结算，《仓单》正面标明的出卖人还应向买方支付 300 元/吨的补偿，结算差额和补偿金额通过保证金帐户划转。

对复检结论有异议的，可以依法向人民法院提起诉讼。

在非交易市场指定交割仓库交货的，由买卖双方协商解决，协商不成可向交易市场申请调解，也可以依法向人民法院提起诉讼。

第六十四条 棉花在仓库期间因保管不善、拆包、串包、霉变、雨淋等造成保险责任以外损失的，由指定交割仓库承担全部责任。

第六十五条 棉花入库时以及在仓库期间出现炸包、散包现象，属于指定交割仓库没有通知或通知不及时，造成实际交割时因炸包、散包引起纠纷的，由指定交割仓库负责赔偿相应损失。指定交割仓库已及时书面通知《仓单》正面标明的出卖人但该出卖人没有及时做复包处理的，该出卖人可以在得到通知2个工作日内用不低于同等质量和数量的已生成《仓单》并公证检验的商品棉替代交货，也可以与提货方协商并达成一致处理意见。否则，炸包、散包部分棉花按违约处理，《仓单》正面标明的出卖人应退回这部分棉花的货款并承担相应的违约责任。

棉垛内部出现炸包、散包而只能在提货时发现的，其炸包、散包件数占总件数2%以内时，《仓单》正面标明的出卖人应在买方提货时予以复包，经复包后不影响装车，可以用于交割；如炸包、散包件数占总件数超过2%时，《仓单》正面标明的出卖人可以在得到通知2个工作日内用不低于同等质量和数量的已生成《仓单》并公证检验的商品棉替代交货，也可与提货方协商并达成一致处理意见。否则，炸包、散包部分棉花按违约处理，《仓单》正面标明的出卖人应退回这部分棉花的货款并承担相应的违约责任。

所有因炸包、散包而复包的商品棉，指定交割仓库必须及时做好复包书面记录，复包的棉花做好标记，并按原批归位。

第六十六条 卖方棉花出现掺杂使假，按国家有关规定处理。

第九章 违约责任

第六十七条 如卖方违约，交易市场向卖方发出《违约通知》，同时通知相应买方，并在发出通知后的2个工作日内从卖方保证金帐户中划转(1)一次性预扣交易保证金；(2)卖方平均价与当月平均价之间的差额，其中一次性预扣交易保证金作为违约金支付给买方，同时退回相应货款本金，合同执行完毕。

交易市场通过买方保证金帐户将卖方支付的违约金划转给买方，同时划转当月平均价与买方平均价之间的差额。

第六十八条 如买方违约，交易市场向买方发出《违约通知》，同时抄送相应卖方，并在发出通知的2个工作日内从买方保证金帐户中划转(1)一次性预扣交易保证金；(2)当月平均价与买方平均价之间的差额，其中一次性预扣交易保证金作为违约金支付给卖方，同时向卖方退回相应《商品棉提货单》、《仓单》和公证检验证书，合同执行完毕。

交易市场通过卖方保证金帐户将买方支付的违约金划转给卖方，同时划转卖方平均价与当月平均价之间的差额。

第十章 附 则

第六十九条 如交易商与交易市场就本办法各条款的理解、解释、执行等发生争议，应通过协商解决；如协商不一致，交易商可向交易市场所在地有管辖权的人民法院提起诉讼。

第七十条 本办法由交易市场解释和修改。

第七十一条 本办法自2005年9月商品棉交割起执行。

全国棉花交易市场商品棉仓单管理办法

第一章 总 则

第一条 为加强《全国棉花交易市场商品棉仓单》(以下简称《仓单》)管理，保证电子撮合交易棉花的交割和仓单质押业务的顺利进行，根据《全国棉花交易市场商品棉电子撮合交易办法》和《全国棉花交易市场商品棉交割办法》，制订本办法。

第二条 《仓单》是卖方交易商在全国棉花交易市场(以下简称交易市场)开展有关业务时,将棉花运送到交易市场指定交割仓库(以下简称指定交割仓库)存放后,由指定交割仓库依据纤维检验机构公证检验结果出具的、能代表每一批棉花数量和质量的有效凭证。

第三条 指定交割仓库和交易商在业务开展过程中必须遵守本办法。

第二章 《仓单》生成

第四条 卖方交易商拟将棉花存入交易市场指定交割仓库,通过填写《商品棉申报单》向交易市场提出申请,交易市场审核后向交易商和指定交割仓库发出《商品棉入库通知书》,安排棉花入库,并向中国纤维检验局(以下简称中纤局)申报公检。公检结束后,指定交割仓库依据入库验收和公检结果,在收到公检结果三日内按《仓单》所列内容逐项及时填写并签字盖章,然后于两日内送交卖方交易商确认签字盖章,生成原始《仓单》。

交割仓库和卖方交易商应将《仓单》复印一份留存。

第五条 出现下列情况之一的批次棉花,指定交割仓库不能生成仓单:

(1)收到交易市场商品棉入库通知书后未入库的棉花;

(2)已入库未收到交易市场商品棉入库通知书的棉花;

(3)验收结果与申报结果有明显差异;

(4)货权人申报的批号、产地、生产年度、加工单位中任何一项与实际入库棉花不一致;

(5)包型不规范、棉包标志项目不完整、不清晰、包装及包装物不能保证棉花不受污染;

(6)外包装有污染、雨淋或霉变迹象;

(7)发现掺杂使假,包括混有棉短绒、不孕籽回收棉、油花、脚花;

(8)小轧花机、土打包机加工的棉花;

(9)炸包、散包件数超过2%未经处理的商品棉;

(10)公检后未重新缝补和捆扎、炸包、散包未复包的棉花。

第六条 每一批棉花只能填写一份《仓单》,每一份《仓单》只能代表一批棉花。

第七条 《仓单》生成后,卖方交易商至迟在一周内将《仓单》原件连同公检证书原件直接递送给交易市场。《仓单》未附公检证书原件的,视为无效(交易市场约定先贷款后公检的质押棉花除外)。交易市场将安排专人负责签收《仓单》,并对《仓单》进行复核。对不规范、不合格的《仓单》退回指定交割仓库重新填报。

第八条 指定交割仓库和交易商对自己所出具《仓单》的真实性承担责任。

第九条 交易市场根据《仓单》所载内容进行系统录入,并与中纤局反馈的公检结果电子文档数据和承检机构出具的公检证书数据核对无误后,确认《仓单》进入保管程序。

第十条 因仓单质押业务需要,经交易市场批准,指定交割仓库可对交易商入库未经公检的棉花按交易商申报资料初验后,按验收质量、件数、重量生成《仓单》(此类仓单载明的棉花相关数据与公检结果有出入的,以公检结果为交易结算依据)。

第三章 《仓单》用途和流程

第十一条 《仓单》有四个用途:一是根据卖方交易商申请,凭《仓单》可抵免在电子撮合交易中已卖出邀约的相应交易保证金(简称《仓单》抵免);二是根据卖方交易商申请,凭《仓单》向交易市场合作银行进行质押贷款(简称《仓单》质押);三是作为交易商通过电子撮合交易卖出棉花的交货凭证(简称《仓单》交割);四是商品棉出库凭证(简称《仓单》出库)。

第十二条 不同用途《仓单》的管理流程:

(一)《仓单》抵免。凡需要进行《仓单》抵免业务的交易商,须向交易市场提出书面申请(申请需附《仓单》号),填写《仓单》抵免业务登记表,经核实后办理"卖邀约"交易保证金的抵免,已办理《仓单》抵免的棉花不能转让。

确因业务需要，交易商欲转让已抵免的《仓单》，须向交易市场提出申请解除《仓单》抵免，交易市场依据交易商的《交易商仓单解除抵免申请》执行《仓单》解除抵免程序，恢复收取交易保证金。

（二）《仓单》质押。凡需要进行《仓单》质押业务的卖方交易商，在向交易市场提出书面申请后，由交易市场根据《仓单》所载棉花数量、质量，并参考中国棉花价格指数，计算出每一张《仓单》可质押的贷款金额，并按照相关手续落实和安排贷款。质押《仓单》交合作银行保存，《仓单》在银行的存放时间与卖方交易商申请《仓单》所载棉花进行质押贷款的期限相对应。卖方交易商在还清《仓单》质押额贷款并与交易市场办妥相应的还贷手续后，原《仓单》由银行释放给交易市场。

（三）《仓单》交割。交易商通过电子撮合交易交割的棉花进入交割月，须在最后交易日的五个工作日前将交割棉花的对应《仓单》连同公检证书原件递送给交易市场，用于商品棉交割。交割结束后，交易市场将根据交割结果，对《仓单》持有人作出变更。

（四）《仓单》出库。买方交易商要求《仓单》所载棉花出库的，须凭交易市场开具的《商品棉提货单》办理《仓单》领取手续（交易市场可接受交易商委托，代为办理领寄手续），交易市场在《仓单》上加盖“出库”印章并释放《仓单》；交易商不需要提货的，交易市场将向买方交易商开出《商品棉所有权确认通知书》，向卖方开出《商品棉所有权变更通知书》，同时按交易商要求，对《仓单》继续进行代保存。凡加盖“出库”字样的《仓单》即退出交易市场业务流程，所载棉花无论客观上是否出库，均不得再进入交易市场业务流程开展有关业务。

第十三条 《仓单》所载棉花必须凭《仓单》原件和《提货单》原件方可出库。

第十四条 《仓单》所载棉花出库时，指定交割仓库要按要求及时收回出库棉花《仓单》。交易市场将及时调整在库商品棉库存，并根据《仓单》出库情况计算出卖方交易商应付保管费和保险费金额。

第十五条 《仓单》自第一卖方交易商的棉花公检出证日起算，期限超过九个月的不能参加交割。超过九个月第一货主仍未变更《仓单》，原《仓单》及所载棉花由原货主自购出库；货主变更的，交易市场及时提醒并要求交易商在《仓单》随附公检证书出证日后九个月内交割，超过九个月的由货主自购出库。

第四章 《仓单》管理

第十六条 《仓单》由交易市场统一设计、编号印刷，并按编号登记后分发给指定交割仓库。

第十七条 《仓单》原件以交割库为单位进行分户登记、建立原始档案。

第十八条 《仓单》系有价单据，任何环节不得丢失。为加强管理，《仓单》在传递过程中必须严格履行签字、登记手续。

第十九条 指定交割仓库对空白《仓单》要安排专人妥善保管。对棉花出库时收回的出库《仓单》，要作为重要业务档案保管，保管期暂定10年；日常使用作废的《仓单》也要妥善保存备查。

第二十条 交易市场在安排对指定交割仓库进行的各项检查中，指定交割仓库保管和使用《仓单》情况作为必查内容之一。

第五章 附 则

第二十一条 本办法由交易市场解释和修改。如交易商、指定交割仓库与交易市场就本办法各条款的理解、解释、执行等发生争议，应通过协商解决；如协商不一致，交易商、指定交割仓库可向交易市场所在地有管辖权的人民法院提起诉讼。

第二十二条 本办法自2005年9月1日起实施。

全国棉花交易市场仓单质押管理办法

第一章　总　则

第一条　为规范仓单质押业务的运作和管理，根据国家有关法律法规及《全国棉花交易市场商品棉电子撮合交易办法》、《全国棉花交易市场商品棉交割办法》和《全国棉花交易市场商品棉仓单管理办法》，制定本办法。

第二条　本办法适用于全国棉花交易市场（以下简称交易市场）对其交易商所开展的仓单质押业务。

第二章　仓单质押的设定

第三条　仓单质押业务是指：

（一）交易商以其自身所有的、存放于全国棉花交易市场指定交割仓库（以下简称指定交割仓库）的商品棉所生成的《全国棉花交易市场商品棉仓单》（以下简称《仓单》），通过协议转让给交易市场；

（二）交易市场自交易商处取得《仓单》，并将该《仓单》质押给合作银行，获得借贷资金；

（三）交易市场将自合作银行获得的资金依据协议作为购买《仓单》所载商品棉的货款支付给交易商。交易商依据协议获得该资金的使用权；

（四）交易商依据协议向交易市场回购质押《仓单》所载商品棉，并应在协议到期前向交易市场付足回购货款及依据本办法需缴付的相关费用。

第四条　仓单质押业务是交易市场完善交易服务的重要手段之一。交易市场的交易商可申请办理仓单质押业务。

其他涉棉企业如需开展仓单质押业务，需先向交易市场申请并成为交易市场交易商。

第五条　交易商以仓单质押方式取得的资金，应作为本企业棉花经营资金、参与交易市场组织的商品棉交易的棉花交割货款、交易市场电子撮合保证金使用。

第六条　交易市场将通过仓单质押取得的资金作为货款支付给交易商时，仅限于将资金直接划转至交易商自身银行账户，或受交易商委托代付其参与交易市场组织的商品棉交易的棉花交割货款或保证金。

第七条　质押商品棉质押到期前，交易商应通过电子撮合交易将《仓单》所载商品棉卖出。否则，交易商在质押到期前须将其在《仓单》所载商品棉项下的回购货款及相关费用足额汇至交易市场。

第八条　仓单质押的种类和含义：

仓单质押分为卖方质押和买方质押两类。卖方质押又按质押时商品棉是否已经过公证检验（以下简称公检）分为“先公检后贷款方式”和“先贷款后公检方式”。

第九条　卖方质押是指交易市场以交易商持有的、自身为《仓单》出卖人的、未经转让的《仓单》所进行的仓单质押业务。

第十条　买方质押是交易市场以交易商持有的、经交易市场组织的商品棉交易转让获得的《仓单》所进行的仓单质押业务。

第十一条　质押商品棉须经过公检。交易市场对质押商品棉公检后的等级、长度和公检出证时间要求如下：

（一）质押商品棉的品级不得低于 4 级、长度不得低于 28mm。

（二）卖方质押商品棉应为当年度生产的棉花，买方质押商品棉可以跨年度，但不论卖方质押还是买方质押，其《仓单》所代表的商品棉自公检出证日至质押到期日均不得超过九个月。

第十二条　交易商申请采取“先贷款后公检”的质押方式时，质押棉花的原验品级应在3级以上，长度应在29mm以上，并应在质押生效后三十个工作日内提供公检证书。

第十三条　仓单质押的商品棉必须存储在交易市场指定交割仓库，且该指定交割仓库与提出仓单质押业务申请的交易商不存在关联、合资、合作或合伙等关系。

第三章　仓单质押贷款比例、期限与费用

第十四条　仓单质押贷款的计算依据是中国棉花价格指数。不同的合作银行，提供的质押贷款比例有所不同。

（一）先公检后贷款方式：按公检等级计算货款，贷款比例为货款的70％或65％；

（二）先贷款后公检方式：如原验品级在2级（含）以上，按328级计算货款；如原验品级为3级，按429级计算货款，贷款比例为货款的65％或70％，按70％发放贷款的，交易市场先付60％给交易商，待收到公检证书后再付10％给交易商；

（三）买方质押：按公检等级计算货款，贷款比例为货款的70％。

第十五条　仓单质押期限由交易市场与交易商共同商定，但质押期限最长为五个月。交易商在质押期限内可随时向交易市场付足回购质押《仓单》所载商品棉的全额应付货款及相关费用，购回质押《仓单》所载商品棉。

第十六条　进行仓单质押业务的交易商，应向交易市场缴付仓单质押服务费和仓单质押财务费。

（一）仓单质押服务费：仓单质押业务在三个月（含）以内完成时，按50元/吨付费；仓单质押业务超过三个月完成时，每超过一个月加付20元/吨，不足一个月按一个月计。

（二）仓单质押财务费按下式计算：财务费＝货款额 * 计费标准 * 计费期间。其中，货款额为交易市场依据协议支付给交易商的全部货款；计费标准为中国人民银行公布的商业银行同期贷款利率上浮10％；计费期间为交易市场将质押获得的资金支付给交易商之日起，至交易商将质押《仓单》所载商品棉之回购货款和相关费用汇至交易市场之日止。

交易市场收取前述费用后，对交易商开具发票。

第十七条　交易商因进行质押业务应向交易市场缴付的质押《仓单》所载商品棉的回购货款，可由交易市场依据交易商的授权自保证金账户中划转；相关费用，可由交易市场直接通过交易商保证金账户划转。

第四章　仓单质押程序

第十八条　仓单质押程序包括：业务申请、提供《仓单》、订立棉花购销合同、提交合作银行所需的其它资料、质押仓单的释放、质押延期等。

第十九条　仓单质押业务的申请：

（一）交易商欲办理卖方仓单质押业务时，须提前向交易市场传真或送交加盖交易商单位公章的仓单质押申请；

（二）交易商欲办理买方仓单质押业务时，须在最后交易日一周前向交易市场传真或送交加盖交易商单位公章的仓单质押申请；

（三）交易市场收到交易商的仓单质押申请后，根据合作银行可用资金额度和交易商信誉等情况，在两个工作日内对交易商申请做出安排并书面或电话回复交易商。

第二十条　向交易市场提交仓单质押业务所需《仓单》：

（一）交易商仓单质押业务申请由交易市场确认受理后，交易商应向交易市场提交符合条件的《仓单》；

（二）申请买方仓单质押业务的交易商在被交易市场受理后，交易商应在最后交易日的下一个工作日17:00之前向交易市场汇足成交金额与质押贷款金额的差额部分；

质押贷款金额＝最近日期的价格指数·公定重量·70％

（三）交易商应在质押《仓单》的背面第一栏即“出卖人声明”栏，填写详细信息并加盖单位公章。

第二十一条 订立棉花购销合同：

（一）交易商《仓单》送达交易市场并经审核无误后，与交易市场签订有关棉花购销合同；

（二）棉花购销合同中订明交易市场质押贷款的价格风险警戒线、违约责任等事项；

（三）购销合同正本一式三份，交易市场、交易商各执一份，另一份交合作银行备案。

第二十二条 提供合作银行需要的其它资料：

（一）《仓单》及《仓单送达通知书》；

（二）《首付款确认书》；

（三）合作银行要求提供的其它资料。

第二十三条 仓单质押生效：

交易市场向合作银行提供仓单质押资料，合作银行审核无误后向交易市场发放质押贷款，交易市场将自合作银行获得的质押贷款依据协议作为货款支付给交易商。

第二十四条 仓单质押撤销：

合作银行审核仓单质押资料期间，即合作银行未发放质押贷款前，交易商确因特殊原因需停止办理并撤销仓单质押业务的，须向交易市场提交书面申请，交易市场征求合作银行意见后有权撤销仓单质押业务。

撤销仓单质押的交易商需缴纳20元/吨的仓单质押服务费。

第二十五条 质押仓单释放：

仓单质押贷款到期前，交易商可随时向交易市场付足因回购质押《仓单》所载商品棉的全额应付货款及相关费用，购回质押《仓单》所载商品棉。交易市场确认前述回购货款及相关费用到账后，向合作银行申请并办理仓单释放手续。

第二十六条 仓单质押延期。仓单质押合同到期前，若该合同规定的质押期少于五个月，交易商可在五个月的总期限内书面申请续延质押期限。交易市场审核质押商品棉公检有效期等内容后给予回复意见。

第五章 风险控制

第二十七条 仓单质押生效时，计算质押贷款依据的中国棉花价格指数为基期价格。仓单质押有效期内，若中国棉花价格指数下降至基期价格的80%，交易市场可以按合同规定要求交易商提前缴付质押《仓单》所载商品棉的回购货款及相关费用，购回质押《仓单》所载商品棉，或补足保证金。

需补交保证金的数额由交易市场核定后通知交易商。

第二十八条 仓单质押有效期内，若交易商出现信誉不良、债务纠纷等情况，交易市场可以按合同规定要求交易商提前缴付质押《仓单》所载商品棉的回购货款及相关费用，购回质押《仓单》所载商品棉。

第二十九条 交易商采取“先贷款后公检”质押方式时，若棉花公检后品级低于4级或长度低于28mm，交易市场可以按合同规定要求交易商提前缴付质押《仓单》所载商品棉的回购货款及相关费用，购回质押《仓单》所载商品棉。

第六章 违约责任与债务清偿

第三十条 存在下列情况之一时，交易商应承担违约责任：

（一）在仓单质押合同规定的质押期限届满前，交易商未付足质押《仓单》所载商品棉的回购货款及相关费用的；

（二）因中国棉花价格指数下降至基期价格的80%，交易市场要求交易商提前缴付质押《仓单》所载商品棉的回购货款及相关费用或补足保证金，而交易商未按期执行的；

（三）因交易商信誉、债务等原因，交易市场要求交易商提前缴付质押《仓单》所载商品棉的回购货款及相关费用，而交易商未按期执行的；

（四）因质押商品棉公检后品级或长度不符合质押要求或未按期提供公检证书，交易市场要求交易商提前缴付质押《仓单》所载商品棉的回购货款及相关费用，而交易商未按期执行的；

（五）严重影响交易市场合法权益的其他情形。

第三十一条　如发生本办法第三十条规定的交易商违约情形，交易市场按合同规定处置质押《仓单》所载的商品棉。

处置方式：

1. 若质押《仓单》所载商品棉符合交易市场组织的商品棉电子撮合交易的交割要求，则通过撮合交易进行处置，并实现实物交割；

2. 若质押《仓单》所载商品棉不符合交易市场组织的商品棉电子撮合交易的交割要求，则通过竞卖交易进行处置，并实现实物交割；

3. 若上述两种方式均不能处置成功，则交易市场以收回质押商品棉的回购货款及相关费用为原则处置违约质押商品棉，交易商本身或受其委托的第三方优先回购；

4. 通过交易市场处置的违约质押商品棉，通过交易市场进行货款结算；

5. 交易商须配合交易市场处置违约质押商品棉，按时按要求向交易市场开具增值税专用发票。

第三十二条　交易市场依据本办法第三十一条之规定取得的交割货款，应首先扣除交易商因回购质押《仓单》所载商品棉的全额应付货款、交易商按本办法规定因进行仓单质押业务需向交易市场缴付的相关费用、质押商品棉的交易及交割费用、仓储、保险费等费用。交割货款在扣除上述款项后，如有剩余，则剩余部分应划至交易商的电子撮合保证金账户，或根据交易商要求汇回本企业；如交割货款不足以扣除上述款项，交易市场有权通过交易商的电子撮合保证金账户继续进行扣除或要求交易商补足。

第三十三条　在进行仓单质押业务时，如交易商对交易市场违约并造成交易市场损失时，交易市场有权采取下列措施：

（一）暂停交易商交易；

（二）代为转让交易商持有的订货合同；

（三）动用交易商资格费弥补损失；

（四）依法追索。

第七章　附　则

第三十四条　本办法由交易市场负责解释、修改。如交易商与交易市场就本办法各条款的理解、解释、执行等发生争议，应通过协商解决；如协商不一致，交易商可向交易市场所在地有管辖权的人民法院提起诉讼。

第三十五条　本办法自 2005 年 9 月 1 日起生效。如交易市场在前述生效日前发布的有关规定或通知与本办法有不一致或存在冲突的，以本办法的规定为准。

主要涉棉机构通讯录

涉棉机构	地址	电话
国家发展改革委经贸司	北京市西城区月坛南街 38 号	010－68502000
国家财政部经济建设司	北京市西城区三里河南三巷 3 号	010－68551114
农业部种植业司	北京朝阳区农展馆南里 11 号	010－64193366
农业部农村经济研究中心	北京朝阳区农展馆南里 11 号	010－64193366
商务部对外贸易司	北京东长安街 2 号	010－65197420
海关总署信息中心统计咨询室	北京建国门内大街 6 号	010－65195623
国家统计局农调队	北京市西城区月坛南街 75 号	010－68533618
中国农业发展银行	北京市西城区月坛北街甲 2 号	010－68081534
中国棉花协会	北京复兴门内大街 45 号	010－66053900
中国棉花协会棉花加工分会	北京西直门南大街 2 号成铭大厦	010－66118607
中国棉纺织行业协会	浙江省杭州市萧山区萧绍路 318 号	0571－82718253
中国纺织进出口商会	北京朝阳区潘家园南里 12 号楼	010－67739316
中国储备棉管理总公司	北京市西城区金融街 33 号通泰大厦	010－88087306
全国棉花交易市场	北京市西城区金融街 33 号通泰大厦	010－88086728
中华棉花集团有限公司	北京市西城区金融街 33 号通泰大厦	010－88086549
中棉工业有限公司	北京西直门南大街 2 号成铭大厦	010－66519588
中纺棉花进出口公司	中国北京建国门内大街 19 号中纺大厦	010－85112255
郑州商品交易所	河南省郑州市未来路 69 号	010－65612139
中储棉花信息中心	北京市西城区月坛南街 14 号	010－68524452
达利文中国代表处	北京市东城区东直门外大街 48 号东方银座	010－51600791
艾仑宝棉花(中国)公司	北京市东三环中路 39 号建外 SOHO 第一大道	010－58693666